Flash Professional CS5

DISEÑO Y CREATIVIDAD

Título de la obra original:
Adobe Flash Professional CS5 Classroom in a Book

Responsable Editorial:
Eugenio Tuya Feijoó

Traductor:
Sergio Luis González Cruz

Diseño de cubierta:
Cecilia Poza Melero

Flash Professional CS5

Todos los nombres propios de programas, sistemas operativos, equipos hardware, etc. que aparecen en este libro son marcas registradas de sus respectivas compañías u organizaciones.

Reservados todos los derechos. El contenido de esta obra está protegido por la Ley, que establece penas de prisión y/o multas, además de las correspondientes indemnizaciones por daños y perjuicios, para quienes reprodujeren, plagiaren, distribuyeren o comunicaren públicamente, en todo o en parte, una obra literaria, artística o científica, o su transformación, interpretación o ejecución artística fijada en cualquier tipo de soporte o comunicada a través de cualquier medio, sin la preceptiva autorización.

Authorized translation from English language edition published by Peachpit.
Copyright © 2010 by Adobe Systems.
All rights reserved.

Edición española:
© EDICIONES ANAYA MULTIMEDIA (GRUPO ANAYA, S.A.), 2011
Juan Ignacio Luca de Tena, 15. 28027 Madrid
Depósito legal: M. 37.507-2010
ISBN: 978-84-415-2834-5
Printed in Spain
Impreso en: Fernández Ciudad, S. L.

SOBRE EL COLABORADOR

Russell Chun es un desarrollador y consultor multimedia especializado en el uso de Adobe Flash Professional para visualizar información científica y artículos en la Web. También pertenece a la Columbia University Graduate School of Journalism y a la City University of New York Graduate School of Journalism, donde enseña periodismo interactivo.

Russell es el autor de la edición anterior de este libro y de otros títulos sobre Flash y el periodismo multimedia. Además, ha escrito en diversas revistas como *SBS Digital Design* y *Macworld*.

Visite el sitio en el que Russell comparte sus ideas sobre Flash, www.RussellChun.com.

Índice de contenidos

Sobre el colaborador 5

INTRODUCCIÓN 15
Sobre el libro 17
Novedades 17
Requisitos 17
Instalar Flash 18
Recursos adicionales 18
Certificación de Adobe 20

CAPÍTULO 1. FAMILIARIZARSE 23
Iniciar Flash y abrir un archivo 25
Conocer el área de trabajo 26
    Escoger un nuevo espacio de trabajo 26
    Guardar el espacio de trabajo 28
    El Escenario 28
    Cambiar las propiedades del Escenario 28
Trabajar con el panel Biblioteca 29
    El panel Biblioteca 29
    Importar un elemento al panel Biblioteca 30
    Agregar un elemento al Escenario desde el panel Biblioteca 30

El concepto de la línea de tiempo 31
    Renombrar una capa 31
    Añadir una capa 32
    Insertar fotogramas 34
    Crear un fotograma clave 35
    Mover un fotograma clave 36
Organizar capas en una Línea de tiempo 37
    Crear carpetas de capas 37
    Agregar capas a las carpetas de capas 38
    Cambiar el aspecto de la Línea de tiempo 39
Usar el Inspector de propiedades 40
    Colocar un objeto en el Escenario 40
Utilizar el panel Herramientas 43
    Seleccionar y utilizar una herramienta 44
Deshacer pasos en Flash 47
Previsualizar su película 48
Publicar su película 49
Guardar una película 50
Modificar un documento .xfl 51
Más información sobre el uso de Flash 52
Buscar actualizaciones 53
Preguntas de repaso 54
Respuestas 54

CAPÍTULO 2. TRABAJAR CON GRÁFICOS **55**

Introducción 57
Trazos y rellenos 58
Crear formas 58
    Uso de la herramienta Rectángulo 58
    Uso de la herramienta Óvalo 59
Hacer selecciones 59
    Seleccionar trazos y rellenos 59
Modificar formas 60
    Uso de la herramienta Transformación libre 60
    Copiar y pegar 61
    Cambiar el contorno de una forma 62
    Cambiar trazos y rellenos 62
    Utilizar un degradado o un mapa de bits como relleno 64
    Crear transiciones con degradados 64
    Usar la herramienta Transformación de degradado 66
    Añadir un relleno de mapa de bits 67
    Agrupar objetos 67

Crear patrones y decoraciones 68
    Crear un símbolo para el patrón 68
    Utilizar la herramienta Deco 69
    Alinear objetos 70
    Separar y agrupar objetos 72
    El Pincel decorativo de la herramienta Deco 72
    El Pincel de flor de la herramienta Deco 73
Crear curvas 74
    Uso de la herramienta Pluma 74
    Modificar curvas con las herramientas Selección y Subselección 76
    Eliminar o agregar puntos de ancla 76
Crear transparencias 77
    Modificar el valor alfa de un relleno 77
    Hacer coincidir el color con el de un objeto existente 78
Crear y modificar texto 79
    Uso de la herramienta Texto 79
Preguntas de repaso 80
Respuestas 80

CAPÍTULO 3. CREAR Y MODIFICAR SÍMBOLOS 81

Introducción 83
Importar archivos de Adobe Illustrator 84
Símbolos 86
    Símbolos de clip de película 88
    Símbolos de botón 88
    Símbolos gráficos 88
Crear símbolos 88
Importar archivos de Photoshop 89
Modificar y gestionar los símbolos 91
    Añadir carpetas y organizar la Biblioteca 91
    Editar un símbolo de la Biblioteca 93
    Modificar símbolos en el Escenario 95
    Separar la instancia de un símbolo 97
Cambiar el tamaño y la posición de las instancias 97
    Utilizar reglas y guías 98
Cambiar el Efecto de color de las instancias 100
    Cambiar el brillo 100
    Cambiar la transparencia 100
Los efectos de mezcla 101
Aplicar efectos especiales mediante filtros 102
    Aplicar un filtro de desenfoque 102

Ubicación en un espacio 3D 103
    Cambiar la rotación 3D de un objeto 103
    Cambiar la posición 3D de un objeto 104
    Volver a inicializar la rotación y la posición 105
    El punto de desvanecimiento y el ángulo de perspectiva 106
Preguntas de repaso 108
Respuestas 108

CAPÍTULO 4. AÑADIR ANIMACIÓN 109

Introducción 111
La animación 112
Organización del archivo del proyecto 113
Animar la posición 113
Cambiar la velocidad y la duración 116
    Modificar la duración de la animación 116
    Agregar fotogramas 117
    Mover fotogramas 118
Cambiar la transparencia en las animaciones 119
Cambiar los filtros en las animaciones 121
Animar las transformaciones 127
Cambiar la trayectoria del movimiento 131
    Mover la trayectoria del movimiento 132
    Alterar la escala o la rotación de la trayectoria 133
    Modificar la trayectoria del movimiento 133
    Orientar los objetos a la trayectoria 134
Intercambiar los objetivos de la interpolación 135
Crear animaciones anidadas 137
    Crear animaciones dentro de símbolos de clip de película 137
Uso del Editor de movimiento 139
    Ajustar las opciones de visualización del Editor de movimiento 139
    Cambiar los valores de las propiedades 141
    Insertar fotogramas clave 142
    Modificar fotogramas clave 143
    Restablecer valores y quitar propiedades 143
Aceleración 144
    Asignar aceleraciones en una interpolación de movimiento 144
    Uso de los suavizados predefinidos 147
Realizar movimientos en 3D en las animaciones 150
Previsualizar la animación 153
Preguntas de repaso 155
Respuestas 155

CAPÍTULO 5. INTEGRAR MOVIMIENTOS Y FORMAS 157

Introducción 159
Articular movimientos utilizando cinemática inversa 160
    Definir los huesos... 160
    Insertar poses 163
    Aislar la rotación de los nodos individuales... 164
Restringir uniones 166
    Restringir la rotación de uniones 166
    Restringir la traslación de uniones 168
Cinemática inversa con formas 171
    Definir huesos dentro de una forma 171
    Modificar la forma 173
    Transformar los huesos y el esqueleto 174
Opciones del esqueleto 176
    Esqueletos en tiempo de creación y de ejecución 176
    Controlar la aceleración... 177
Realizar metamorfosis mediante interpolaciones de forma 179
    Crear fotogramas clave que contengan diferentes formas 179
    Aplicar la interpolación de forma 181
Utilizar consejos de forma 183
    Añadir consejos de forma 183
    Quitar consejos de forma 186
Realizar simulaciones físicas mediante cinemática inversa 186
    Definir los huesos del esqueleto 186
    Definir la intensidad del muelle de cada hueso 187
    Insertar la siguiente pose 189
    Ajustar los valores de los muelles del esqueleto 190
    Añadir efectos de amortiguación 191
Preguntas de repaso 192
Respuestas 192

CAPÍTULO 6. CREAR PROYECTOS INTERACTIVOS 193

Introducción 195
Películas interactivas 195
Crear botones 196
    Crear un símbolo de tipo botón 196
    Duplicar botones.. 199
    Intercambiar mapas de bits.. 200
    Colocar las instancias de los botones 202
    Nombrar las instancias de los botones 204
Trabajar con ActionScript 3.0 205
    ActionScript.. 205
    Terminología de los scripts 205

Usar una sintaxis de script adecuada 206
El panel Acciones 207
Preparar la Línea de tiempo 208
Añadir una acción stop 209
Crear gestores de eventos para botones 210
Agregar el detector de eventos y la función 210
Comprobar la sintaxis y dar formato al código 212
Crear fotogramas clave de destino 213
Insertar fotogramas clave con contenidos diferentes 213
Poner etiquetas en los fotogramas clave 215
Crear un botón de inicio 217
Añadir otra instancia de botón 217
Uso del panel Code Snippets para añadir ActionScript 218
Reproducir animaciones en el fotograma de destino 221
Crear animaciones de transición 221
Utilizar el comando gotoAndPlay 223
Detener las animaciones 224
Botones animados 225
Crear la animación dentro de un símbolo de clip de película 226
Preguntas de repaso 228
Respuestas 228

CAPÍTULO 7. UTILIZAR TEXTO 229

Introducción 231
El texto TLF 232
Combinar la biblioteca del Texto TLF 233
Añadir un texto sencillo 234
Añadir los títulos 235
Crear texto vertical 237
Modificar caracteres 238
Añadir varias columnas 240
Modificar el cuadro de texto 242
Texto envolvente 243
Añadir los gráficos 243
Conectar los cuadros de texto 245
Agregar contenido a los cuadros de texto conectados 247
Borrar e insertar cuadros de texto 249
Desconectar y reconectar cuadros de texto 251
Convertir textos en hipervínculos 253
Añadir un hipervínculo 253
Texto introducido por el usuario 254
Añadir los elementos de texto estáticos 254
Añadir los campos para los datos 255
Incorporar fuentes 256

Nombrar los cuadros de texto 258
Cambiar el contenido de los cuadros de texto 258
Probar la calculadora 260
Cargar texto externo 260
Dar nombre a los cuadros de texto 260
Incorporar las fuentes 262
Cargar y mostrar texto externo 263
Preguntas de repaso 268
Respuestas 268

CAPÍTULO 8. TRABAJAR CON SONIDO Y VÍDEO **269**

Introducción 271
Descripción del archivo del proyecto 272
Utilizar sonidos 273
Importar archivos de sonido 273
Colocar sonidos en la Línea de tiempo 274
Agregar fotogramas a la Línea de tiempo 276
Cortar el final de un sonido 277
Modificar el volumen de un sonido 279
Eliminar o cambiar el archivo de sonido 281
Incrementar la calidad de los sonidos 281
Añadir sonidos a los botones 283
Vídeos en Flash 284
Cómo utilizar Adobe Media Encoder 285
Agregar un archivo de vídeo a Adobe Media Encoder 285
Convertir archivos de vídeo a Flash Video 286
Personalizar las opciones de codificación 289
Cortar el vídeo 290
Ajustar la duración del vídeo 291
Configurar las opciones avanzadas de audio y vídeo 293
Guardar las opciones de audio y vídeo 294
Reproducir vídeos externos 295
Controlar la reproducción del vídeo 299
Trabajar con la transparencia en los vídeos 300
Importar el clip de vídeo 300
Cómo utilizar los puntos de referencia 304
Insertar puntos de referencia 304
Detectar y responder a los puntos de referencia 306
Añadir los elementos de Flash sincronizados 308
Retoques finales 311
Incorporar vídeos a Flash 311
Codificar el FLV a incorporar 312
Incorporar un FLV a la Línea de tiempo 313
Cómo utilizar los vídeos incorporados 315

Preguntas de repaso 318
Respuestas 318

CAPÍTULO 9. CARGAR Y CONTROLAR EL CONTENIDO FLASH **319**

Introducción 321
Cargar contenido externo 323
Eliminar contenido externo 328
Controlar los clips de película 329
Crear máscaras 330
    Definir la máscara y las capas enmascaradas... 330
    Crear la máscara 332
Preguntas de repaso 336
Respuestas 336

CAPÍTULO 10. PUBLICAR DOCUMENTOS FLASH **337**

Introducción 339
Probar un documento de Flash 340
El visor de anchos de banda 341
    Mostrar el Visor de anchos de banda 341
    Probar la reproducción en función de la descarga 342
Añadir metadatos 343
Publicar una película en la Web 344
    Especificar la configuración del archivo Flash 346
    Detectar la versión del reproductor de Flash 347
    Cambiar la configuración de visualización 347
    Cambiar la configuración de reproducción 350
Opciones alternativas de publicación 351
    Guardar los fotogramas como imágenes 351
    Crear un proyector 353
Los próximos pasos 355
Preguntas de repaso 356
Respuestas 356

APÉNDICE. CONTENIDO DEL CD-ROM **357**

Archivos para cada capítulo y... mucho más 359
Copiar los archivos de los capítulos 359
    Copiar las películas y los proyectos de ejemplo 360
Cómo usar este libro 360

ÍNDICE ALFABÉTICO **361**

Introducción

Adobe Flash Professional CS5 suministra un exhaustivo entorno de desarrollo con el que crear sitios Web interactivos y animación digital. Se utiliza, principalmente, para generar atractivas aplicaciones que incluyen gráficos, vídeos, sonidos y animación. Puede originar los contenidos en el propio programa o importarlos de otras aplicaciones de Adobe (como Photoshop o Illustrator), diseñar de forma rápida animaciones sencillas y, además, utilizar Adobe ActionScript 3.0 para desarrollar sofisticados proyectos interactivos.

Pero Adobe Flash Professional es sólo uno de los productos del conjunto de herramientas Flash CS5. Junto a éste, la compañía suministra Flash Catalyst y Flash Builder. El primero de ellos es una aplicación de diseño para crear, de la manera más veloz posible, detalladas interfaces y contenidos interactivos sin tener que escribir ni una sola línea de código.

El segundo, conocido anteriormente como Flex Builder, es un entorno basado en la programación y más orientado a los desarrolladores que a los animadores o diseñadores para desenvolver un trabajo multimedia. Aunque las plataformas de desarrollo son distintas, las tres herramientas generan, en definitiva, el mismo producto final: contenidos Flash (un archivo `.swf`), los cuales se ejecutan en el reproductor de Flash del navegador, en AIR (Adobe Integrated Runtime), en el equipo (fuera del navegador) o en teléfonos móviles.

SOBRE EL LIBRO

Este libro forma parte de las series de aprendizaje para las aplicaciones gráficas y de edición de Adobe, elaboradas con la asesoría de expertos en los productos de la compañía. Los capítulos están diseñados para que pueda avanzar a su ritmo. Si es un usuario novel de Flash, aprenderá los conceptos fundamentales y las herramientas necesarias que le ayudarán a usar el programa.

Este libro también explica muchas herramientas avanzadas, incluyendo trucos y técnicas con los que manejar las últimas versiones de esta aplicación.

NOVEDADES

Los capítulos de este libro le ofrecen la posibilidad de utilizar algunas de las nuevas funcionalidades y mejoras de Flash Professional CS5, entre las que están:

• La herramienta Deco y sus opciones de decoración, que le ayudarán a crear complejos patrones y adornos de una manera sencilla y automática.

• La herramienta Texto, que ha sido revisada a fondo para ofrecer unas estructuras más sofisticadas, como el texto envolvente o a varias columnas.

• La funcionalidad Muelle, una simulación física con la que realizar animaciones mediante cinemática inversa.

• Fragmentos de código, un nuevo panel que proporciona un código ActionScript ya preparado para sus proyectos y un medio para guardar y compartir su trabajo con los demás.

• Una previsualización interactiva de los vídeos externos que haya cargado.

• El nuevo formato de archivo `.xfl`, que permite el acceso directo a los recursos de Flash y hace más fácil que un equipo de desarrolladores trabaje sobre un mismo fichero.

REQUISITOS

Antes de comenzar a utilizar esta obra, asegúrese de que su sistema está configurado completamente y de que ha instalado los programas necesarios.

Debería tener conocimientos, a nivel usuario, de su ordenador y del sistema operativo. También sería conveniente que supiera cómo usar el ratón, los menús y comandos estándar, además de cómo abrir, guardar y cerrar archivos. Si necesita revisar estas técnicas, consulte la documentación impresa u *on-line* que se incluye con su sistema operativo (Microsoft Windows o Apple Mac).

INSTALAR FLASH

Tiene que adquirir el programa Adobe Flash CS5 como aplicación aislada o como parte de Adobe Creative Suite. Las siguientes especificaciones corresponden a la configuración mínima necesaria.

Windows

- Procesador Intel Pentium 4 or AMD Athlon 64.

- Microsoft Windows XP con Service Pack 2 (aunque se recomienda Service Pack 3); Windows Vista Home Premium, Business, Ultimate, o Enterprise con el Service Pack 1; o Windows 7.

- 1 GB de RAM.

- 3,5 GB de espacio disponible en disco duro. El proceso de instalación necesita espacio libre adicional; no se puede instalar en dispositivos de almacenamientos de tipo flash (como memorias USB).

- Un monitor de 1024 x 768 (aunque se recomienda uno de 1280 x 800) con una tarjeta de vídeo de 16 bits.

- Una unidad de DVD-ROM.

- La aplicación QuickTime 7.6.2, imprescindible para las funcionalidades multimedia.

Mac OS

- Procesador Intel multinúcleo.

- Mac OS X v10.5.7 o v10.6.

- 1 GB de RAM.

- 4 GB de espacio disponible en disco duro. El proceso de instalación precisa espacio libre adicional (no se puede instalar en un volumen que utilice un sistema de ficheros que distingue entre mayúsculas y minúsculas o en dispositivos de almacenamiento extraíbles de tipo flash).

- Un monitor de 1024 x 768 (aunque se recomienda uno de 1280 x 800) con una tarjeta de vídeo de 16 bits.

- Una unidad de DVD-ROM.

- La aplicación QuickTime 7.6.2, necesaria para las funcionalidades multimedia.

Para obtener una información actualizada sobre los requisitos del sistema, así como instrucciones completas sobre la instalación del software, visite `www.adobe.com/go/flash_systemreqs`.

Instale Flash en su disco duro desde el DVD de Adobe Flash CS5. No se puede ejecutar el programa desde el DVD. Siga las instrucciones que aparecen en la pantalla.

Confirme que tiene a mano su número de serie antes de instalar la aplicación. Lo encontrará en la tarjeta de registro o en la parte trasera de la caja del DVD.

RECURSOS ADICIONALES

Este libro no sustituye la documentación que acompaña al programa, ni es una referencia completa de todas las funciones de Illustrator. Sólo explica los comandos y opciones utilizados en los ejercicios. Para obtener información más exhaustiva de las características del programa, consulte estos recursos:

- **Adobe Community Help:** Community Help engloba a usuarios de productos de Adobe, miembros del equipo de productos de Adobe, autores y expertos para proporcionar la información más útil relevante y actualizada sobre los productos de Adobe. Independientemente de que busque ejemplos de código o la respuesta a un problema, tenga dudas sobre el software o desee compartir un consejo, se beneficiará de Community Help. Los resultados de las búsquedas le muestran no sólo contenidos de Adobe, sino también de la comunidad.

Con Adobe Community Help podrá:

- Acceder a contenido de referencia definitivo y actualizado.

- Consultar el contenido más relevante proporcionado por expertos Adobe.com y otros sitios.

- Comentar, valorar y contribuir con contenidos para la comunidad de Adobe.

- Descargar contenido de ayuda directamente a su escritorio para utilizarlo sin conexión.

- Buscar contenido relacionado por medio de herramientas de navegación y de búsqueda dinámica.

Para acceder a Community Help necesita cualquier producto Adobe CS5. Para invocar la ayuda, seleccione **Ayuda>Ayuda de Flash**. Esta aplicación le permite buscar y examinar el contenido de Adobe y de la comunidad, así como comentar y valorar cualquier artículo, como si utilizara un navegador. Además, puede descargar la ayuda de Adobe y la referencia del lenguaje para utilizarlos sin conexión. También puede suscribirse a las actualizaciones (que se descargan automáticamente) para disponer en todo momento del contenido más actual de su producto de Adobe. Puede descargar la aplicación en `http://www.adobe.com/es/support/chc/index.html`.

El contenido de Adobe se actualiza en función de las colaboraciones de la comunidad. Existen diversas formas de colaboración: mediante comentarios de contenidos y foros, con vínculos a contenidos Web, o la publicación de contenidos propios con Community Publishing o Cookbook Recipes. En la dirección `www.adobe.com/community/publishing/download.html` encontrará más información sobre cómo colaborar.

En `http://community.adobe.com/help/profile/faq.html` puede consultar las respuestas a las preguntas más habituales sobre Community Help.

- **Ayuda y soporte de Flash:** Aquí puede encontrar y examinar contenidos de asistencia y formación de Adobe.com. Visite `http://www.adobe.com/es/support/flash/`.

- **Adobe TV:** Recurso en vídeo online con instrucciones de expertos e información sobre productos de Adobe, incluyendo un canal "How to" para que se inicie con su producto. Visite `http://tv.adobe.com/`.

- **Adobe Design Center:** Ofrece completos artículos sobre diseño y problemas relacionados con el diseño, una galería con obras de diseñadores de primer nivel, cursos prácticos y mucho más. Visite `www.adobe.com/designcenter`.

- **Adobe Developer Connection:** Fuente de artículos técnicos, código de ejemplo y vídeos prácticos sobre los productos y tecnologías de desarrollo de Adobe. Visite `http://www.adobe.com/es/devnet/`.

- **Recursos para educadores:** En `http://www.adobe.com/es/education/` encontrará tres cursos prácticos y gratuitos que emplean un enfoque integrado de formación con software de Adobe y que puede utilizar para preparar los exámenes de Certificación de Adobe.

- **ActionScript Technology Center:** `www.adobe.com/devnet/actionscript` es una sección especial de la Adobe Developer Connection diseñada específicamente para usuarios de ActionScript.

Consulte también estos otros enlaces de utilidad:

- **Los foros de Adobe:** En `http://forums.adobe.com`, donde podrá participar en análisis, y consultar preguntas y respuestas sobre productos de Adobe.

- **Adobe Marketplace & Exchange:** En `www.adobe.com/cfusion/exchange/`, donde encontrará herramientas, servicios, extensiones, código y mucho más para complementar y ampliar sus productos de Adobe.

- **La página de inicio de Flash CS5:** En `http://www.adobe.com/es/products/flash/`.

- **Adobe Labs:** En `http://labs.adobe.com` podrá acceder a versiones de tecnología de primer nivel, así como a foros en los que interactuar con equipos de programación de Adobe responsables del desarrollo de dichas tecnologías y con otros miembros de la comunidad.

CERTIFICACIÓN DE ADOBE

El programa de certificación de Adobe está diseñado para ayudar a los clientes de Adobe a mejorar y a promocionar sus conocimientos del producto. Existen cuatro niveles de certificación:

- Experto certificado por Adobe (ACE).

- Profesionales certificados por Adobe (ACP).

- Instructor certificado por Adobe (ACI).

- Centro de formación autorizado de Adobe (AATC).

El programa Experto certificado por Adobe (ACE) diseñado para que los usuarios expertos actualicen sus conocimientos. Puede utilizar la certificación de Adobe para ayudarle a buscar un trabajo o promocionar su experiencia.

Los profesionales certificados por Adobe (ACP) se establecen independientemente de otros profesionales de tecnologías de la información.

Demuestran su dominio de los productos de Adobe y benefician a sus colegas, a los administradores y a sus propias carreras.

Si es un instructor de nivel ACE, el programa Instructor certificado por Adobe (ACI) le eleva al siguiente nivel y le proporciona acceso a un amplio rango de recursos de Adobe.

Centro de formación autorizado de Adobe (AATC) ofrece cursos y formación sobre productos de Adobe que emplean sólo instructores certificados por Adobe.

Para obtener más información sobre los programas de formación de Adobe visite `http://www.adobe.com/es/support/certification/index.html`.

Cómo acelerar su flujo de trabajo con Adobe CS Live

Adobe CS Live es un conjunto de servicios en línea que dominan la conectividad de la Web y se integran con Adobe Creative Suite 5 para simplificar el proceso de revisión creativa, acelerar las pruebas de compatibilidad con sitios Web, brindar inteligencia de usuarios Web y mucho más, lo que le permite centrarse en la creación de obras de gran impacto. Los servicios CS Live se ofrecen gratuitamente de forma limitada y sólo se puede acceder a los mismos en línea o a través de las aplicaciones de Creative Suite 5.

Adobe BrowserLab: Dirigido a diseñadores y programadores Web que necesitan comprobar y probar sus páginas Web en varios navegadores y sistemas operativos. Al contrario de lo que sucede con otras soluciones de compatibilidad entre navegadores, BrowserLab ofrece capturas de pantalla bajo demanda con diferentes herramientas de visionado y diagnóstico, y se puede utilizar con Dreamweaver CS5 para previsualizar contenido local y los diferentes estados de páginas interactivas. Al ser un servicio en línea, ofrece ciclos de desarrollo rápidos, con mayor flexibilidad para admitir más navegadores y con funciones actualizadas.

Adobe CS Review: Orientado a profesionales del diseño que requieren un nuevo nivel de eficacia en el proceso de revisión. Al contrario de lo que sucede con otros servicios que ofrecen revisión en línea de los contenidos creativos, solamente CS Review le permite publicar una revisión en la Web directamente desde InDesign, Photoshop, Photoshop Extended e Illustrator, y consultar los comentarios de los revisores en la aplicación de origen de Creative Suite.

Acrobat.com: Para profesionales que necesitan trabajar con otros colegas y clientes para materializar en un producto final sus proyectos creativos. Ofrece un conjunto de servicios en línea que incluyen conferencias Web y la posibilidad de compartir archivos y espacios de trabajo. Al contrario de lo que sucede con las colaboraciones a través del correo electrónico y la participación en tediosas reuniones presenciales, Acrobat.com acerca a los individuos a su trabajo, en lugar de enviarles archivo, de modo que puede acelerar y mejorar el aspecto empresarial del proceso creativo, desde cualquier lugar.

Adobe Story: Dirigido a profesionales del diseño, productores y escritores que trabajan con guiones. Se trata de una herramienta de colaboración de desarrollo de guiones que los convierte en metadatos que se pueden utilizar con las herramientas Adobe CS Production Premium para racionalizar flujos de trabajo y crear materiales en vídeo.

SiteCatalyst NetAverages: Dirigido a profesionales de la Web y los dispositivos móviles que desean optimizar sus proyectos para alcanzar un público más amplio. NetAverages revela cómo acceden los usuarios a la red, lo que permite solventar las dudas iniciales del proceso creativo. Puede acceder a datos de usuarios como su tipo de navegador, sistema operativo, perfil de dispositivo móvil, resolución de pantalla y mucho más, todo ello ilustrado en el tiempo. Los datos se obtienen de la actividad de los visitantes en sitios que participan en Omniture SiteCatalyst. Al contrario de lo que sucede con otras soluciones de inteligencia Web, NetAverages muestra los datos con Flash, lo que genera una atractiva experiencia robusta pero sencilla de interpretar.

A continuación le indicamos cómo acceder a CS Live:

1. Puede configurar el acceso al registrar sus productos Creative Suite 5 y disfrutar de un acceso gratuito que incluye todas las funciones y ventajas de utilizar CS Live con CS5.
2. Puede configurar el acceso mediante el registro en línea y disfrutar gratuitamente de los servicios CS Live de forma limitada. Esta opción no le permite acceder a los servicios desde sus productos.
3. Las versiones de prueba de los productos de escritorio incluyen una versión de prueba de 30 días de los servicios CS Live. (Los servicios CS Live se ofrecen gratuitamente de forma limitada. Visite `www.adobe.com/es/products/creativesuite/cslive/`).

Capítulo 1

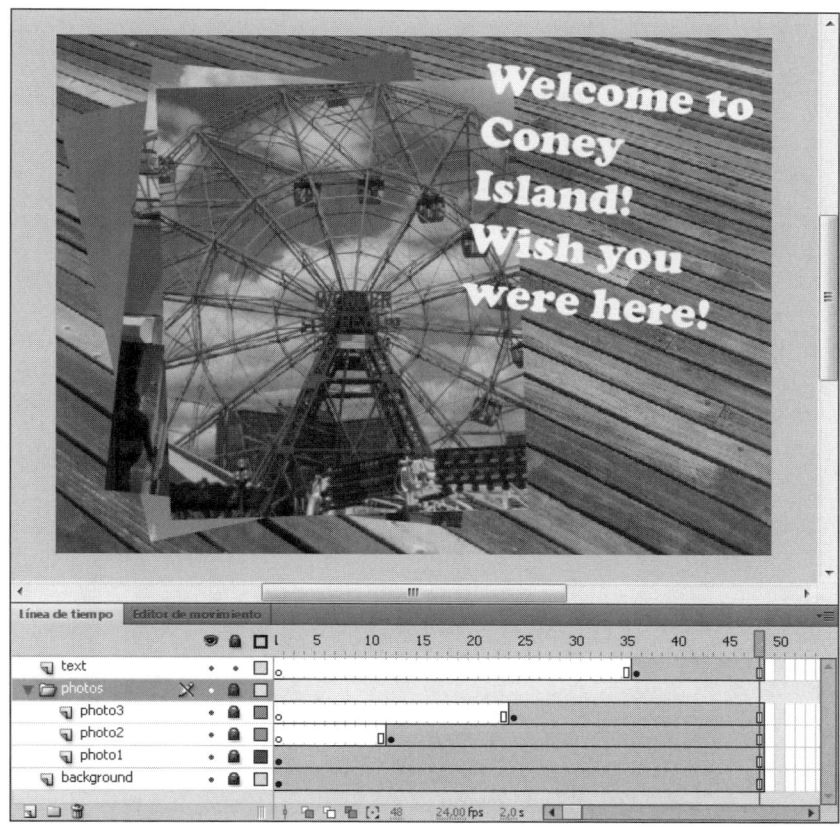

Familiarizarse

En Flash, el Escenario es donde se desarrolla la acción, la Línea de tiempo organiza los fotogramas y las capas; los otros paneles le permiten editar y controlar su creación. En este capítulo aprenderá a:

- Crear un nuevo fichero en Flash.

- Realizar ajustes en el Escenario desde el **Inspector de propiedades.**

- Añadir capas a la Línea de tiempo.

- Administrar los fotogramas clave en la Línea de tiempo.

- Trabajar con imágenes importadas en la biblioteca.

- Mover y colocar objetos en el Escenario.

- Abrir y trabajar con paneles.

- Seleccionar y usar herramientas en el panel **Herramientas.**

- Previsualizar las animaciones Flash.

- Guardar ficheros Flash.

- Acceder a los recursos *on-line* para Flash.

Este capítulo se realizará aproximadamente en menos de una hora.

Copie la carpeta Lesson01 del CD del libro a su disco duro si todavía no lo ha hecho.

INICIAR FLASH Y ABRIR UN ARCHIVO

La primera vez que ejecute el programa verá una pantalla de bienvenida con vínculos a los archivos de plantilla estándar, tutoriales y otros recursos. En este capítulo creará una animación que muestre unas cuantas instantáneas de las vacaciones, agregando las fotos y el título, para aprender sobre la marcha a colocar los elementos en el Escenario y la Línea de tiempo.

1. Abra Adobe Flash Professional. En Windows, seleccione **Iniciar>Todos los programas>Adobe Flash Professional CS5**. En Mac, haga doble clic en Adobe Flash CS5 en la carpeta de aplicaciones.

 **Truco:** También puede iniciar la aplicación haciendo doble clic en cualquier archivo de Flash (*.fla), como por ejemplo 01End.fla, que se adjunta para mostrarle el proyecto terminado.

2. Seleccione **Archivo>Abrir**. En el cuadro de diálogo **Abrir** elija el archivo 01End.swf de la carpeta Lesson01/01End y haga clic en **Abrir** para tener una vista previa del proyecto final. Se iniciará una animación. Durante ésta, aparecerán varias fotos solapándose, una a una, para acabar con un título.

3. Cierre la ventana de vista previa.

4. Seleccione **Archivo>Nuevo**. En el cuadro de diálogo **Nuevo documento**, escoja **ActionScript 3.0**.

Ésta es la última versión del lenguaje de programación de Flash, el cual utilizará para agregar interactividad. Requiere tener instalado Flash Player 9 o superior. En este capítulo no va a trabajar con Action Script pero aun así debe elegir la versión compatible con los archivos.

Figura 1.1. Aspecto de la animación que va a realizar.

5. Seleccione **Archivo>Guardar**. Nombre el archivo `01_workingcopy.fla` y, dentro del menú desplegable **Tipo**, escoja **Documento de Flash CS5 (*.fla)**. Guárdelo en la carpeta `01Start`. Grabar una copia del documento en este momento es una buena costumbre, pues ello le asegura que el original estará disponible si tiene un problema con el ordenador o la aplicación. Debe archivar siempre sus trabajos en Flash con la extensión `.fla` para identificarlos como código fuente de Flash.

CONOCER EL ÁREA DE TRABAJO

El área de trabajo de Adobe Flash incluye los menús de comando en la parte superior de la pantalla y una variedad de herramientas y paneles para editar y añadir elementos a su película. Puede crear todos los objetos para su animación o puede importar otros que haya creado en Adobe Illustrator, Adobe Photoshop, Adobe After Effects y aplicaciones compatibles.

Por defecto, Flash muestra la barra de menú, la Línea de tiempo, el Escenario, el panel **Herramientas**, el **Inspector de propiedades** y otros recursos.

A medida que trabaje con el programa, podrá abrir, cerrar, anclar, liberar y desplazar paneles por la pantalla para adaptarlos a su estilo de trabajo o a la resolución de su monitor.

Escoger un nuevo espacio de trabajo

Flash también proporciona algunos ajustes preestablecidos en el panel que quizá se ajusten mejor a las necesidades de determinados usuarios. Éstos se listan en el menú desplegable de la esquina superior derecha del espacio de trabajo o en el menú superior, dentro de **Ventana>Espacio de trabajo**.

1. Haga clic en el botón **Conceptos básicos** de la esquina superior derecha de la zona de trabajo de Flash y escoja otro espacio.

Los distintos paneles se redistribuirán y redimensionarán conforme a su importancia para cada usuario en particular. Por ejemplo, los espacios de trabajo **Animador** y **Diseñador** colocan la Línea de tiempo en la parte superior para poder acceder a ésta con mayor facilidad y frecuencia.

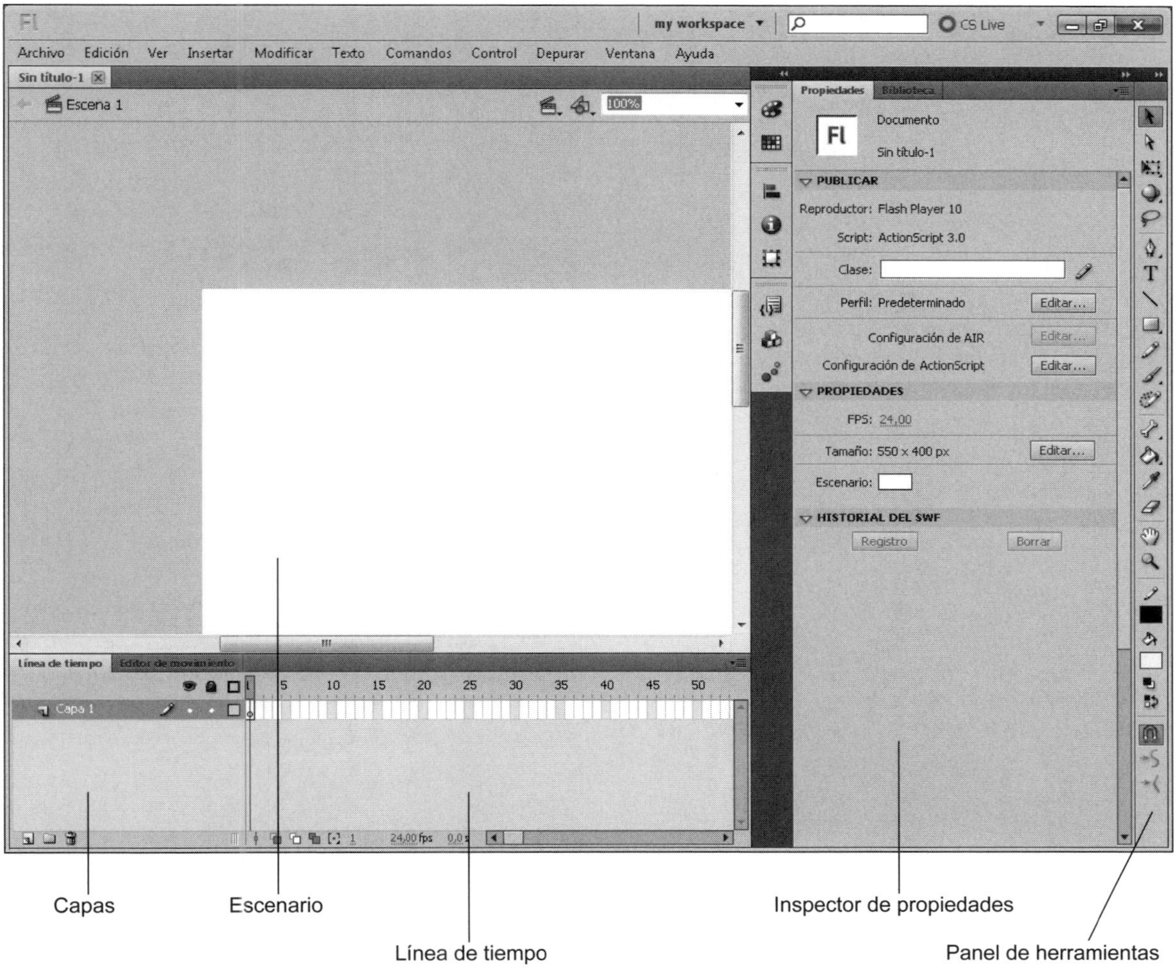

Figura 1.2. Espacio de trabajo clásico.

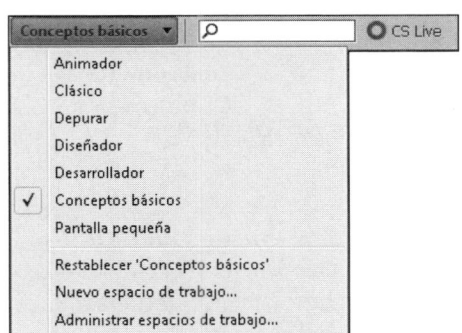

Figura 1.3. Elija un nuevo espacio de trabajo.

2. Si ha estado moviendo un poco los paneles y desea volver a alguno de los preestablecidos, escoja **Ventana>Espacio de trabajo>Restablecer** y el nombre del espacio de trabajo predeterminado.

3. Para regresar al que se muestra por defecto, elija **Ventana>Espacio de trabajo>Conceptos básicos**. En este libro utilizaremos este espacio de trabajo.

Familiarizarse **27**

Guardar el espacio de trabajo

Si descubre una distribución de los paneles que se adapta bien a su estilo, puede guardar el espacio personalizado para volver a él más adelante.

1. Haga clic en el botón **Espacio de trabajo** de la esquina superior derecha del espacio de trabajo de Flash y escoja **Nuevo espacio de trabajo**.

Se mostrará el cuadro de diálogo **Nuevo espacio de trabajo**.

2. Introduzca un nombre para su nuevo espacio de trabajo. Haga clic en **Aceptar**.

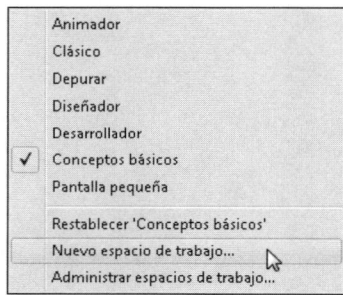

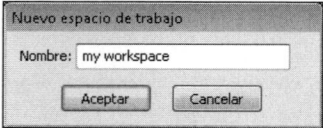

Figura 1.4. *El cuadro de diálogo Nuevo espacio de trabajo.*

De esta manera se guardará la distribución actual de los paneles. Su espacio de trabajo se añadirá a las opciones del menú desplegable, a las que podrá acceder en cualquier momento.

El Escenario

El gran rectángulo blanco que hay en medio de la pantalla se denomina Escenario. Como en un teatro, es lo que se ve cuando se reproduce una película.

Es el continente del texto, las imágenes y el vídeo que aparecen en el monitor. Le invito a que mueva elementos del Escenario para desplazarlos dentro y fuera de la zona visible. Puede usar la cuadrícula (**Ver>Cuadrícula>Mostrar cuadrícula**) y las reglas (**Ver>Reglas**) para que le ayuden a colocar todo a su gusto. También puede utilizar el panel **Alinear** y otras herramientas que conocerá más adelante.

El área gris que queda fuera del Escenario estará visible por defecto y en ella podrá colocar elementos que permanecerán ocultos para el público, dada su posición. Esta zona se denomina Área de trabajo. Para ver sólo el Escenario, escoja **Ver>Área de trabajo** cuando desee quitar la marca de esta opción. No obstante, déjala marcada por ahora.

Para escalar el Escenario de modo que se ajuste por completo a la ventana de la aplicación, seleccione **Ver>Aumentar y reducir>Ajustar a ventana**. También puede elegir entre las opciones de visualización del menú desplegable que se encuentran justo en la parte superior (véase la figura 1.5).

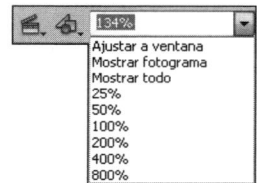

Figura 1.5. *Opción Ajustar a ventana del menú desplegable.*

Cambiar las propiedades del Escenario

Probablemente desee cambiar primero el color y las dimensiones. Estas opciones se encuentran disponibles en el **Inspector de propiedades**, que es el panel vertical que está a la derecha.

1. En la parte inferior del mismo observará que el tamaño del Escenario actual es de 550 x 400 píxeles. Haga clic sobre el botón **Editar** (véase la figura 1.6) y aparecerá el cuadro de diálogo Propiedades del documento.

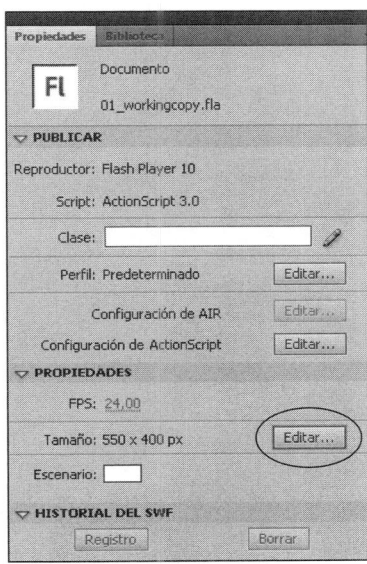

Figura 1.6. *El tamaño inicial del Escenario es de 550 x 400 píxeles.*

2. Indique las nuevas dimensiones en las casillas anchura y altura. Introduzca **800** para la anchura y **600** para la altura.

3. Haga clic en el botón **Color de fondo** y elija otro tono para el Escenario (véase la figura 1.7). Escoja el gris oscuro (#333333).

4. Haga clic en **Aceptar**. Ahora conseguirá apreciar el nuevo tamaño y color. También puede cambiar el tono haciendo clic sobre el botón **Escenario** en el Inspector de propiedades. No se preocupe en exceso a este respecto ya que es posible modificar las propiedades en cualquier momento.

TRABAJAR CON EL PANEL BIBLIOTECA

Accederá al panel **Biblioteca** desde la pestaña que está justo a la derecha del Inspector de propiedades. Este panel se usa para almacenar y organizar los símbolos creados en Flash, así como los archivos importados, incluyendo mapas de bits, gráficos, sonidos y vídeo clips. Los símbolos son utilizados frecuentemente para la animación y la interacción.

 **Nota:** Aprenderá más sobre los símbolos en el capítulo 3.

El panel Biblioteca

Su utilidad radica en que le permite distribuir el material de la Biblioteca en carpetas, observar con qué frecuencia se usa un objeto en un documento y ordenar los elementos por tipo.

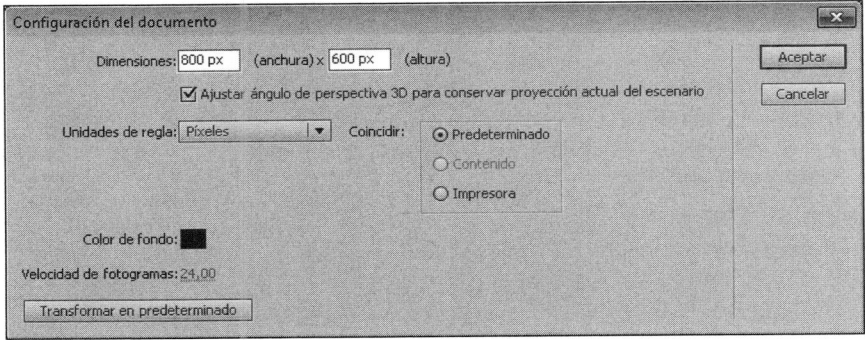

Figura 1.7. *Cambie las dimensiones y el color del escenario.*

Cuando importa algún objeto a Flash, puede llevarlo al Escenario o a la Biblioteca. Sin embargo, cualquier elemento importado al Escenario se añade además a la Biblioteca, como ocurre con todos los símbolos que cree. De esta manera, puede acceder fácilmente a ellos para agregarlos de nuevo, editarlos o ver sus propiedades.

Para mostrar el panel **Biblioteca**, seleccione **Ventana>Biblioteca** o pulse **Control-L** (Windows) o **Comando-L** (Mac).

Importar un elemento al panel Biblioteca

Con frecuencia creará gráficos utilizando directamente las herramientas de dibujo de Flash y los guardará como símbolos, los cuales se almacenarán en la Biblioteca. En otras ocasiones importará elementos como imágenes `.jpg` o archivos de sonido `mp3`, que también se almacenarán en esa ubicación. En este capítulo le indicaremos cómo trasladar varias imágenes `.jpg` a la Biblioteca para usarlas en la animación.

1. Escoja **Archivo>Importar>Importar a biblioteca**. En el cuadro de diálogo **Importar a biblioteca**, vaya a la carpeta `Lesson01/01Start` y seleccione el archivo `background.jpg`. Haga clic en **Abrir**.

2. Flash importará el `.jpg` seleccionado y lo colocará en el panel **Biblioteca**.

3. Importe además `photo1.jpg`, `photo2.jpg` y `photo3.jpg` de la carpeta `01Start`. No mueva la última, `photo4.jpg`, ya que la utilizará más adelante en este capítulo.

También puede mantener pulsada la tecla **Mayús** para seleccionar varios ficheros e importarlos todos de una misma vez.

4. El panel **Biblioteca** mostrará todos los `.jpg` que haya trasladado con sus nombres de archivo y una miniatura de previsualización (véase la figura 1.8).

Ahora estas figuras aparecerán como disponibles para que las maneje en su documento Flash.

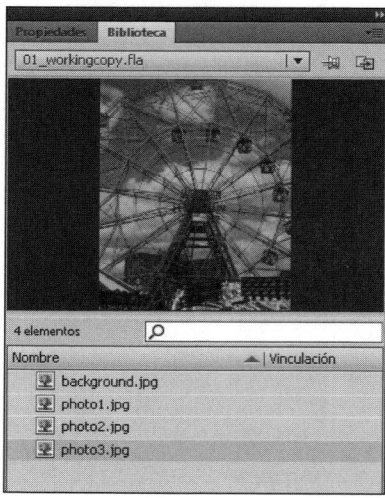

Figura 1.8. *Se han agregado varias imágenes a la biblioteca.*

Agregar un elemento al Escenario desde el panel Biblioteca

Para utilizar una imagen importada, basta con que la arrastre desde el panel **Biblioteca** hasta el Escenario.

1. Escoja **Ventana>Biblioteca** para abrir el panel **Biblioteca** en caso de que no esté abierto aún.

2. Seleccione `background.jpg`.

3. Arrástrelo hasta el Escenario (véase la figura 1.9) y colóquelo aproximadamente en el centro.

Figura 1.9. Arrastrar background.jpg desde la Biblioteca al Escenario.

EL CONCEPTO DE LA LÍNEA DE TIEMPO

La Línea de tiempo se encuentra bajo el Escenario. Como en las películas, los documentos de Flash miden el tiempo en fotogramas. Cuando se reproduce la película, la cabeza reproductora avanza y desarrolla la grabación a través de los fotogramas en la Línea de tiempo. Puede cambiar el contenido en el Escenario para diferentes fotogramas. Si quiere mostrar uno en particular, desplace la cabeza reproductora hasta su ubicación en la Línea de tiempo.

En la parte inferior se indica el número de fotograma seleccionado, la velocidad actual (cuántos se reproducen por segundo) y el tiempo de la película que ha transcurrido.

La Línea de tiempo también contiene capas que le ayudarán a organizar el trabajo artístico en su documento. Piense en ellas como si fuesen muchas tiras de película superpuestas unas encima de otras. Cada una contiene una imagen diferente que aparece en el Escenario, de manera que puede dibujar y editar objetos en una capa sin que afecte a los objetos que se encuentran en las restantes. Todas están intercaladas en el orden en que aparecen en la Línea de tiempo. Los objetos que están ubicados en la inferior se encuentran dispuestos de la misma manera con respecto a todos los demás en el Escenario.

Es posible ocultar, mostrar, bloquear o desbloquear las capas. Cada uno de los fotogramas es único pero puede arrastrarlos a un emplazamiento nuevo en la misma capa o copiarlos o desplazarlos a otra.

Renombrar una capa

Es recomendable que separe el contenido en capas distintas y que le dé a cada una un nombre que identifique su tema. De este modo, más adelante reconocerá fácilmente aquélla que necesite.

1. Seleccione la capa que hay en la Línea de tiempo.

2. Haga doble clic en el nombre para cambiar su denominación y escriba **background** (véase la figura 1.10).

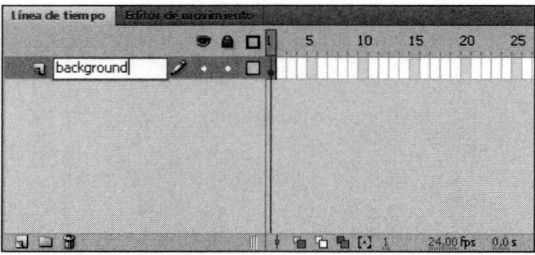

Figura 1.10. *Se le asigna a la capa el nombre "background".*

3. Haga clic fuera del recuadro del nombre para aplicar el nuevo.

4. Haga clic sobre el punto negro que hay bajo el icono del candado para bloquear la capa (véase la figura 1.11). Al realizar esta operación evitará cambios accidentales.

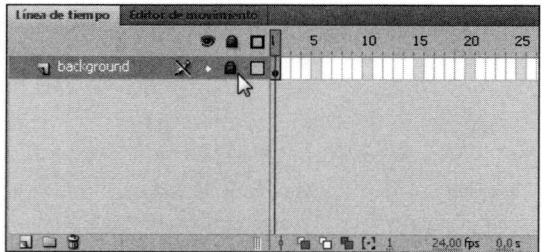

Figura 1.11. *Bloqueo de la capa "background".*

Añadir una capa

Un documento de Flash nuevo sólo contiene una capa, pero puede añadir tantas como necesite. Los objetos situados en las superiores cubrirán a los de las inferiores.

1. Seleccione la capa **background** de la Línea de tiempo.

2. Elija **Insertar>Línea de tiempo>Capa** (véase la figura 1.12). También puede hacer clic sobre el botón **Nueva capa**, que se encuentra bajo la Línea de tiempo. Aparecerá una nueva sobre **background**.

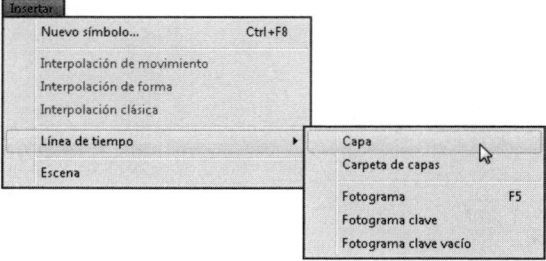

Figura 1.12. *Crear una nueva capa desde el menú Insertar.*

3. Haga doble clic en la nueva capa para asignarle otra denominación y escriba **photo1**. Haga clic fuera del recuadro del nombre para aplicar el cambio. Ahora la Línea de tiempo tiene dos capas. **background** contiene la foto de fondo y, por encima de ésta, se encuentra la recién creada **photo1**, que está vacía.

4. Seleccione la capa superior, **photo1**.

5. Escoja **Ventana>Biblioteca** para abrir el panel **Biblioteca**, si no está abierto aún.

6. Arrastre `photo1.jpg` desde la Biblioteca hasta el Escenario.

El archivo `photo1` se colocará en esta ubicación, sobre el `.jpg` de fondo (véase la figura 1.13).

7. Escoja **Insertar>Línea de tiempo>Capa** o haga clic en el botón **Nueva capa** (▫) que hay bajo la Línea de tiempo para agregar una tercera.

8. Renombre ésta (véase la figura 1.14) como **photo2**.

Figura 1.13. La foto cubre la imagen de fondo.

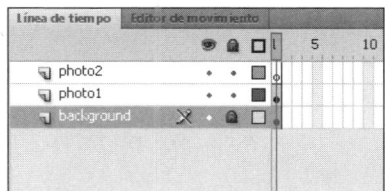

Figura 1.14. Creación de una tercera capa.

Trabajar con capas

Puede eliminar fácilmente las capas seleccionándolas haciendo clic en el botón **Eliminar** que hay bajo la Línea de tiempo (véase la figura 1.15).

Si desea reordenarlas, sólo tiene que pulsar sobre cualquiera y arrastrarla hasta su nueva posición en la pila de capas.

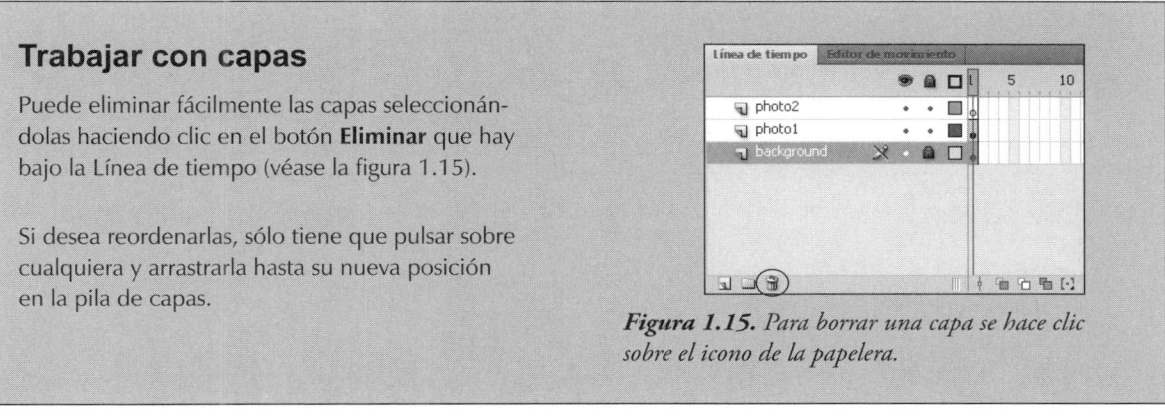

Figura 1.15. Para borrar una capa se hace clic sobre el icono de la papelera.

Insertar fotogramas

De momento tiene en el Escenario una imagen de fondo y otra fotografía que cubre a ésta pero la animación completa sólo consta de un fotograma. Para crear más espacio temporal en la Línea de tiempo debe agregar fotogramas adicionales.

1. Seleccione el fotograma 48 de la capa **background** (véase la figura 1.16).

2. Escoja **Insertar>Línea de tiempo> Fotograma** (F5). También puede hacer clic con el botón derecho del ratón (Windows) o pulsar **Control-clic** (Mac) y seleccionar **Insertar fotograma** en el menú contextual que aparecerá (véase la figura 1.17).

Flash agregará fotogramas a la capa **background** hasta llegar al punto seleccionado, el designado con el número 48.

3. Seleccione el fotograma 48 de la capa **photo1**.

4. Siga la ruta **Insertar>Línea de tiempo> Fotograma** (F5). Si lo prefiere haga clic con el botón derecho del ratón o pulse **Control-clic** y seleccione **Insertar fotograma** en el menú contextual. Flash agregará fotogramas a **photo1** hasta llegar al punto establecido, el del número 48.

5. Escoja el fotograma 48 de **photo2** e inserte fotogramas en dicha capa (véase la figura 1.18).

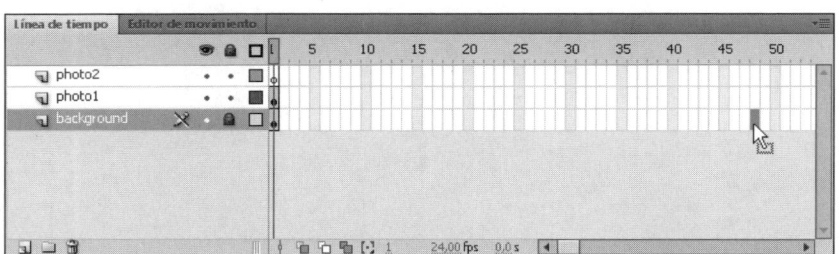

Figura 1.16. Para ampliar la duración hay que crear fotogramas.

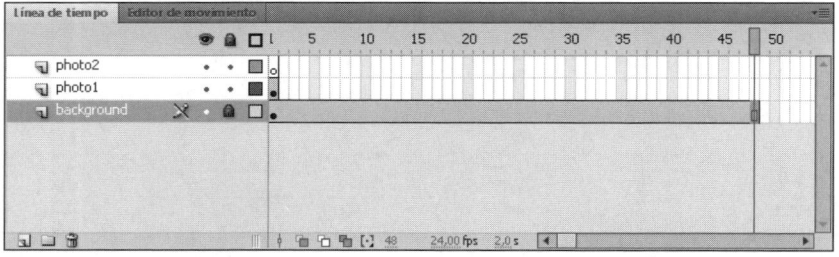

Figura 1.17. Flash genera automáticamente todos los fotogramas que faltan hasta llegar al 48.

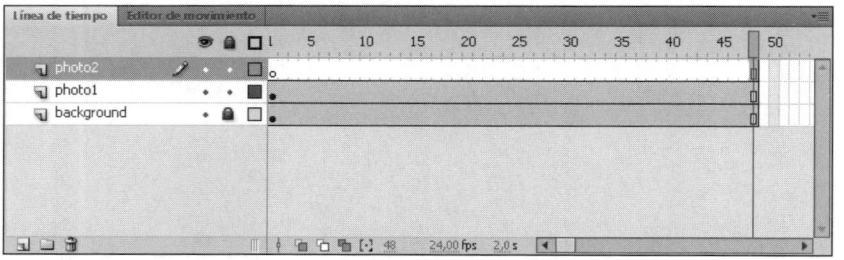

Figura 1.18. Repetición de la operación para la capa photo2.

Ahora tiene tres capas, todas ellas con 48 fotogramas en la Línea de tiempo. Como la velocidad de su película Flash es de 24 fotogramas por segundo, esta animación durará 2 segundos.

> **Seleccionar varios fotogramas**
>
> De igual modo que utiliza la tecla **Mayús** para seleccionar varios archivos de su escritorio, puede hacer lo mismo para escoger varios fotogramas de la Línea de tiempo de Flash. Si tiene varias capas y desea insertar fotogramas en todas ellas, mantenga pulsada la tecla **Mayús** y haga clic en el punto en el que quiere agregarlos. Luego siga la ruta **Insertar>Línea de tiempo>Fotograma**.

Crear un fotograma clave

Los fotogramas clave indican un cambio en el contenido del Escenario. Están marcados en la Línea de tiempo mediante un círculo. Si está vacío significa que no hay nada en particular en esa capa en ese momento concreto.

Si se muestra en color negro quiere decir que existe algo en particular en ese mismo instante. La capa **background**, por ejemplo, contiene un fotograma clave relleno (círculo negro) en el primer fotograma. La capa **photo1** también tiene uno en esa misma ubicación. Ambas incluyen fotos. **photo2**, sin embargo, contiene un elemento vacío en ese emplazamiento, lo cual indica que en ese momento no hay nada en su interior. Va a insertar un fotograma clave en la capa **photo2** en el punto donde desea que aparezca la siguiente foto.

1. Seleccione el fotograma 24 de la capa **photo2** (véase la figura 1.19). Al marcarlo, Flash le muestra el número bajo la Línea de tiempo.

2. Siga el comando **Insertar>Línea de tiempo>Fotograma clave** (**F6**). En el fotograma 24 de **photo2** aparecerá un nuevo fotograma clave, designado por un círculo vacío (véase la figura 1.20).

3. Seleccione el nuevo fotograma clave del número 24 de la capa **photo2**.

4. Arrastre el elemento `photo2.jpg` de su Biblioteca hasta el Escenario.

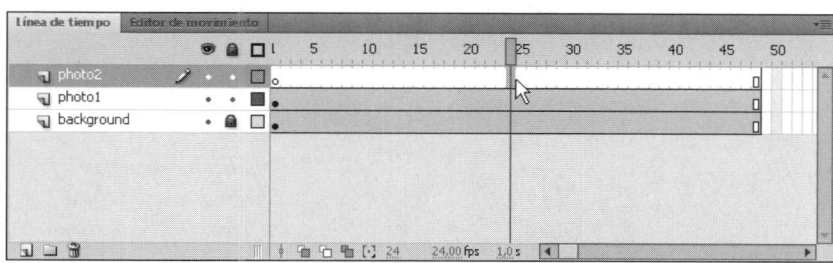

Figura 1.19. Flash le muestra el número del fotograma bajo la Línea de tiempo.

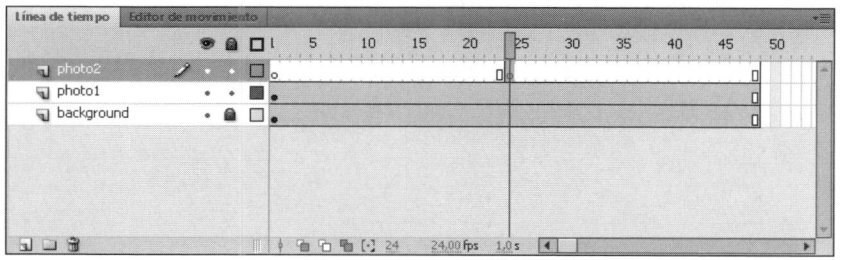

Figura 1.20. Se incorpora un nuevo fotograma clave en el punto marcado.

El círculo vacío del fotograma 24 se rellena, indicando que ha habido un cambio en la capa. En el 24 se muestra su foto.

Puede hacer clic sobre la cabeza reproductora roja que hay en la parte superior de la Línea de tiempo para hacer un barrido, o mostrar lo que ocurre en el Escenario en cada momento (véase la figura 1.21).

Comprobará que las fotos de **background** y **photo1** permanecen en el Escenario a lo largo de la Línea de tiempo, mientras que **photo2** aparece en el fotograma 24.

Para dominar Flash es esencial comprender los conceptos de fotograma y fotograma clave. Asegúrese de entender que la capa **photo2** contiene 48 fotogramas y 2 de ellos son clave; uno vacío en el número 1 y otro relleno en el 24.

Mover un fotograma clave

Si desea que `photo2.jpg` aparezca antes o después, tiene que desplazar el fotograma clave en el que aparezca hasta un punto anterior o posterior de la Línea de tiempo. Puede moverlo fácilmente seleccionándolo y arrastrándolo hasta su nueva posición.

1. Seleccione el fotograma clave de la ubicación 24 de la capa **photo2**.

2. Desplace ligeramente el cursor del ratón. Verá que aparece un icono rectangular cerca de éste, indicando que es posible reubicar el fotograma clave.

3. Haga clic sobre él y llévelo hasta el fotograma 12 de la capa **photo2** (véase la figura 1.22). Ahora `photo2.jpg` aparece en el Escenario en un momento anterior de la animación (véase la figura 1.23).

Figura 1.21. *Al arrastrar la cabeza reproductora puede revisar los distintos momentos de la animación.*

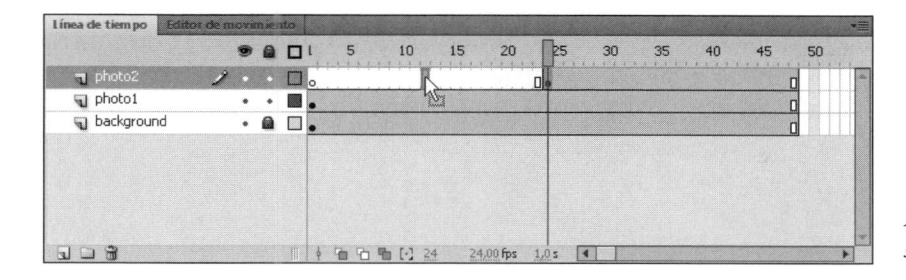

Figura 1.22. Los fotogramas se pueden arrastrar.

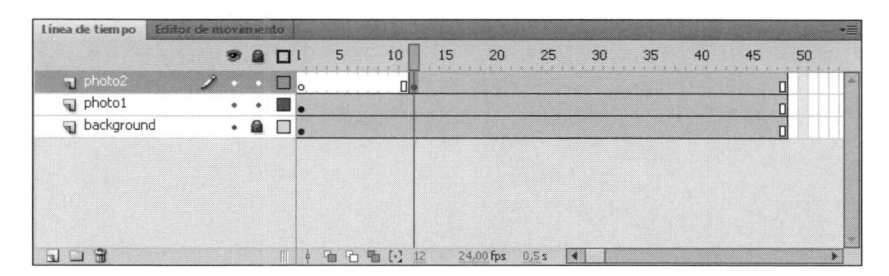

Figura 1.23. Colocación del fotograma en otra posición de la línea de tiempo.

Eliminar fotogramas clave

Si desea suprimir un fotograma clave, no pulse la tecla **Supr**, ya que borraría el contenido del Escenario para ese elemento. En cambio, selecciónelo y escoja Modificar>Línea de tiempo>Borrar fotograma clave (**Mayús-F6**), lo que lo hará desparecer de la Línea de tiempo.

ORGANIZAR CAPAS EN UNA LÍNEA DE TIEMPO

Su archivo Flash tiene por ahora sólo tres capas: una de fondo, photo1 y photo2. Va a necesitar más para este proyecto, por lo que al final tendrá que organizar muchas, como ocurre en la mayoría de los trabajos. Las carpetas de capas le permiten agrupar aquéllas relacionadas entre sí para mantener una Línea de tiempo estructurada y gestionable. Esto puede compararse a la creación de carpetas en el escritorio de su PC para guardar documentos vinculados a un mismo tema.

Aunque el proceso puede llevar algún tiempo, a la larga lo estará ahorrando porque sabrá exactamente dónde buscar una capa específica en un momento dado.

Crear carpetas de capas

Para este proyecto, es necesario agregar capas para almacenar fotos adicionales y guardarlas en una carpeta.

1. Seleccione photo2 y haga clic en el icono **Nueva capa** ().

2. Póngale de nombre "photo3" a la carpeta.

3. Inserte un fotograma clave en el número 24.

4. Arrastre photo3.jpg desde la Biblioteca hasta el Escenario. De esta manera tiene cuatro capas (véase la figura 1.24). Las tres primeras contienen fotos de escenas de Coney Island que aparecen en distintos fotogramas clave.

Familiarizarse

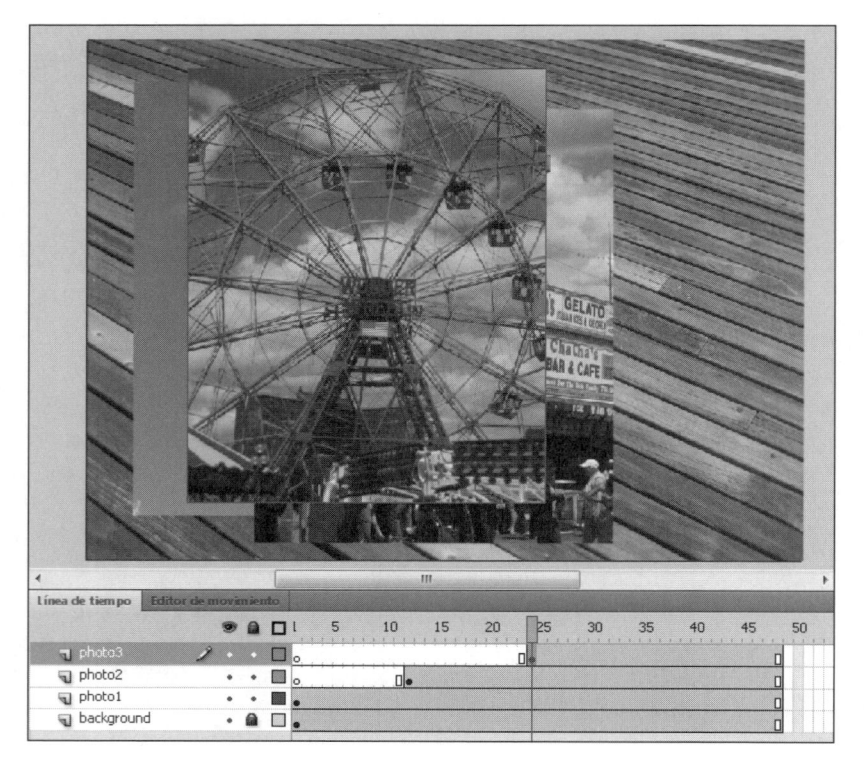

Figura 1.24. Agrupación de cuatro capas en una carpeta.

5. Seleccione la carpeta `photo3` y haga clic en **Nueva carpeta** (■). Sobre la capa **photo3** aparecerá una nueva carpeta de capas (véase la figura 1.25).

6. Llame `photos` a la carpeta.

Agregar capas a las carpetas de capas

A continuación vamos a incorporar las capas de fotos a la carpeta que las contendrá.

Cuando las mueva, recuerde que Flash las muestra en el orden en el que aparecen en la Línea de tiempo, con la capa superior al frente y la inferior al fondo.

1. Arrastre la capa **photo1** dentro de la carpeta `photos`. Observe que la línea más gruesa indica el destino de la capa (véase la figura 1.26). Cuando se coloca dentro de una carpeta, el nombre de la capa aparece sangrado.

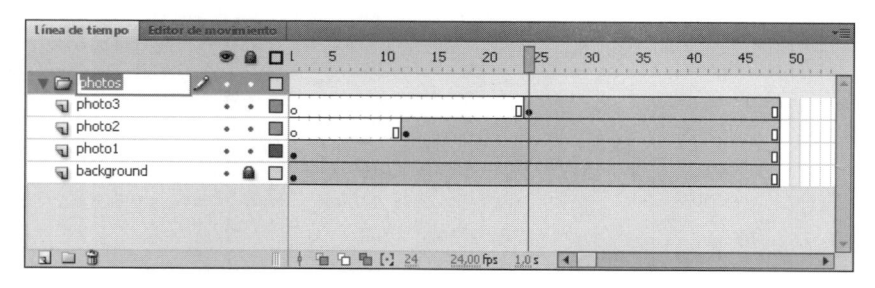

Figura 1.25. Creación de una carpeta de capas, de nombre "photos".

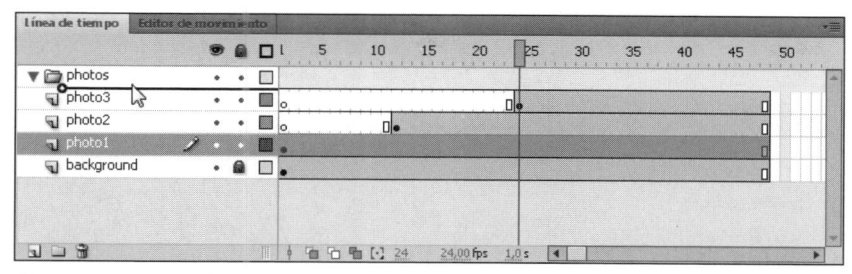

Figura 1.26. Desplazamiento de la capa dentro de la carpeta.

2. Mueva **photo2** adentro también.

3. Realice la misma acción con **photo3**.

Ahora las tres capas de fotos deberían estar dentro de la carpeta `photos` (véase la figura 1.27).

Puede contraer la carpeta haciendo clic sobre la flecha y expandirla de nuevo del mismo modo. Tenga presente que, si elimina una carpeta de capas, suprimirá a su vez todo su contenido.

Cambiar el aspecto de la Línea de tiempo

Es posible ajustar la apariencia de este elemento para adecuarlo a su ritmo de trabajo. Cuando quiera ver más capas, seleccione **Corto** en el menú desplegable **Vista de fotograma** en la esquina superior derecha de la Línea de tiempo (véase la figura 1.28).

Este comando disminuye la altura de la fila de celdas de los fotogramas. Las opciones **Vista previa** y **Vista previa en contexto** muestran versiones en miniatura del contenido de los fotogramas clave.

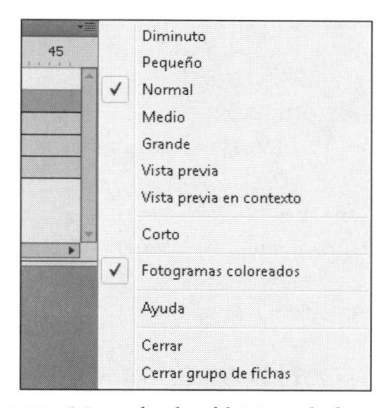

Figura 1.28. Menú desplegable Vista de fotograma.

También puede cambiar la anchura de las celdas seleccionando **Diminuto, Pequeño, Normal, Medio** o **Grande**.

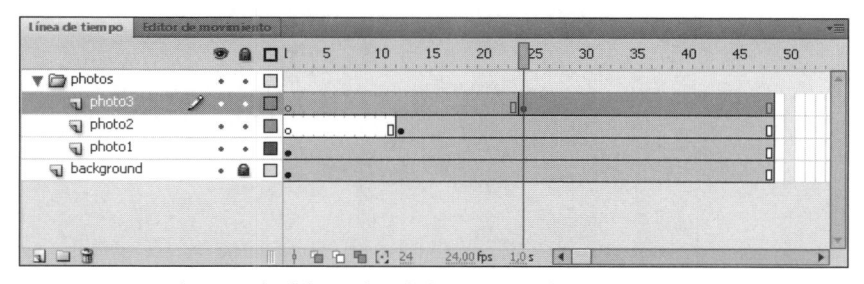

Figura 1.27. El sangrado del nombre de las capas indica que están en el interior de la carpeta.

Familiarizarse **39**

USAR EL INSPECTOR DE PROPIEDADES

Esta opción le proporciona un acceso rápido a los atributos que vaya a necesitar habitualmente. Lo que muestra depende del elemento seleccionado. Por ejemplo, si no ha destacado nada, presentará las opciones generales de un documento Flash, como las de cambio de color y dimensiones; si escoge un objeto del Escenario, hará visibles sus coordenadas X e Y, así como su altura y anchura, entre otros datos. El **Inspector de propiedades** es un elemento muy útil para mover sus fotos por el Escenario.

Colocar un objeto en el Escenario

Empezará por desplazar las fotos utilizando el **Inspector de propiedades**. Además tendrá que usar el panel **Transformar** para girarlas.

1. Seleccione la foto `photo1.jpg` que ha arrastrado al Escenario en el fotograma 1 de la capa **photo1** de la Línea de tiempo. El contorno azul indica que el objeto está marcado.

2. En el **Inspector de propiedades**, escriba **50** para el valor X y **50** para Y (véase la figura 1.29). Pulse **Intro/Retorno** para aplicar los valores. También puede, simplemente, hacer clic con el cursor sobre X e Y para arrastrarlos y mudar sus posiciones. La foto se desplazará hasta el lado izquierdo del Escenario.

> **Nota:** Si el Inspector de propiedades no está abierto, seleccione Ventana>Propiedades, o bien pulse **Control/Comando-F3**.

Los valores X e Y del Escenario se miden desde la esquina superior izquierda. X parte de 0 y se incrementa al avanzar hacia la derecha e Y parte de 0 y crece al desplazarse hacia abajo. El punto de registro de las fotos importadas se encuentra en su esquina superior izquierda.

3. Seleccione **Ventana>Transformar** para abrir el panel **Transformar**.

Figura 1.29. Mover una imagen cambiando sus coordenadas.

4. En el panel **Transformar**, escoja **Rotación** y escriba **-12** en el cuadro de texto o bien haga clic sobre el valor y arrastre para cambiar la rotación (véase la figura 1.30). Pulse **Intro/Retorno** para aplicar la modificación.

La foto elegida en el Escenario girará 12 grados en el sentido de las agujas del reloj.

5. Destaque el fotograma 12 de la capa **photo2** y haga clic en el Escenario sobre `photo2.jpg`.

6. Utilice el **Inspector de propiedades** y el panel **Transformar** para colocar y rotar la segunda foto de manera más interesante. Emplee los valores X=80, Y=50 y una rotación de 6 grados para que contraste un poco con la primera (véase la figura 1.31).

Figura 1.30. Indicación de la rotación en grados.

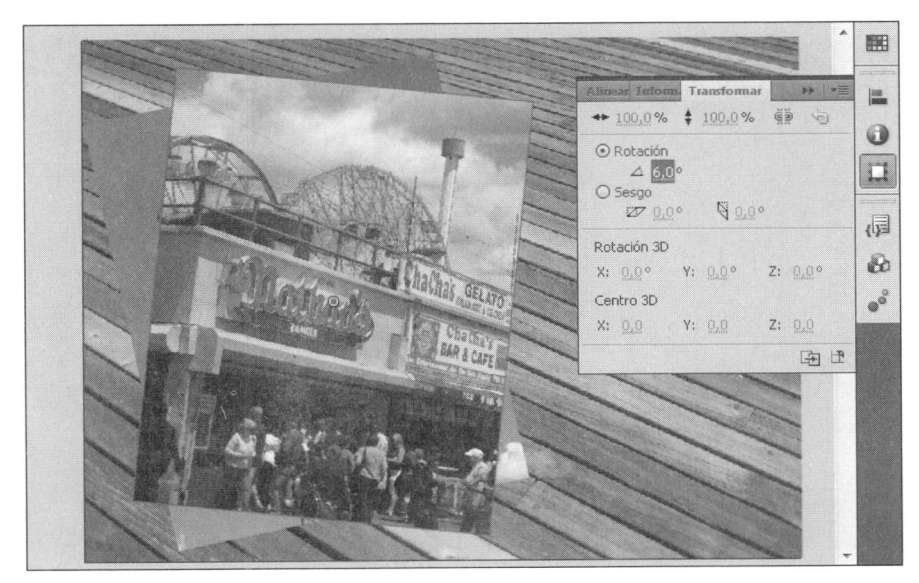

Figura 1.31. Rotación de cada foto en un sentido.

Familiarizarse 41

Trabajar con paneles

En casi todas las acciones de Flash está implicado algún panel. En este capítulo utilizará los paneles **Biblioteca**, **Herramientas**, **Inspector de propiedades**, **Transformar**, **Historial** y la **Línea de tiempo**. En las lecciones posteriores verá otros como **Acciones**, **Color**, **Movimientos** y algunos más con los que podrá controlar los diferentes matices de su proyecto. Como son una parte integral del espacio de trabajo de Flash, es pertinente aprender a gestionarlos. Para abrir cualquier panel escoja su nombre en el menú **Ventana**. En algunos casos tendrá que ir hasta un submenú para elegirlo, como en el caso de **Ventana>Otros paneles>Historial** (véase la figura 1.32). Por defecto, el **Inspector de propiedades**, **Biblioteca** y **Herramientas** aparecen juntos en el lado derecho de la pantalla; la Línea de tiempo y el **Editor de movimiento** están en la parte inferior y el Escenario está encima, aunque existe la posibilidad de mover los paneles a cualquier posición que le resulte más cómoda.

- Para desacoplar un panel del lado derecho de la pantalla, arrástrelo por su pestaña hasta una nueva posición.

- Si desea acoplar un panel, muévalo por su pestaña hasta otra ubicación dentro del conjunto. Puede colocarlo encima, debajo o entre otros. El contorno azul indica dónde puede situarlo.

- Si lo que quiere es agrupar un panel con otro, desplace la pestaña del primero al interior de la del segundo.

- Para mover un grupo, utilice la barra superior de color gris oscuro.

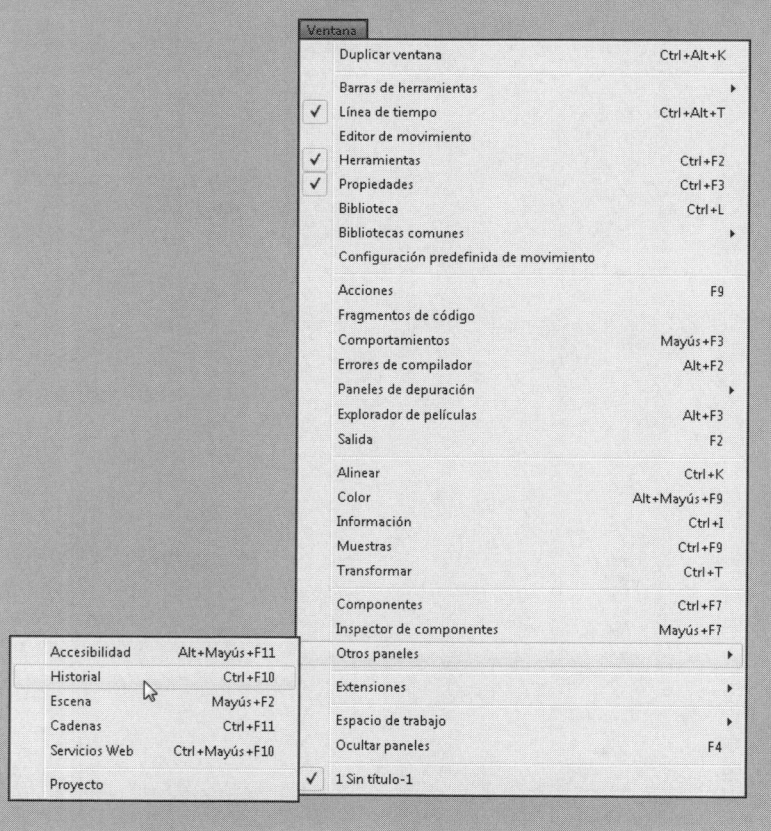

Figura 1.32. Acceso a un submenú para mostrar el panel.

Nota: También tiene la opción de mostrar la mayoría de los paneles como iconos para ahorrar espacio pero seguir teniendo un rápido acceso. Haga clic sobre las flechas de arriba a la derecha para contraerlos y repita la operación para expandirlos.

7. Seleccione el fotograma 24 de la capa **photo3** y haga clic en el Escenario sobre `photo3.jpg`.

8. Utilice el **Inspector de propiedades** y el panel **Transformar** para colocar y rotar la tercera foto de manera que quede más interesante. Le recomendamos que ahora emplee X=120, Y=55 y una rotación de -2 para que observe con nitidez el cambio (véase la figura 1.33).

UTILIZAR EL PANEL HERRAMIENTAS

El panel **Herramientas** (el estrecho y alargado que está a la derecha del Área de trabajo) contiene herramientas de selección, dibujo, escritura, pintura, edición, navegación, etc. (véase la figura 1.34).

Se utiliza con frecuencia para cambiar una herramienta que se está usando en un determinado momento por otra que se necesite.

Cuando seleccione una herramienta, recuerde comprobar el área de opciones en la parte inferior para agregar más opciones u otras configuraciones adecuadas para su trabajo.

Nota: Cuando en Flash se giran las imágenes o se les da otra escala pueden mostrar un aspecto dentado, que se puede suavizar haciendo doble clic en el icono de mapa de bits del panel **Biblioteca**. En el cuadro de diálogo **Propiedades de mapa de bits** que se abrirá, escoja la opción **Permitir suavizado**.

Figura 1.33. Rotación y desplazamiento de la tercera foto.

Familiarizarse 43

Figura 1.34. El panel Herramientas de Flash.

Seleccionar y utilizar una herramienta

Cuando elige uno de estos iconos, las opciones disponibles en la parte inferior de **Herramientas** y el **Inspector de propiedades** cambian. Por ejemplo, si escoge **Rectángulo**, aparece el modo Dibujo de objeto y las opciones de Ajustar a objetos. Cuando selecciona la herramienta **Zoom**, surgen Aumentar y Reducir.

Este panel engloba demasiadas variables como para mostrarlas todas a la vez. Algunas están organizadas en grupos y solamente se muestra la última herramienta que se haya utilizado. Si ve un pequeño triángulo en la esquina inferior derecha del botón significa que hay más elementos dentro de esa herramienta. Haga clic con el ratón en el icono de la que aparezca visible y manténgalo pulsado para ver las otras herramientas disponibles y poder elegirlas en el menú desplegable. Va a utilizar la herramienta **Texto** para ponerle un título a la animación.

1. Seleccione la capa superior en la Línea de tiempo y haga clic en **Nueva capa**.

2. Llámela **text**.

3. Bloquee las inferiores para que no pueda desplazar nada sobre ellas por error.

4. En la Línea de tiempo, mueva la cabeza reproductora al fotograma 36 y selecciónelo en la capa text.

5. Escoja Insertar>Línea de tiempo> Fotograma clave (**F6**) para introducir un nuevo fotograma clave en la ubicación 36 de text (véase la figura 1.35). Es el momento de crear el texto que se mostrará en el fotograma 36 de esta capa.

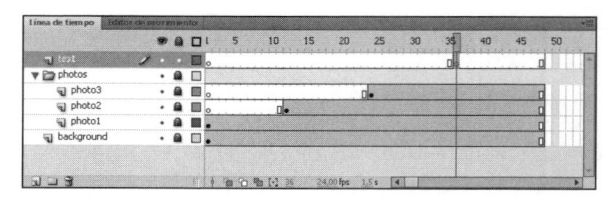

Figura 1.35. Insertar un nuevo fotograma clave.

6. En el panel **Herramientas**, seleccione **Texto**. Viene indicado por un icono con una letra T mayúscula (véase la figura 1.36).

7. En el **Inspector de propiedades**, escoja Texto clásico en el menú desplegable. Elija Texto estático en el menú desplegable que aparece debajo.

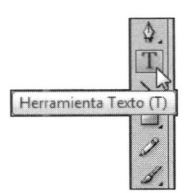

Figura 1.36. Herramienta Texto.

Texto clásico es muy útil para incorporar un texto simple que no precisa de opciones sofisticadas, como el añadido de varias columnas o el hecho de envolver algún objeto. **Texto estático** es la opción para todo aquel escrito que se utilice con el fin de ser mostrado. Por su parte, **Texto dinámico** e **Introducción de texto** tienen una finalidad más interactiva y se controlan mediante Action Script. Aprenderá más sobre las variantes más avanzadas de texto en el capítulo 7.

8. Destaque una fuente y un tamaño en el **Inspector de propiedades**. Puede que su ordenador no tenga las mismas fuentes que aparecen en este capítulo. En tal caso, elija una de aspecto similar.

9. Haga clic en el recuadro de color del **Inspector de propiedades** para elegir un tono adecuado. Puede pulsar en la esfera cromática que hay en la parte superior derecha para acceder al selector de color de Adobe o bien cambiar el porcentaje Alfa del mismo punto, lo que determina el nivel de transparencia (véase la figura 1.37).

10. Asegúrese de que el fotograma clave del número 36 de la capa **title** está seleccionado y luego haga clic sobre el punto del Escenario en el que desea comenzar a agregar el texto. Puede hacer clic una vez y comenzar a escribir o hacer clic y arrastrar para definir la anchura del campo de texto.

11. Escriba un título descriptivo para las fotos que se muestran en el Escenario (véase la figura 1.38).

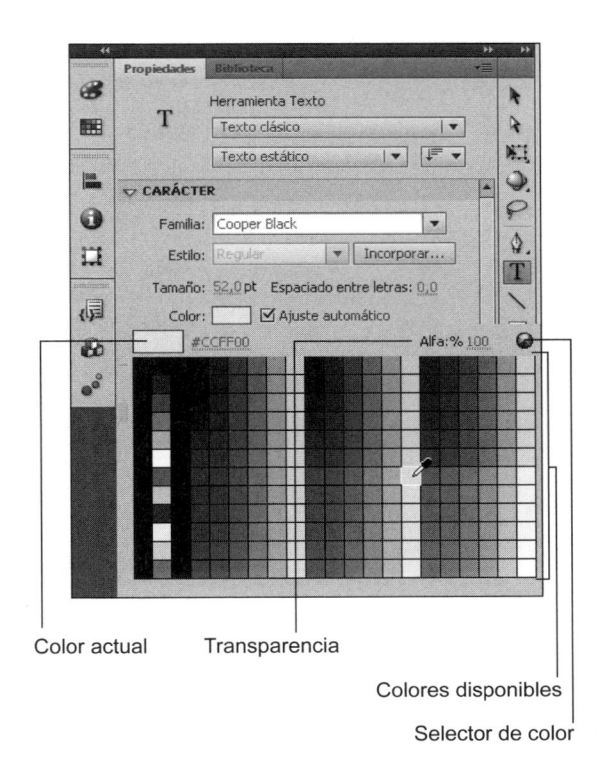

Figura 1.37. Las distintas opciones de color del texto.

Figura 1.38. Introducir un título adecuado.

Familiarizarse 45

Vista general del panel Herramientas

El panel **Herramientas** contiene herramientas de selección, de dibujo y pintura, y de navegación. El área de opciones del panel **Herramientas** le permite modificar aquella que haya marcado.

El menú expandido de la derecha muestra las que están ocultas, mientras que los cuadrados negros indican la herramienta por defecto que aparece en el panel. La letra mayúscula entre paréntesis señala el atajo de teclado de cada cual. Observe que están agrupadas en base a la similitud de sus funcionalidades (véase la figura 1.39).

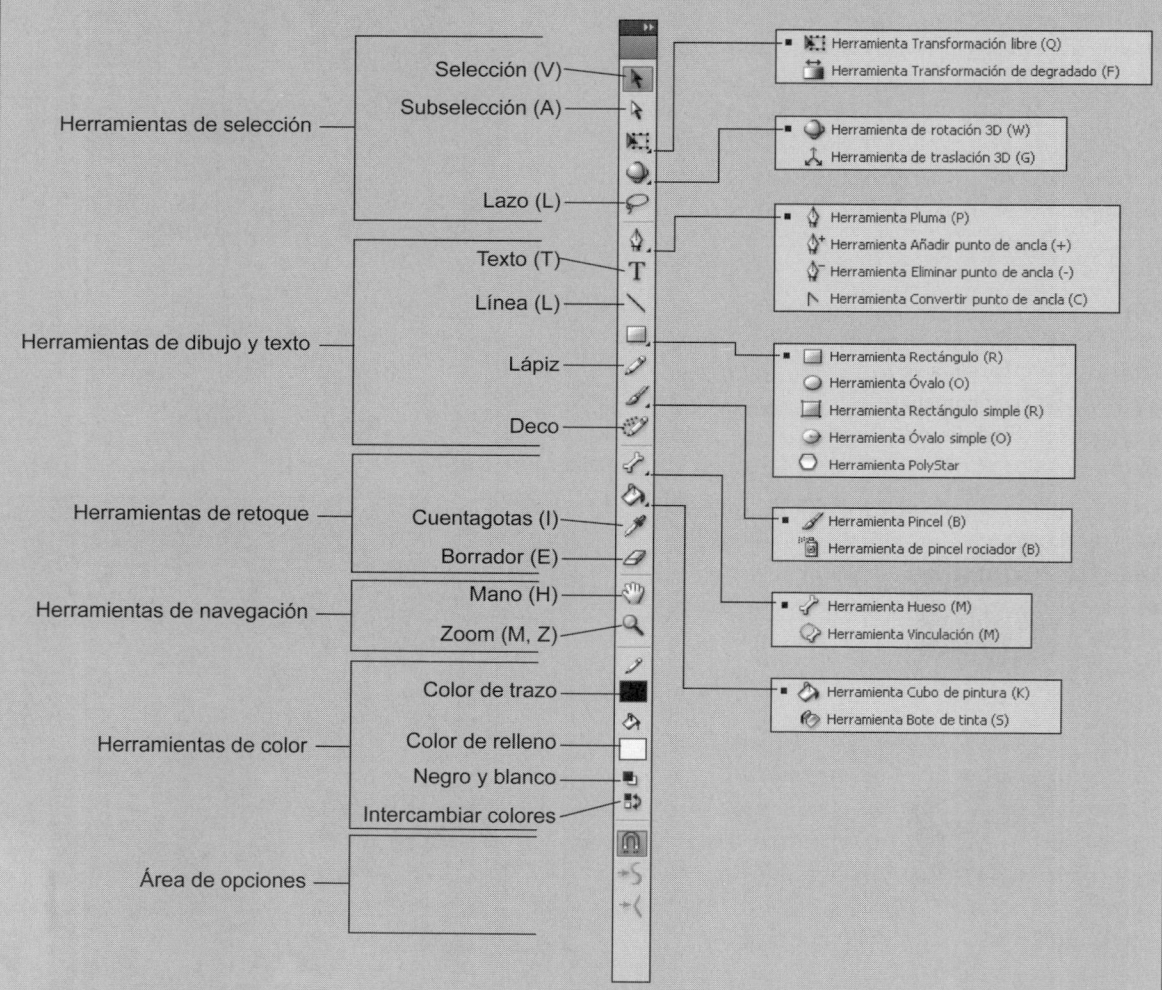

Figura 1.39. El panel Herramientas tiene un contenido más amplio de lo que parece.

12. Salga de la herramienta **Texto** escogiendo **Selección** ( ).

13. Utilice el Inspector de propiedades del panel Transformar para reubicar o rotar el texto en el Escenario si así lo desea (véase la figura 1.40), o bien escoja la herramienta **Selección** y, simplemente, arrastre su texto hasta una nueva posición. Los valores X e Y del Inspector de propiedades se actualizarán conforme vaya desplazando lo que haya escrito.

14. ¡Ya ha terminado la animación de este capítulo! Compare su archivo con el que se muestra como final, 01End.fla.

DESHACER PASOS EN FLASH

En un mundo perfecto, todo debería seguir el plan previsto. Sin embargo, a veces es necesario retroceder un paso o dos para comenzar de nuevo. Puede deshacer pasos en Flash usando el comando Deshacer o el panel Historial.

Para hacer esta operación seleccione Edición> Deshacer o pulse **Control/Comando-Z**. Para rehacer un paso que ya ha deshecho, elija Edición>Rehacer.

Si quiere eliminar varios pasos en Flash, es más fácil usar el panel Historial, que muestra una lista de las 100 últimas acciones realizadas desde que abrió el documento en el que está trabajando. Debe tener en cuenta que, cuando se cierra un archivo, se borra el historial. Para abrir este panel, seleccione Ventana>Otros paneles>Historial.

Pongamos el ejemplo de que no está satisfecho con el texto recién añadido y quiere deshacer su trabajo y volver a un estado anterior del documento Flash.

1. Escoja Edición>Deshacer para deshacer la última acción realizada. Con este comando puede retroceder tantos pasos como los que aparezcan en el panel Historial. Es posible cambiar el número máximo de comandos Deshacer seleccionando Edición>Preferencias.

Figura 1.40. Una vez introducido el texto se puede rotar.

Familiarizarse   **47**

2. Siga la ruta **Ventana>Otros paneles>Historial** para abrir **Historial**.

3. Arrastre el deslizador de este panel hasta el paso anterior al error. Los que estén por debajo de este punto se difuminan y se borran del proyecto. Para retroceder un poco más sólo tiene que mover el cursor hacia abajo (véase la figura 1.41).

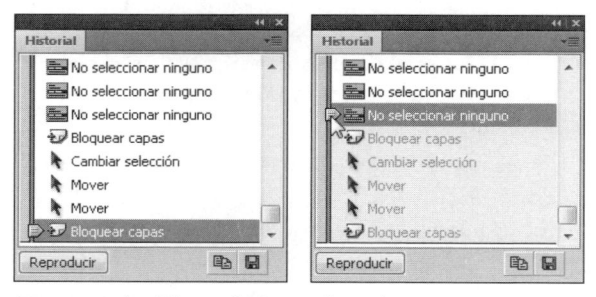

Figura 1.41. El panel Historial con los pasos a deshacer seleccionados.

Advertencia: Si borra los pasos en el panel **Historial** y ejecuta unos nuevos, no podrá volver a acceder a los que eliminó.

PREVISUALIZAR SU PELÍCULA

Cuando trabaja en un proyecto, es buena idea previsualizarlo a menudo para asegurarse de que está consiguiendo el efecto deseado. Si quiere saber cómo verá una animación o una película un espectador, seleccione **Control>Probar Película>En Flash Professional**. También puede pulsar **Control-Intro** (en Windows) o **Comando-Retorno** (en Mac) para previsualizar su creación.

1. Ejecute **Control>Probar Película>En Flash Professional**. Flash abre y reproduce la película en una ventana nueva (véase la figura 1.42).

Figura 1.42. Se puede previsualizar la animación en cualquier momento.

Flash crea un fichero .swf en la misma ubicación en la que está el .fla y abre y reproduce éste en una ventana aparte. El primero es el fichero comprimido y publicado que se subirá a la Web.

Flash representa de modo indefinido las películas en este modo de previsualización. Si no desea que el trabajo se reinicie al llegar al final, seleccione **Control>Reproducir indefinidamente** para desactivar la opción.

2. Cierre la ventana de previsualización.

3. Haga clic en el Escenario con la herramienta **Selección**. Fíjese en la parte inferior del **Inspector de propiedades**, el **Historial del SWF** (véase la figura 1.43) muestra y guarda un registro del tamaño y la fecha del fichero, así como del .swf que se ha publicado más recientemente. Esto le ayudará a seguir de cerca el progreso de su trabajo y sus revisiones.

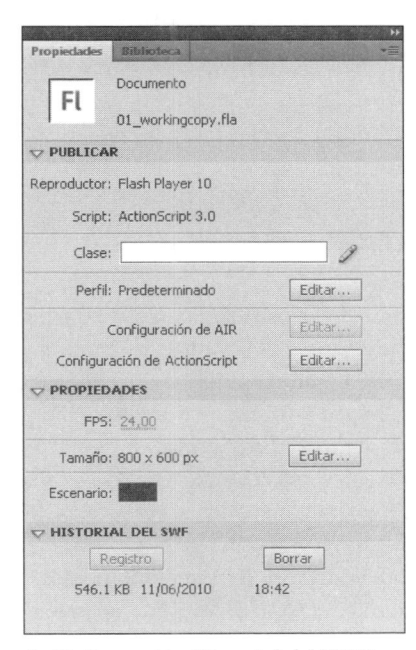

Figura 1.43. La sección Historial del SWF del Inspector de propiedades.

PUBLICAR SU PELÍCULA

Cuando esté listo para compartir su película con los demás, publíquela desde Flash. Para la mayoría de los proyectos, Flash creará un archivo .html y otro con formato .swf. Éste contiene su película final de Flash y el .html le indica al servidor Web cómo mostrar el .swf. Necesitará poner ambos en la misma carpeta de su servidor Web. Compruebe siempre su película después de colocarla en el portal para asegurarse de que funciona perfectamente.

1. Seleccione **Archivo>Configuración de publicación** (véase la figura 1.44).

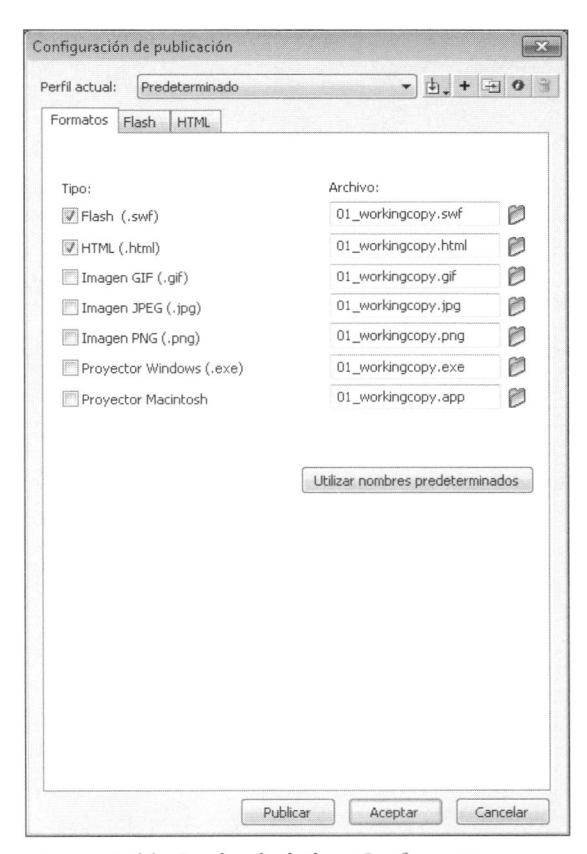

Figura 1.44. Cuadro de diálogo Configuración de publicación.

2. Haga clic en la pestaña **Formatos**.

3. Elija **Flash** (.swf) y **HTML** (.html).

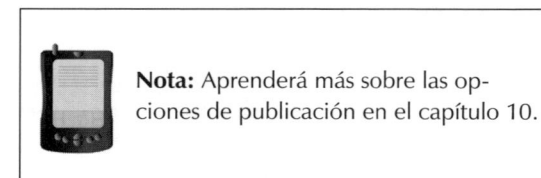

> **Nota:** Aprenderá más sobre las opciones de publicación en el capítulo 10.

4. Haga clic en la pestaña **HTML** (véase la figura 1.45).

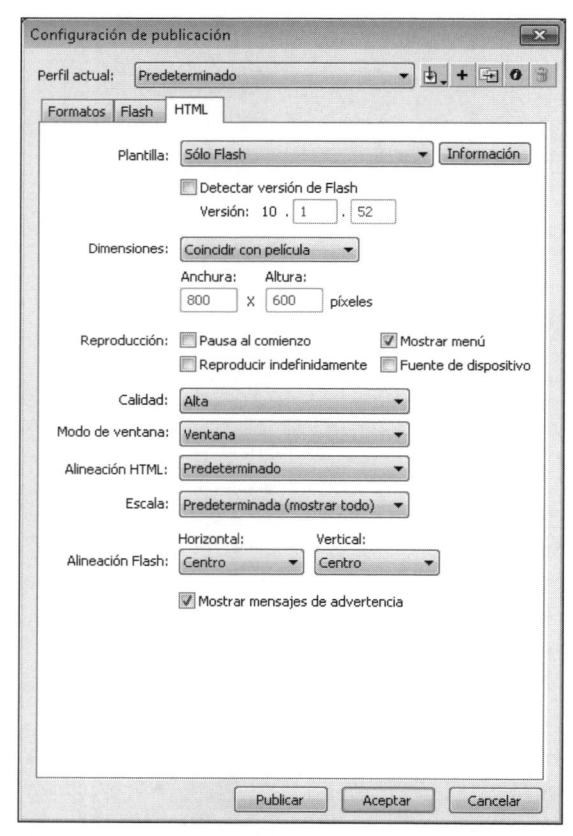

Figura 1.45. Opciones del HTML a publicar.

5. Desactive la opción **Reproducir indefinidamente**.

6. Haga clic en **Publicar** en la parte inferior del cuadro de diálogo **Configuración de publicación**.

7. Haga clic en **Aceptar** para cerrar el cuadro de diálogo.

8. Vaya a la carpeta `Lesson01/01Start` para ver los archivos que ha creado Flash (véase la figura 1.46).

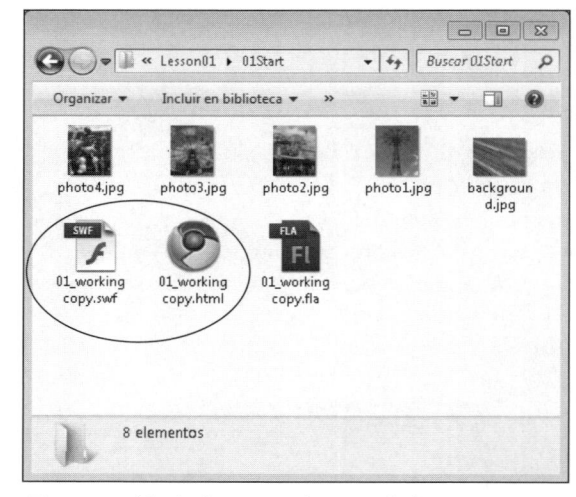

Figura 1.46. Archivos creados por Flash.

GUARDAR UNA PELÍCULA

Ya ha guardado su película Flash como `.fla` pero otra de las opciones es la de hacerlo en un formato no comprimido de extensión `.xfl`, que no está formado realmente por un único archivo, sino por una carpeta de archivos. Este formato pone el contenido de su trabajo a disposición de otros desarrolladores o animadores para que puedan editarlo fácilmente o emplear sus recursos sin tener que abrir la película en la aplicación Flash. Por ejemplo, todas las fotos importadas de su panel **Biblioteca** aparecen en la carpeta `LIBRARY` de `.xfl`, con lo que puede modificar estos elementos o cambiarlos por otros nuevos. Flash realizará las sustituciones en la película automáticamente.

1. Seleccione **Archivo>Guardar como**.

2. Llame al fichero `01_workingcopy.xfl` y escoja **Documento de Flash CS5 no comprimido (*.xfl)**, como indica la figura 1.47. Haga clic en **Guardar**. Flash creará una carpeta llamada `01_workingcopy`, que contendrá toda la información de su película.

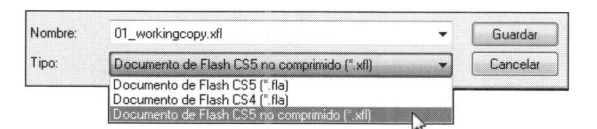

Figura 1.47. Elección del tipo de archivo: Documento de Flash CS5 no comprimido.

3. Cierre el trabajo desde **Archivo>Cerrar**.

MODIFICAR UN DOCUMENTO .XFL

En este paso modificaremos `LIBRARY` del documento `.xfl` para realizar cambios en la película Flash.

1. Abra la carpeta `LIBRARY` que se encuentra dentro de `01_workingcopy`. Incluye todas las fotos importadas a la película, como muestra la figura 1.48.

2. Seleccione el archivo `photo3.jpg` y bórrelo.

3. Arrastre `photo4.jpg` de la carpeta `01Start` y muévalo a `LIBRARY`, ubicada dentro de `01_workingcopy`. Renombre `photo4.jpg` como `photo3.jpg`.

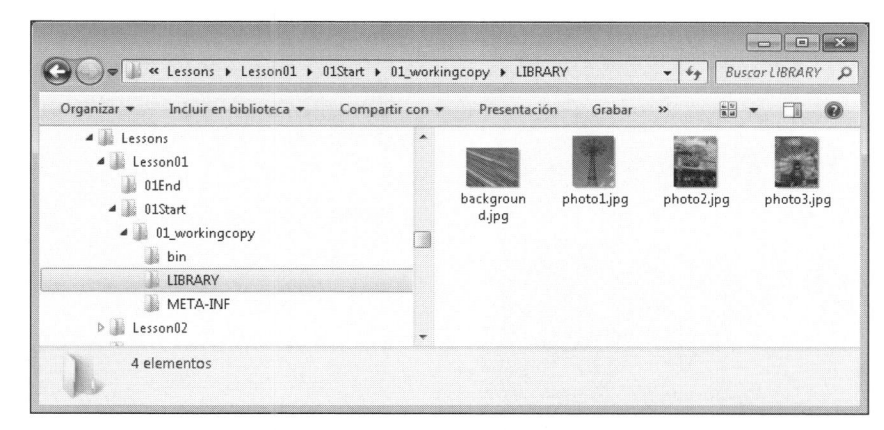

Figura 1.48. Contenido de la carpeta LIBRARY.

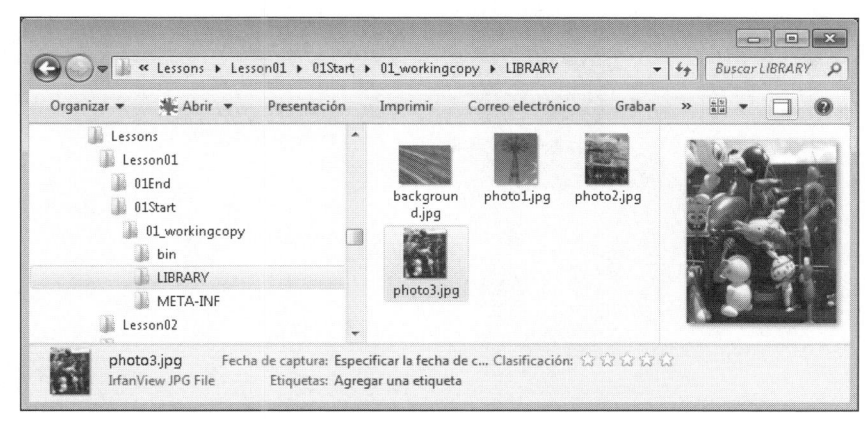

Figura 1.49. Sustitución de una de las fotos.

Familiarizarse 51

Al intercambiar `photo3.jpg` por una nueva fotografía de `LIBRARY`, el cambio se traslada a la película Flash automáticamente.

4. Para abrir un documento `.xfl`, haga doble clic en el archivo `con esa extensión`.

La última imagen del fotograma clave 24 de su **Línea de tiempo** ha sido reemplazada por `photo4.jpg`, que se empleó para la sustitución (véase la figura 1.50).

MÁS INFORMACIÓN SOBRE EL USO DE FLASH

Para tener un conocimiento completo y actualizado sobre la utilización de los paneles, herramientas y otras funcionalidades de la aplicación, diríjase al sitio Web de Adobe. Para ello, acuda a **Ayuda>Ayuda de Flash**. Se conectará al portal de Adobe Community Help, en el que podrá buscar asistencia sobre Flash y donde encontrará documentación de soporte, además de otras páginas Web de relevancia para los usuarios de este programa.

También tiene la opción de restringir el ámbito de los resultados de sus búsquedas exclusivamente al dossier de ayuda y soporte de Adobe.

Si ha pensado trabajar con Flash sin conexión a Internet, descárguese primero la versión más actual de la documentación desde `www.adobe.com/support/documentation`.

> **Nota:** Si Flash detecta que no está conectado a la red al iniciar la aplicación, cuando seleccione **Ayuda>Ayuda de Flash** (véase la figura 1.51) se abrirán las páginas `.html` de apoyo que se instalaron junto al programa. Para obtener una información renovada, consulte los archivos en línea o descárguese el PDF de referencia actual.

Asesórese en la página de Adobe Community Help en `community.adobe.com/help/main` si desea obtener recursos adicionales, como consejos, técnicas e información actualizada sobre productos.

Figura 1.50. *Cambio de imagen en la película.*

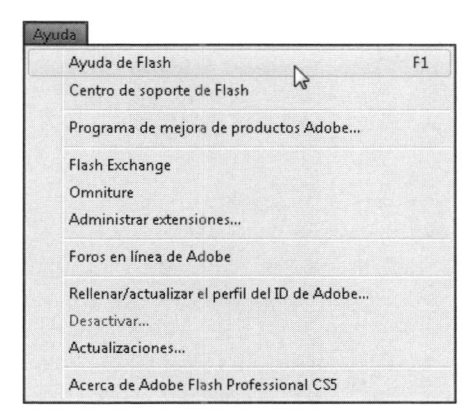

Figura 1.51. Menú de ayuda de Flash.

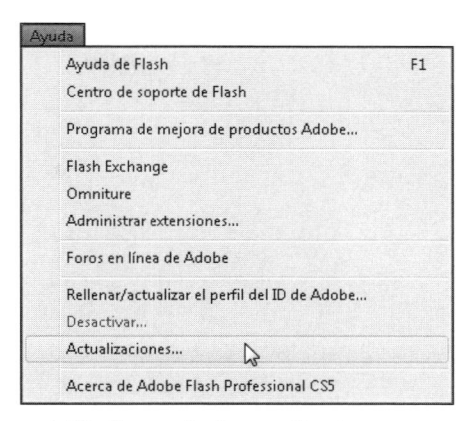

Figura 1.52. Búsqueda de actualizaciones para su software de Adobe en el menú Ayuda.

BUSCAR ACTUALIZACIONES

Adobe ofrece periódicamente actualizaciones de su software, que se pueden conseguir de forma fácil a través de Adobe Application Manager, siempre que se tenga una conexión activa a Internet.

1. En Flash, escoja **Ayuda>Actualizaciones** (véase la figura 1.52). Adobe Updater buscará automáticamente las que estén disponibles para su software de Adobe.

2. En el cuadro de diálogo de Adobe Application Manager, seleccione las que desea instalar y luego haga clic en **Actualizar** para realizar la operación.

> **Nota:** Cuando quiera configurar sus preferencias respecto a actualizaciones futuras, haga clic en **Preferencias**. Indique la frecuencia con la que quiere que Adobe Application Manager las busque y si desea descargarlas de modo automático. Haga clic en **Terminado** para aplicar los nuevos ajustes.

PREGUNTAS DE REPASO

1. ¿Qué es el Escenario?

2. ¿Qué diferencia hay entre un fotograma y un fotograma clave?

3. ¿Qué es una herramienta oculta y cómo se puede acceder a ella?

4. Cite dos métodos para deshacer pasos en Flash y descríbalos.

5. ¿Cómo puede encontrar respuestas a sus preguntas sobre Flash?

RESPUESTAS

1. El Escenario es el espacio que ven los espectadores cuando se representa una película en el reproductor de Flash o en un navegador Web. Contiene el texto, las imágenes y el vídeo que aparecen en la pantalla. Los objetos almacenados en el **Área de trabajo**, fuera del Escenario, no se muestran en la película.

2. El fotograma es la unidad de tiempo de la Línea de tiempo. Un fotograma clave se distingue mediante un círculo e indica un cambio en el contenido del Escenario.

3. Como hay demasiadas herramientas, para mostrarlas todas al mismo tiempo algunas se agrupan y sólo se muestra una de la totalidad del conjunto (la que se ha usado por última vez). Los iconos presentan unos pequeños triángulos para indicar que hay herramientas ocultas disponibles. Para seleccionar una de ellas, haga clic con el ratón en el icono y mantenga el botón pulsado; a continuación, seleccione el elemento deseado en el menú que aparece.

4. Puede deshacer los pasos en Flash con el comando **Deshacer** o con el panel **Historial**. Para realizar esta operación, seleccione **Edición> Deshacer**. Si quiere eliminar muchos de una vez, arrastre el deslizador en el panel **Historial**.

5. Desde **Ayuda>Ayuda de Flash** podrá explorar o buscar información sobre la utilización de Flash CS5 y ActionScript 3.0. Siga la ruta **Ayuda>Centro de Soporte de Flash** o visite www.adobe.com para ver los tutoriales, trucos y otros recursos disponibles para los usuarios.

Capítulo 2

Trabajar con gráficos

En Flash puede usar rectángulos, óvalos y líneas para crear complejas e interesantes animaciones. Modifique sus formas y combínelas con degradados, transparencias, textos y filtros para ampliar sus posibilidades.

En este capítulo aprenderá a:

- Dibujar rectángulos, óvalos y otras formas.

- Entender la diferencia entre los distintos modos de dibujo.

- Modificar la forma, el color y el tamaño de los objetos creados.

- Entender el funcionamiento de los rellenos y los parámetros del trazo.

- Componer patrones simétricos y decorativos.

- Crear y modificar curvas.

- Aplicar degradados y transparencias.

- Agrupar elementos.

- Crear y editar texto.

Le costará unos 90 minutos completar este capítulo. Si es necesario, borre la carpeta del capítulo anterior en su disco duro y copie la carpeta `Lesson02` en éste.

INTRODUCCIÓN

Vamos a empezar por visualizar la película terminada para conocer la animación que se compondrá en este capítulo.

1. Haga doble clic en el archivo `02End.swf` que se encuentra en la carpeta `Lesson02/02End` para ver el proyecto final.

El proyecto es una sencilla animación estática de un *banner* publicitario de Garden Court Cafe, una empresa ficticia que promociona su tienda y su café. En este capítulo dibujará formas, las modificará y aprenderá a combinar elementos simples para crear ilustraciones más complejas. No va a hacer ninguna animación aún; al fin y al cabo, hay que aprender a caminar antes de ponerse a correr. El hecho de originar y modificar gráficos es un importante paso antes de hacer un trabajo animado en Flash.

2. Seleccione **Archivo>Nuevo**. En el cuadro de diálogo **Nuevo documento**, escoja **Action Script 3.0**.

3. En el **Inspector de propiedades**, asegúrese de que el Escenario tiene unas dimensiones de 700 x 200 píxeles y escoja un color marrón claro en concreto (#CC9966) para éste.

4. Vaya a **Archivo>Guardar**. Ponga de nombre al archivo `02_workingcopy.fla` y guárdelo en la carpeta `02Start`. Grabar una copia del trabajo es una buena costumbre, pues le asegura que el fichero original estará disponible si tiene algún problema con la aplicación o con su ordenador.

Figura 2.1. *Imagen de la animación a crear.*

Nota: Cada color posee un valor hexadecimal en Flash, .html y muchas otras aplicaciones. El gris claro es #999999, el blanco corresponde a #FFFFFF y el negro a #000000.

TRAZOS Y RELLENOS

Todos los gráficos de Flash se inician con una forma, la cual tiene dos componentes: el relleno (o contenido) y el trazo (o contorno).

Si tiene siempre en mente estos dos factores, irá bien encaminado para crear ilustraciones hermosas y complejas.

El trazo y el relleno son independientes el uno del otro, por lo que puede modificar o borrar el uno sin que afecte al otro. Por ejemplo, es posible crear un rectángulo con un relleno azul y un trazo rojo y pasar después el contenido a púrpura y borrar totalmente el contorno rojo, con lo que se quedará con un rectángulo púrpura sin trazo alguno.

También puede mover cada uno de ellos de manera independiente, por lo que, si desea desplazar la forma completa, deberá asegurarse de seleccionar ambos elementos.

CREAR FORMAS

Flash incluye varias herramientas de dibujo que trabajan en diferentes modos. Muchas de sus creaciones comenzarán con formas sencillas (como rectángulos u óvalos), por lo que es importante que se sienta cómodo dibujándolas, modificando su aspecto y aplicando rellenos y trazos. Empezará dibujando la taza de café.

Uso de la herramienta Rectángulo

La taza de café es, en esencia, un cilindro que a su vez es un rectángulo con un óvalo en la parte superior y otro en la inferior. Comenzará por diseñar el cuerpo del rectángulo. Resulta útil dividir los objetos complicados en las partes que lo componen para facilitar su creación.

1. Seleccione la herramienta **Rectángulo** ( ) del panel **Herramientas**. Asegúrese de que el icono **Dibujo de objeto** ( ) no está marcado.

2. Elija un color para el trazo ( ) y otro para el relleno ( ) en la parte inferior del panel. Escoja #663300 (marrón oscuro) para el primero y #CC6600 (marrón claro) para el segundo.

3. En el Escenario, dibuje un rectángulo cuya altura sea un poco mayor que su anchura (véase la figura 2.2). Especificaremos su tamaño y su posición exacta en el paso 6.

Figura 2.2. Rectángulo recién dibujado.

4. Elija la herramienta **Selección** ( ).

5. Arrástrela alrededor de todo el rectángulo para seleccionar su trazo y su relleno. Cuando una figura está seleccionada, Flash la muestra con puntos blancos (véase la figura 2.3).

Figura 2.3. El rectángulo seleccionado se muestra con puntos blancos.

También puede hacer doble clic sobre una forma, en cuyo caso se verán afectados tanto el trazo como el relleno.

6. En el **Inspector de propiedades**, escriba **130** para la anchura y **150** para la altura (véase la figura 2.4). Pulse **Intro/Retorno** para aplicar los valores.

Figura 2.4. Valores en el Inspector de propiedades.

Uso de la herramienta Óvalo

Ahora creará la abertura superior y la base redondeada.

1. En el panel **Herramientas**, haga clic sobre **Rectángulo** y mantenga pulsado el botón del ratón para acceder a los iconos ocultos. Escoja la herramienta **Óvalo**, como indica la figura 2.5.

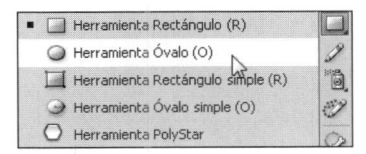

Figura 2.5. La herramienta Óvalo se encuentra oculta inicialmente.

2. Asegúrese de que la opción **Ajustar a objetos** (􀀀) está activada. Esta opción hace que las formas dibujadas en la pantalla se ajusten las unas a las otras para conectar correctamente las líneas y las esquinas.

3. Haga clic dentro del rectángulo y arrastre el cursor para crear un óvalo en su interior. La opción **Ajustar a objetos** hará que los lados del elemento insertado se acoplen a los del rectángulo.

4. Dibuje otro óvalo cerca de la base del rectángulo (véase la figura 2.6).

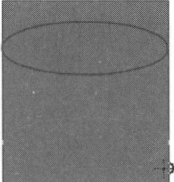

Figura 2.6. Incorporación de dos óvalos.

Nota: El relleno y el trazo definidos con anterioridad son los que se aplicarán por defecto al rectángulo y al óvalo.

HACER SELECCIONES

Para modificar un objeto, primero tiene que poder seleccionar sus distintas partes. En Flash puede hacerlo con las herramientas **Selección**, **Subselección** y **Lazo**. Por lo general, **Selección** se utiliza para marcar un objeto entero o una sección del mismo.

Por su parte, **Subselección** ejerce su actividad sobre un punto específico o una línea en un elemento. Con la herramienta **Lazo** puede diseñar un conjunto con la forma que desee.

Seleccionar trazos y rellenos

Ahora hará que los rectángulos y los óvalos se parezcan más a una taza de café. Utilizará la herramienta **Selección** para borrar los trazos y rellenos no deseados.

1. En el panel **Herramientas** escoja **Selección** (􀀀).

2. Haga clic sobre el relleno que hay sobre el óvalo superior para trabajar con él. Se resaltará la forma que hay sobre éste (véase la figura 2.7).

3. Pulse la tecla **Supr**. La forma se borrará.

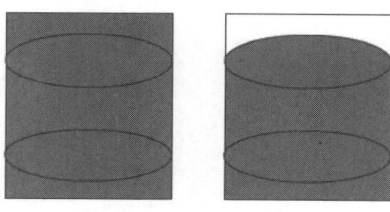

Figura 2.7. Eliminación de la forma que hay sobre el óvalo superior.

4. Seleccione cada uno de los tres segmentos de línea que hay sobre el óvalo superior y pulse la tecla **Supr**. Se corregirán los trazos individuales, dejando el superior acoplado al rectángulo.

5. A continuación marque el relleno y los trazos que hay bajo el inferior, así como el arco interior de la base de la taza, y pulse la tecla **Supr** (véase la figura 2.8). Esto le deja una creación con el aspecto de un cilindro.

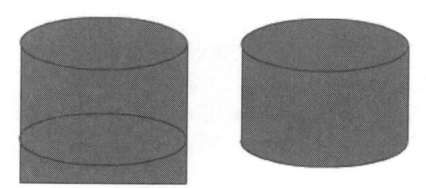

Figura 2.8. Supresión de las formas sobrantes.

> **Nota:** Mantenga pulsada la tecla **Mayús** para seleccionar varios rellenos o trazos a la vez.

MODIFICAR FORMAS

Al dibujar en Flash, con frecuencia comenzará por rectángulos y óvalos pero para crear gráficos más complejos utilizará otras herramientas cuando modifique estas formas base. **Transformación libre** y **Selección** y los comandos Copiar y Pegar le ayudarán a convertir el cilindro plano en una taza de café.

Uso de la herramienta Transformación libre

La taza de café parecerá más real si hacemos la base más estrecha. Va a usar **Transformación libre** para cambiar su forma global. Con esta herramienta puede modificar la escala, la rotación o el sesgo de un objeto (el modo en que está inclinado) o distorsionarlo arrastrando los puntos de control de la caja delimitadora.

1. En el panel **Herramientas**, seleccione **Transformación libre** ( ).

2. Arrastre la herramienta alrededor del cilindro del Escenario para marcarlo. Sobre éste aparecerán las manijas de transformación.

3. Pulse **Control/Comando-Mayús** conforme arrastra una de las esquinas inferiores hacia adentro. Al mantener pulsadas estas teclas mientras realiza el desplazamiento podrá mover ambos ángulos a la misma distancia simultáneamente (véase la figura 2.9).

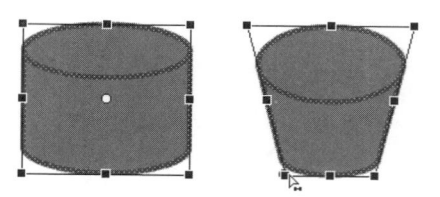

Figura 2.9. Hacer la base más estrecha.

4. Haga clic fuera de la forma para deshacer la selección. Ahora la base del cilindro es estrecha y la parte superior es ancha, de modo que se parece más a una taza de café.

> **Nota:** Si pulsa **Alt** u **Opción** mientras mueve uno de los puntos de control, el objeto seleccionado cambiará su escala con respecto a su punto de transformación, representado por el icono del círculo. Puede ubicar esta referencia en cualquier sitio, incluso fuera del objeto. Pulse **Mayús** para restringir las proporciones del objeto y **Control/Comando** para deformarlo desde un único punto de control.

Copiar y pegar

Utilice los comandos **Copiar** y **Pegar** para duplicar fácilmente la formas en el Escenario. A continuación, creará la superficie del líquido del café usando estos dos elementos en el borde superior de la taza.

1. Mantenga pulsada la tecla **Mayús** y seleccione los arcos superior e inferior de la abertura de la taza, como indica la figura 2.10.

Figura 2.10. Selección del borde superior de la taza.

2. Escoja **Edición>Copiar** (**Control/Comando-C**). Se copiarán los trazos superiores del óvalo.

3. Elija **Edición>Pegar en el centro** (**Control/Comando-V**). Aparece en el Escenario el elemento duplicado.

4. En el panel **Herramientas**, seleccione **Transformación libre**. Surgirán en el óvalo las manijas de transformación (véase la figura 2.11).

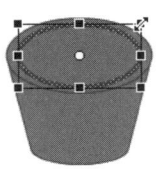

Figura 2.11. En el óvalo aparecen las manijas.

5. Pulse las teclas **Mayús** y **Alt/Opción** conforme arrastra las esquinas hacia adentro. Haga el óvalo un 10 por 100 más pequeño, aproximadamente. Con la tecla **Mayús** podrá variar la forma de manera uniforme, de manera que el objeto mantenga sus proporciones. Al pulsar **Alt/Opción**, el cambio se realizará desde su punto de transformación.

6. Escoja la herramienta **Selección**.

7. Arrastre el óvalo sobre el borde de la taza para que se solape con la parte delantera, como indica la figura 2.12.

Figura 2.12. Se solapan los dos óvalos.

8. Haga clic fuera de la selección para deshacerla.

9. Marque la parte inferior del óvalo menor y bórrela (véase la figura 2.13). Ahora la taza parece llena.

Figura 2.13. Desaparece una parte del óvalo pequeño.

Cambiar el contorno de una forma

Con la herramienta **Selección** puede tirar y empujar las líneas y los ángulos para modificar el contorno general de cualquier forma. Es un modo rápido e intuitivo de trabajar con estos elementos.

1. En el panel **Herramientas**, escoja **Selección**.

2. Aproxime el cursor a uno de los lados de la taza. Cerca de éste aparecerá una línea curva, indicándole que puede cambiar la curvatura del trazo.

3. Haga clic sobre el contorno y arrástrelo hacia afuera, como indica la figura 2.14. Los lados de la taza de café se doblarán, abombándola ligeramente.

Figura 2.14. Lado de la taza abombado.

4. Pulse y desplace hacia afuera el otro lado. La taza tendrá ahora un cuerpo más redondeado.

> **Nota:** Mantenga pulsada la tecla **Alt/Opción** mientras deforma los lados de un objeto para agregar una nueva esquina.

Cambiar trazos y rellenos

Si desea alterar las propiedades de cualquier trazo o relleno, puede utilizar el **Bote de tinta** o el **Cubo de pintura**.

1. En el panel **Herramientas**, escoja el **Cubo de pintura** ( ).

2. En el **Inspector de propiedades** elija un color marrón más oscuro (#663333), como indica la figura 2.15.

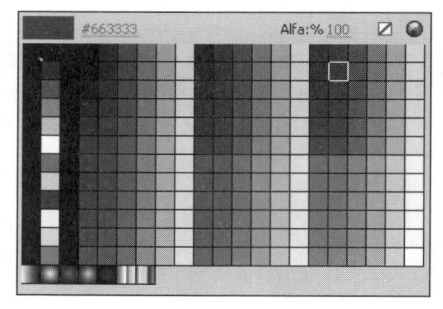

Figura 2.15. Selección de un color más oscuro.

3. Haga clic sobre la superficie del café que hay dentro de la taza, como muestra la figura 2.16. El relleno del óvalo superior pasará a tener un color marrón oscuro.

Figura 2.16. Hacer clic con el cubo sobre el café.

> **Nota:** Si su **Cubo de pintura** cambia el relleno de las zonas circundantes, tal vez la existencia de un pequeño hueco provoque el desbordamiento del contenido. Tape el hueco o bien escoja un tamaño diferente para el cubo en la parte inferior del panel **Herramientas**.

Modos de dibujo en Flash

El programa ofrece tres modos de dibujo que determinan la manera en que los objetos interactúan entre ellos en el Escenario y cómo podemos editarlos. Por defecto, Flash usa el combinado pero puede habilitar el de objetos o usar las herramientas **Rectángulo simple** u **Óvalo simple** para usar el sencillo.

Modo de dibujo combinado

En esta opción Flash fusiona las figuras dibujadas, como rectángulos y óvalos, en los puntos donde se superponen, de modo que las distintas formas tengan el aspecto de una sola. Si desplaza o borra una que ha sido solapada con otra, la parte que estaba superpuesta desaparece permanentemente (véase la figura 2.17).

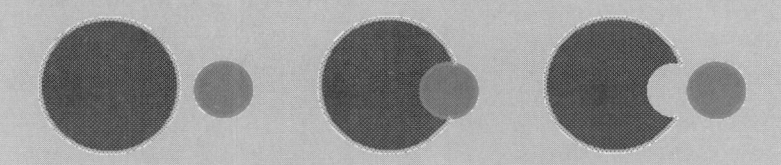

Figura 2.17. Con las dos formas combinadas, la parte superpuesta desaparece definitivamente.

Modo de dibujo de objetos

En este modo, los objetos se mantienen independientes y separados, incluso si están superpuestos (véase la figura 2.18). Para habilitarlo, seleccione la herramienta que quiere utilizar y haga clic en el icono **Dibujo de objeto** del área de opciones del panel **Herramientas**. Para convertir un objeto en una forma (modo de dibujo combinado), selecciónelo y pulse **Control-B** o **Comando-B**. Para realizar la acción inversa (modo de dibujo de objetos), seleccione la forma y elija Modificar>Combinar objetos>Unión.

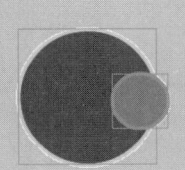

Figura 2.18. Los objetos conservan su independencia incluso superpuestos.

Modo de dibujo simple

Cuando se utilizan las herramientas **Rectángulo simple** u **Óvalo simple**, Flash traza las formas como elementos independientes (véase figura 2.19) pero, a diferencia de los objetos normales, con esta opción cabe la posibilidad de modificar el radio de las esquinas de los rectángulos simples, así como los ángulos inicial y final y el radio interno de los óvalos mediante el Inspector de propiedades.

Figura 2.19. Rectángulo simple modificado.

4. En el panel **Herramientas**, seleccione el **Bote de tinta** ( ) que se oculta bajo el **Cubo de pintura**.

5. En el **Inspector de propiedades**, escoja un color marrón más oscuro (#330000).

6. Haga clic en el trazo superior de la superficie del café. El contorno que rodea al café pasará a tener el tono elegido.

> **Nota:** También puede escoger un trazo o un relleno y modificar su tonalidad en el **Inspector de propiedades** sin utilizar el **Cubo de pintura** ni el **Bote de tinta**.

Utilizar un degradado o un mapa de bits como relleno

El relleno es el interior del objeto dibujado. Aunque sería factible aplicar un color café sólido, bien podría emplear un degradado o una imagen de mapa de bits (como un archivo `.jpeg`), o bien especificar que el objeto no tiene relleno.

En un degradado el color evoluciona de modo gradual hacia otro. Flash puede crear este efecto de manera lineal o radial. Los lineales cambian de color horizontal, vertical o diagonalmente, mientras que los radiales alteran la tonalidad desde dentro hacia afuera partiendo de un punto central que hace de foco.

En este capítulo vamos a utilizar como relleno un degradado lineal para añadir tridimensionalidad a la taza de café. Para darle un aspecto espumoso a la superficie, vamos a importar una imagen de mapa de bits que se empleará en el interior del objeto. Puede realizar esta acción en el panel **Color**.

Crear transiciones con degradados

Ahora va a definir en el panel **Color** los tonos que manejará en su degradado. Por defecto, los lineales pasan de un primer color a un segundo pero puede utilizar hasta 15 transiciones. Un puntero determinará dónde pasa de un tono a otro. Añada marcas de coloración bajo la barra de definición del degradado del panel **Color** para agregar transiciones.

Va a crear un efecto que vaya de un color tostado al blanco y de éste a un tono oscuro, para que la superficie de la taza tenga una apariencia redondeada.

1. Escoja la herramienta **Selección**. Marque el relleno que represente la superficie frontal de la taza (véase la figura 2.20).

Figura 2.20. *Selección de la parte frontal de la taza.*

2. Abra el panel **Color** (**Ventana>Color**), haga clic en el icono **Color de relleno** y seleccione **Degradado lineal** en el menú **Tipo de relleno**. La superficie frontal de la taza se rellenará con un degradado de color que va de izquierda a derecha (véase la figura 2.21).

3. Seleccione el puntero de color de la izquierda en el panel **Color** (el triángulo que hay sobre éste se volverá negro al elegirlo) y luego escriba **FFCCCC** en el campo **Hex** para asignar un tono tostado claro. Pulse **Intro** o **Retorno** para aplicar la elección. También puede escoger uno del selector o hacer doble clic en el puntero de color para elegir entre las muestras.

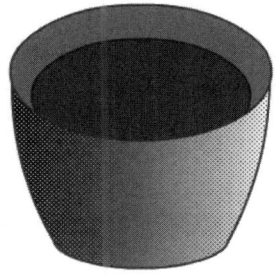

Figura 2.21. *Elección del degradado lineal y transición de color en la superficie frontal de la taza.*

4. Diríjase con el ratón a la zona situada más a la derecha e introduzca **B86241** para conseguir un tono tostado oscuro. Pulse **Intro** o **Retorno** para aplicar la variedad cromática (véase la figura 2.22).

Figura 2.22. *Elección del color más oscuro.*

El degradado del contenido del objeto cambia gradualmente del tostado claro al oscuro a lo largo de su superficie.

5. Haga clic debajo de la barra de definición para crear un nuevo puntero de color, como indica la figura 2.23.

Figura 2.23. *Pulsar bajo la barra.*

> **Nota:** Para borrar un puntero de color de la barra de definición de degradados, basta con desplazarlo fuera de ella.

6. Arrastre el ratón hasta la mitad del degradado.

7. Seleccione el lugar y escriba **FFFFFF** como valor **Hex** para especificar el blanco como nuevo color. Pulse **Intro** o **Retorno** para aplicarlo. El relleno de la taza cambiará gradualmente del tostado claro al blanco y de éste pasará al oscuro (véase la figura 2.24).

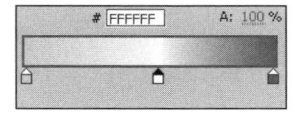

Figura 2.24. *El degradado toma un tono blanco en su parte central.*

8. Deseleccione el relleno en el Escenario haciendo clic en cualquier punto. Escoja el **Cubo de pintura** y asegúrese de que no está seleccionada la opción **Bloquear relleno** ( ) de la parte inferior del panel **Herramientas**, que se emplea para aplicar el degradado en la primera forma donde se haya utilizado y que no afecte a las que se usen a continuación. Se deja sin marcar esta opción porque queremos obtener un nuevo degradado para la superficie interior de la taza.

Trabajar con gráficos 65

9. Seleccione la superficie interior de la taza con el **Cubo de pintura**. El efecto se aplicará a dicha parte del trabajo (véase la figura 2.25).

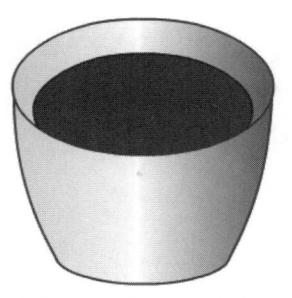

Figura 2.25. Aplicación del degradado a la parte interior.

Usar la herramienta Transformación de degradado

Además de escoger los colores y colocar los punteros, puede ajustar el tamaño, la dirección o el centro del efecto en un relleno. Para extender el de la superficie frontal e invertir el de la superficie interior, utilizará la herramienta **Transformación de degradado**.

1. Vaya a **Transformación de degradado** (se encuentra agrupada con **Transformación libre**, véase la figura 2.26.)

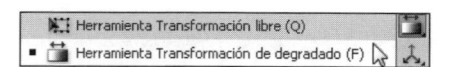

Figura 2.26. Herramienta Transformación de degradado.

2. Haga clic en la superficie frontal de la taza. Aparecerán las manijas de transformación.

3. Arrastre la cuadrada del lado de la caja delimitadora para compactar el efecto un poco. Desplace el círculo central para mover el degradado hacia la izquierda de modo que el reflejo blanco se sitúe más bien en esa zona (véase la figura 2.27).

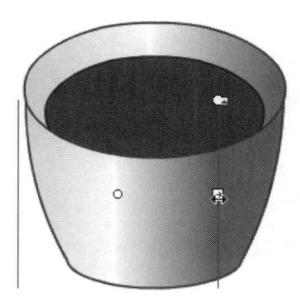

Figura 2.27. Manijas de transformación sobre la taza.

> **Nota:** Mueva la circunferencia del medio para cambiar el centro del degradado; arrastre el círculo con la flecha si desea girarlo o la flecha del cuadrado si desea extenderlo.

4. Ahora haga clic sobre la superficie interior de la taza. De nuevo surgirán las manijas de transformación.

5. Desplace la circular de la esquina de la caja delimitadora para rotar el efecto 180 grados de manera que el color tostado oscuro quede a la izquierda, el blanco en el centro y el tostado claro a la derecha, como muestra la figura 2.28.

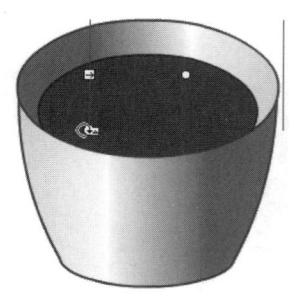

Figura 2.28. Voltear el degradado.

La taza parece ahora más real porque las sombras y los reflejos dan un aspecto convexo a la superficie frontal y cóncavo al interior.

Añadir un relleno de mapa de bits

Vamos a hacer que esta taza de café sea un poco más atractiva añadiendo una capa de crema espumosa. Utilizaremos una imagen `.jpg` de espuma como relleno.

1. Seleccione la superficie del café con la herramienta **Selección**.

2. Abra el panel Color (Ventana>Color).

3. Escoja Relleno de mapa de bits (véase la figura 2.29).

Figura 2.29. Relleno de mapa de bits.

4. En el cuadro de diálogo Importar a biblioteca, acceda al archivo `coffeecream.jpg` de la carpeta `Lesson02/02Start`.

5. Elija el archivo `coffeecream.jpg` y haga clic en **Aceptar**.

> **Nota:** Puede utilizar también la herramienta **Transformación de degradado** para cambiar la manera en la que se aplicará el relleno.

La superficie del café se completará con la imagen de la crema (véase la figura 2.30), con lo que habrá acabado de dibujar su taza. Renombre como **coffee** la capa que contiene el trabajo terminado. Lo único que queda por hacer es añadir algunas burbujas y un poco de vapor caliente.

Figura 2.30. La superficie del café adopta una apariencia cremosa.

Agrupar objetos

Ahora que ha terminado de crear su primer objeto, es posible convertirlo en un único grupo para preservar la integridad de todo el conjunto de formas y gráficos. De esta manera podrá mover la taza como una unidad, sin tener que preocuparse de que ésta pueda fusionarse con las capas subyacentes. Utilice los grupos para organizar sus dibujos.

1. Escoja la herramienta **Selección**.

2. Marque todas las formas que componen la taza de café (véase la figura 2.31).

Figura 2.31. Selección de la taza completa.

3. Elija Modificar>Grupo. Desde este momento la taza de café es un solo grupo. Cuando la vaya a utilizar, su caja delimitadora se mostrará con un contorno azul (véase la figura 2.32).

Figura 2.32. La taza se comporta como un único elemento.

4. Si desea cambiar alguna parte de la taza, haga doble clic sobre ésta para editarla.

Observe que se atenúan todos los demás elementos del Escenario y que la barra que hay sobre éste muestra **Escena 1 Grupo**. Esto indica que ahora se encuentra en un grupo particular y que puede editar su contenido (véase la figura 2.33).

Figura 2.33. La barra que hay sobre el Escenario ha cambiado.

5. Haga clic sobre el icono **Scene 1** de la barra o haga doble clic en una zona vacía y regrese a la escena principal.

> **Nota:** Para devolver un grupo a las partes que lo componen, escoja **Modificar>Desagrupar** (**Mayús-Control-G** en Windows o **Mayús-Comando-G** en Mac).

CREAR PATRONES Y DECORACIONES

Es posible crear elaborados patrones con la herramienta **Deco** ( ), que incorpora muchos pinceles nuevos en Flash Professional CS5. Hay diversas opciones disponibles para proyectar rápida y fácilmente diseños, rejillas o floreados simétricos.

En esta lección vamos a utilizar **Deco** para originar formas con burbujas simétricas y líneas radiales que hagan el *banner* más atractivo, así como unas decoraciones florales que sirvan de adorno.

Crear un símbolo para el patrón

Antes de usar el pincel de simetría de **Deco**, debe crear un símbolo para utilizarlo como forma base a repetir. Aprenderá más sobre estos elementos en el próximo capítulo.

1. En el menú superior, seleccione **Insertar> Nuevo símbolo**.

2. Elija en el cuadro de diálogo **Crear un nuevo símbolo**, póngale de nombre "line" y seleccione **Gráfico** como **Tipo** (véase la figura 2.34). Haga clic en **Aceptar**.

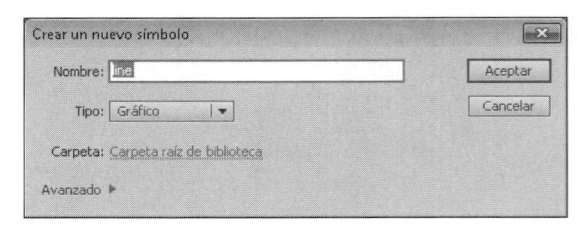

Figura 2.34. Cuadro de diálogo Crear un nuevo símbolo.

3. Flash pasará directamente al modo de edición de símbolos. Observe que la barra que hay sobre el Escenario le indica que en este momento está editando un elemento llamado "line" (véase la figura 2.35). Va a trazar una línea para este símbolo.

Figura 2.35. Indicador de la barra horizontal.

4. Seleccione la herramienta **Línea** ( ).

5. Elija para el trazo un color marrón y **Muy fino** como **Estilo** de trazo (véase la figura 2.36). Este valor conservará un grosor uniforme independientemente de la longitud que se le dé.

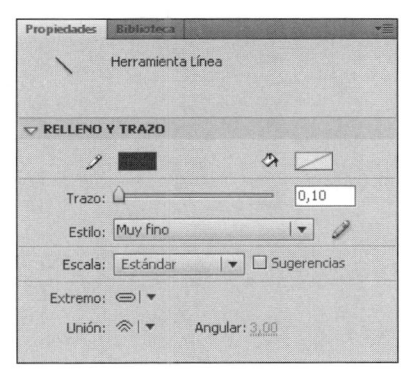

Figura 2.36. Ajuste de los valores del trazo.

6. Mantenga pulsada la tecla **Mayús** mientras traza una línea que divida el centro del Escenario. Verá una cruz que representa el punto central de su símbolo. Haga una raya de unos 25 píxeles de alto (véase la figura 2.37).

Figura 2.37. Trazado de una línea.

7. Haga clic ahora en la barra horizontal sobre **Escena 1** para volver a la Línea de tiempo principal. Acaba de crear su nuevo símbolo, line, que está almacenado en la Biblioteca (véase la figura 2.38) para ser utilizado posteriormente.

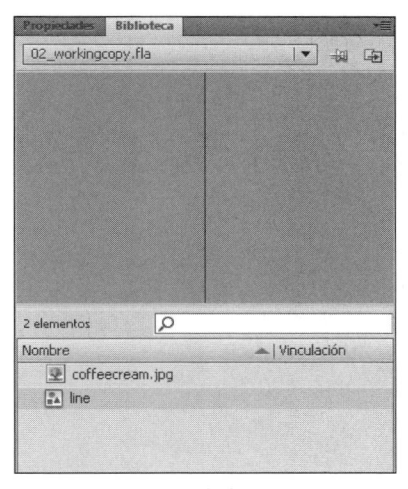

Figura 2.38. El nuevo símbolo aparece en la Biblioteca.

Utilizar la herramienta Deco

Ahora va a diseñar una estrella con **Deco**.

1. En la Línea de tiempo inserte una nueva capa y llámela **coffee aroma**. Será aquí donde dibujará las formas simétricas.

2. Escoja **Deco** ( ) en la barra de herramientas.

3. Diríjase al **Inspector de propiedades** y seleccione la opción **Pincel de simetría** (véase la figura 2.39).

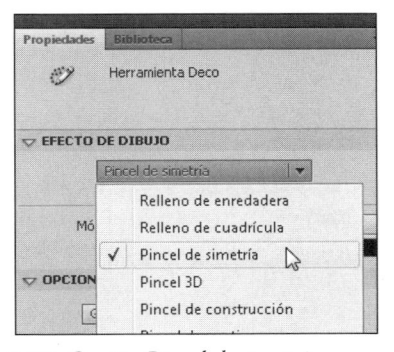

Figura 2.39. Opción Pincel de simetría del Inspector de propiedades.

Trabajar con gráficos **69**

4. Haga clic en el botón **Editar** que hay junto a **Módulo** para cambiar la forma a repetir.

5. En el cuadro de diálogo **Seleccionar símbolo** elija el recién creado line (véase la figura 2.40). Haga clic en **Aceptar**.

Figura 2.40. *Cuadro de diálogo Seleccionar símbolo.*

6. En **Opciones avanzadas**, seleccione **Girar alrededor** (véase la figura 2.41).

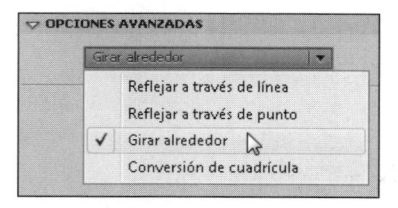

Figura 2.41. *Opciones avanzadas de la herramienta Deco.*

En esta parte de la herramienta **Deco** puede crear un patrón repetitivo del símbolo de la línea que sea simétrico con respecto a un punto.

Aparecerá una guía verde en el Escenario que mostrará el punto central, el eje principal y uno secundario que determinará la frecuencia de repetición.

7. Haga clic en el Escenario para colocar su símbolo y, manteniendo pulsado el botón del ratón, muévalo alrededor de las guías verdes hasta obtener el patrón radial deseado. La línea inicial debería ser vertical.

8. Arrastre el eje verde secundario para acercarlo al principal con el fin de incrementar los duplicados (véase la figura 2.42).

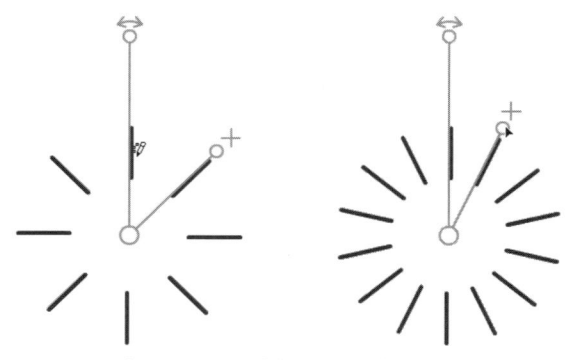

Figura 2.42. *Aumento del número de líneas.*

9. Cuando haya terminado, escoja la herramienta **Selección** para salir de **Deco**. El patrón resultante es un grupo que presenta varios símbolos line (véase la figura 2.43).

Figura 2.43. *El resultado es un grupo de líneas.*

Alinear objetos

Va a crear ahora una burbuja central para las líneas radiales. Debería estar situada exactamente en el centro y, para ello, debe volver al panel **Alinear**; como es de esperar, éste distribuye horizontal o verticalmente cualquier número de objetos seleccionados. También puede distribuirlos de modo uniforme.

1. Escoja la herramienta **Óvalo**.

2. Elija el color marrón para el trazo y ninguno para el relleno. Si quiere dejar sin tonalidad el contenido escoja la muestra de color que está atravesada por una línea roja, como indica la figura 2.44. Escoja **Muy fino** para el estilo del trazo.

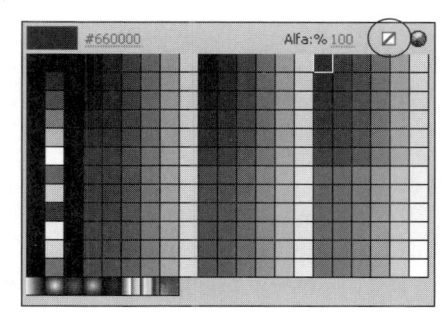

Figura 2.44. *La línea roja en la muestra inhabilita los colores.*

3. Seleccione la capa **coffee aroma**. Mantenga pulsada la tecla **Mayús** mientras dibuja un pequeño círculo en el Escenario.

4. Escoja ahora la herramienta **Selección**.

5. Arrástrela sobre el grupo en forma de estrella y el óvalo recién dibujado (véase la figura 2.45). Puede que tenga que bloquear la capa inferior para no actuar accidentalmente en las formas de esta zona.

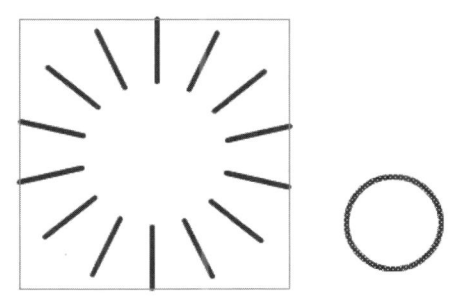

Figura 2.45. *Selección de ambas formas.*

6. Abra el panel Alinear (Ventana>Alinear).

7. Haga clic en Alinear horizontalmente respecto al centro. Esta acción repercutirá sobre el grupo en forma de estrella y el óvalo (véase la figura 2.46).

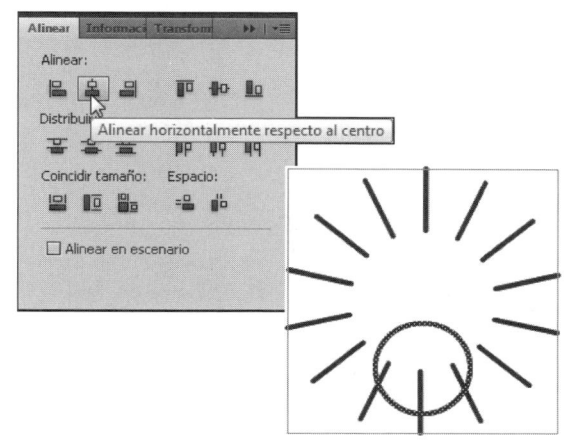

Figura 2.46. *Alineación horizontal.*

8. Pulse en Alinear verticalmente respecto al centro. Con este cambio la distribución será vertical (véase la figura 2.47).

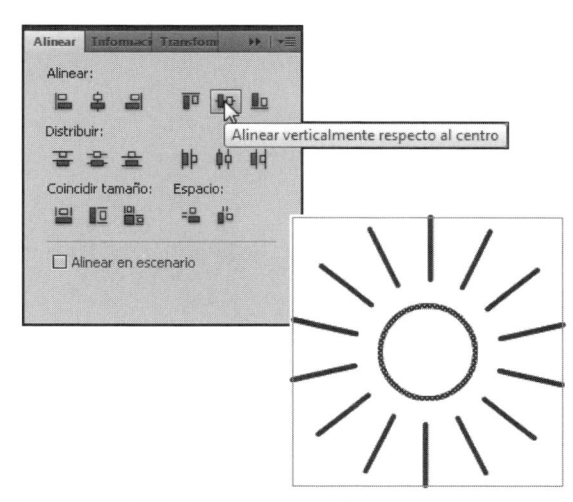

Figura 2.47. *Alineación vertical.*

Separar y agrupar objetos

Ha usado la herramienta **Deco** para crear el grupo de líneas radiales y el panel **Alinear** para centrar la burbuja con respecto a las líneas. Ahora va a agrupar la forma efervescente como una sola entidad. Para ello, separe el grupo de líneas radiales y reagrúpelas dentro del óvalo.

1. Arrastre la herramienta **Selección** alrededor de toda la estrella hasta que las líneas y el círculo estén seleccionados.

2. Diríjase a **Modificar>Separar**. El grupo de líneas se separa en las partes que lo componen y se convierten en una colección de símbolos de línea (véase la figura 2.48).

Figura 2.48. Separación del grupo.

3. Seleccione **Modificar>Separar** una vez más. Ahora los símbolos de línea pasan a ser una colección de trazos (véase la figura 2.49).

Figura 2.49. El resultado es una colección de trazos.

4. Utilice esta vez **Modificar>Grupo**. Observe que las rayas y el círculo central se convierten en un único elemento (véase la figura 2.50).

Figura 2.50. Colección de líneas convertida en grupo.

5. Copie y pegue el conjunto para crear varias burbujas sobre la taza de café. Use la herramienta **Transformar** y les dará distintos tamaños (véase la figura 2.51).

Figura 2.51. Resultado de copiar y pegar la figura varias veces.

El Pincel decorativo de la herramienta Deco

A continuación vamos a explorar el pincel decorativo de **Deco**, que crea bordes decorados y patrones lineales complejos.

1. En la barra de **Herramientas**, seleccione **Deco** ( ).

2. Escoja en el **Inspector de propiedades** la opción **Pincel decorativo** (véase la figura 2.52).

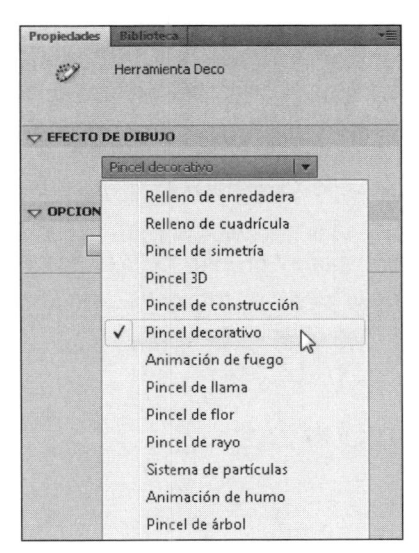

Figura 2.52. Pincel decorativo de Deco.

> **Nota:** Las herramientas **Línea** y **Lápiz** también pueden crear líneas discontinuas y otros elementos pero no pueden generar complejos patrones repetitivos como hace **Deco**. Dentro del Inspector de propiedades, haga clic en el botón **Editar estilo de trazo** para personalizar el discontinuo.

3. Entre las Opciones avanzadas disponibles elija **Línea discontinua**, como indica la figura 2.53. Escoja un color marrón oscuro para el patrón y deje el tamaño por defecto.

4. En el Escenario trace varias líneas con curvas sobre la taza. El pincel elegido hará que sean discontinuas, dándole un poco más de vida a su creación (véase la figura 2.54).

Figura 2.54. Café humeante.

El Pincel de flor de la herramienta Deco

Es el momento de crear patrones floreados para decorar los bordes del *banner*.

1. Vuelva primero a seleccionar **Deco** ( ) en Herramientas.

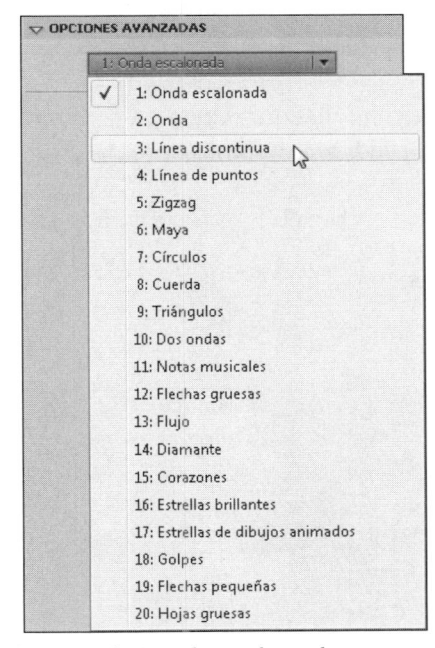

Figura 2.53. Elección de una línea discontinua.

2. En el Inspector de propiedades, escoja la opción Pincel de flor (véase la figura 2.55).

Trabajar con gráficos **73**

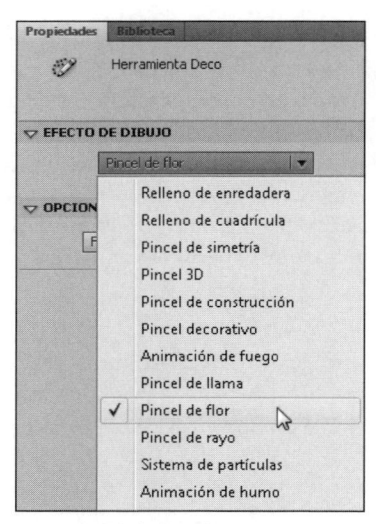

Figura 2.55. Pincel de flor de Deco.

3. Dentro de las **Opciones avanzadas**, elija **Flor de jardín**. Marque la opción **Rama** y deje los colores y tamaños con sus valores por defecto (véase la figura 2.56).

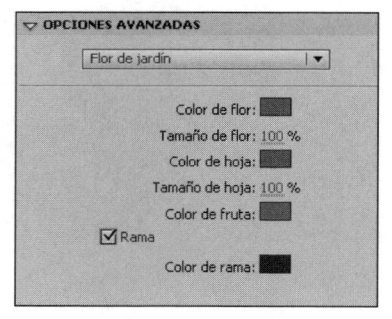

Figura 2.56. Selección de la opción avanzada Rama.

4. Dibuje un ramillete de flores a lo ancho de la parte inferior del Escenario, como muestra la figura 2.57. Todos los elementos que componen esta variante se generan repetidamente conforme mueve el pincel por el Escenario.

5. Marque todas las flores, hojas, frutas y ramas. Escoja **Modificar>Agrupar**. La decoración se combina en un único grupo para que se pueda mover o modificar como una unidad.

CREAR CURVAS

Ha empleado la herramienta **Selección** para empujar y tirar de los bordes de las formas y así crear curvas de manera intuitiva, aunque si precisa un mayor control debe recurrir a la **Pluma** ( ).

Uso de la herramienta Pluma

Va a crear un gráfico de fondo que simule una ondulación.

1. Seleccione **Insertar>Línea de tiempo>Capa** y llámela **dark brown wave**.

2. Arrástrela hasta la base de la pila de capas (véase la figura 2.58).

3. Bloquee el resto de capas.

Figura 2.57. Dibujo de una rama floreada.

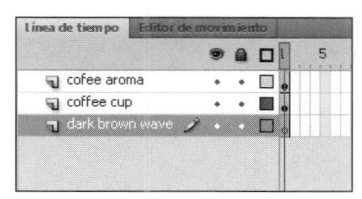

Figura 2.58. Nueva capa ubicada debajo de las otras dos.

4. En el panel **Herramientas**, seleccione la **Pluma** ( ).

5. Elija un color marrón oscuro para el trazo.

6. Comience a diseñar la forma haciendo clic en el Escenario para fijar el primer punto de ancla.

7. Pulse en otra parte de la pantalla para indicar el siguiente punto de referencia. Cuando desee crear una curva suave, haga clic y arrastre la **Pluma**. En ese momento le aparecerá una manija que parte del punto de ancla y que indica la curvatura de la línea (véase la figura 2.59).

8. Siga haciendo clic y desplace el ratón para formar el contorno de la onda. Haga ésta más ancha que el Escenario (véase la figura 2.60).

9. Cierre la forma pulsando en el primer punto de ancla (véase la figura 2.61).

No se preocupe si no le han salido perfectas todas las curvas. El uso de la **Pluma** requiere cierta práctica. Tendrá oportunidad de refinar sus ondas en el siguiente apartado del capítulo.

10. Seleccione el **Cubo de pintura**.

11. Escoja a continuación un color marrón oscuro para el relleno.

12. Haga clic dentro del contorno que acaba de crear para introducir el tono elegido y borrar el trazo (véase la figura 2.62).

Figura 2.59. Curvatura de una raya.

Figura 2.60. Ampliación de la raya.

Figura 2.61. Al hacer clic en el punto inicial se cierra la forma.

Trabajar con gráficos

Figura 2.62. Relleno del contorno cerrado.

Modificar curvas con las herramientas Selección y Subselección

Probablemente, su primer intento de crear curvas suaves no haya salido demasiado bien. Utilice las herramientas **Selección** o **Subselección** para refinarlas.

1. Escoja la herramienta **Selección**.

2. Pase por encima de algún segmento de la línea y observe la curva que aparecerá junto a su cursor. Esto le indica que puede editar esa parte. Si surge una esquina próxima al puntero, le está diciendo que puede actuar sobre el vértice.

3. Arrastre la ondulación para modificar su forma (véase la figura 2.63).

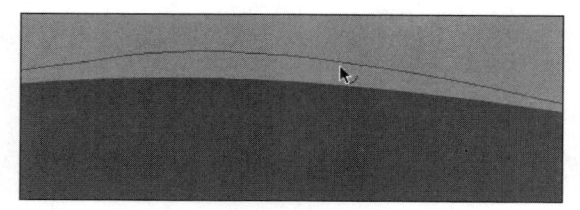

Figura 2.63. Con el desplazamiento se modifica la curva.

4. En el panel **Herramientas**, escoja ahora **Subselección** ( ).

5. Pulse en el contorno de la forma.

6. Arrastre los puntos de ancla hasta sus nuevas ubicaciones o mueva las manijas para acabar de refinar la forma global (véase la figura 2.64).

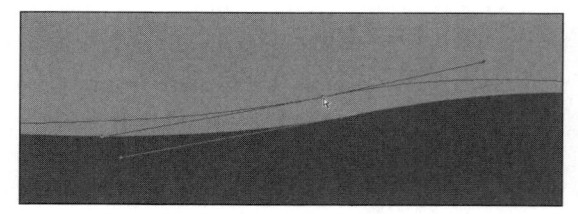

Figura 2.64. Nuevo cambio en la curva.

Eliminar o agregar puntos de ancla

Utilice las herramientas ocultas bajo la **Pluma** para eliminar o agregar los puntos de ancla que precise.

1. Haga clic y mantenga pulsada la **Pluma** para acceder a las herramientas ocultas (véase la figura 2.65).

```
■  ◊   Herramienta Pluma (P)
   ◊+  Herramienta Añadir punto de ancla (+)
   ◊-  Herramienta Eliminar punto de ancla (-)
   ▶   Herramienta Convertir punto de ancla (C)
```

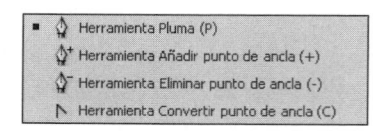

Figura 2.65. Herramientas ocultas de la Pluma.

2. Seleccione **Eliminar punto de ancla** ( ).

3. Haga clic en un punto de anclaje del contorno de la forma para suprimirlo.

4. Elija **Añadir punto de ancla** ( ).

5. Pulse en la curva para agregar un punto de ancla.

CREAR TRANSPARENCIAS

A continuación, creará una segunda onda para superponerla a la primera, la cual será ligeramente transparente para dar sensación de profundidad. Este efecto se puede aplicar al trazo o al relleno y se mide en porcentajes según la denominación "alfa". Uno del 100 por 100 indica que un color es totalmente opaco, mientras que un alfa del 0 por 100 señala una transparencia absoluta.

Modificar el valor alfa de un relleno

1. Seleccione la forma de la capa **dark brown wave**.

2. Escoja **Edición>Copiar**.

3. Siga la ruta **Insertar>Línea de tiempo>Capa** y asígnele el nombre **light brown wave** (véase la figura 2.66).

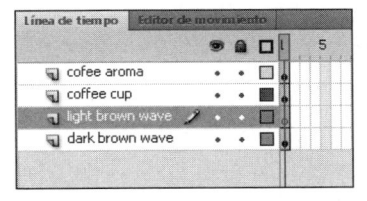

Figura 2.66. Creación de una capa para la nueva onda.

4. Vaya después a **Edición>Pegar in situ** (**Control-Mayús-V** o **Comando-Mayús-V**). Este comando coloca el elemento duplicado en la posición exacta en la que fue copiado.

5. Elija la herramienta **Selección** y mueva ligeramente hacia la izquierda o la derecha la forma pegada para que las crestas de las olas tengan algún tipo de desplazamiento (véase la figura 2.67).

6. Marque el relleno de la forma en la capa **light brown wave**.

7. En el panel **Color** (**Ventana>Color**) elija un tono marrón ligeramente diferente (CC6666) y cambie el valor alfa al 50% (véase la figura 2.68).

Figura 2.67. Separación de las dos ondas para simular el efecto.

Figura 2.68. Al rebajar el alfa el color se aclara.

Nota: También puede cambiar la transparencia de otra manera en el **Inspector de propiedades** haciendo clic en el icono **Color de relleno** y modificando el alfa en el menú desplegable.

La muestra de la parte inferior del panel Color sirve como previsualización del tono recién seleccionado. La malla gris que se aprecia denota la transparencia (véase la figura 2.69).

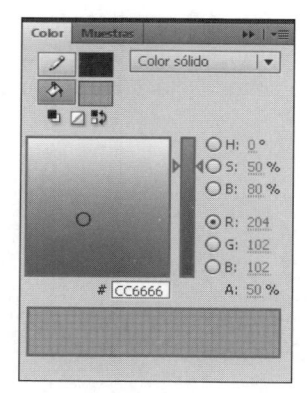

Figura 2.69. La muestra de color nos da información sobre la transparencia.

Hacer coincidir el color con el de un objeto existente

Si desea conseguir la coincidencia exacta con un color, utilice la herramienta **Cuentagotas** ( ) y consiga un modelo de un relleno o un trazo. Tras hacer clic en una forma con el **Cuentagotas**, Flash coloca la tonalidad seleccionada y las propiedades asociadas en el **Cubo de pintura** o el **Bote de tinta** para poder aplicársela a otro objeto.

1. En el panel **Herramientas**, seleccione el **Cuentagotas**.

2. Haga clic en el relleno de la forma de la capa **dark brown wave**. La herramienta cambiará automáticamente al **Cubo de pintura**, que tendrá cargado el color de la muestra.

3. Pulse ahora sobre **light blue wave** (véase la figura 2.70).

Figura 2.70. Al tomar la muestra, el color se carga automáticamente.

El relleno de la capa light brown wave varía, pasando a coincidir con el de dark brown wave. Deshaga este paso para volver a tener dos formas de onda con distinto color.

CREAR Y MODIFICAR TEXTO

Por último, va a agregar texto para completar la ilustración. Flash posee dos opciones: el ya habitual **Texto clásico** y una nueva característica llamada **Texto TLF** (*Text Layout Framework*, un nuevo motor de texto). Aprenderá más sobre él en el capítulo 7. Por lo que respecta a este proyecto utilizará la opción de texto clásico, que es más sencilla.

Al introducir una serie de palabras en el Escenario y publicar el proyecto, Flash incluye automáticamente las fuentes necesarias para mostrarlas de forma correcta. Esto significa que no tiene que preocuparse porque su audiencia no disponga de los tipos de letra requeridos para ver su obra tal y como usted la imaginó.

Uso de la herramienta Texto

1. Seleccione la capa superior.

2. Escoja Insertar>Línea de tiempo>Capa y llame **text** a la nueva capa.

3. Elija la herramienta **Texto** (T).

4. En el Inspector de propiedades seleccione **Texto clásico** y **Texto estático** (véase la figura 2.71).

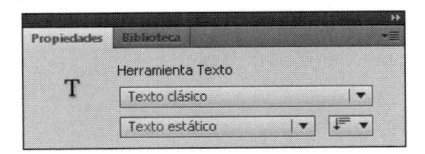

Figura 2.71. Selección de Texto clásico y de Texto estático.

5. Dentro de las opciones de Carácter escoja una fuente, un estilo, un tamaño y un color.

6. En Párrafo dispone de otras posibilidades adicionales para el formato, como la justificación o el espaciado.

7. Haga clic en el Escenario y comience a escribir. Introduzca **Garden Court Cafe Taste the Difference**.

También tiene la opción de hacer clic y arrastrar para crear un cuadro de texto, definiendo así la anchura máxima (véase la figura 2.72).

8. Salga de la herramienta **Texto** escogiendo **Selección**.

Figura 2.72. Puede componer el texto de dos maneras diferentes.

PREGUNTAS DE REPASO

1. ¿Cuáles son los tres modos de dibujo en Flash y en qué se diferencian?

2. ¿Cómo se puede dibujar un círculo perfecto usando la herramienta **Óvalo**?

3. ¿Cuándo se utiliza cada una de las herramientas de selección en Flash?

4. ¿Qué hace el panel **Alinear**?

RESPUESTAS

1. Los tres modos de dibujo son el combinado, el de objetos y el simple.

- En combinado, las formas dibujadas en el Escenario se fusionan para convertirse en un único elemento.

- En el de objetos, cada uno es distinto y permanece separado, incluso cuando se superpone con otro.

- En el simple. se pueden modificar los ángulos, radios o radios de esquina de un objeto.

2. Para dibujar un círculo perfecto mantenga pulsada la tecla **Mayús** mientras arrastra la herramienta **Óvalo** sobre el Escenario.

3. Flash incluye tres herramientas de selección: **Selección**, **Subselección** y **Lazo**.

- Utilice **Selección** para elegir una forma entera o un objeto.

- **Subselección** es perfecta si desea marcar un punto específico o una línea.

- **Lazo** sirve para dibujar un área de selección de forma libre.

4. El panel **Alinear** ordena horizontal o verticalmente cualquier número de elementos marcados y, además, puede distribuirlos de manera uniforme.

Capítulo 3

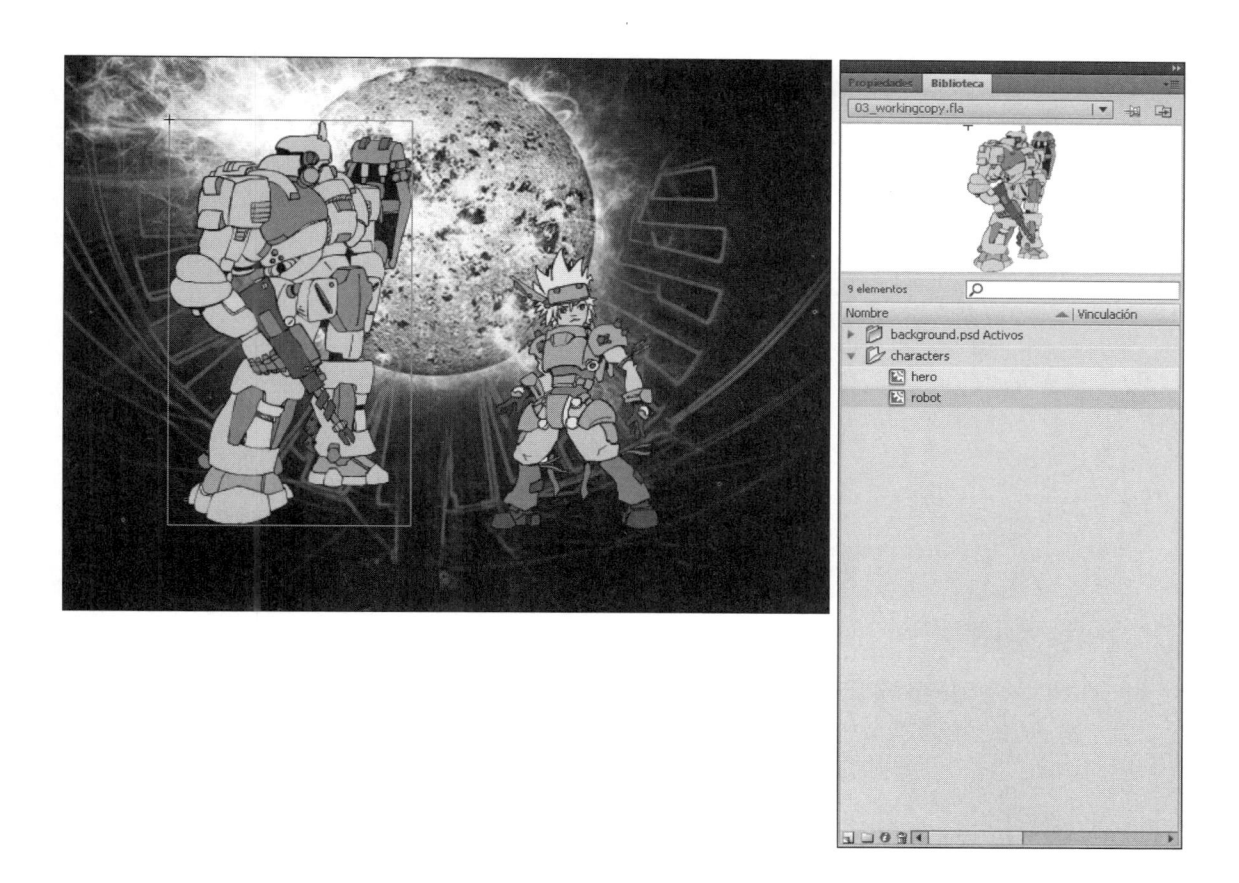

Crear y modificar símbolos

Los símbolos son recursos reutilizables que están almacenados en la Biblioteca. Los clips de película, los gráficos y los botones son los tres tipos que creará y usará con frecuencia para conseguir efectos especiales, animaciones e interactividad.

En este capítulo aprenderá a:

- Importar archivos de Illustrator y Photoshop.

- Crear símbolos nuevos.

- Modificar símbolos.

- Conocer la diferencia entre tipos de símbolos.

- Distinguir entre símbolos e instancias.

- Utilizar reglas y guías para situar objetos en el Escenario.

- Ajustar la transparencia y el color.

- Aplicar efectos de mezcla.

- Usar efectos especiales mediante filtros.

- Colocar objetos en un espacio 3D.

Le costará aproximadamente una hora y media completar este capítulo. Si es necesario, borre la carpeta del capítulo anterior en su disco duro y copie `Lesson03`.

INTRODUCCIÓN

Primero, visualice el proyecto terminado para ver lo que va a crear mientras aprende a trabajar con símbolos.

1. Haga doble clic en el archivo `03End.swf` que se encuentra en la carpeta `Lesson03/03End` para ver el proyecto de Flash terminado (véase la figura 3.1).

Puede ver que en esta ocasión trabajará sobre una ilustración estática de un fotograma de unos dibujos animados.

Figura 3.1. Aspecto del proyecto terminado.

Crear y modificar símbolos   83

En este capítulo usará archivos gráficos de Illustrator, ficheros importados de Photoshop y símbolos para poder crear una atractiva imagen fija con efectos interesantes. Conocer el uso de los símbolos es un paso esencial en la creación de cualquier animación o película interactiva.

2. Cierre el archivo `03End.swf`.

3. Seleccione **Archivo>Nuevo**. En el cuadro de diálogo **Nuevo documento**, elija **ActionScript 3.0**.

4. En el **Inspector de propiedades**, haga clic sobre el botón **Editar** que está junto a las opciones de tamaño para cambiar el Escenario a **600** píxeles de ancho por **450** de alto.

5. Seleccione **Archivo>Guardar**. Llame al archivo `03_workingcopy.fla` y guárdelo en la carpeta `03Start`.

IMPORTAR ARCHIVOS DE ADOBE ILLUSTRATOR

Como aprendió en el capítulo 2, en Flash se pueden dibujar objetos usando las herramientas **Rectángulo** y **Óvalo**, entre otras.

Sin embargo, para crear diseños complejos, es preferible elaborarlos en otras aplicaciones. Adobe Flash Professional CS5 trabaja con varios formatos gráficos, entre los que se incluyen los archivos originarios de Adobe Illustrator, por lo que es posible realizar ilustraciones propias en dicha aplicación y recurrir a ellas luego desde Flash.

Al importar un archivo de Illustrator puede elegir las capas que desea importar y cómo debe tratarlas Flash. Vamos a importar un archivo que contiene todos los personajes del fotograma.

1. Seleccione **Archivo>Importar>Importar a Escenario**.

2. Escoja el archivo `characters.ai` que está en la carpeta `Lesson03/03Start`.

3. Haga clic en **Abrir** (Windows) o **Importar** (Mac OS).

4. En el cuadro de diálogo **Importar al escenario**, asegúrese de que todas las capas están seleccionadas. Debería aparecer una marca en la casilla de verificación al lado de cada una (véase la figura 3.2). Si sólo desea trabajar con determinadas capas, puede dejar sin marcar las que quiera omitir.

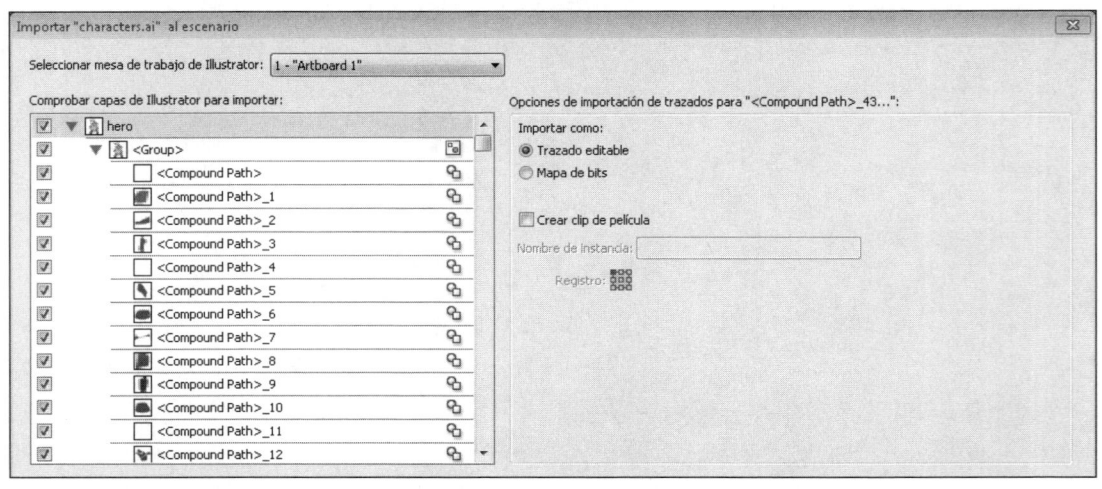

Figura 3.2. *El cuadro de diálogo Importar al escenario.*

5. Pulse en **Capas de Flash** en el menú **Convertir capas a** y escoja **Colocar objetos en su posición original** (véase la figura 3.3). Luego, haga clic en **Aceptar**.

Flash importará los gráficos de Illustrator. En la Línea de tiempo aparecerán todas las capas originales (véase la figura 3.4).

Nota: Puede seleccionar cualquier objeto del archivo de Illustrator y decidir importarlo como un símbolo o como una imagen de mapa de bits (véase la figura 3.5). En este capítulo sólo lo importaremos y daremos el paso adicional de convertirlo en símbolo, para que pueda ver el proceso completo.

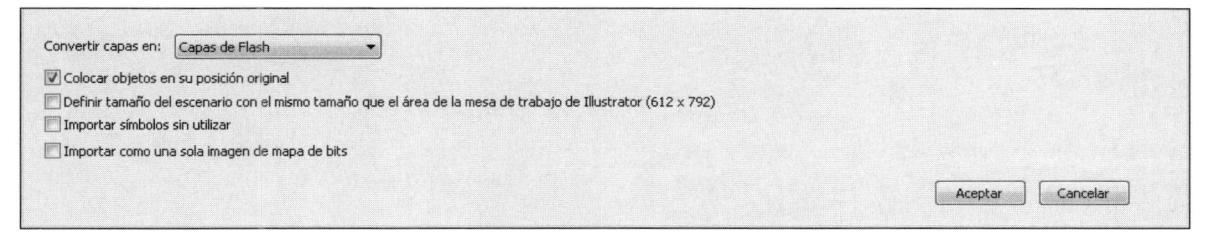

Figura 3.3. Convertir las capas de Illustrator en Flash.

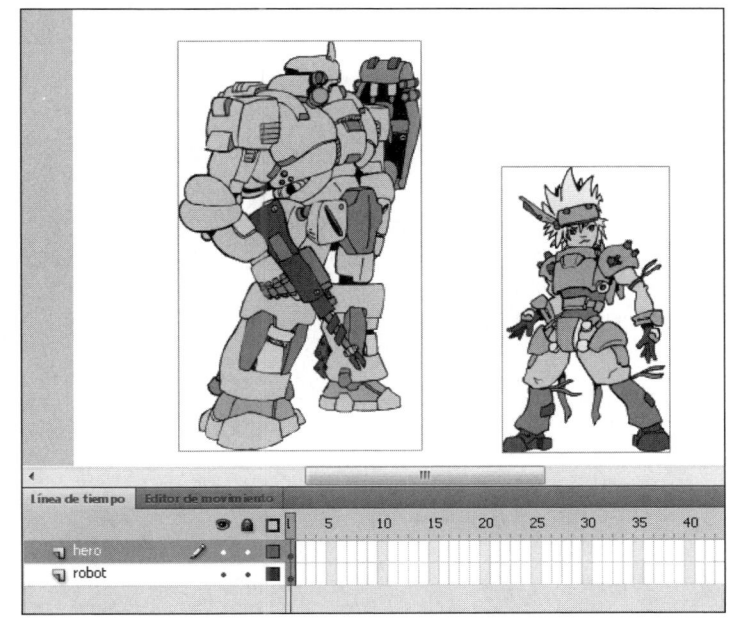

Figura 3.4. Capas en la Línea de tiempo.

Crear y modificar símbolos

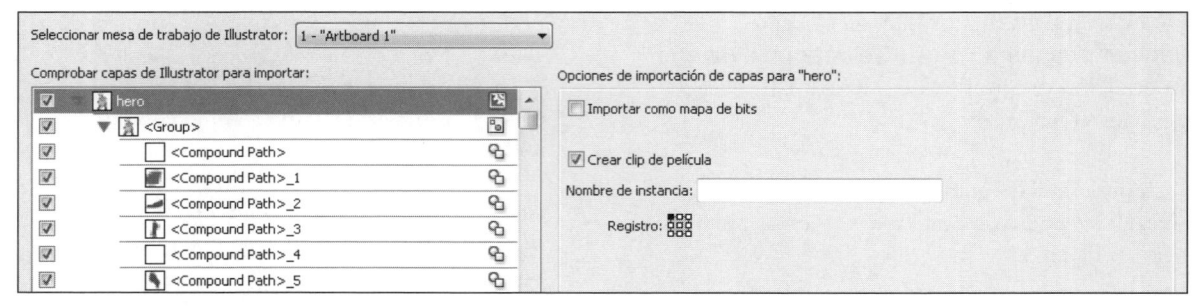

Figura 3.5. *También puede importar directamente como mapa de bits.*

SÍMBOLOS

Un símbolo es un recurso reutilizable que se maneja para crear efectos especiales, animaciones o películas interactivas. Hay tres tipos: gráficos, botones o clips de película. Al poder emplearse varias veces, tienen la propiedad de ser capaces de reducir el tamaño del archivo y el tiempo de descarga en muchas animaciones. Aunque los use muchísimas veces en un proyecto, Flash sólo incluirá sus datos una vez.

Se almacenan por defecto en el panel **Biblioteca**. Cuando arrastra uno al Escenario, Flash crea una instancia (o copia) y deja el original en la ubicación antes mencionada.

Podemos concebir los símbolos como el negativo de una fotografía y las instancias como el revelado que se ha obtenido de ese negativo. Con sólo uno es posible generar muchas copias.

Utilizar Adobe Illustrator con Flash

Flash CS5 puede importar archivos de Adobe Illustrator. Reconoce las capas, los fotogramas y los símbolos automáticamente. Si está más familiarizado con Adobe Illustrator, le parecerá más fácil crear los diseños con este programa e importarlos después a Flash para añadir animaciones y contenidos interactivos. Guarde su ilustración de Illustrator en formato `.ai` y luego elija **Archivo>Importar>Importar a Escenario** o **Archivo>Importar>Importar a Biblioteca** para importarla desde Flash. Como alternativa, puede copiar la imagen desde Illustrator y pegarla en un documento de Flash.

Importar capas

Cuando un archivo importado de Illustrator contiene capas, es posible importarlas con uno de estos métodos:

- Convertir las capas de Illustrator en capas de Flash.
- Transformar las capas de Illustrator en fotogramas clave de Flash.
- Cambiar cada capa de Illustrator por un símbolo gráfico de Flash.
- Convertir todas las capas de Illustrator en una sola de Flash.

Importar símbolos

Trabajar con símbolos en Illustrator es similar a realizarlo en Flash. De hecho, se pueden utilizar muchos de los mismos atajos de teclado en los dos programas: **F8**, por ejemplo, sirve para crear un símbolo en ambos. Cuando origina uno en Illustrator, el cuadro de diálogo **Opciones de símbolo** le permite darle nombre y configurar las opciones específicas para Flash, incluyendo el tipo (un clip de película, por ejemplo) y la ubicación de la cuadrícula del registro.

Si desea editarlo en Illustrator sin tocar nada más, haga doble clic sobre él para activar el modo aislado. El programa oscurecerá los demás objetos del panel. Cuando abandone esta opción se habrá actualizado el propio símbolo y todas sus instancias.

En Illustrator usará los paneles **Símbolos** o **Control** para asignar nombres a las copias, romper enlaces entre símbolos e instancias, intercambiar duplicados de símbolos diferentes o crear reproducciones de originales.

En la página Web `www.adobe.com/go/vid0198` podrá encontrar un tutorial en vídeo sobre el uso de estos elementos entre los dos programas.

Copiar y pegar ilustraciones

Cuando copia y pega (o arrastra y suelta) ilustraciones entre Illustrator y Flash, aparece el cuadro de diálogo **Pegar**, que le ofrece las configuraciones de importación para el archivo de Illustrator a copiar. Puede tratarlo como un único objeto mapa de bits o aplicar sobre él los parámetros para los archivos `.ai` (si desea cambiar las configuraciones seleccione **Edición>Preferencias** en Windows o **Flash>Preferencias** en Mac OS). De la misma manera que importa un archivo al Escenario o al panel **Biblioteca**, cuando pega una imagen de Illustrator puede convertir las capas originales en unas de Flash.

El formato de fichero FXG

Este formato, válido para diversas plataformas, es otra alternativa para mover fácilmente sus diseños entre Flash y otras aplicaciones para gráficos de Adobe, como Illustrator. Si desea exportar sus creaciones Flash como un fichero `.fxg`, escoja **Archivo>Exportar>Exportar Imagen** y luego elija **Adobe FXG**. Los archivos con esta extensión se importan como se haría con cualquier otro fichero externo, seleccionando **Archivo>Importar>Importar a biblioteca**.

También resulta útil pensar en los símbolos como si fueran contenedores, el lugar donde se guardarán los elementos del proyecto, ya que están habilitados para acoger imágenes `.jpeg`, dibujos de Illustrator o diseños de Flash. En cualquier momento puede acceder a su símbolo y editarlo, o lo que es lo mismo, modificar o sustituir su contenido.

Cada uno de los tres tipos de símbolos de Flash tiene un fin específico. Se logra saber cuándo es un gráfico (), un botón () o un clip de película () según el icono que tiene a su lado en el panel **Biblioteca**.

Símbolos de clip de película

Son los símbolos más habituales, potentes y flexibles, siendo los más utilizados para crear animaciones. Puede aplicar filtros, configuraciones de color y modos de mezcla a una instancia de este tipo para realzar su aspecto con efectos especiales. Es de destacar, además, el hecho de que tienen su propia Línea de tiempo independiente. Es posible tener una animación dentro de un clip de película, de igual modo que puede haber otra en la Línea de tiempo principal, lo que posibilita la creación de proyectos complejos. Un ejemplo consistiría en hacer que una mariposa se mueva de izquierda a derecha por el Escenario mientras bate sus alas de manera independiente a su desplazamiento.

Lo más importante de todo es que puede controlar los clips de película con ActionScript para hacer que éstos respondan a los deseos del usuario, con lo que puede tener un comportamiento del tipo "arrastrar y soltar" si lo prefiere así.

Símbolos de botón

Los símbolos de botón se utilizan para crear interactividad. Poseen sólo cuatro fotogramas clave que describen su apariencia cuando el ratón opera con ellos. Sin embargo, es necesario usar ActionScript para que los botones hagan algo. También conseguirá aplicar en ellos filtros, modos de mezcla y configuraciones de color. Aprenderá más sobre los botones en el capítulo 6, en el que elaboraremos un esquema de navegación no lineal para que el usuario pueda elegir lo que desea ver.

Símbolos gráficos

Los símbolos gráficos son el tipo más simple de símbolo. Aunque se pueden utilizar para diseñar animaciones, es preferible realizarlas mediante el clip de película.

Entre sus propiedades, destacar que son menos flexibles e incompatibles con ActionScript. Tampoco están habilitados para aplicar filtros ni modos de mezcla, si bien en algunos casos resultan de provecho, como cuando se pretende sincronizar una animación contenida en un símbolo gráfico con la Línea de tiempo principal.

CREAR SÍMBOLOS

En el capítulo anterior vimos cómo crear un símbolo para utilizarlo con la herramienta **Deco**. En Flash existen dos maneras. La primera de ellas consiste en no tener nada seleccionado en el Escenario y entonces escoger **Insertar>Nuevo símbolo**. La propia aplicación pasará a modo de edición de símbolos, donde podrá comenzar a dibujar o importar elementos externos.

El segundo modo es seleccionar en el Escenario los gráficos ya existentes y marcar **Modificar>Convertir en símbolo** (**F8**). Lo que haya elegido formará parte del nuevo símbolo automáticamente.

> **Nota:** Cuando utiliza el comando **Convertir en símbolo**, en realidad no está "convirtiendo" nada, sino colocando lo que tenga seleccionado dentro de un símbolo.

Ambos métodos son válidos y la elección dependerá de su método de trabajo habitual. La mayoría de los diseñadores prefieren **Convertir en símbolo**, pues de este modo pueden crear todos los gráficos del Escenario y verlos juntos antes de convertir las partes individuales.

En este capítulo vamos a seleccionar las distintas partes del gráfico importado de Illustrator y las transformaremos en símbolos.

1. En el Escenario, seleccione el personaje de la capa **hero** (véase la figura 3.6).

Figura 3.6. Elección del personaje.

2. Escoja **Modificar>Convertir en símbolo** (**F8**).

3. Póngale de nombre **hero** al símbolo y elija **Clip de película** como **Tipo** (véase la figura 3.7).

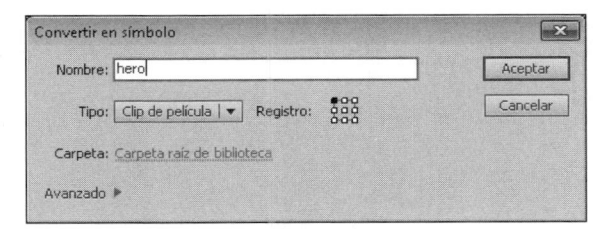

Figura 3.7. Cuadro de diálogo Convertir en símbolo.

4. Deje el resto de parámetros como están. El **Registro** indica el punto central del símbolo. Por el momento estará ubicado en la esquina superior izquierda.

5. Haga clic en **Aceptar**. En la Biblioteca aparecerá el símbolo **hero** (véase la figura 3.8).

6. Seleccione el otro personaje de la capa **robot** y conviértalo también en un clip de película. Llámelo **robot**.

Ahora tiene dos elementos en la Biblioteca, además de una instancia en el Escenario de cada uno de ellos.

Figura 3.8. El símbolo se muestra en la Biblioteca.

IMPORTAR ARCHIVOS DE PHOTOSHOP

Es el momento de importar un archivo de Photoshop para el fondo que contiene dos capas con un efecto de fusión, el cual permite crear mezclas especiales de colores entre ellas. Verá que Flash puede importar los archivos de Photoshop manteniendo intactas las capas y conservando también la información de fusión.

1. Seleccione la capa superior de la Línea de tiempo.

2. En el menú superior, siga la ruta **Archivo> Importar>Importar a escenario**.

3. Escoja el archivo `background.psd` en la carpeta `Lesson03/03Start`.

4. Haga clic en **Abrir**.

5. En el cuadro de diálogo **Importar al escenario**, asegúrese de marcar todas las capas. Debería aparecer una marca en la casilla de verificación que hay junto a la miniatura de cada una de ellas.

6. Seleccione la capa **flare** en la ventana de la izquierda.

Crear y modificar símbolos **89**

7. En las opciones de la derecha, escoja **Imagen de mapa de bits con estilos de capa editables** (véase la figura 3.9).

A la derecha de la capa de Photoshop se ve un icono de símbolo de clip de película, indicando que la capa importada se creará dentro de esta opción. La otra, **Imagen de mapa de bits alisada**, no conservará ningún efecto, como la transparencia o la fusión.

8. Seleccione la capa **Background** en la ventana de la izquierda.

9. En las opciones de la derecha, escoja **Imagen de mapa de bits con estilos de capa editables** (véase la figura 3.10).

10. En la parte inferior del cuadro de diálogo, elija **Convertir capas en: Capas de Flash**, y seleccione **Colocar capas en posición original** (véase la figura 3.11).

También tiene la opción de cambiar el tamaño del Escenario de Flash para hacerlo coincidir con el lienzo de Photoshop, aunque su Escenario tiene ya las dimensiones adecuadas (600 x 450 píxeles).

11. Haga clic en **Aceptar**. Flash importará las dos capas y las colocará en capas distintas de la Línea de tiempo.

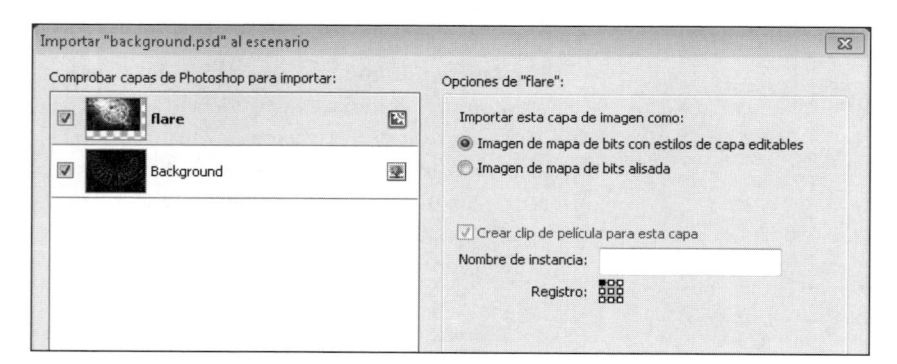

Figura 3.9. Cuadro de diálogo Importar al escenario.

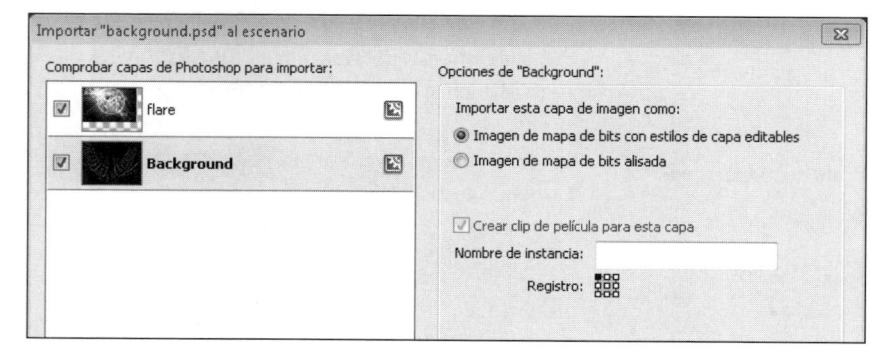

Figura 3.10. Cómo importar la capa Background.

Figura 3.11. Ajustes en la parte inferior del cuadro.

Las imágenes de Photoshop se convertirán automáticamente en símbolos de clip de película y se guardarán en la Biblioteca, conservando toda la información sobre transparencia y fusión.

Si selecciona la ilustración de la capa **flare**, verá que **Mezcla** tiene el valor **Aclarar** en la sección **Mostrar** (véase la figura 3.12).

Nota: Si desea editar sus ficheros de Photoshop, no tiene por qué pasar de nuevo por el proceso completo de importación, ya que es posible tratar cualquier imagen del Escenario o de la Biblioteca con Adobe Photoshop CS5 o con otra aplicación de edición de imágenes. Haga clic con el botón derecho del ratón (**Control-clic**) sobre una fotografía situada en el Escenario o en la Biblioteca y elija **Editar con Photoshop CS5** o **Editar con** para escoger su programa preferido. Flash inicia la aplicación y, una vez guardados los cambios, su imagen se actualiza en Flash de inmediato.

MODIFICAR Y GESTIONAR LOS SÍMBOLOS

Ahora dispone de varios símbolos de clip de película en la Biblioteca y de sus instancias en el Escenario. Conseguirá administrar mejor los que se hallan en la Biblioteca organizándolos en carpetas. También puede modificarlos en cualquier momento. Si, por ejemplo, decide que quiere cambiar el color de uno de los brazos del robot, puede hacerlo fácilmente entrando en modo de edición de símbolo y realizando la transformación.

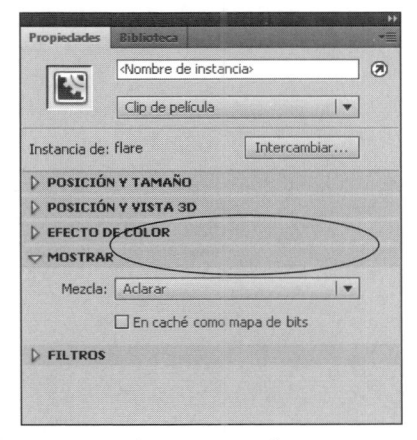

Figura 3.12. Se mantienen las opciones de fusión de Photoshop.

12. Arrastre las capas **robot** y **hero** hasta la parte superior de la **Línea de tiempo** para que cubran parcialmente el fondo.

Añadir carpetas y organizar la Biblioteca

1. En la Biblioteca, haga clic con el botón derecho del ratón (**Control-clic**) en un espacio vacío y seleccione **Nueva carpeta**. Como alternativa, puede pulsar **Nueva carpeta** (▣) en la parte inferior del panel **Biblioteca**.

Los formatos de imagen

Flash es capaz de importar y manejar archivos de imágenes en varios formatos: `.jpeg`, `.gif`, `.png` y `.psd` (Photoshop). Use los `.jpeg` para imágenes que incluyan degradados y leves variaciones, como las de las fotografías. Use los archivos `.gif` para imágenes con grandes y sólidos bloques de color o dibujos con líneas en blanco y negro. Use los archivos `.png` para imágenes que incluyan transparencias. Utilice archivos `.psd` si desea conservar la información sobre capas, transparencia o fusión del archivo de Photoshop.

Convertir un mapa de bits en un gráfico vectorial

Habrá ocasiones en las que desee convertir una imagen de mapa de bits en un gráfico vectorial. Mientras Flash gestiona los mapas de bits como series de puntos de color (o píxeles), los gráficos vectoriales se tratarán como series de líneas y curvas. Esta información vectorial se renderiza sobre la marcha, de modo que la resolución de los gráficos vectoriales no es fija, como ocurre con los mapas de bits. Esto significa que se puede hacer cualquier zoom sobre un gráfico vectorial y visualizarlo siempre con precisión y claridad. Con frecuencia, al convertir un mapa de bits en una imagen vectorial se obtiene un efecto "pictórico" debido a que los degradados suaves pasan a convertirse en bloques de colores diferentes, lo cual puede suponer un efecto interesante.

Para transformar un mapa de bits en un vector, importe la imagen original desde Flash, selecciónela y escoja **Modificar>Mapa de bits>Trazar mapa de bits**. Las opciones determinan la fidelidad de los trazos con respecto al mapa de bits original.

En la figura 3.13 se muestra la imagen de mapa de bits original (izquierda) frente al gráfico vectorial (derecha).

Figura 3.13. Diferencias estéticas entre el mapa de bits y la imagen vectorial.

Tenga precaución al utilizar el comando **Trazar mapa de bits**, pues a menudo los gráficos vectoriales complejos exigen más memoria y trabajo del procesador que los mapas de bits iniciales.

2. Llame a la carpeta **characters** (véase la figura 3.14).

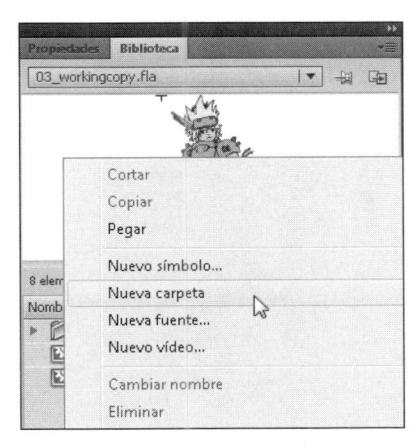

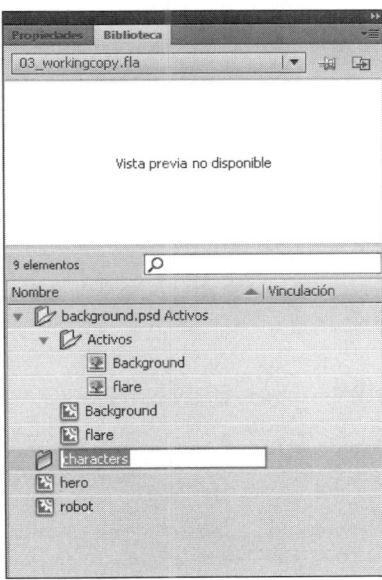

Figura 3.14. Nueva carpeta en la Biblioteca.

3. Arrastre los símbolos de clip de película **robot** y **hero** hasta la carpeta `characters`.

4. Puede contraer o expandir las carpetas para ocultar o mostrar sus contenidos y mantener organizada su Biblioteca (véase la figura 3.15).

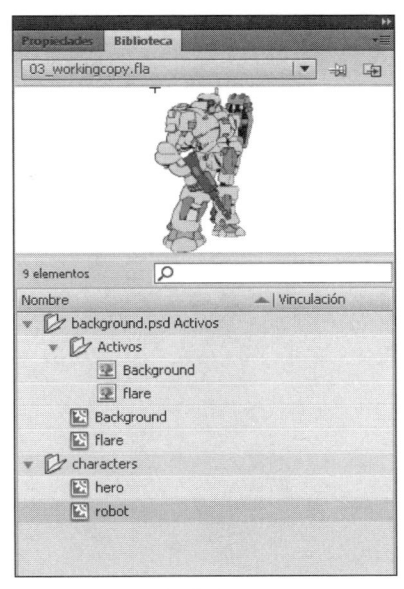

Figura 3.15. Contenido de las carpetas.

Editar un símbolo de la Biblioteca

1. Haga doble clic sobre el clip de película **robot** de la Biblioteca. Flash pasará a modo de edición de símbolos. Con esta opción activada puede ver los contenidos, en este caso el robot del Escenario.

Observe, en la figura 3.16, que en la barra horizontal superior ya no se encuentra en la **Escena 1**, sino dentro del símbolo llamado **robot**.

2. Haga doble clic en la ilustración para modificarla. Tendrá que hacer doble clic sobre los grupos de ilustraciones varias veces para llegar hasta la forma individual que desea editar (véase la figura 3.17).

3. Escoja la herramienta **Cubo de pintura**. Seleccione un nuevo color de relleno y apliquelo a la forma elegida dentro del diseño del robot (véase la figura 3.18).

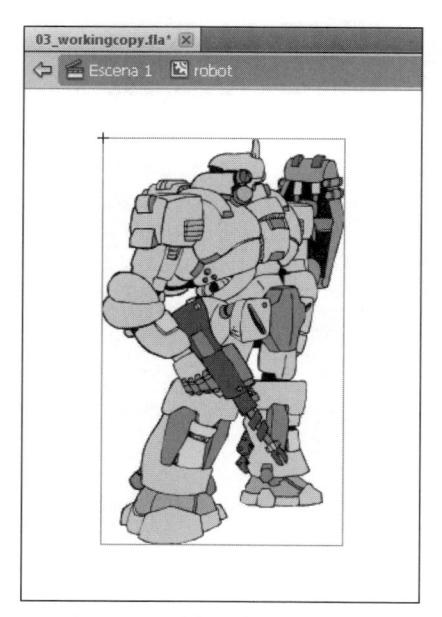

Figura 3.16. *Interior del símbolo.*

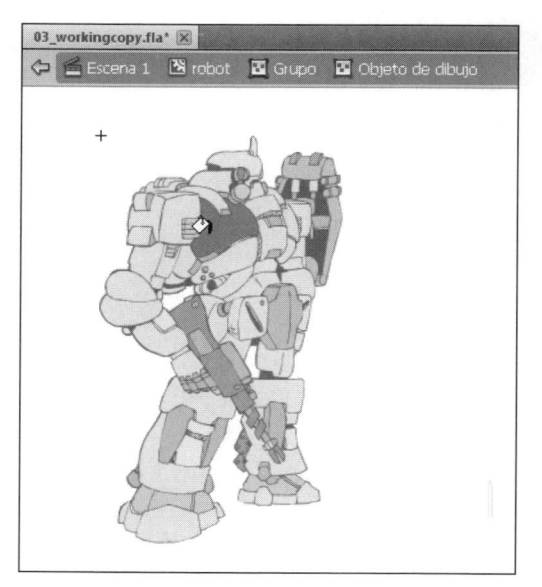

Figura 3.18. *Coloreado de una de las formas que componen el robot.*

El símbolo del clip de película de la Biblioteca refleja los cambios realizados (véase la figura 3.19).

La instancia del Escenario también deja constancia de las modificaciones. Todas las copias del símbolo se verán afectadas.

> **Nota:** Es posible duplicar los símbolos de la Biblioteca de una manera rápida y sencilla. Selecciónelos, haga clic con el botón derecho del ratón (**Control-clic**) y pulse en **Duplicar**. También puede escoger **Duplicar** en el menú de opciones que hay en la parte superior derecha. En la Biblioteca se creará una copia exacta del elemento en cuestión.

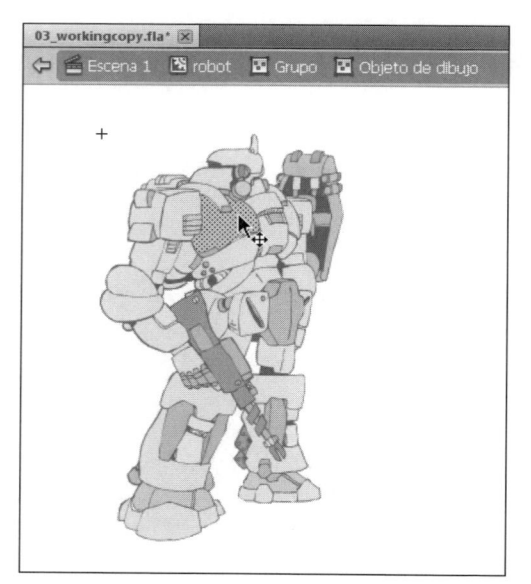

Figura 3.17. *Existen varios niveles de agrupamiento.*

4. Haga clic en **Escena 1** en la barra horizontal que hay sobre el Escenario para volver a la Línea de tiempo principal.

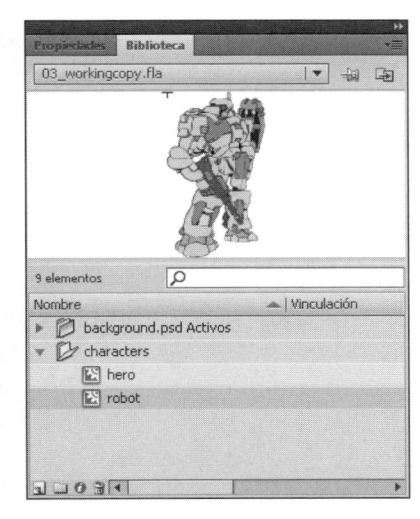

Figura 3.19. Al cambiar el símbolo, cambian todas sus instancias.

Modificar símbolos en el Escenario

Tal vez desee editar un símbolo en su propio contexto, acompañado del resto de objetos. Para ello, haga doble clic en una instancia del Escenario. Pasará a modo de edición de símbolos, aunque aún podrá ver todo lo que le rodea. Esta opción se denomina edición local.

1. Empleando la herramienta **Selección**, haga doble clic en la instancia del clip de película del robot que hay en el Escenario. Flash atenuará el resto de objetos en esta ubicación y habilitará el modo de edición de símbolos. Observe en la figura 3.20 que en la barra horizontal superior ya no se encuentra en la **Escena 1**, sino dentro de **robot**.

Figura 3.20. Interior de la instancia del símbolo.

Crear y modificar símbolos

2. Haga doble clic en la ilustración para modificarla. Tendrá que hacer doble clic sobre los grupos varias veces para llegar hasta la forma individual que desea editar (véase la figura 3.21).

Figura 3.22. Sólo se aplica el color a una de las formas.

4. Haga clic en Escena 1 en la barra que hay sobre el Escenario para volver a la Línea de tiempo principal.

También puede hacer doble clic sobre cualquier parte del Escenario para ir al siguiente nivel superior de agrupamiento.

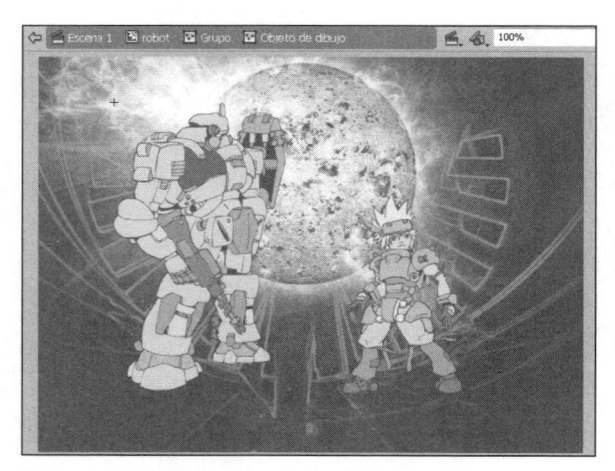

Figura 3.21. Diferentes niveles de agrupamiento.

El símbolo del clip de película de la Biblioteca refleja los cambios realizados (véase la figura 3.23).

3. Escoja la herramienta **Cubo de pintura**. Seleccione un nuevo color de relleno y aplíquelo a la forma elegida dentro del diseño del robot (véase la figura 3.22).

La instancia del Escenario también se ha visto afectada por las modificaciones, así como el resto de copias.

Figura 3.23. El símbolo de la Biblioteca deja patente los cambios realizados.

Separar la instancia de un símbolo

Si ya no desea que un objeto del Escenario sea una instancia de un símbolo, puede utilizar el comando **Separar** para devolverlo a su forma original.

1. Elija la instancia del robot del Escenario.

2. Seleccione **Modificar>Separar**. Flash separará la instancia del clip de película del robot. Lo que quedará en el Escenario será un grupo (véase la figura 3.24) que podrá separar también para modificarlo como quiera.

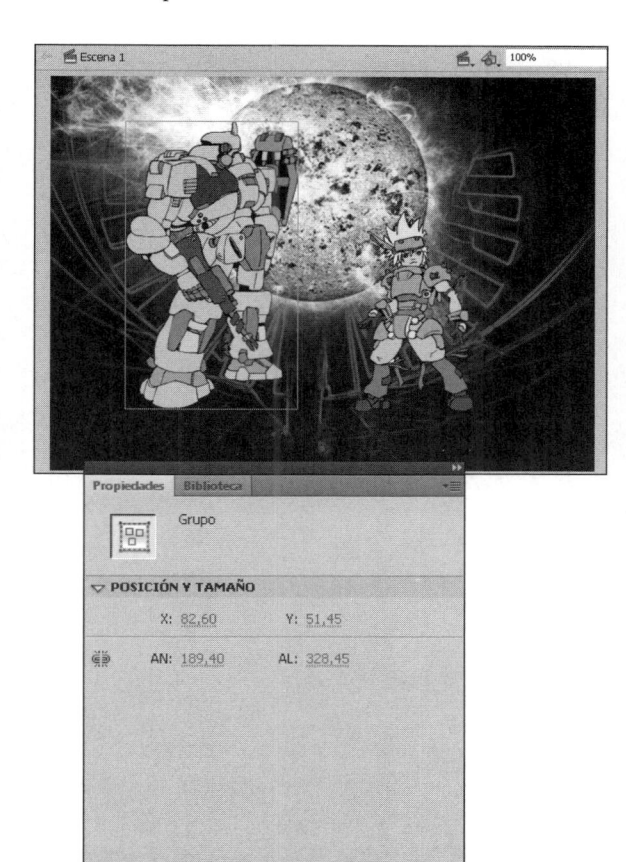

Figura 3.24. Al separar la instancia, ésta se convierte en un simple grupo.

CAMBIAR EL TAMAÑO Y LA POSICIÓN DE LAS INSTANCIAS

Es posible tener varias copias del mismo símbolo en el Escenario. Ahora va a agregar algunos robots más para crear un pequeño ejército. Verá cómo cambiar el tamaño y la posición (e incluso la rotación) de cada instancia en particular.

1. Seleccione la capa del robot en la Línea de tiempo.

2. Arrastre otro símbolo **robot** desde la Biblioteca hasta el Escenario. Aparecerá una nueva instancia (véase la figura 3.25).

Figura 3.25. Dos instancias del robot.

3. Escoja la herramienta **Transformación libre**. Alrededor de la copia seleccionada surgirán las manijas de control (véase la figura 3.26).

4. Manipule las de los lados para voltear el robot, de manera que quede mirando en la otra dirección (véase la figura 3.27).

5. Mantenga pulsada la tecla **Mayús** mientras arrastra las manijas de control de la esquina para reducir el tamaño del robot (véase la figura 3.28).

Figura 3.26. Las manijas nos permiten transformar la instancia.

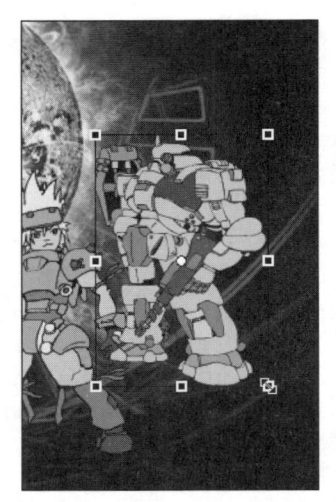

Figura 3.28. Redimensionar del segundo robot.

Figura 3.27. Volteo del robot tirando de las manijas.

Figura 3.29. Cada robot puede tener un tamaño diferente.

6. Desplace un tercer robot desde la Biblioteca hasta el Escenario.

Con la herramienta **Transformación libre**, gírelo, dele un nuevo tamaño y haga que se solape con el segundo (véase la figura 3.29).

¡El ejército de robots aumenta!

Utilizar reglas y guías

Quizá desee ser más preciso en la ubicación de las instancias de su símbolo. En el capítulo 1 aprendió a emplear las coordenadas X e Y del **Inspector de propiedades** para colocar objetos individuales. En el capítulo 2 aprendió a utilizar el panel **Alinear** para poner en fila varios objetos entre sí. Otro modo de posicionarlos en el Escenario es emplear reglas y guías. Las primeras se muestran en los bordes superior e izquierdo del Área de trabajo para dar una medida de los ejes horizontal y vertical, mientras que las segundas son rayas horizontales y verticales que se pueden ver en el Escenario, pero que no se apreciarán en la película final una vez publicada.

1. Escoja ahora **Ver>Reglas** (**Alt-Mayús-R/Opción-Mayús-R**). A lo largo de los bordes superior e izquierdo del Escenario se mostrarán sendas reglas con la medida en píxeles, como se observa en la figura 3.30. Conforme desplace los objetos, verá moverse unas marcas que le indicarán la posición de las cajas delimitadoras.

Figura 3.30. Las reglas determinan en píxeles las posiciones del Escenario.

2. Haga clic en la regla horizontal superior y arrastre una guía al Escenario, como indica la figura 3.31. Aparecerá una línea coloreada que podrá utilizar para alinear elementos.

3. Haga doble clic en la guía con la herramienta **Selección**. Se abrirá el cuadro de diálogo **Mover guía**.

4. Introduzca **435** como el nuevo valor en píxeles para la guía, como se ve en la figura 3.32. Haga clic en **Aceptar**. La guía se recoloca a esos píxeles del borde superior del Escenario.

Figura 3.32. Valor en píxeles de la guía.

5. Escoja **Ver>Ajuste>Ajustar a guías** y asegúrese de que dicha opción está seleccionada. Ahora los objetos se ajustarán a las guías que haya en el Escenario.

6. Arrastre las instancias del robot y del héroe para que sus bordes inferiores se alineen con la guía (véase la figura 3.33).

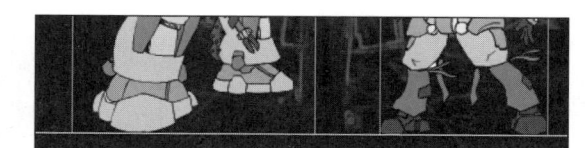

Figura 3.33. Guía bajo los pies de los personajes.

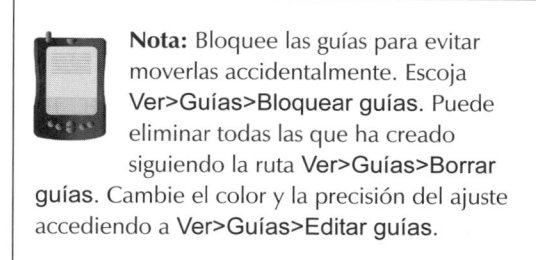

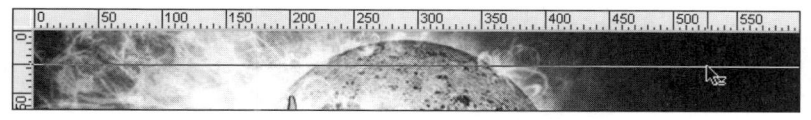

Nota: Bloquee las guías para evitar moverlas accidentalmente. Escoja **Ver>Guías>Bloquear guías**. Puede eliminar todas las que ha creado siguiendo la ruta **Ver>Guías>Borrar guías**. Cambie el color y la precisión del ajuste accediendo a **Ver>Guías>Editar guías**.

Figura 3.31. Al arrastrar desde la regla se desprende una línea.

CAMBIAR EL EFECTO DE COLOR DE LAS INSTANCIAS

La opción **Efecto de color** del **Inspector de propiedades** permite modificar varias propiedades de cualquier instancia, entre las que se encuentran el brillo, la tinta o el alfa. El brillo controla lo clara u oscura que se mostrará, la tinta regula el color global y el alfa se encarga del nivel de opacidad. Al reducir este valor disminuye la opacidad y aumenta la transparencia.

Cambiar el brillo

1. Haga clic con la herramienta **Selección** en el robot más pequeño del Escenario.

2. En el menú **Estilo** del **Efecto de color** en el **Inspector de propiedades**, seleccione **Brillo**.

3. Arrastre el deslizador **Brillo** hasta el **-40%** (véase la figura 3.34).

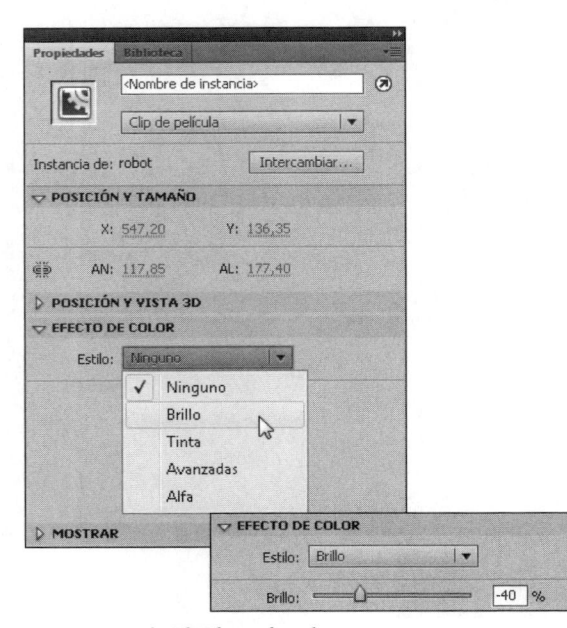

Figura 3.34. El Efecto de color abarca varios parámetros.

La instancia del robot del Escenario se volverá más oscura, dando la sensación de que se encuentra más lejos (véase la figura 3.35).

Figura 3.35. Un pequeño truco para crear una impresión de profundidad.

Cambiar la transparencia

1. Seleccione el orbe resplandeciente de la capa **flare**.

2. En el menú **Estilo** del **Efecto de color** en el **Inspector de propiedades**, seleccione **Alfa**.

3. Arrastre el deslizador **Alfa** hasta el **50%** (véase la figura 3.36).

El orbe de la capa **flare** del Escenario se vuelve más translúcido (véase la figura 3.37).

> **Nota:** Para borrar el efecto de color de cualquier instancia, seleccione **Ninguno** en el menú **Estilo**.

LOS EFECTOS DE MEZCLA

Los efectos de mezcla determinan cómo interactúan los colores de una instancia con los tonos que hay debajo de ella. Ya ha visto que la copia de la capa **flare** tenía aplicada la opción **Aclarar** (heredada de Photoshop), que hacía que ésta se integrara más con el duplicado de la capa **Background**.

Existen muchos tipos de opciones de mezcla. Algunos dan resultados sorprendentes, dependiendo de los colores de la instancia y de los de las capas subyacentes. Experimente con todas las variantes para comprender su funcionamiento.

La figura 3.38 muestra algunas de las posibilidades y su resultado en el robot sobre un degradado que va de azul a negro.

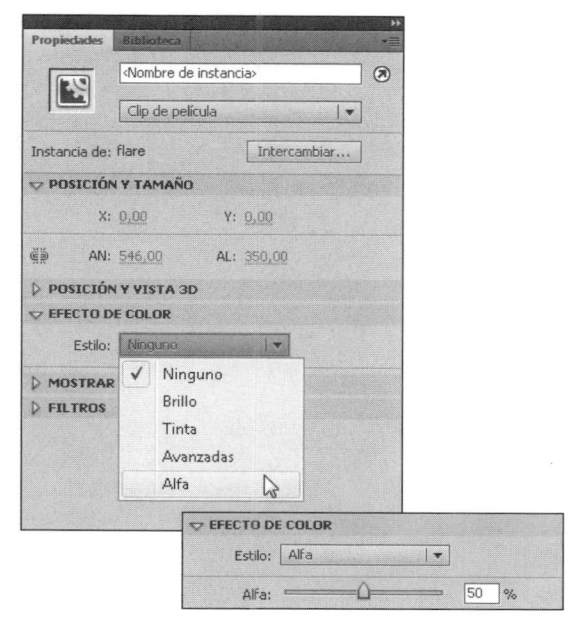

Figura 3.36. Es el turno de la transparencia.

Figura 3.37. Aumenta el grado de transparencia de la figura.

Crear y modificar símbolos **101**

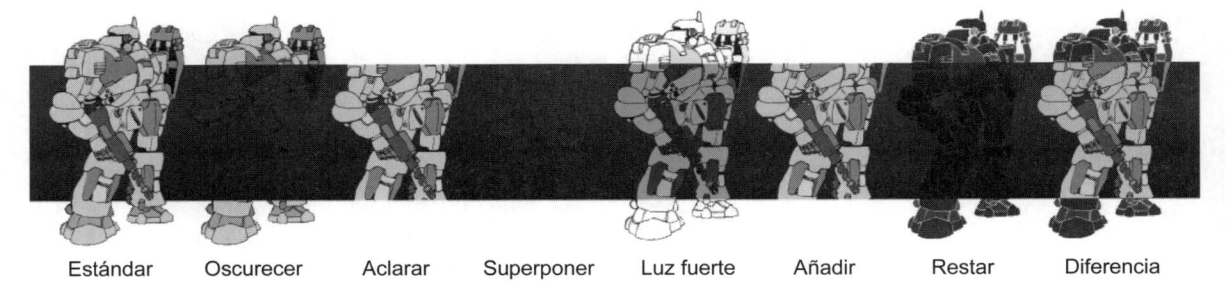

Estándar   Oscurecer   Aclarar   Superponer   Luz fuerte   Añadir   Restar   Diferencia

Figura 3.38. Distintos efectos de mezcla.

APLICAR EFECTOS ESPECIALES MEDIANTE FILTROS

Los filtros son efectos especiales que podemos aplicar a las instancias de los clips de película. Encontrará varios en la sección **Filtros** del **Inspector de propiedades**. Cada filtro posee opciones diferentes para perfilar el efecto.

Aplicar un filtro de desenfoque

Vamos a aplicar un filtro de desenfoque a algunas de las instancias para que la escena gane algo de profundidad.

1. Seleccione el orbe resplandeciente de la capa **flare**.

2. En el **Inspector de propiedades**, expanda la sección **Filtros**.

3. Haga clic en el botón **Añadir filtro** de la parte inferior de la sección **Filtros** y escoja **Desenfoque** (véase la figura 3.39). En la ventana **Filtros** aparecerá el filtro **Desenfoque**, con las opciones **Desenfoque X** y **Desenfoque Y**.

4. Pulse en el icono del eslabón que hay junto a **Desenfoque X** y **Desenfoque Y** para enlazar el efecto en ambas direcciones, en caso de que no esté vinculado aún.

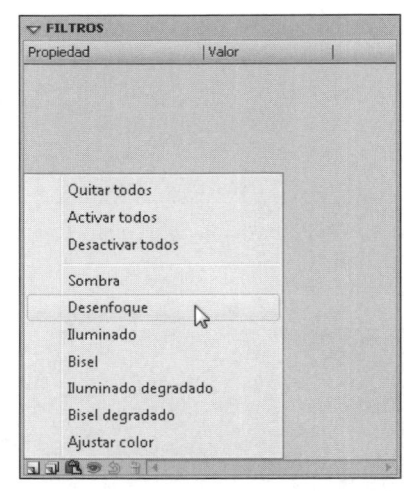

Figura 3.39. El filtro Desenfoque.

5. Asigne a **Desenfoque X** y **Desenfoque Y** un valor de **10** píxeles (véase la figura 3.40).

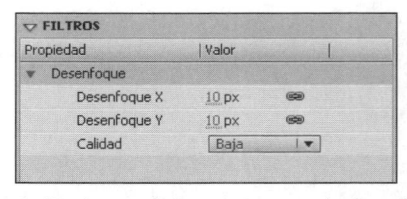

Figura 3.40. Ajuste de los parámetros de desenfoque.

La instancia del Escenario se volverá borrosa, lo que dará cierta perspectiva a la escena (véase la figura 3.41).

Nota: Es preferible dejarlo en **Calidad: Baja**. Valores superiores cargarán bastante al procesador, lo cual puede reducir el rendimiento, sobre todo si hay más filtros aplicados.

Figura 3.41. El orbe se desenfoca.

Más opciones para los filtros

En la parte inferior de la ventana **Filtros** hay una fila de opciones que le ayudarán a administrarlos y emplearlos (véase la figura 3.42).

Figura 3.42. Opciones para filtros.

El botón **Preestablecidos** se utiliza para guardar un filtro concreto junto a sus parámetros, con el fin de poder aplicárselo a otra instancia. El botón **Portapapeles** permite copiar y pegar el filtro seleccionado, mientras que **Habilitar o deshabilitar filtro** da la opción de visualizar el duplicado con el filtro aplicado o sin aplicar. Por su parte, **Restablecer filtro** devuelve los valores originales a los parámetros del filtro.

UBICACIÓN EN UN ESPACIO 3D

También dispone de la posibilidad de colocar y animar objetos en un espacio tridimensional real, aunque para ello han de ser símbolos de clip de película o Texto TLF. Para colocar los objetos en 3D, usará las herramientas **Rotación 3D** y **Traslación 3D**. El panel Transformar ofrece información sobre la posición y la rotación.

Comprender el espacio de coordenadas 3D es esencial para la correcta colocación de estos objetos. Flash divide el espacio utilizando tres ejes: X, Y, y Z. El primero discurre horizontalmente a lo ancho del Escenario, con X=0 en el extremo izquierdo. El segundo es el vertical, con Y=0 en la parte superior. El último de ellos entra y sale del plano del Escenario (yendo hacia el espectador y alejándose de éste), con Z=0 en el plano del Escenario.

Cambiar la rotación 3D de un objeto

Vamos a agregar algo de texto a la imagen pero, para hacerlo más interesante, lo dotaremos de perspectiva. Piense en el texto del comienzo de *La Guerra de las Galaxias* e intente conseguir un efecto similar.

1. Inserte una nueva capa y llámela **text** (véase la figura 3.43).

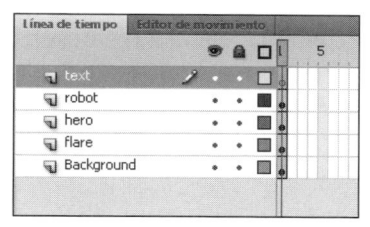

Figura 3.43. Incorporación de una capa para el texto.

2. Seleccione la herramienta **Texto** en el panel **Herramientas**.

3. En el **Inspector de propiedades**, elija **Texto TLF**, **Sólo lectura** y una fuente de gran tamaño que tenga un color interesante para darle algo de dinamismo. Su tipo de letra podría tener un aspecto ligeramente distinto al mostrado en este ejemplo, dependiendo de las fuentes disponibles en su ordenador.

4. Haga clic en la capa de texto del Escenario y comience a escribir el título (véase la figura 3.44).

Figura 3.44. Texto del título.

5. Para salir de **Texto**, escoja la herramienta **Selección**.

6. Utilice la herramienta **Rotación 3D** ( ). En el Escenario aparecerá un punto de mira circular y multicolor sobre la instancia (véase la figura 3.45). Es una guía para la rotación en 3D. Resulta práctico concebir las guías como las líneas de una esfera. La línea roja longitudinal rotará la instancia sobre el eje X, la verde del ecuador actuará sobre el eje Y y la azul circular se ocupará del Z.

Figura 3.45. Punto de mira sobre la instancia.

7. Haga clic sobre una de las guías y arrastre el ratón en cualquier dirección para rotar la instancia en el espacio 3D. También puede hacer clic sobre el círculo naranja exterior y desplazar el conjunto libremente (véase la figura 3.46).

Figura 3.46. Utilización de la guía circular naranja.

Cambiar la posición 3D de un objeto

Además de modificar la rotación de un objeto en el espacio 3D, es posible desplazarlo a un punto específico del espacio 3D utilizando la herramienta **Traslación 3D**, que se encuentra oculta bajo la herramienta **Rotación 3D**.

1. Seleccione la herramienta **Traslación 3D** ( ).

2. Haga clic en el texto, con lo que aparecerá una guía sobre la instancia (véase la figura 3.47). Es la que se usa para la traslación 3D. La guía roja representa el eje X; la verde, el Y; y la azul, el Z.

Figura 3.47. Guía de traslación.

3. Pulse sobre uno de los ejes de la guía y arrastre el ratón en cualquier dirección para mover la instancia en el espacio 3D (véase la figura 3.48).

Observe que el texto conserva su perspectiva mientras lo desplaza por el Escenario.

Figura 3.48. Desplazamiento de la instancia.

Transformaciones globales y locales

A la hora de emplear **Rotación 3D** o **Traslación 3D**, tenga presente la opción **Transformación global** (que se muestra como un cubo tridimensional) de la base del panel **Herramientas**. Cuando está marcada, la rotación y el posicionamiento son relativos al sistema de coordenadas global, es decir, al del Escenario. Las líneas 3D que hay sobre el objeto muestran los tres ejes en una posición constante, independientemente de cómo se rote o se desplace. Observe que las líneas 3D de la figura 3.50 son perpendiculares al Escenario.

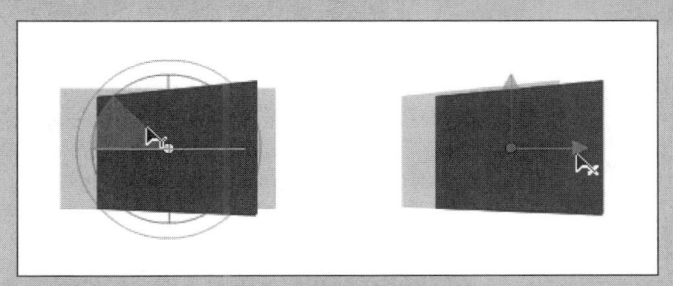

Figura 3.50. Las líneas son siempre perpendiculares al Escenario.

Sin embargo, cuando la opción **Transformación global** está desactivada (el botón no está pulsado), la rotación y el posicionamiento son relativos al objeto. Las líneas 3D muestran los tres ejes con una orientación enfocada a dicho elemento en vez de al Escenario. Por ejemplo, observe en la figura 3.51 que la herramienta **Traslación 3D** presenta un eje Z que apunta hacia afuera desde el rectángulo, en vez de hacerlo desde el Escenario.

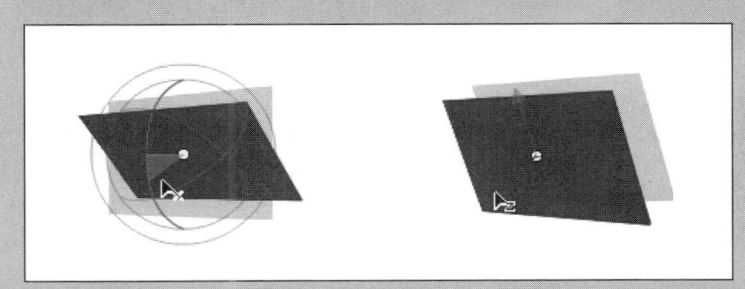

Figura 3.51. Las líneas son relativas al objeto.

Volver a inicializar la rotación y la posición

Si ha cometido un error al realizar las transformaciones en 3D y desea devolver la posición y la rotación de la instancia a sus valores iniciales, utilice el panel **Transformar**.

1. Escoja la herramienta **Selección** y elija la instancia que desea devolver a los valores iniciales.

2. Abra el panel **Transformar** seleccionando **Ventana>Transformar**, donde se mostrarán todos los valores de los ángulos y las posiciones de X, Y, y Z.

3. Haga clic en el botón **Quitar transformación** de la esquina inferior derecha del panel (véase la figura 3.49). La copia retomará sus valores originales.

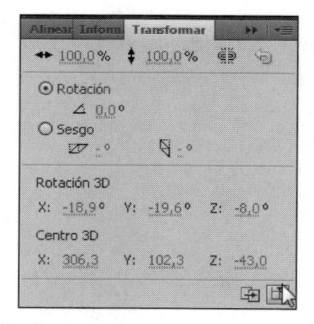

Figura 3.49. La instancia recupera sus valores iniciales con un solo clic.

El punto de desvanecimiento y el ángulo de perspectiva

Al representar los objetos del espacio 3D sobre una superficie 2D (como la pantalla de un ordenador), éstos se muestran con cierta perspectiva para darles la apariencia que poseen en la vida real. La perspectiva correcta depende de muchos factores, entre los que se encuentran el punto de desvanecimiento y el ángulo de perspectiva, dos elementos que se pueden cambiar en Flash.

El primero de ellos determina dónde convergen en el horizonte las líneas paralelas de un diseño en perspectiva. Piense en las vías del tren y cómo fluctúan hacia un mismo punto conforme se retrocede en la distancia, el cual suele estar situado a la altura de la vista en el centro del campo de visión, por lo que los ajustes por defecto coinciden exactamente con la zona central del Escenario. No obstante, puede modificar el punto de desvanecimiento para que aparezca por encima o por debajo de la altura de visión, o bien a la derecha o la izquierda.

El segundo precisa la rapidez con la que convergen las líneas paralelas hacia el punto de desvanecimiento. Cuanto mayor sea el ángulo, más rápida será la convergencia y, por tanto, más distorsionada estará la ilustración.

1. Seleccione un objeto del Escenario que haya sido movido o rotado en el espacio 3D.

2. En el **Inspector de propiedades**, expanda la sección **Posición y vista 3D** (véase la figura 3.52).

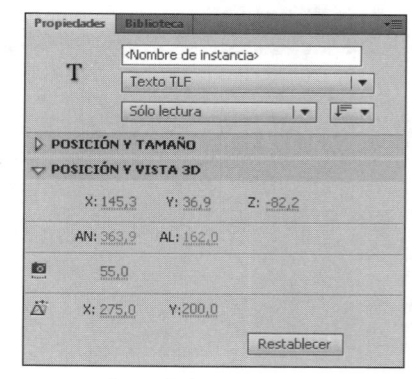

Figura 3.52. Valores de la sección Posición y vista 3D.

3. Haga clic sobre los valores X e Y del Punto de desvanecimiento para cambiarlos. En el Escenario se indica mediante dos líneas grises que se cruzan (véase la figura 3.53).

4. Para restablecer los valores iniciales (es decir, devolver el punto al centro del Escenario), haga clic sobre el botón **Restablecer**.

5. Pulse sobre el valor del **Ángulo de perspectiva** para variar la cantidad de distorsión (véase la figura 3.54). Cuanto mayor sea el ángulo, mayor será ésta.

Figura 3.53. Punto de desvanecimiento marcado con líneas grises.

Figura 3.54. Apariencia del rótulo tras modificar los dos parámetros.

Crear y modificar símbolos

PREGUNTAS DE REPASO

1. ¿Qué es un símbolo y cómo se diferencia de una instancia?

2. Cite dos maneras de crear un símbolo.

3. Cuando importa un archivo de Illustrator, ¿qué ocurre si elige importar las capas como capas? ¿Y como fotogramas clave?

4. ¿Cómo puede cambiar la transparencia de una instancia en Flash?

5. ¿Cuáles son las dos maneras de modificar símbolos?

RESPUESTAS

1. Un símbolo es un gráfico, botón o clip de película que se crea una vez en Flash y se puede reutilizar en otros documentos. Todos ellos se almacenan en la Biblioteca. Una instancia es una copia de un símbolo colocada en el Escenario.

2. Puede crear un símbolo seleccionando **Insertar>Nuevo símbolo** o bien escogiendo un objeto existente en el Escenario y siguiendo la ruta **Modificar>Convertir en símbolo**.

3. Cuando importa capas tratadas como tales en un archivo de Illustrator, Flash las reconoce en el documento original y las añade como capas independientes a la Línea de tiempo. Cuando realiza la misma operación con capas utilizadas como fotogramas clave, Flash añade cada una como un fotograma independiente de la Línea de tiempo y crea fotogramas clave para ellas.

4. La transparencia de una instancia se determina por su valor Alfa. Para cambiarla seleccione **Alfa** en el menú **Efecto de color** del **Inspector de propiedades** y luego modifique el porcentaje alfa.

5. Existen dos maneras de alterar un símbolo. La primera de ellas consiste en hacer doble clic en el símbolo de la Biblioteca para pasar a modo de edición de símbolos. La segunda se realiza al hacer doble clic sobre la instancia del Escenario para editarla localmente. En este último caso podrá seguir viendo los objetos que la rodean.

Capítulo 4

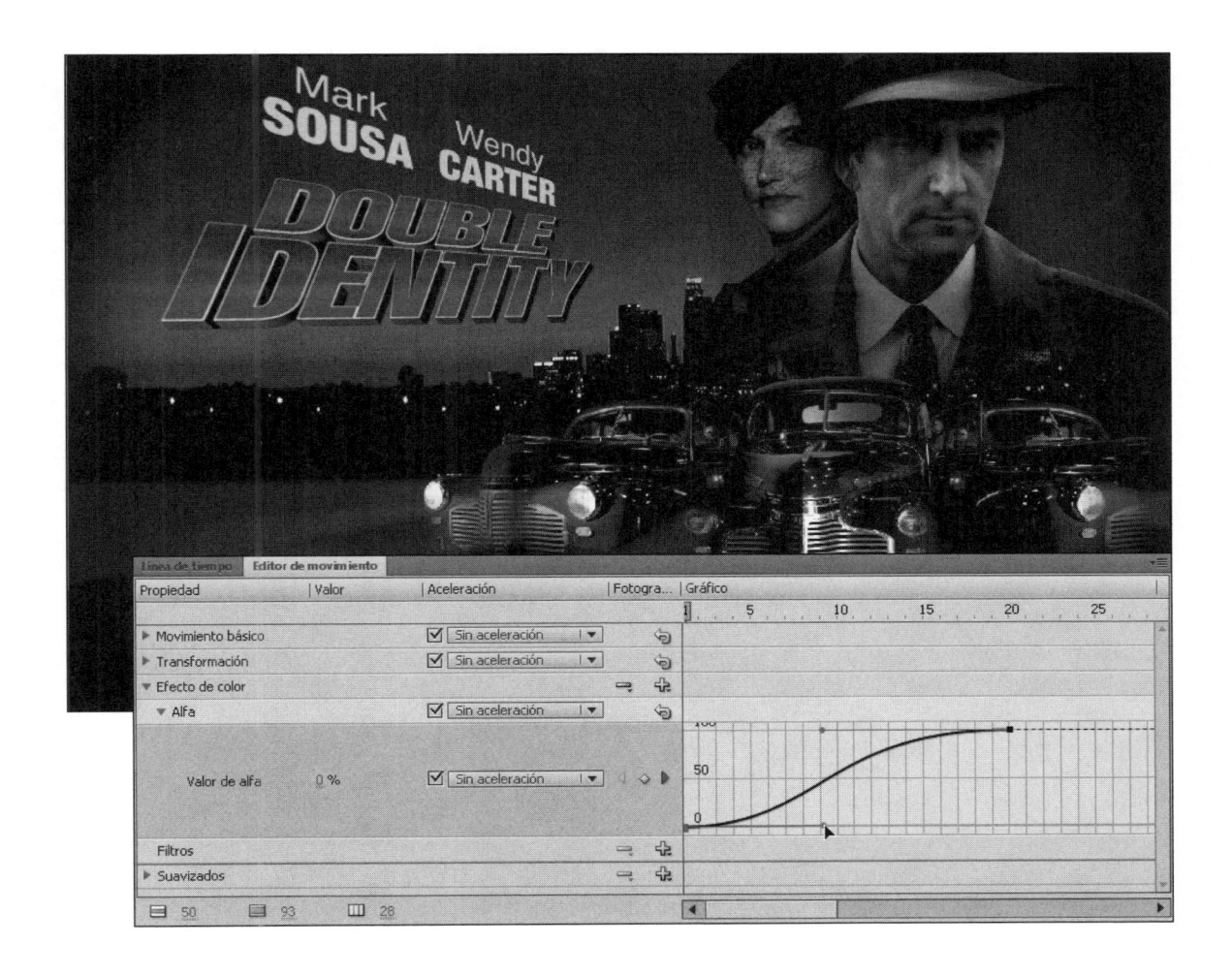

Añadir animación

Con Flash CS5 se puede cambiar casi cualquier aspecto de un objeto a lo largo del tiempo: posición, color, transparencia, tamaño, rotación y mucho más. Las interpolaciones de movimiento son la técnica básica para crear animaciones con las instancias de los símbolos. En este capítulo aprenderá a:

- Animar objetos modificando su posición, escala y rotación.

- Ajustar la velocidad y la duración de sus creaciones.

- Utilizar la transparencia y los efectos especiales para crear animaciones.

- Modificar la trayectoria del movimiento.

- Crear animaciones dentro de los símbolos.

- Cambiar la aceleración del movimiento.

- Animar objetos en un espacio 3D.

Le costará unas dos horas completar este capítulo. Si es necesario, borre la carpeta del capítulo anterior de su disco duro y copie la carpeta `Lesson04`.

INTRODUCCIÓN

Empiece por visualizar el archivo de película terminado para conocer la página de título que va a crear en este capítulo.

1. Haga primero doble clic sobre el archivo `04End.swf` que está en la carpeta `Lesson04/04End` y reproducirá así la animación (véase la figura 4.1).

Figura 4.1. *Fotograma del proyecto.*

El proyecto es una página de título animada para una película de ficción que se estrenará próximamente. En este capítulo vamos a utilizar interpolaciones de movimiento, consiguiendo que se muevan varios componentes de la página: el paisaje de la ciudad, los protagonistas, varios coches antiguos y el título de la película.

2. Cierre el archivo `04End.swf`.

3. Pulse dos veces sobre el archivo `04Start.fla` que está en la carpeta `Lesson04/04Start` para abrir el proyecto inicial en Flash. Este archivo está parcialmente terminado y ya se han importado a la Biblioteca muchos de los elementos gráficos que va a utilizar.

4. Seleccione **Ver>Aumentar y reducir>Ajustar a ventana** o **Ajustar a ventana** en el menú desplegable **Vista**, justo encima del Escenario, para poder verlo mejor.

5. Elija **Archivo>Guardar como**. Llame al archivo `04_workingcopy.fla` y guárdelo en la carpeta `04Start`. Almacenar un duplicado del trabajo asegura que el fichero de inicio original esté disponible si quiere volver a empezar de nuevo.

LA ANIMACIÓN

Animación es el movimiento o cambio de los objetos a lo largo del tiempo. Puede ser tan simple como desplazar un cuadrado a través del Escenario entre un fotograma y el siguiente o mucho más compleja. Como veremos en este capítulo, se pueden animar muchos aspectos de un único elemento. Es posible mover objetos por el Escenario, cambiar el color o la transparencia, modificar su tamaño o rotación, e incluso alterar los filtros especiales que vimos en el capítulo anterior. También podemos controlar la ruta del movimiento e incluso su aceleración, es decir, el modo en que un objeto acelera o decelera.

El método de trabajo básico para crear un efecto de este tipo es el siguiente: para animar objetos en Flash seleccione en el Escenario aquél sobre el que quiera actuar, haga clic con el botón derecho del ratón o **Control-clic** y escoja **Crear interpolación de movimiento** en el menú contextual.

Desplace la cabeza reproductora roja hasta un punto diferente en el tiempo y mueva el elemento a una nueva posición. El programa hará el resto.

Las interpolaciones de movimiento crean fotogramas de animación para los cambios de ubicación en el Escenario y para las modificaciones de tamaño, color u otros atributos. Requieren el uso de la instancia de un símbolo. Si el objeto seleccionado no es un símbolo, Flash le preguntará automáticamente si desea convertir la selección en un símbolo. La aplicación también separa de modo automático las interpolaciones de movimiento en sus propias capas, denominadas "capas de interpolación". Sólo puede haber una por capa, sin más elementos.

Las animaciones de movimiento permiten cambiar varios atributos de la instancia en diferentes puntos clave en el tiempo. Por ejemplo, una nave espacial podría estar en el lado izquierdo del Escenario en el fotograma de inicio y en el extremo derecho en el final, de modo que la animación resultante hiciera volar la nave de un lado a otro.

El término "interpolación" (*tweening*) viene del mundo de la animación clásica. Los animadores senior eran los responsables de dibujar las poses inicial y final de los personajes, que se corresponderían con los fotogramas claves primero y último de la animación.

Por su parte, los animadores junior dibujaban a continuación los intermedios (*in-between frames*, es decir, hacían *in-betweening*). De ahí que se utilice la palabra *tweening* para designar las transiciones suaves entre fotogramas clave.

ORGANIZACIÓN DEL ARCHIVO DEL PROYECTO

El fichero 04Start.fla contiene algunos de los elementos animados, acabados total o parcialmente. Cada una de las seis capas (**man**, **woman**, **Middle_car**, **Right_car**, **footer** y **ground**) incluye una animación. **man** y **woman** están en una carpeta llamada actors y **Middle_car** y **Right_car** están en cars (véase la figura 4.2).

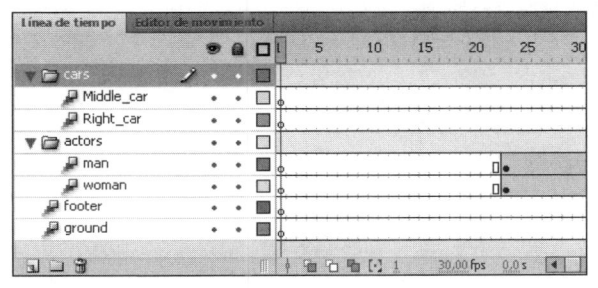

Figura 4.2. Distribución de las capas del proyecto.

Agregará varias capas más para incorporar un paisaje animado de la ciudad y mejorar la animación de uno de los actores, además de sumar un tercer coche y un título en 3D. Todos los elementos gráficos necesarios se han importado a la Biblioteca. El Escenario tiene unas medidas genéricas de 1.280 por 787 píxeles para que ocupe totalmente un monitor de alta resolución, y es de color negro. Quizá deba seleccionar una opción de visualización diferente para verlo completo. Siga la ruta **Ver>Aumentar y reducir> Ajustar a ventana** o escoja **Ajustar a ventana** entre las variantes de la esquina superior derecha del Escenario (véase la figura 4.3) si desea alcanzar un porcentaje de aumento que se ajuste a su pantalla.

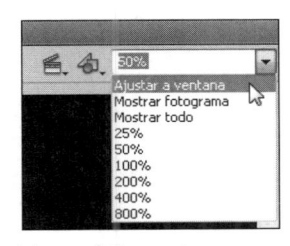

Figura 4.3. Adapte el Escenario a su pantalla.

ANIMAR LA POSICIÓN

Va a comenzar este proyecto animando el paisaje de la ciudad. Empezará ligeramente por debajo de la línea superior del Escenario e irá ascendiendo de forma lenta hasta que su parte superior quede alineada con él.

1. Bloquee todas las capas existentes para no modificarlas accidentalmente. Cree una nueva sobre **footer** y renómbrela como **city** (véase la figura 4.4).

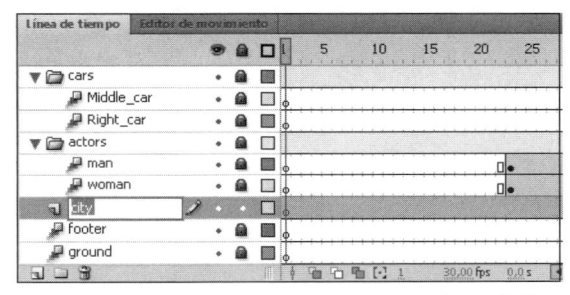

Figura 4.4. Agregar una nueva capa para la ciudad.

2. Arrastre la imagen del mapa de bits llamada cityBG.jpg desde la carpeta bitmaps de la Biblioteca hasta el Escenario (véase la figura 4.5).

3. En el **Inspector de propiedades**, asigne a X e Y los valores **0** y **90** (véase la figura 4.6).

Esto coloca la imagen del paisaje de la ciudad ligeramente por debajo del límite superior del Escenario.

4. Haga clic con el botón derecho del ratón sobre la imagen de la ciudad o pulse **Control-clic** y seleccione **Crear interpolación de movimiento** (véase la figura 4.7).

También puede seleccionar **Insertar>Interpolación de movimiento** en el menú superior.

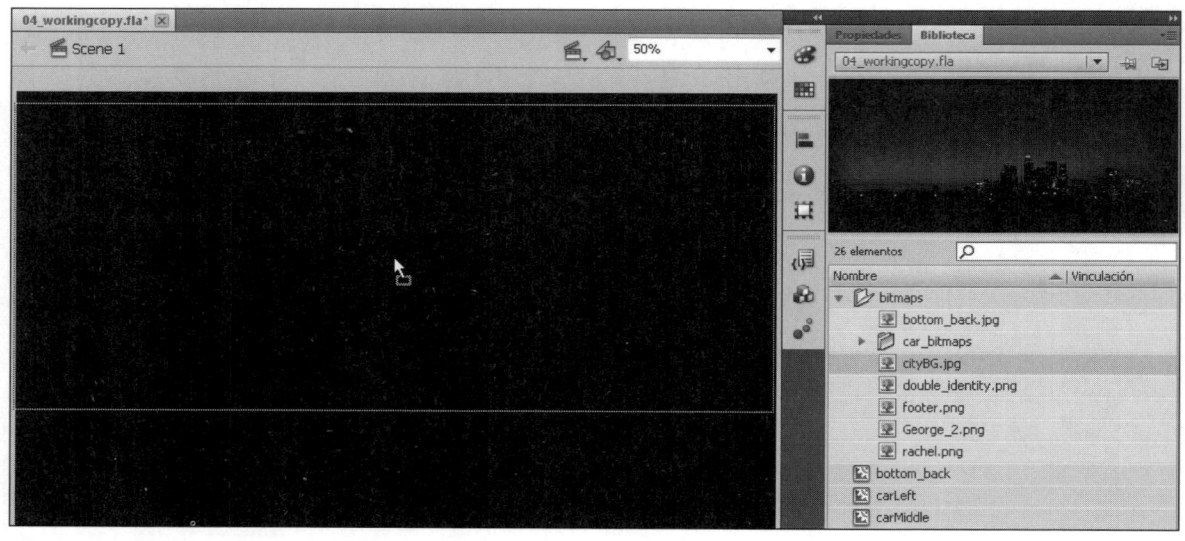

Figura 4.5. Desplazamiento de la imagen.

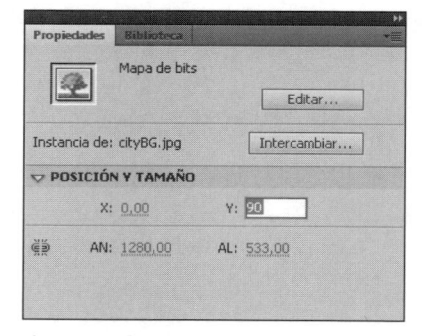

Figura 4.6. Coordenadas de la imagen.

5. Se mostrará un cuadro de diálogo advirtiendo de que el objeto seleccionado no es un símbolo (las interpolaciones de movimiento se aplican sobre símbolos, véase la figura 4.8).

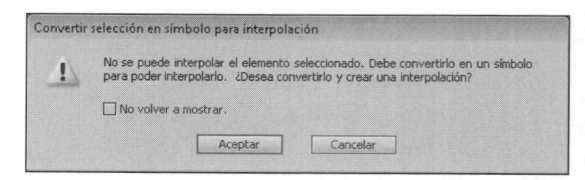

Figura 4.8. Conversión de la imagen en un símbolo.

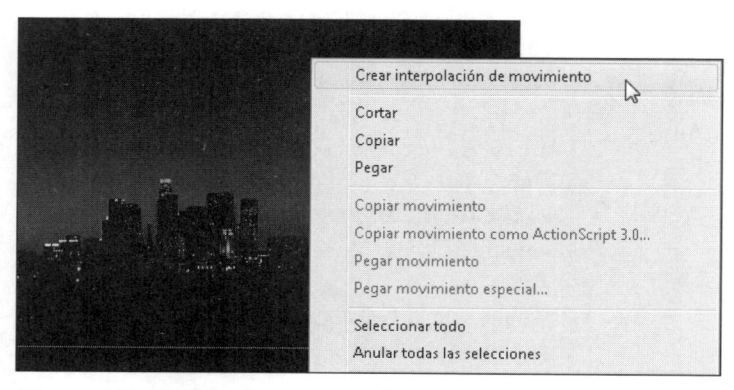

Figura 4.7. Creación de una interpolación de movimiento para la ciudad.

Flash le pregunta si desea convertir la selección en un símbolo para poder continuar con la interpolación de movimiento. Haga clic en **Aceptar**.

Flash realizará la acción automáticamente y guardará el resultado en la Biblioteca. Hará el mismo proceso con la capa actual en una de interpolación para poder animar la instancia. Las capas de interpolación se distinguen por un icono especial que figura delante del nombre de la capa y sus fotogramas son de color azul (véase la figura 4.9), siendo éste el motivo por el que no se permite dibujar en ellas.

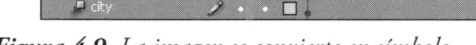

Figura 4.9. *La imagen se convierte en símbolo.*

6. Desplace la cabeza reproductora roja hasta el final del intervalo de la animación, en el fotograma 190.

7. Seleccione la instancia del paisaje del Escenario y, mientras mantiene pulsada la tecla **Mayús**, muévala hacia arriba. Al mantener pulsada dicha tecla, se restringe el movimiento a ángulos rectos.

8. Para tener una precisión total, asigne el valor 0 a Y en el **Inspector de propiedades**. En el fotograma 190 aparecerá un pequeño triángulo negro que indica la existencia de un fotograma clave al final de la interpolación.

Flash aplicará el efecto suavemente para modificar la posición entre los fotogramas 1 y 190 y representar dicho movimiento con una trayectoria en pantalla (véase la figura 4.10). Oculte las demás capas para ver los resultados de la interpolación de movimiento sobre el paisaje urbano.

Figura 4.10. *La trayectoria que seguirá el paisaje se indica en la pantalla.*

9. Arrastre la cabeza reproductora roja hacia delante y hacia atrás en la Línea de tiempo para ver la suavidad del movimiento. También puede seleccionar **Control>Reproducir (Intro)** si quiere que Flash reproduzca la animación. Es fácil realizar una animación modificando la posición, dado que el programa crea automáticamente fotogramas clave en los puntos en los que se desplaza la instancia a una nueva situación. Si desea que un objeto vaya a muchos puntos distintos, bastará con que mueva la cabeza reproductora roja hasta el fotograma deseado y luego lleve el elemento a su nueva posición. Flash hará el resto.

> **Nota:** Para eliminar una interpolación de movimiento, haga clic con el botón derecho del ratón o **Control-clic** sobre el efecto en la Línea de tiempo o el Escenario y seleccione **Quitar interpolación**.

CAMBIAR LA VELOCIDAD Y LA DURACIÓN

Puede cambiar la duración de todo el intervalo de la animación o su velocidad haciendo clic sobre los fotogramas clave de la Línea de tiempo y arrastrándolos.

Modificar la duración de la animación

Si desea que la animación se reproduzca lentamente, aumentando por tanto su duración, debe alargar todo el intervalo de la interpolación entre los fotogramas clave inicial y final. Si lo que quiere es acortarla, debe reducir el intervalo. Para realizar cualquiera de las dos operaciones arrastre sus extremos en la Línea de tiempo.

1. Acerque el cursor al extremo final del intervalo de la animación, donde pasará a ser una flecha de dos cabezas (véase la figura 4.11), lo cual le indica que puede modificar la longitud.

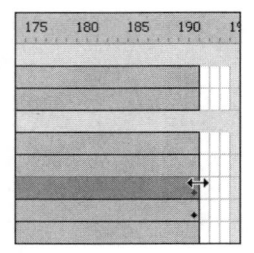

Figura 4.11. El cursor cambia de aspecto.

2. Haga clic sobre el extremo final de la interpolación y arrástrelo hacia atrás hasta el fotograma 60. El intervalo se limita ahora a 60 fotogramas (véase la figura 4.12), por lo que el paisaje urbano se desplaza en un tiempo mucho menor.

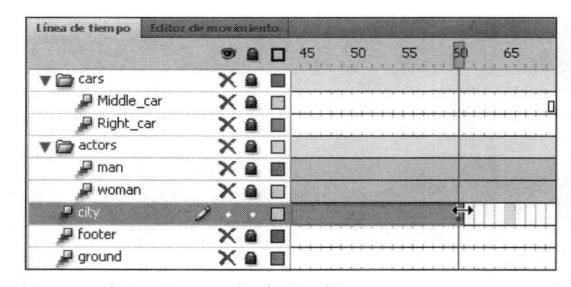

Figura 4.12. Intervalo de 60 fotogramas.

3. Acerque a continuación el cursor hasta el principio del intervalo de la animación, en el fotograma 1 (véase la figura 4.13).

4. Pulse sobre el fotograma de inicio y arrástrelo hasta el 10. La interpolación de movimiento comienza ahora más tarde, limitándose su duración al espacio comprendido entre los fotogramas 10 y 60 (véase la figura 4.14).

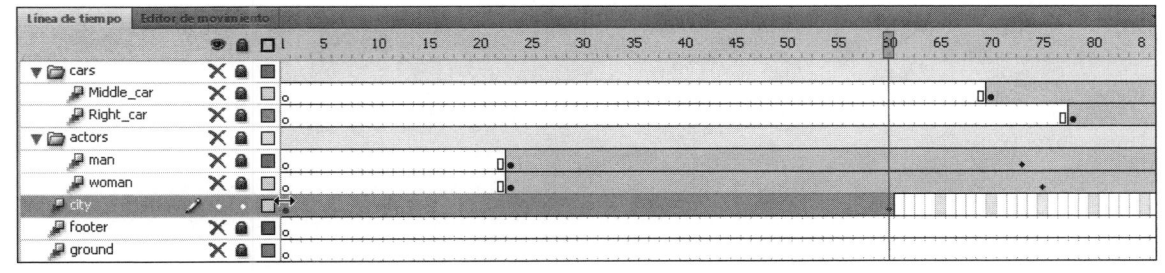

Figura 4.13. El cursor con la forma de flecha de dos cabezas.

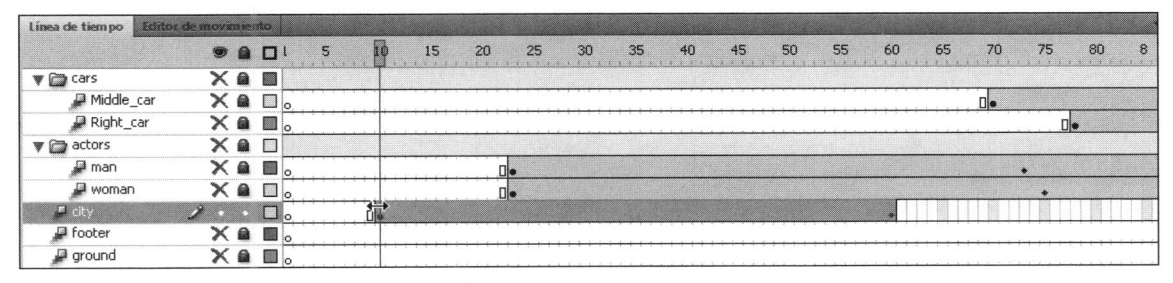

Figura 4.14. Reducción del intervalo en 10 fotogramas.

Nota: Si tiene muchos fotogramas clave en una interpolación, al arrastrar los intervalos se distribuirán uniformemente. La duración de la animación completa seguirá siendo la misma, sólo cambiará la longitud.

Agregar fotogramas

Es probable que desee que el último fotograma de su animación se mantenga durante el resto de la película y para ello necesitará agregar alguno más, de modo que el efecto dure todo lo que haga falta. Para agregar fotogramas hay que mantener pulsada la tecla **Mayús** mientras se hace clic sobre el extremo final del intervalo para arrastrarlo.

1. Sitúe el cursor sobre el final del intervalo de la animación.

2. Mantenga pulsada la tecla **Mayús** y haga clic sobre el extremo final, desplazándolo hacia el fotograma 190 (véase la figura 4.15).

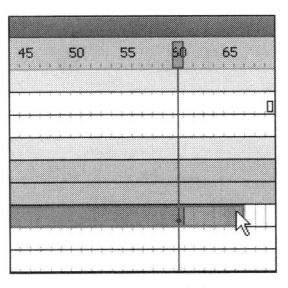

Figura 4.15. Desplazamiento del extremo del intervalo.

El último fotograma clave de la animación permanece en el fotograma 60 pero se han agregado otros hasta llegar al 190 (véase la figura 4.16).

Añadir animación   **117**

Figura 4.16. La imagen final sigue hasta el fotograma 190.

> **Nota:** También puede incluir fotogramas individuales seleccionando **Insertar>Línea de tiempo>Fotograma** (**F5**) o eliminarlos con **Edición>Línea de tiempo>Quitar fotogramas** (**Mayús-F5**).

Mover fotogramas

Cuando hace clic en la Línea de tiempo sobre una interpolación de movimiento, se selecciona el intervalo completo. Esto le permite desplazarlo hacia delante o hacia atrás como un todo. Si desea mover fotogramas clave concretos dentro de una interpolación de movimiento para cambiar la velocidad de la animación, deberá seleccionarlos individualmente. Mantenga pulsada la tecla **Control** (Windows) o **Comando** (Mac) para elegir uno solo o bien un intervalo de fotogramas dentro de una interpolación.

1. Pulse **Control-clic** o **Comando-clic** (Mac) sobre el fotograma clave de la posición 60.

Sólo se seleccionará dicho elemento. Junto al cursor aparecerá una diminuta caja (véase la figura 4.17) que le indica que puede moverlo.

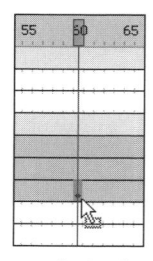

Figura 4.17. Ahora puede desplazar el fotograma clave.

2. Haga clic sobre él y arrástrelo hasta la posición 40 (véase la figura 4.18). El último fotograma clave de la interpolación se desplaza hasta el fotograma 40, por lo que el movimiento del paisaje urbano ahora es más rápido.

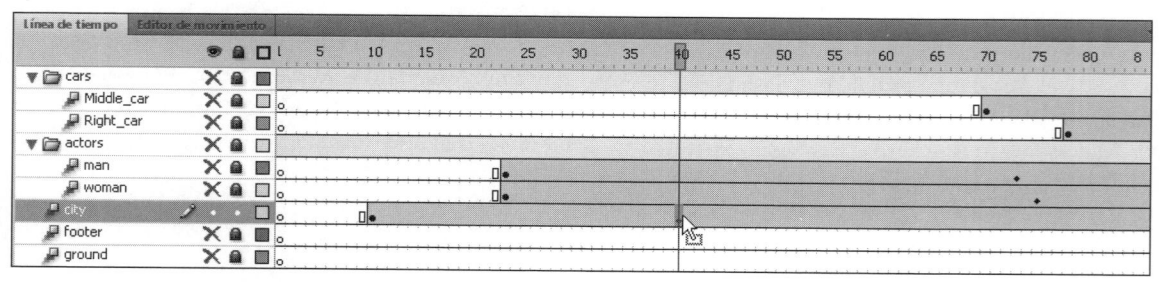

Figura 4.18. Desplazamiento del fotograma clave.

CAMBIAR LA TRANSPARENCIA EN LAS ANIMACIONES

En el capítulo anterior vimos cómo editar el efecto de color de un símbolo para que cambiara su transparencia, tinta o brillo. Puede modificar la tonalidad de una instancia en un fotograma clave y alterar su valor en otro, de manera que Flash se ocupe de mostrar la variación suavemente, al igual que ocurre con los cambios de posición. Va a actuar sobre el paisaje urbano en el primer fotograma clave para que sea totalmente transparente pero con una apariencia opaca en la parte final. Flash creará un delicado efecto de fundido para hacerlo aparecer.

1. Desplace la cabeza reproductora roja hasta el primer fotograma clave de la interpolación de movimiento, el 10 (véase la figura 4.19).

2. Seleccione la instancia del paisaje urbano en el Escenario.

3. En el **Inspector de propiedades**, escoja la opción **Alfa** para el **Efecto de color**.

4. Asigne el valor **0%** para el alfa (véase la figura 4.20).

> **Nota:** También puede aplicar un efecto de color a través del Editor de movimiento, como se ha comentado anteriormente en este capítulo. Haga clic en la pestaña **Editor de movimiento** que hay junto a la Línea de tiempo. Después pulse en el signo de la suma que hay junto a **Efecto de color** y escoja **Alfa** (véase la figura 4.21).

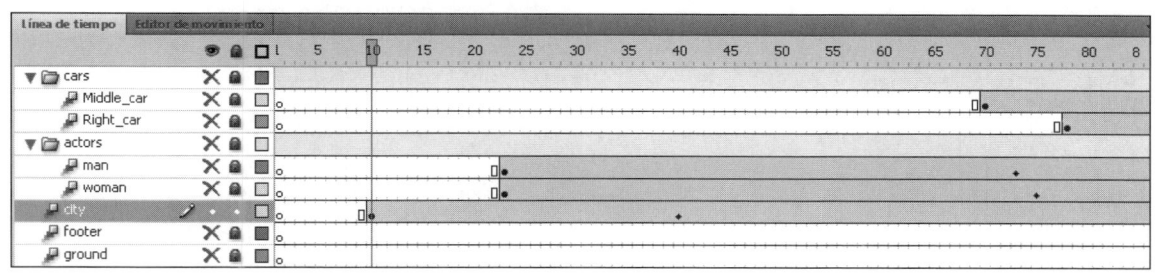

Figura 4.19. Desplazamiento del fotograma clave.

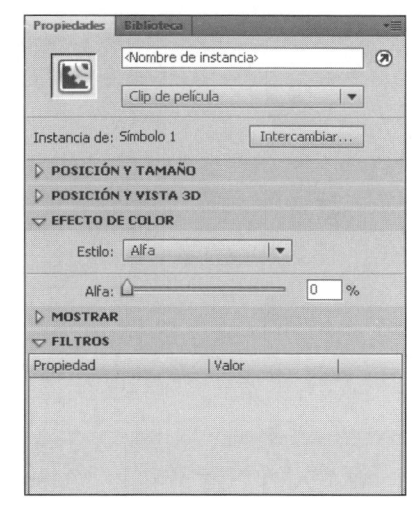

Figura 4.20. Valor de alfa al 0%.

Añadir animación

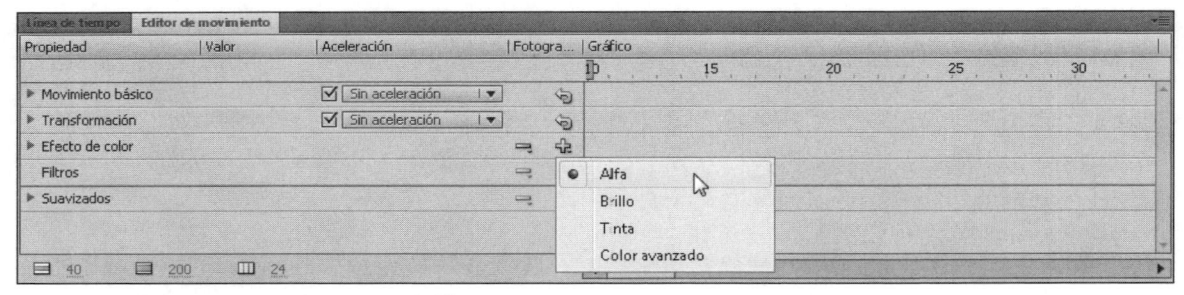

Figura 4.21. Otra manera de asignar el alfa.

Observe como el paisaje urbano del Escenario se vuelve transparente por completo (véase la figura 4.22).

5. Desplace la cabecera de reproducción roja hasta el último fotograma clave de la interpolación de movimiento, el 40 (véase la figura 4.23).

6. Seleccione la instancia del paisaje urbano en el Escenario.

7. En el **Inspector de propiedades**, asigne el valor **100%** a **Alfa** (véase la figura 4.24).

Figura 4.22. El paisaje desaparece de la vista pero no del Escenario.

Figura 4.23. Desplazamiento de la cabecera hasta el último fotograma.

CAMBIAR LOS FILTROS EN LAS ANIMACIONES

Los filtros incorporan a las instancias efectos especiales como desenfoques y sombras, y además se pueden animar. Va a mejorar la interpolación de movimiento de los actores aplicándole un filtro de desenfoque a uno de ellos para dar la sensación de que se altera el enfoque de la cámara.

Realizar una animación sobre los filtros no difiere demasiado de crear una animación en base a los cambios en la posición o los efectos de color.

Basta con asignar los valores del filtro en un fotograma clave y poner unos diferentes en otro. Flash se encargará de generar una transición suave.

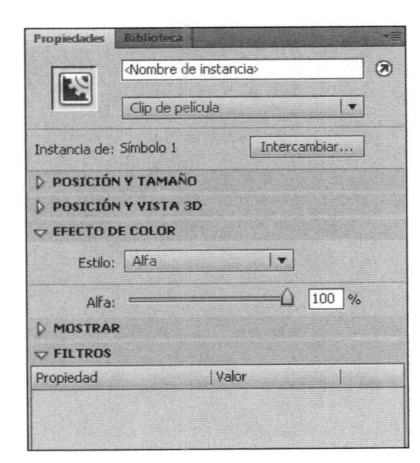

Figura 4.24. Alfa con un valor del 100% en el último fotograma.

La instancia del paisaje urbano del Escenario se vuelve totalmente opaca (véase la figura 4.25).

8. Previsualice el efecto seleccionando **Control> Reproducir** (**Intro**). Flash interpolará las modificaciones de la posición y la transparencia entre ambos fotogramas clave.

1. Haga visible la carpeta de capas actors en la Línea de tiempo.

2. Bloquee todas las capas de la Línea de tiempo excepto **woman**.

Figura 4.25. El paisaje vuelve a estar visible.

3. Desplace la cabeza reproductora roja hasta el fotograma clave inicial de la interpolación de movimiento en la capa **woman**, el 23 (véase la figura 4.26).

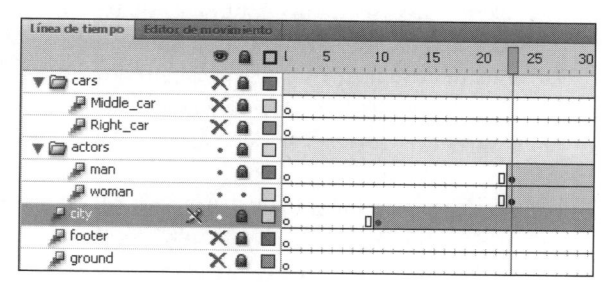

Figura 4.26. Situar la cabeza reproductora en el fotograma 23.

4. Seleccione la instancia de la mujer en el Escenario. No estará visible, pues tiene un alfa del 0% (totalmente transparente), pero si hace clic en el lado superior derecho del Escenario quedará seleccionada (véase la figura 4.27).

Figura 4.27. La instancia no es visible pero se puede seleccionar.

5. En el **Inspector de propiedades**, expanda la sección **Filtros**.

6. Haga clic sobre el botón **Añadir filtro** de la parte inferior de la sección **Filtros** y elija **Desenfoque** (véase la figura 4.28). Actuará el filtro **Desenfoque** sobre la instancia.

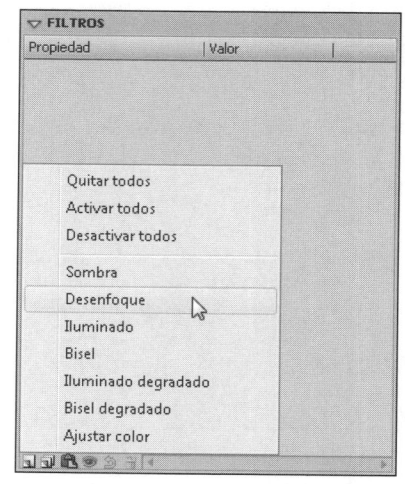

Figura 4.28. Aplicación de un filtro de desenfoque.

> **Nota:** También es posible aplicar un filtro a través del Editor de movimiento, como se comentaba anteriormente en este capítulo. Haga clic en la pestaña **Editor de movimiento** que hay junto a la Línea de tiempo y, a continuación, pulse en el signo de la suma situado junto a **Filtros** y escoja **Desenfoque** (véase la figura 4.29).

7. En la sección **Filtros** del **Inspector de propiedades**, haga clic sobre el icono de los eslabones para que los valores de desenfoque sean los mismos para las direcciones X e Y.

Asigne un valor de **20** píxeles para **Desenfoque X** y **Desenfoque Y** (véase la figura 4.30).

8. Desplace la cabeza reproductora roja a lo largo de toda la Línea de tiempo.

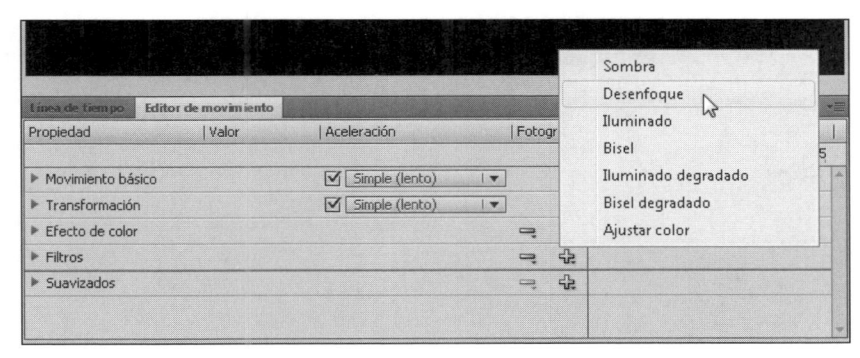

Figura 4.29. Otra manera de aplicar filtros.

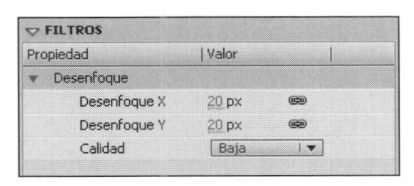

Figura 4.30. El desenfoque será el mismo en ambas direcciones.

El filtro de desenfoque de 20 píxeles se aplicará a lo largo de la interpolación de movimiento a la instancia de la mujer (véase la figura 4.31).

Figura 4.31. La interpolación modifica el enfoque de la mujer.

9. Haga clic con el botón derecho del ratón o **Control-clic** sobre la capa **woman** en el fotograma 140 y escoja **Insertar fotograma clave>Filtro** (véase la figura 4.32).

El fotograma clave para filtros queda fijado.

10. Desplace la cabeza reproductora roja hasta el final de la Línea de tiempo, en el fotograma 160 (véase la figura 4.33).

11. Seleccione la instancia de la mujer en el Escenario.

12. En el **Inspector de propiedades**, cambie los valores del filtro de **Desenfoque** a X=0 e Y=0 (véase la figura 4.34).

El filtro de **Desenfoque** se verá modificado entre los fotogramas clave 140 y 160.

Flash creará una transición suave, pasando de una instancia desenfocada a una totalmente enfocada.

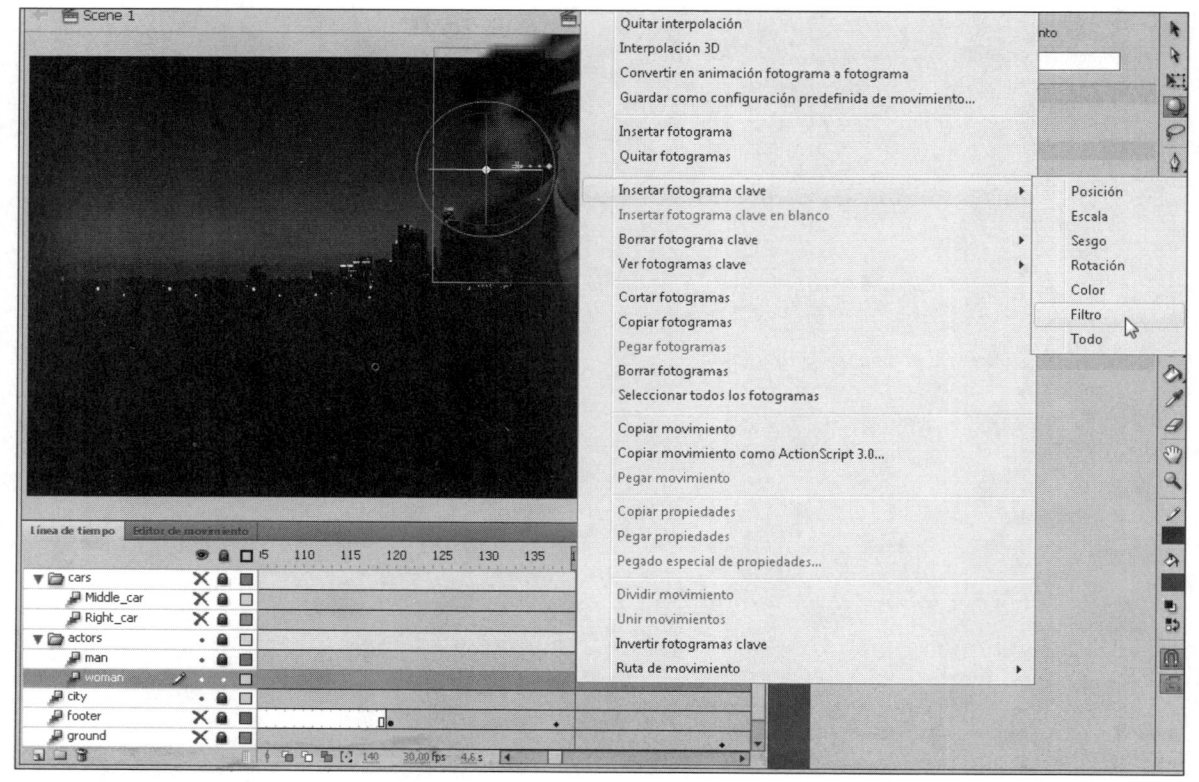

Figura 4.32. *Inserción de un fotograma clave para filtros.*

Figura 4.33. *Desplazamiento de la cabeza reproductora hasta el fotograma 160.*

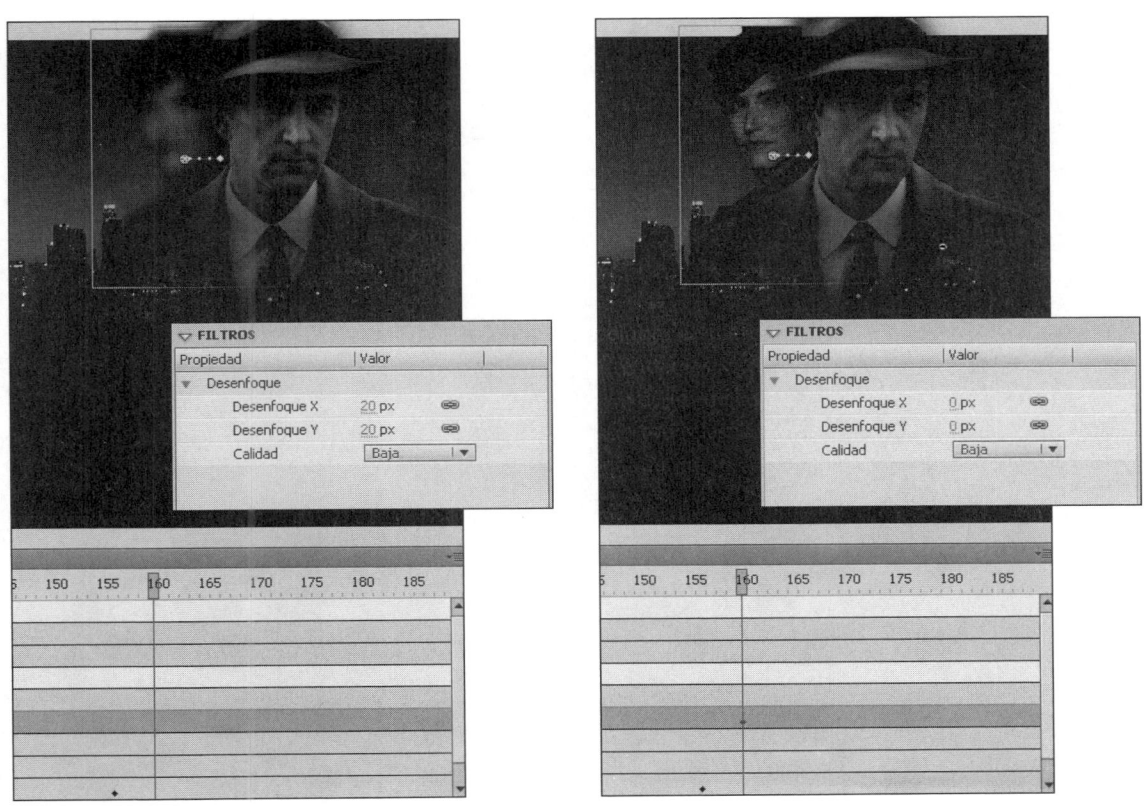

Figura 4.34. Cambio en los valores del filtro de desenfoque.

Sobre las propiedades de los fotogramas clave

Los cambios son independientes los unos de los otros y no han de estar asociados a los mismos fotogramas clave. Es decir, podemos tener uno para la posición, otro distinto para el efecto de color y uno más para un filtro. La gestión de muchos tipos diferentes de fotogramas clave puede volverse algo complicada, especialmente si desea que diversas propiedades cambien en momentos distintos de la interpolación de movimiento. Por fortuna, Flash CS5 posee varias herramientas que le ayudarán.

Al observar el intervalo de la animación, es posible repasar los fotogramas clave que contienen sólo determinadas propiedades. Por ejemplo, puede escoger ver los de posición para percibir cuándo se mueven los objetos, o puede elegir ver sólo los de filtros para analizar cuándo cambia uno. Haga clic con el botón derecho del ratón o **Control-clic** sobre una interpolación de movimiento en la Línea de tiempo, escoja **Ver fotogramas clave** y luego seleccione la propiedad deseada de la lista. También dispone de las opciones **Todo** o **Ninguno** (véase la figura 4.35).

Al insertar un fotograma clave se permite, además, incorporar uno específico para la propiedad que desee cambiar. Haga clic con el botón derecho del ratón o **Control-clic** sobre una interpolación de movimiento en la Línea de tiempo, escoja **Insertar fotograma clave** y seleccione la propiedad deseada (véase la figura 4.36).

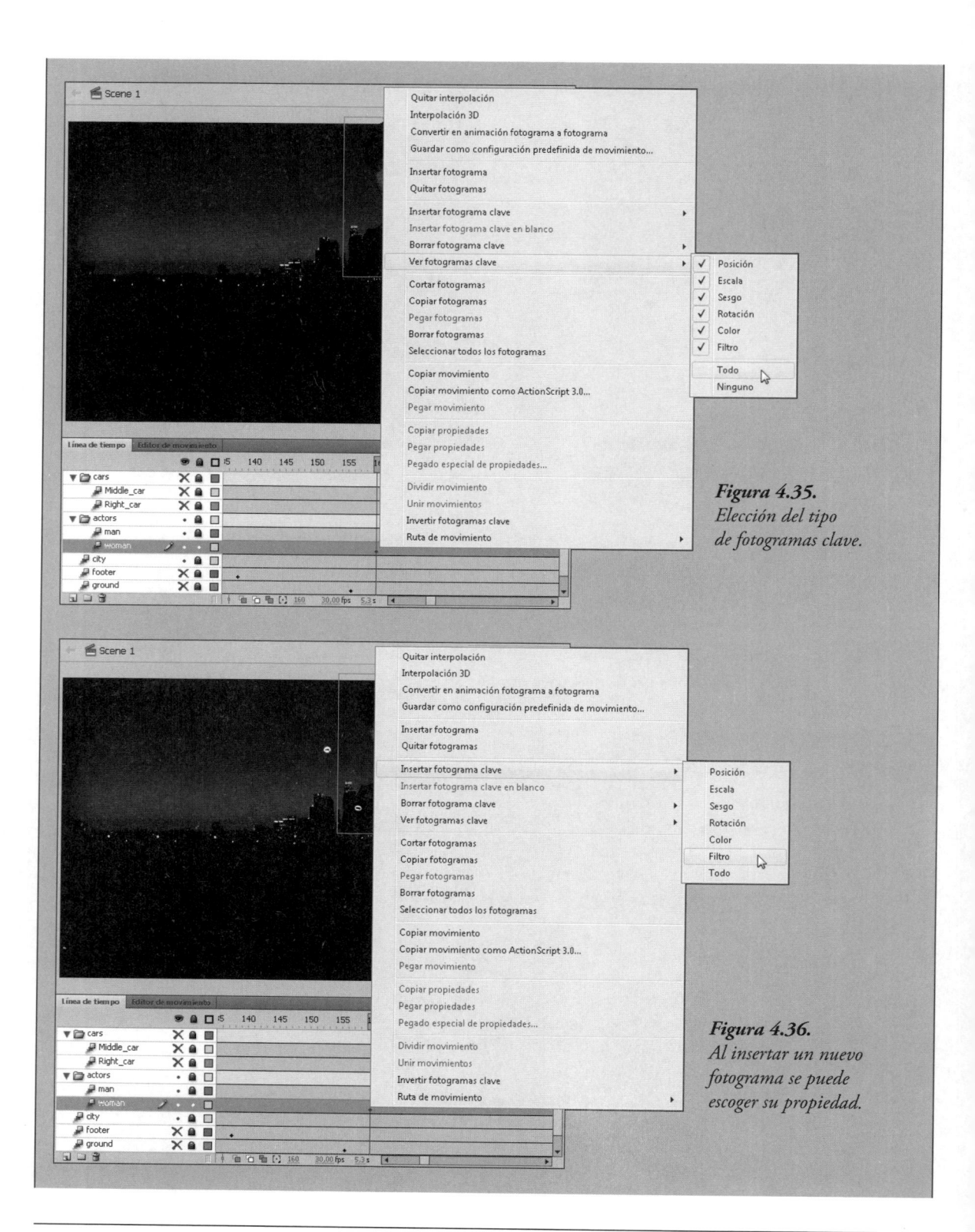

Figura 4.35.
Elección del tipo de fotogramas clave.

Figura 4.36.
Al insertar un nuevo fotograma se puede escoger su propiedad.

El Editor de movimiento es un panel especial que muestra visualmente, como líneas de un gráfico, todas las propiedades de la interpolación. Resulta útil cuando cambian muchas propiedades en momentos diferentes. Por ejemplo, en la figura 4.37 vemos que en el Editor de movimiento para la mujer se observan modificaciones en los valores de la posición X y el alfa de los primeros fotogramas, así como en el filtro de desenfoque de los últimos.

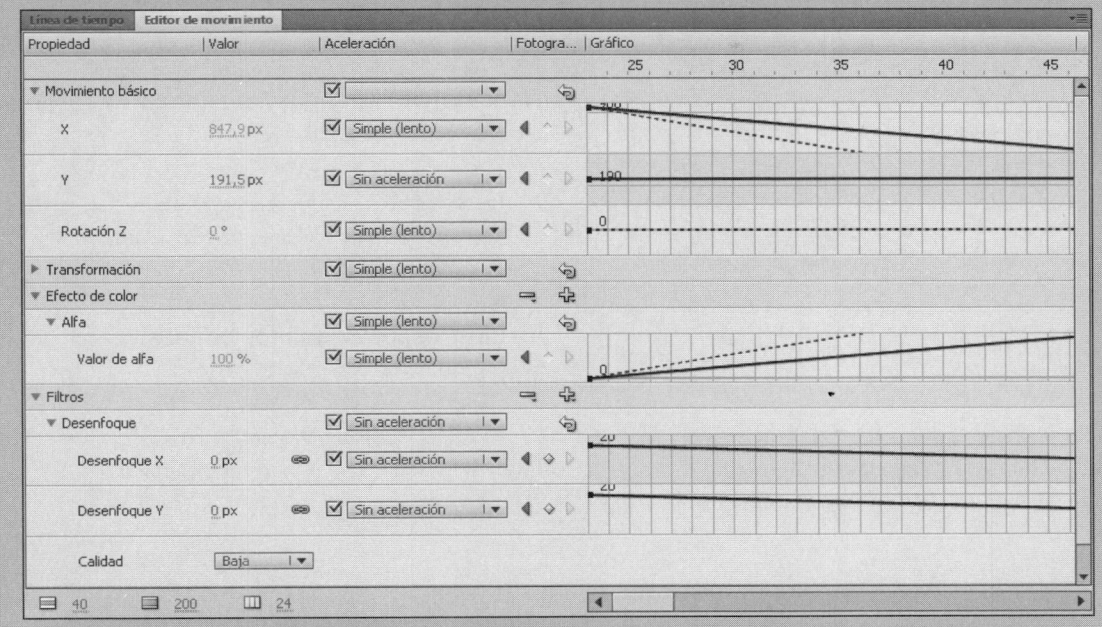

Figura 4.37. Editor de movimiento.

Aprenderá más sobre el uso del Editor de movimiento más adelante en este capítulo.

ANIMAR LAS TRANSFORMACIONES

Ahora veremos cómo realizar animaciones basadas en cambios en la escala o la rotación. Este tipo de cambios se ejecutan mediante la herramienta **Transformación libre** o con el panel **Transformar**.

Va a agregar un tercer coche al proyecto. Será pequeño al principio pero se hará más grande conforme avance hacia el espectador.

1. Bloquee todas las capas de la Línea de tiempo.

2. Inserte una nueva dentro de la carpeta `cars` y renómbrela como **Left_car** (véase la figura 4.38).

3. Seleccione el fotograma 75 e inserte uno clave con **F6** (véase la figura 4.39).

4. Arrastre el símbolo del clip de película llamado **carLeft** desde la Biblioteca hasta el Escenario en el fotograma 75.

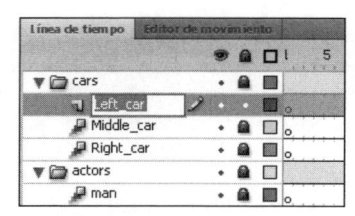

Figura 4.38. Inserción de una nueva capa.

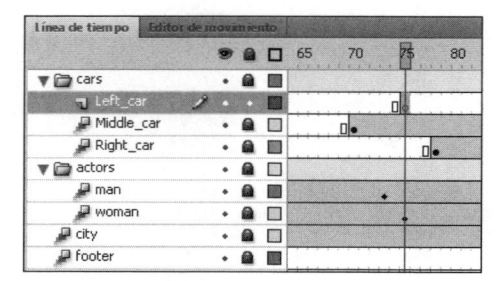

Figura 4.39. Inserción de un nuevo fotograma con el menú contextual.

5. Seleccione la herramienta **Transformación libre**. Alrededor de la instancia del Escenario aparecerán las manijas de transformación (véase la figura 4.40).

6. Mantenga pulsada la tecla **Mayús**, haga clic sobre la manija de la esquina y arrástrela hacia dentro para hacer el coche más pequeño.

7. En el **Inspector de propiedades**, asegúrese a continuación de que el ancho del coche es de unos 400 píxeles.

8. Como alternativa, puede utilizar el panel **Transformar** (**Ventana>Transformar**) y cambiar la escala del coche al **29,4%**.

9. Desplace el vehículo a su posición inicial, cuyos valores son X=710 e Y=488, aproximadamente (véase la figura 4.41).

10. En el **Inspector de propiedades**, seleccione **Alfa** como **Efecto de color**.

11. Ajuste el valor de **Alfa** al **0%** (véase la figura 4.42). El coche se volverá totalmente transparente.

Figura 4.40. Transformación libre de la instancia.

Figura 4.41. Reescalado y colocación del coche.

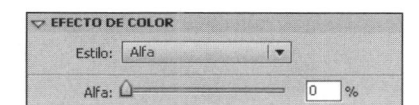

Figura 4.42. Deslizador desplazado hasta el extremo izquierdo.

12. Haga clic con el botón derecho del ratón o **Control-clic** sobre el coche del Escenario y seleccione **Crear interpolación de movimiento** (véase la figura 4.43). La capa actual se convierte en una capa de interpolación.

13. Mueva la cabeza reproductora roja hasta el fotograma 100 de la Línea de tiempo (véase la figura 4.44).

14. Seleccione la instancia transparente del coche y, dentro del **Inspector de propiedades**, dé un valor a **Alfa** del **100%** (véase la figura 4.45).

En el fotograma 100 se insertará automáticamente un nuevo fotograma clave para indicar el cambio en la transparencia.

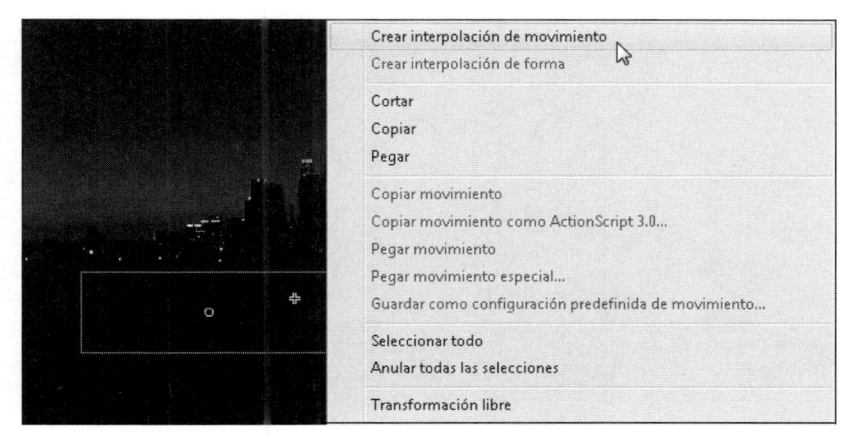

Figura 4.43. Nueva interpolación en el Escenario.

Añadir animación **129**

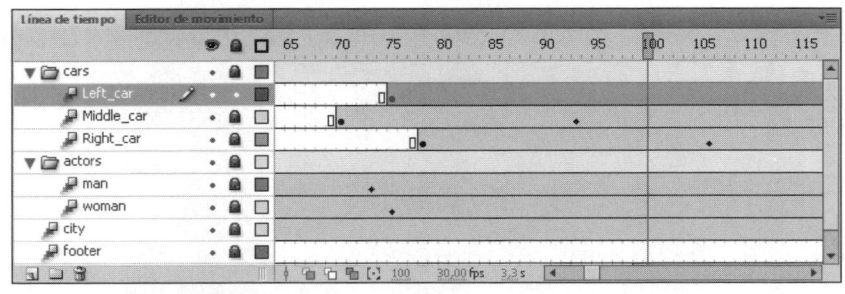

Figura 4.44. *Desplazamiento de la cabeza hasta el fotograma 100.*

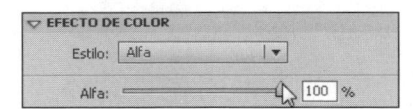

Figura 4.45. *Deslizador movido hasta el extremo derecho.*

15. Escoja la herramienta **Transformación libre**.

16. Manteniendo pulsada la tecla **Mayús**, haga clic sobre la manija de la esquina y arrástrela hacia fuera para hacer el coche más grande. Si desea más precisión, utilice el **Inspector de propiedades** y asigne al vehículo unos valores de **1379,5** píxeles para el ancho y **467,8** píxeles para el alto.

17. Sitúe el coche en las coordenadas X=607 e Y=545 (véase la figura 4.46).

18. Coloque la capa **Left_car** entre **Middle_car** y **Right_car** para que el coche del centro se solape con los vehículos que tiene a los lados (véase la figura 4.47).

Flash interpolará el cambio de posición y la modificación de escala entre los fotogramas 75 y 100, así como el cambio en la transparencia entre ellos.

Figura 4.46. *El coche es más grande y se reubica.*

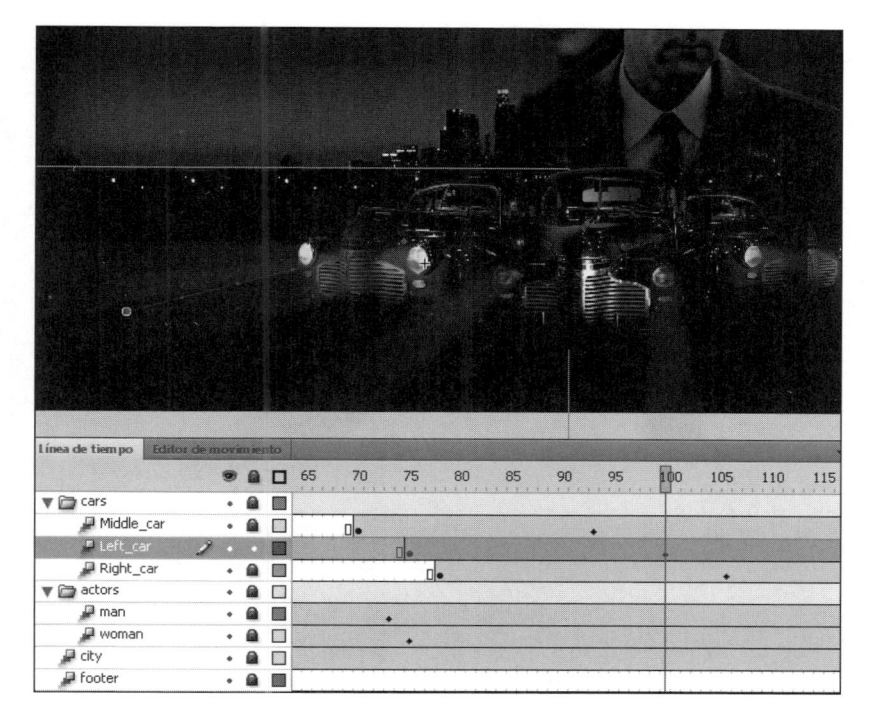

Figura 4.47. Final de la animación del coche central.

CAMBIAR LA TRAYECTORIA DEL MOVIMIENTO

La interpolación de movimiento del coche izquierdo que acaba de animar muestra una línea de color con puntos que indica la trayectoria, la cual es posible modificar fácilmente para que el vehículo tome una curva y se pueda mover, escalar e incluso rotar como cualquier otro objeto del Escenario.

Para comentar más adecuadamente cómo puede modificar la trayectoria del movimiento, abra el archivo de ejemplo `04MotionPath.fla`.

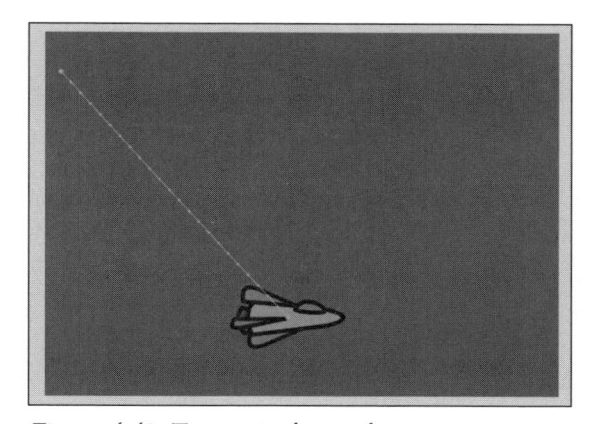

Figura 4.48. Trayectoria de un cohete.

Este fichero contiene una única capa de interpolación con un cohete espacial que se desplaza desde la esquina superior izquierda del Escenario hasta el ángulo inferior derecho (véase la figura 4.48).

Añadir animación

Movimientos predefinidos

Si necesita crear varias veces las mismas interpolaciones de movimiento para su proyecto, Flash posee un panel llamado **Configuración predefinida de movimiento** que le será de utilidad porque almacena una interpolación de movimiento particular con el fin de poder aplicarla a varias instancias en el Escenario.

Por ejemplo, si desea crear una presentación de diapositivas en la que todas imágenes hagan el mismo fundido, puede guardarlo en este panel.

1. Para empezar, seleccione la primera interpolación de movimiento en la Línea de tiempo o la instancia del Escenario.

2. Dentro del panel **Configuración predefinida de movimiento**, haga clic en el botón **Guardar la selección como configuración predefinida**.

3. Asigne un nombre a su patrón de movimiento y grábelo en el panel (véase la figura 4.49).

4. Seleccione una nueva instancia en el Escenario y escoja el patrón de movimiento.

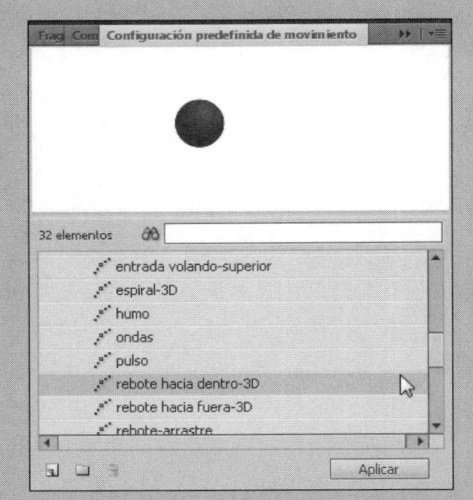

Figura 4.49. En este panel es posible almacenar interpolaciones.

5. Haga clic en **Aplicar**. El patrón de movimiento guardado se ejecutará en la nueva instancia.

Flash proporciona varios patrones de movimiento que puede utilizar para generar rápidamente animaciones sofisticadas sin demasiado esfuerzo.

Mover la trayectoria del movimiento

Es el momento de actuar sobre la trayectoria del movimiento para que el desplazamiento relativo del cohete sea el mismo pero cambien sus posiciones de inicio y destino.

1. Escoja la herramienta **Selección**.

2. Haga clic en la trayectoria del movimiento. Al seleccionarla queda resaltada (véase la figura 4.50).

3. Haga clic sobre ella y arrástrela para llevarla a un lugar diferente del Escenario (véase la figura 4.51).

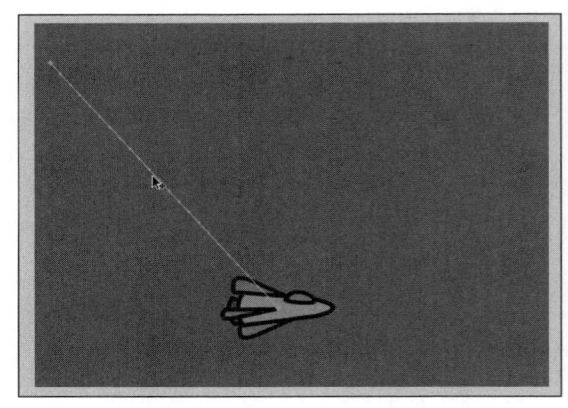

Figura 4.50. Selección de la trayectoria.

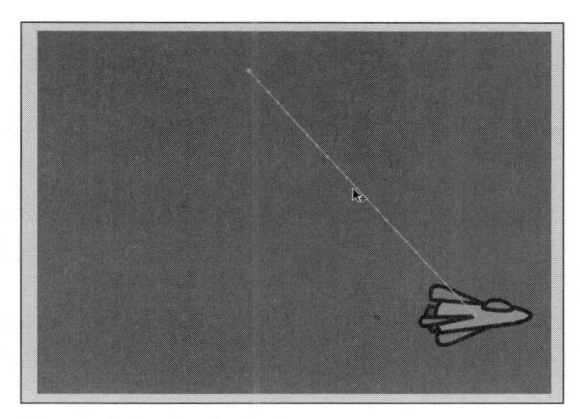

Figura 4.51. Cambio en las posiciones de inicio y final.

El movimiento relativo y la duración de la animación siguen siendo los mismos pero las posiciones de inicio y final han sido modificadas.

Alterar la escala o la rotación de la trayectoria

La trayectoria del movimiento también se puede manipular con la herramienta **Transformación libre**.

1. Seleccione la trayectoria del movimiento.

2. Escoja la herramienta **Transformación libre**. Alrededor del elemento escogido aparecerán las manijas de transformación (véase la figura 4.52).

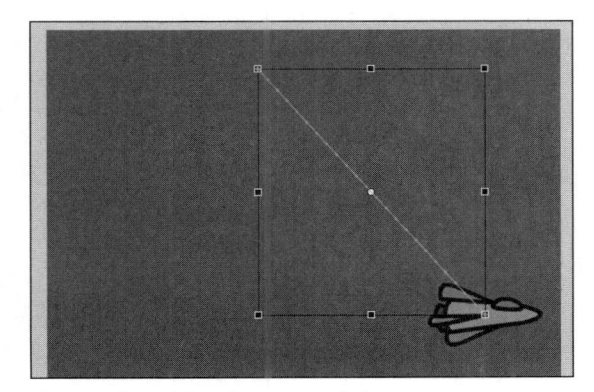

Figura 4.52. Transformación de la trayectoria.

3. Cambie el tamaño de la trayectoria o rótela como desee. Puede hacerla más pequeña o más grande, o bien rotarla para que el cohete parta desde la parte inferior izquierda del Escenario y termine en el ángulo superior izquierdo (véase la figura 4.53).

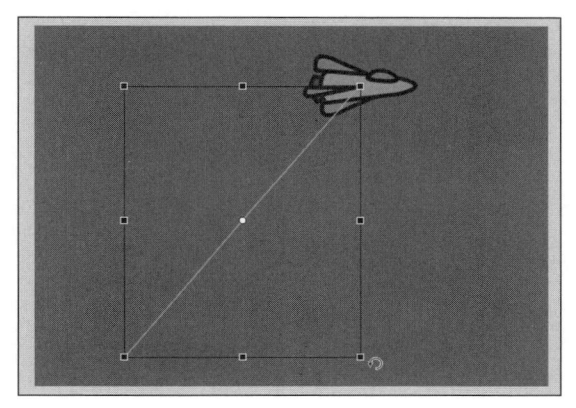

Figura 4.53. Se puede cambiar la orientación del desplazamiento.

Modificar la trayectoria del movimiento

No es complicado hacer que los objetos se desplacen por una trayectoria curva. Es posible modificarla y convertirla en un trazado Bézier utilizando los puntos de ancla, o bien de un modo más intuitivo con la herramienta **Selección**.

1. Escoja la herramienta **Convertir punto de ancla** que se encuentra oculta bajo la **Pluma** (véase la figura 4.54).

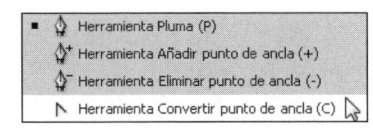

Figura 4.54. La herramienta Convertir punto de ancla.

Añadir animación 133

2. Haga clic en el Escenario sobre el inicio o el fin de la trayectoria del movimiento y arrastre la manija de control lejos del punto de ancla (véase la figura 4.55). Con esta manija se controla la curvatura.

> **Nota:** La trayectoria del movimiento también se puede manipular directamente con la herramienta **Selección**. Escoja esta utilidad y acérquela al recorrido. Junto al cursor aparecerá un icono curvo, el cual indica que puede modificarla. Haga clic sobre la trayectoria del movimiento y arrástrela para cambiar su curvatura (véase la figura 4.57).

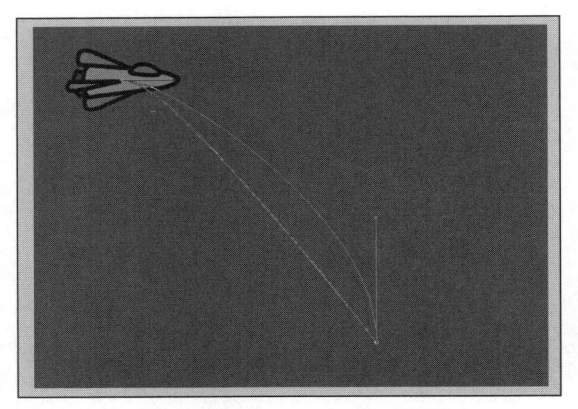

Figura 4.55. Extraiga la manija de control del punto de ancha.

3. Elija la herramienta **Subselección**.

4. Pulse sobre la manija y arrástrela para modificar el desplazamiento. Haga que el cohete describa una curva amplia (véase la figura 4.56).

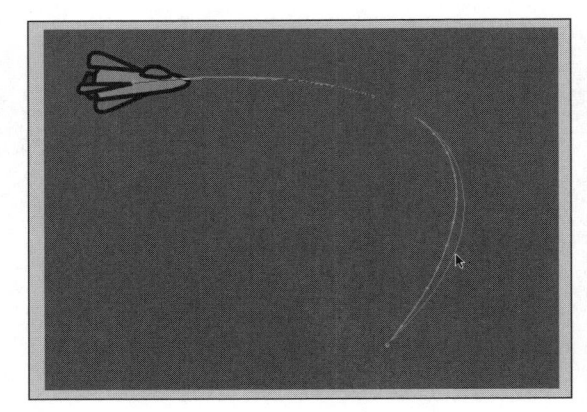

Figura 4.57. Una manera alternativa de alterar el desplazamiento.

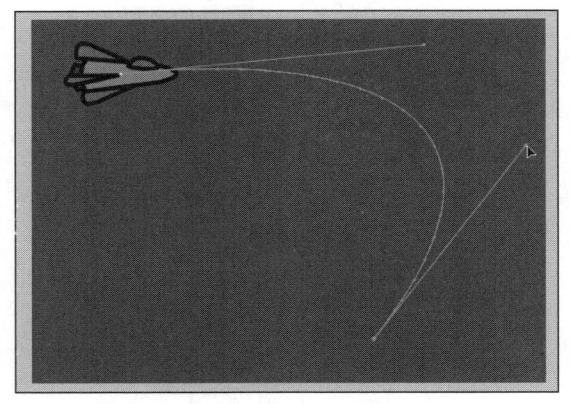

Figura 4.56. Aplicación de una curva pronunciada.

Orientar los objetos a la trayectoria

En ocasiones, la orientación que tiene el objeto que se desplaza por la trayectoria es relevante. En la imagen de la página de presentación del proyecto, la orientación del coche es constante en todo momento.

Sin embargo, en el caso del ejemplo del cohete, éste debería seguir la trayectoria de manera que el cono apunte siempre a la ruta que realiza, lo que se consigue gracias a la opción **Orientar según trazado** del **Inspector de propiedades**.

1. Seleccione la interpolación de movimiento en la Línea de tiempo.

2. En el **Inspector de propiedades**, elija la opción **Orientar según trazado** (véase la figura 4.58).

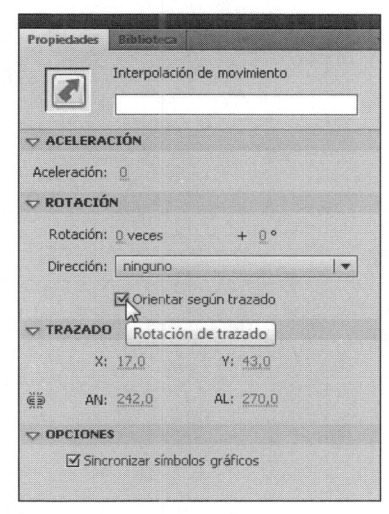

Figura 4.58. *Esta opción cambia la orientación del símbolo.*

Flash insertará fotogramas clave para que el símbolo rote a lo largo de la interpolación, de manera que la copa del cohete esté orientada hacia la trayectoria del desplazamiento (véase la figura 4.59).

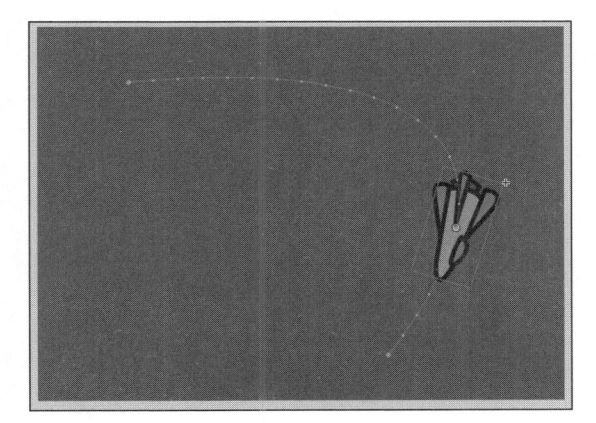

Figura 4.59. *Cohete correctamente orientado.*

Nota: Para dirigir la copa del cohete o cualquier otro objeto en la dirección de la trayectoria de su movimiento, debe fijar su posición inicial de manera que esté de cara al camino a seguir. Utilice la herramienta **Transformación libre** para rotar su ubicación original y colocarlo de modo correcto.

INTERCAMBIAR LOS OBJETIVOS DE LA INTERPOLACIÓN

El modelo de interpolaciones de movimiento de Flash CS5 está basado en objetos. Esto significa que es posible intercambiar fácilmente los objetivos de una interpolación de movimiento.

Si, por ejemplo, prefiere ver un marciano moviéndose por el Escenario en lugar del cohete, puede sustituir el objetivo inicial por un símbolo de un alienígena de su Biblioteca, sin que esta acción deshaga la animación.

1. Seleccione el cohete del Escenario para elegir la interpolación de movimiento.

2. Arrastre el símbolo del clip de película del marciano desde la Biblioteca hasta el cohete (véase la figura 4.60).

Flash le preguntará a continuación si desea sustituir el objeto existente por uno nuevo (véase la figura 4.61).

3. Haga clic en **Aceptar**.

4. El cohete ha sido reemplazado por el marciano (véase la figura 4.62).

El movimiento seguirá siendo el mismo, sólo ha cambiado el símbolo que lo realiza.

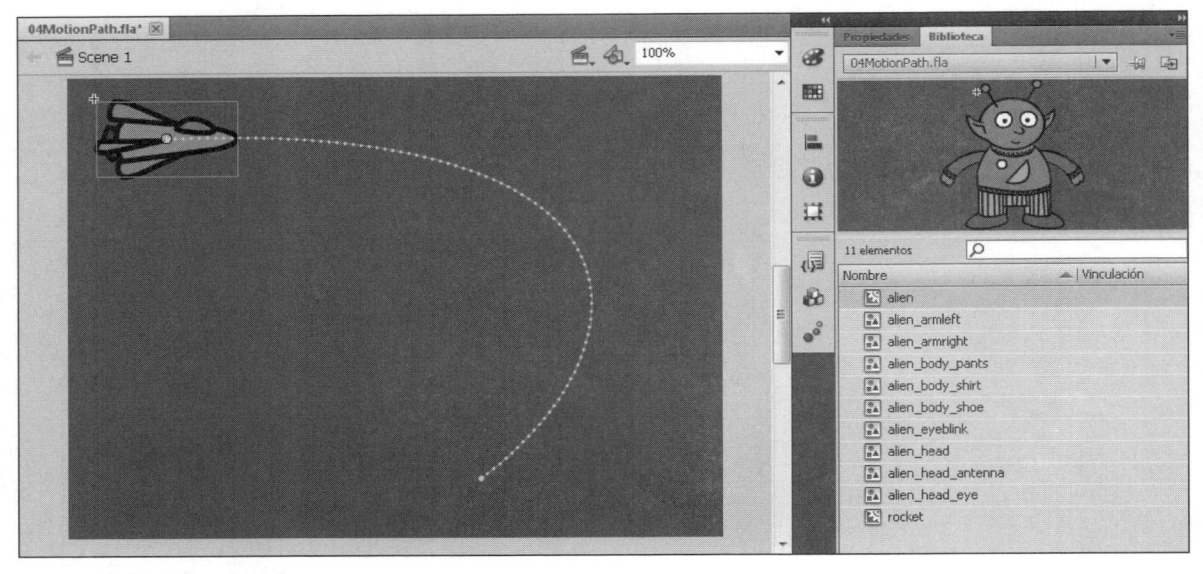

Figura 4.60. Selección del marciano.

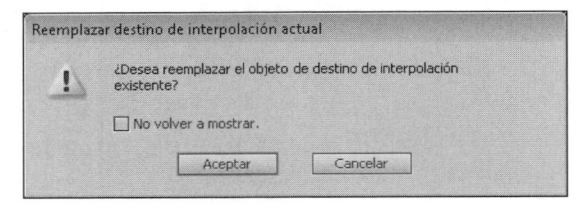

Figura 4.61. Flash nos pregunta si estamos seguros de querer hacer el cambio.

Nota: También puede intercambiar instancias en el **Inspector de propiedades**. Seleccione el objeto sobre el que desea actuar en el Escenario. En el **Inspector de propiedades**, haga clic en el botón **Intercambiar** (véase la figura 4.63). Se mostrará un cuadro de diálogo que le permitirá escoger un nuevo símbolo. Una vez elegido, haga clic en **Aceptar** y Flash intercambiará el objetivo de la interpolación de movimiento.

Figura 4.62. El marciano seguirá la trayectoria del cohete.

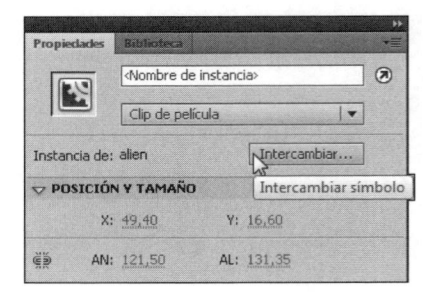

Figura 4.63. Intercambio de instancias con el Inspector de propiedades.

CREAR ANIMACIONES ANIDADAS

Con frecuencia, un objeto del Escenario posee su propia animación. Por ejemplo, una mariposa que se desplaza por la pantalla es capaz, a su vez, de batir las alas conforme atraviesa la escena, o el marciano por el que ha sustituido el cohete podría agitar los brazos. Este tipo de efectos se denominan animaciones anidadas, debido a que se encuentran en el interior de símbolos de clip de película. Éstos tienen su propia Línea de tiempo, independiente de la principal.

En este ejemplo va a hacer que el marciano agite sus brazos dentro del símbolo de clip de película, para que realice la acción mientras cruza el Escenario.

Crear animaciones dentro de símbolos de clip de película

1. En la Biblioteca, haga doble clic en el icono del símbolo de clip de película del marciano. Con esto se pasa a modo edición de símbolo, que se encuentra en medio del Escenario. En la Línea de tiempo, las partes del marciano están separadas en capas (véase la figura 4.64).

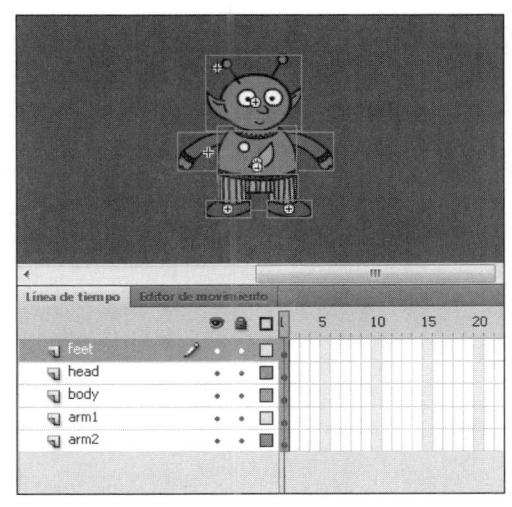

Figura 4.64. El marciano se compone de varias capas.

2. Escoja la herramienta Selección.

3. Haga clic con el botón derecho del ratón o Control-clic sobre el brazo derecho del marciano y seleccione Crear interpolación de movimiento (véase la figura 4.65).

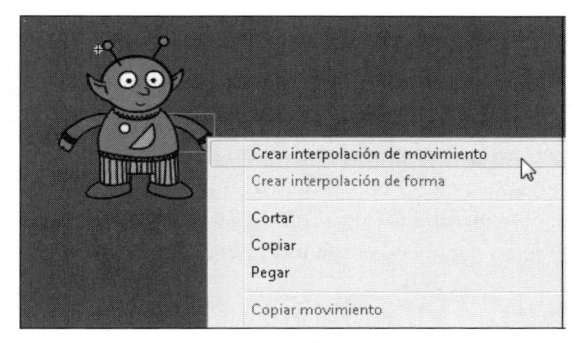

Figura 4.65. Animación del brazo derecho.

Flash convertirá la capa actual en una de interpolación e insertará un segundo bloque de fotogramas para que pueda comenzar a animar la instancia (véase la figura 4.66).

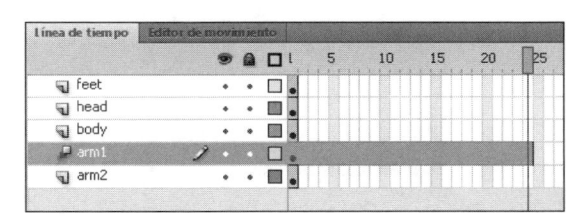

Figura 4.66. La capa pasa a ser de interpolación.

4. Cierre la herramienta Transformación libre.

5. Arrastre los puntos de control de rotación de las esquinas para hacer que el brazo del marciano se alce por encima de su hombro (véase la figura 4.67).

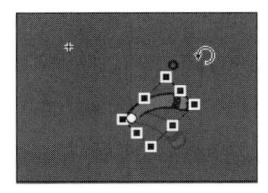

Figura 4.67. El marciano levanta el brazo.

Se insertará un fotograma clave al final de la interpolación de movimiento. El brazo derecho rotará suavemente desde su posición de descanso hasta alzarse.

6. Haga regresar la cabeza reproductora roja hasta el fotograma 1.

7. Cree una nueva interpolación de movimiento para el otro brazo del alienígena. Haga clic con el botón derecho del ratón sobre el brazo izquierdo y seleccione **Crear interpolación de movimiento**. Flash convertirá la capa actual en una de interpolación e incorporará un segundo conjunto de fotogramas para que la instancia comience a animarse.

8. Cierre la herramienta **Transformación libre**.

9. Arrastre los puntos de control de rotación de las esquinas para hacer que el brazo del marciano suba por encima de su hombro (véase la figura 4.68).

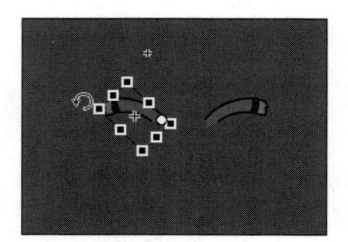

Figura 4.68. El marciano levanta el otro brazo.

Se insertará un fotograma clave al final de la interpolación de movimiento. El brazo izquierdo rotará suavemente desde su posición hasta levantarse.

10. Seleccione el último fotograma en todas las demás capas e inserte algunos nuevos (pulse **F5**) para que la cabeza, el cuerpo y los pies permanezcan en escena el mismo tiempo que los brazos que se agitan (véase la figura 4.69).

Figura 4.69. El resto de partes del marciano han de continuar en el Escenario.

11. Salga del modo edición de símbolo haciendo clic en el botón **Escena 1** que hay en la parte superior izquierda del Escenario. Acaba de terminar la animación del marciano levantando sus brazos. Dondequiera que utilice el clip de película, el marciano seguirá reproduciendo el efecto.

> **Nota:** Las animaciones contenidas en símbolos de clip de película no se reproducen en la Línea de tiempo principal. Escoja **Control> Probar película>En Flash Professional** para previsualizarlas.

> **Nota:** Las animaciones contenidas en símbolos de clip de película se reproducen cíclicamente de manera automática. Si desea evitar el bucle, debe agregar el código apropiado en ActionScript para indicarle que se detenga en el último fotograma de su Línea de tiempo. Aprenderá más sobre ActionScript en el capítulo 6.

12. Previsualice la animación seleccionando **Control>Probar película**. Flash abrirá una ventana para mostrarle el efecto creado. El marciano se moverá a través de la trayectoria del movimiento mientras reproduce sucesivamente el "aleteo" de sus brazos (véase la figura 4.70).

Figura 4.70. Ambas animaciones se reproducen a la par.

USO DEL EDITOR DE MOVIMIENTO

El **Editor de movimiento** es un panel que ofrece información en profundidad y posibilidad de edición sobre todas las propiedades de una interpolación de movimiento.

Se encuentra detrás de la Línea de tiempo y se accede a él haciendo clic en la pestaña superior o seleccionando **Ventana>Editor de movimiento**.

En su parte izquierda se muestra una lista extensible de propiedades, junto a sus valores y las opciones de aceleración. En la parte derecha hay una Línea de tiempo con varias rectas y curvas que representan cómo cambian dichas propiedades (véase la figura 4.71).

Ajustar las opciones de visualización del Editor de movimiento

Las opciones de visualización del editor de movimiento se muestran en la parte inferior del panel.

1. Seleccione el marciano en el Escenario.

2. Abra el panel del **Editor de movimiento**, si no está ya visible.

3. Sitúe el cursor sobre la barra gris horizontal que separa el Editor de movimiento del Escenario.

El cursor pasará a ser una flecha de dos cabezas, indicando que puede incrementar o reducir la altura del panel (véase la figura 4.72).

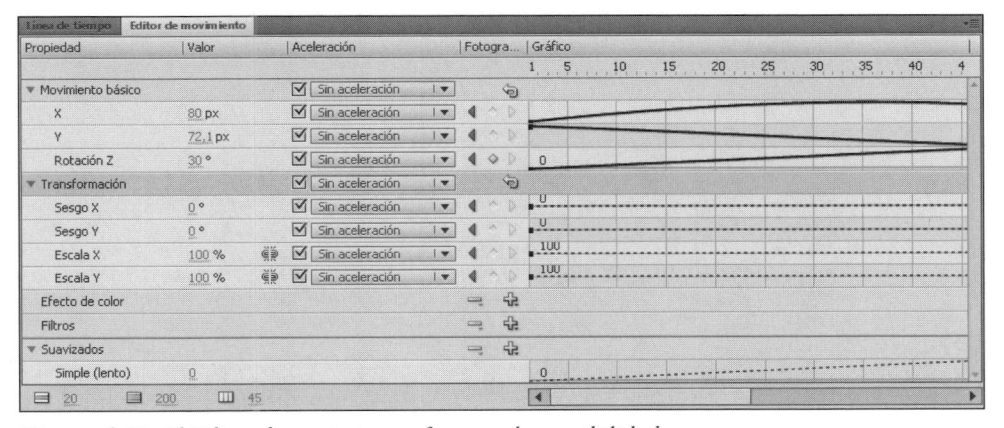

Figura 4.71. El Editor de movimiento ofrece muchas posibilidades.

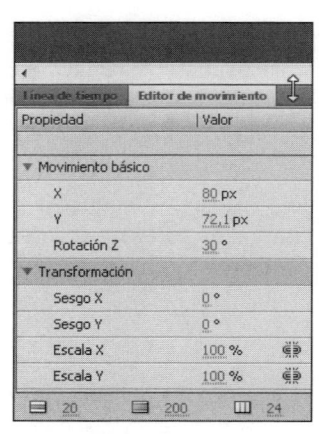

Figura 4.72. Ajuste de la altura del panel.

4. Haga clic sobre la barra horizontal y arrástrela para aumentar la altura del Editor de movimiento.

5. Pulse sobre los triángulos para contraer todas las categorías de propiedades de la izquierda. Puede expandir o contraer las categorías para ver sólo aquéllas que le interesen (véase la figura 4.73).

6. Haga clic sobre el icono **Fotogramas visibles** de la parte inferior del Editor de movimiento (véase la figura 4.74) para cambiar el número de fotogramas que aparecerán en la Línea de tiempo. Ajuste el valor al máximo para ver la interpolación de movimiento completa.

7. Haga clic sobre el icono **Tamaño de gráfico** del Editor de movimiento y arrástrelo (véase la figura 4.75) para cambiar el espacio vertical de cada propiedad de la lista.

8. Pulse en **Tamaño de gráfico expandido** y desplácelo para modificar el espacio vertical de cada propiedad seleccionada. Para ver cómo afecta esta opción a la visualización, haga clic sobre la propiedad Y debajo de Movimiento básico (véase la figura 4.76). Cuanto mayor sea el valor de **Tamaño de gráfico expandido**, más espacio tendrá para analizar la propiedad elegida.

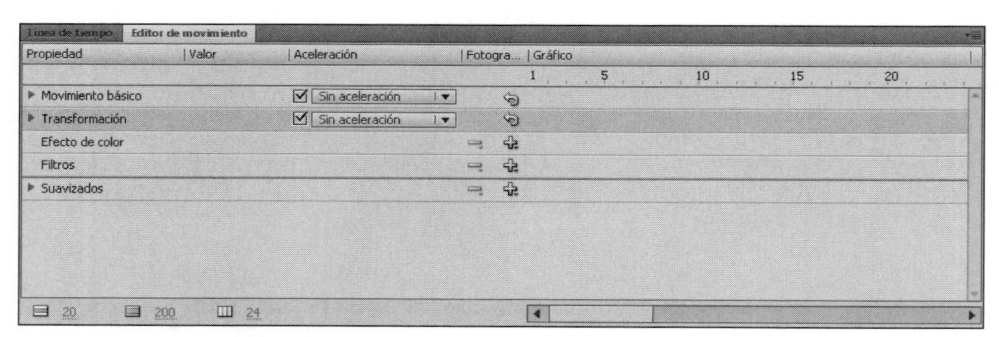

Figura 4.73. Menú desplegable de las categorías.

Figura 4.74. Ajuste de los fotogramas visibles al valor máximo.

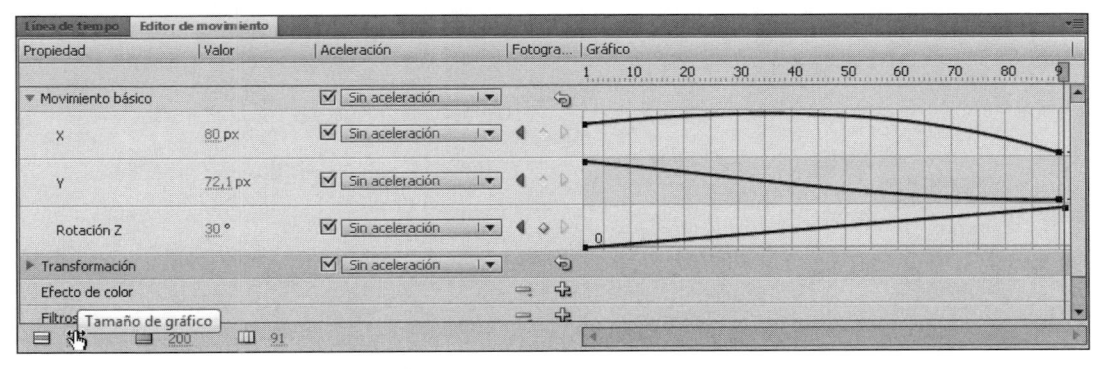

Figura 4.75. Ajuste del espacio vertical.

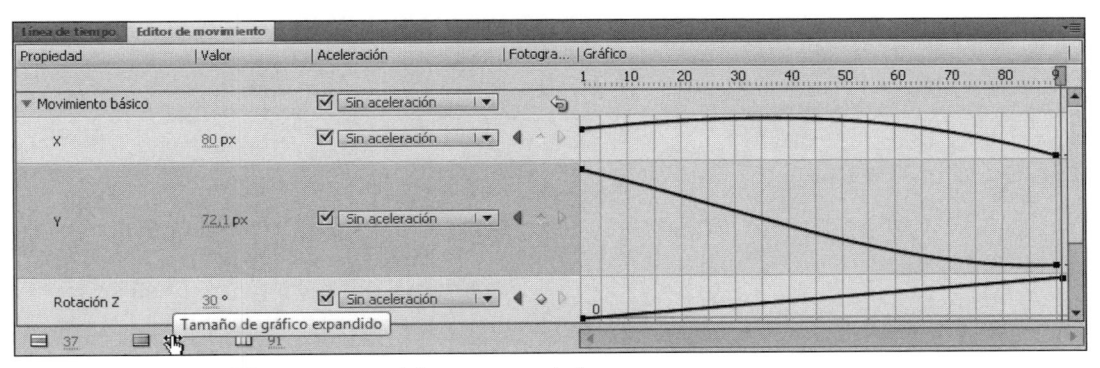

Figura 4.76. Ajuste del espacio vertical de una propiedad concreta.

Cambiar los valores de las propiedades

Es el momento de cambiar otra propiedad del marciano que aletea a través del Editor de movimiento, para que observe lo fácil que resulta animar varias propiedades independientemente.

En este ejemplo vamos a crear un efecto de fundido cambiando la propiedad Alfa.

1. Haga clic sobre el icono del signo de la suma que hay junto a la propiedad **Efecto de color** y escoja **Alfa** (véase la figura 4.77).

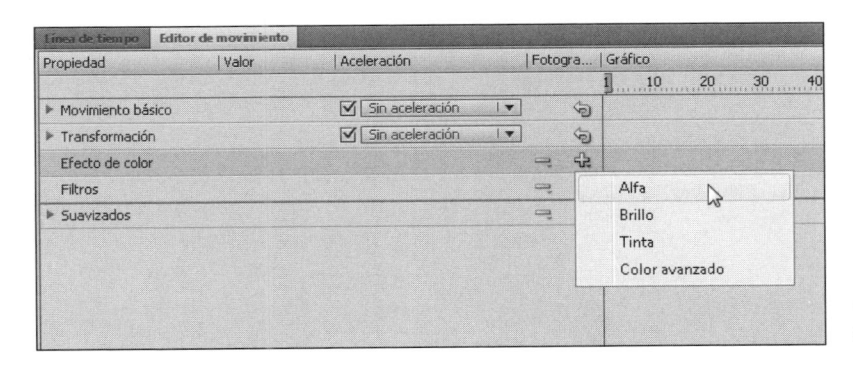

Figura 4.77. Modificación de Alfa desde este panel.

Añadir animación **141**

En el Editor de movimiento aparecerá la propiedad **Alfa**, situada justo debajo de la categoría **Efecto de color**.

2. Escoja la cantidad apropiada. La propiedad **Alfa** se expandirá, mostrando una línea horizontal de puntos negros al 100 por 100, extendiéndose desde el fotograma 1 hasta el final de la Línea de tiempo.

Este trazo representa la opacidad del marciano a lo largo de la interpolación de movimiento.

3. Haga clic en el primer fotograma clave (que viene indicado por un cuadrado negro) y arrástrelo hasta el 0 por 100 (véase la figura 4.78).

También puede cambiar el valor de **Alfa** pulsando sobre el valor que hay junto a la cantidad de **Alfa**.

El marciano del fotograma 1 se volverá ahora transparente.

Insertar fotogramas clave

Insertar fotogramas clave es sencillo.

1. Desplace la cabeza reproductora roja hasta el fotograma 20 (véase la figura 4.79).

2. Haga clic en el icono del diamante (véase la figura 4.80) para agregar un fotograma clave para la propiedad **Alfa** en este punto de la línea temporal. También puede hacer clic con el botón derecho del ratón o hacer **Control-clic** sobre el gráfico y escoger **Insertar fotograma clave**.

Vea cómo en el 20 se insertará un nuevo fotograma clave para la propiedad Alfa.

3. Haga clic en el segundo fotograma clave. Se resaltará el que haya seleccionado.

4. Arrastre hacia arriba hasta que el **Alfa** esté en el 100 por 100, como indica la figura 4.81.

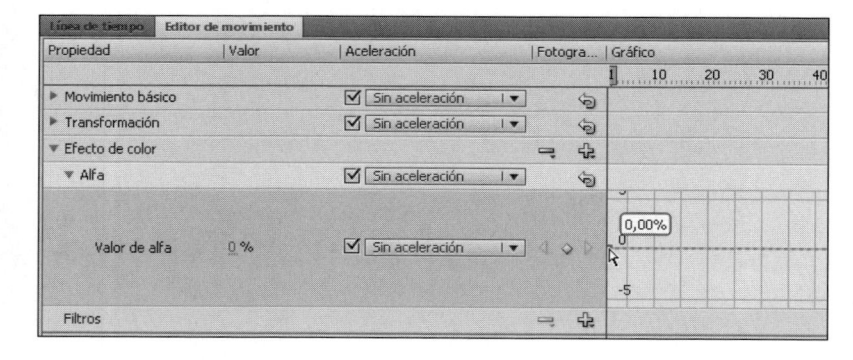

Figura 4.78. *Valor de Alfa al 0 por 100.*

Figura 4.79. *Cabeza reproductora en el fotograma 20.*

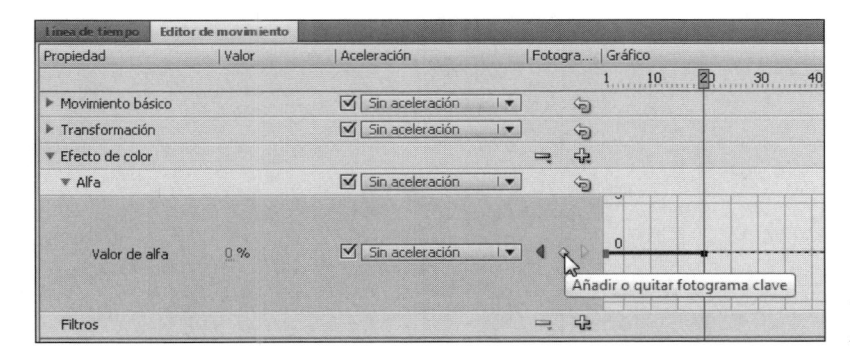

Figura 4.80. Icono de diamante para añadir un fotograma.

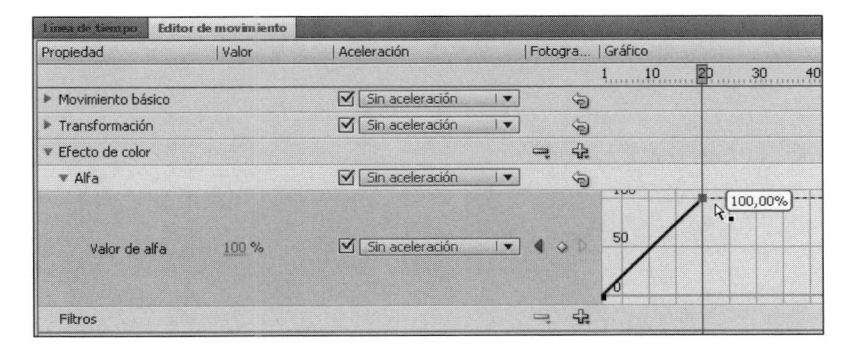

Figura 4.81. Alfa del fotograma 20 al 100 por 100.

Flash realizará la animación para que la transparencia cambie suavemente entre los fotogramas 1 y 20.

Modificar fotogramas clave

Tiene la posibilidad de desplazarse de forma sencilla por los fotogramas clave y eliminarlos, además de moverlos para controlar la duración exacta de sus transiciones.

• Haga clic sobre las flechas izquierda o derecha que hay junto al icono del diamante para moverlos fácilmente.

• Utilice el botón derecho del ratón o haga **Control-clic** sobre cualquier fotograma clave y elija Quitar fotograma clave para borrarlo.

• Seleccione uno y haga clic sobre el diamante amarillo para eliminarlo.

• Mantenga pulsada **Mayús** y haga clic sobre varios fotogramas contiguos para mover el grupo entero al mismo tiempo.

Restablecer valores y quitar propiedades

Si ha cometido un error en una propiedad, puede restablecer de forma simple su valor o borrarla completamente del Editor de movimiento para que no se produzca una animación.

1. Haga clic en el botón **Restablecer valores** para restaurar los parámetros iniciales de la propiedad (véase la figura 4.82).

2. Pulse sobre el botón del signo de la resta y seleccione Alfa para eliminar la propiedad del Editor de movimiento (véase la figura 4.83).

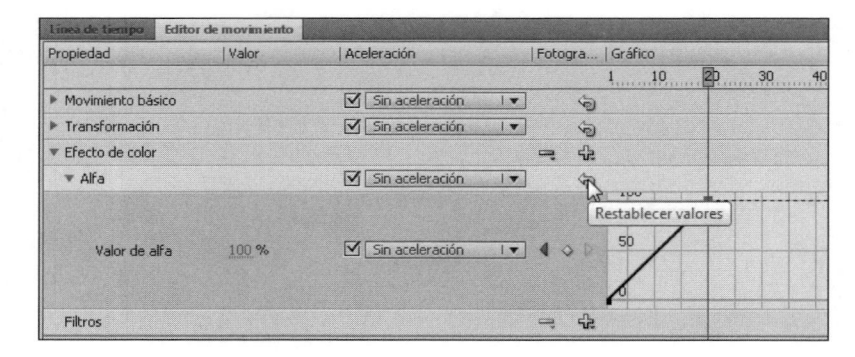

Figura 4.82. Restauración de los valores iniciales de cualquier propiedad.

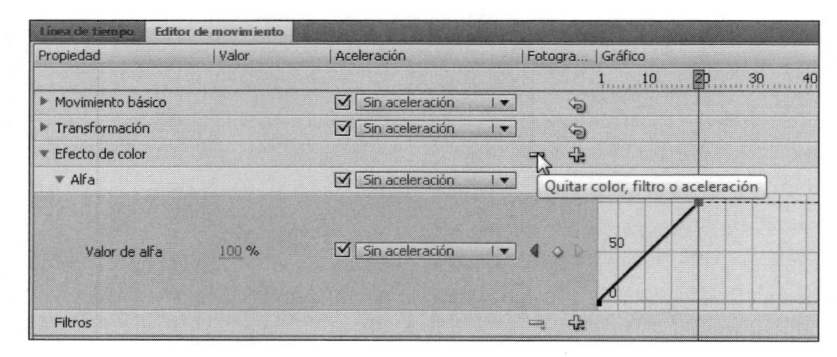

Figura 4.83. Se puede eliminar cualquier propiedad de la lista.

ACELERACIÓN

La aceleración determina cómo se ejecuta una interpolación de movimiento. Para simplificar: podemos concebirla como el incremento o la reducción en la velocidad de desplazamiento de un objeto. Un elemento que se mueve de un lado a otro del Escenario puede comenzar lentamente, cobrar velocidad después y detenerse de repente, o bien arrancar rápidamente e ir deteniéndose poco a poco.

La aceleración se visualiza mejor en el Editor de movimiento. El gráfico que conecta un fotograma clave con otro suele ser una línea recta, lo que indica que el cambio de un valor hasta el siguiente se realiza de modo lineal. Sin embargo, si desea que la modificación desde la posición inicial sea gradual (que es lo que se denomina aceleración, es decir, de menos a más), la línea presentará una curva en las proximidades del fotograma de inicio, lo cual indica un inicio más lento. Una ralentización gradual (que es lo que se conoce como deceleración) se representaría mediante una curva en las proximidades del fotograma final.

Asignar aceleraciones en una interpolación de movimiento

Puede crear una aceleración personalizando la curvatura del gráfico de propiedad del Editor de movimiento.

1. Haga clic con el botón derecho del ratón en el editor o pulse a la vez **Control-clic** en el segundo fotograma clave de la propiedad Alfa y seleccione Punto redondeado (véase la figura 4.84).

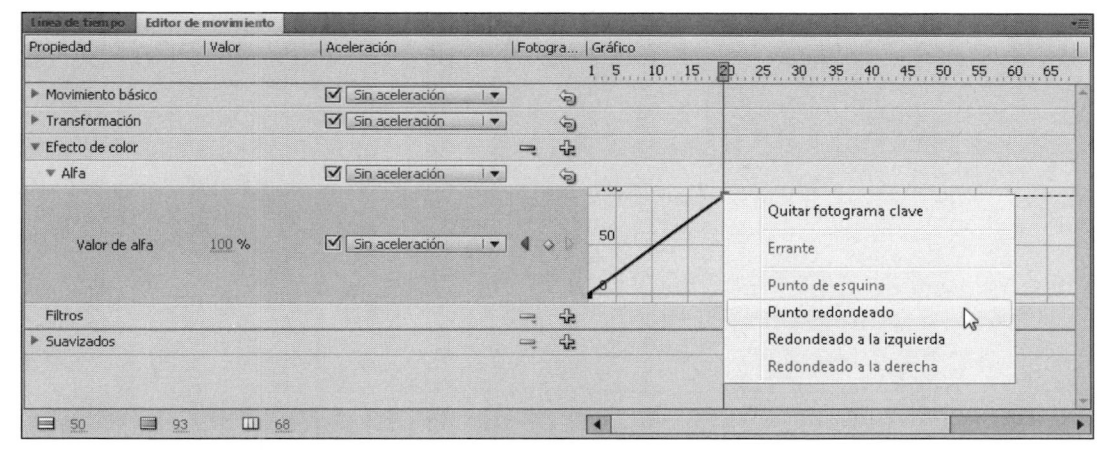

Figura 4.84. Creación de un punto redondeado sobre el fotograma clave.

Del fotograma clave saldrán unas manijas de control que podrá mover para cambiar la curvatura de la línea.

2. Haga clic sobre la manija de control para crear una curva suave para el valor de Alfa en las proximidades del 100 por 100 (véase la figura 4.85).

La transición del 0 por 100 al 100 por 100 de **Alfa** se ralentiza al acercarse al final (desaceleración).

3. Haga clic con el botón derecho del ratón o **Control-clic** sobre el primer fotograma clave de la propiedad **Alfa** y escoja **Punto redondeado** (véase la figura 4.86). En el fotograma clave volverán a aparecer las manijas de control, con las que podrá cambiar la curvatura de la línea.

4. Haga clic sobre la manija con la idea de crear una curva suave para el valor de Alfa en las proximidades del 0 por 100 (véase la figura 4.87).

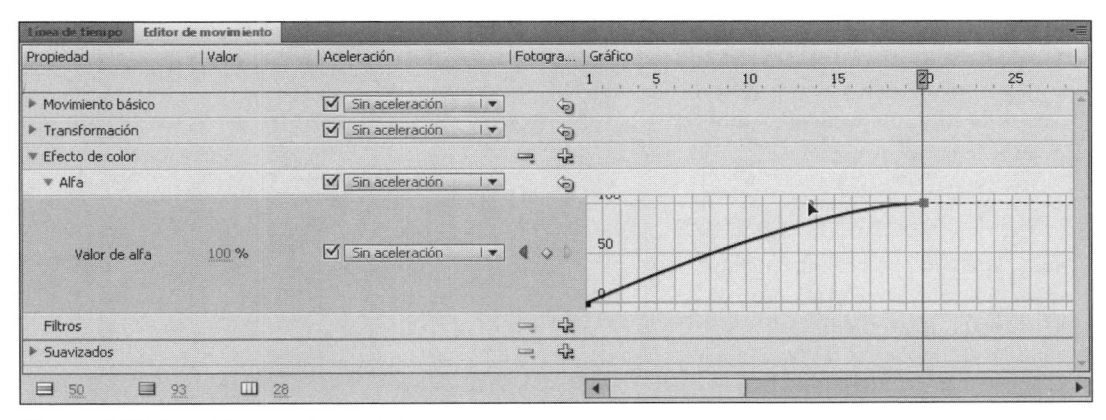

Figura 4.85. Cambio en la forma de la curva.

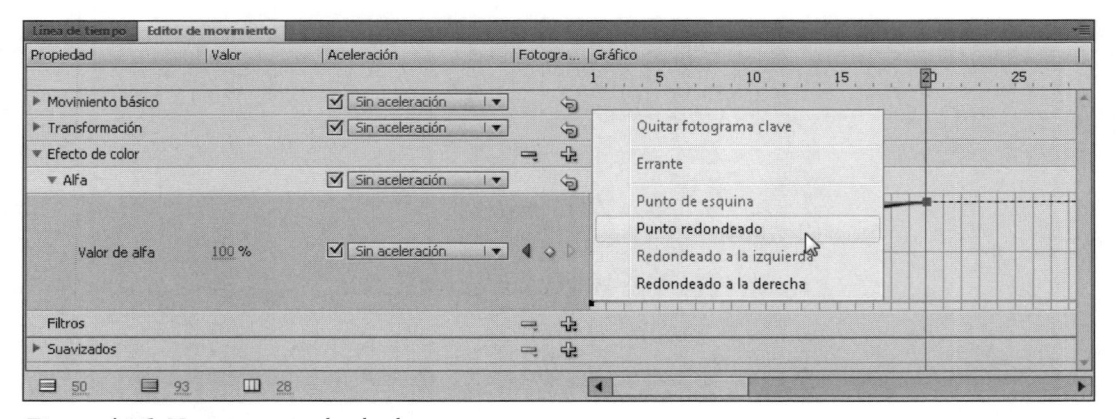

Figura 4.86. Nuevo punto redondeado.

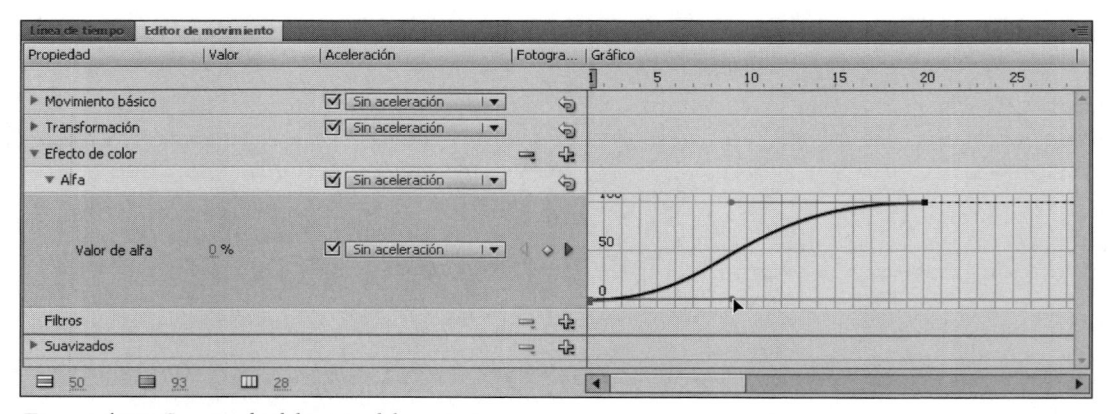

Figura 4.87. Suavizado del inicio del movimiento.

Vea ahora cómo la transición del 0 al 100 por 100 de **Alfa** se inicia gradualmente y se ralentiza al final. El efecto completo de la curva en forma de S provoca una sensación de aceleración y deceleración.

> **Nota:** También puede aplicar efectos de aceleración y deceleración desde el **Inspector de propiedades**. En la Línea de tiempo (no en el Editor de movimiento), seleccione la interpolación de movimiento. Introduzca un valor entre el -100 (aceleración) y el 100 (deceleración) en el **Inspector de propiedades** (véase la figura 4.88).

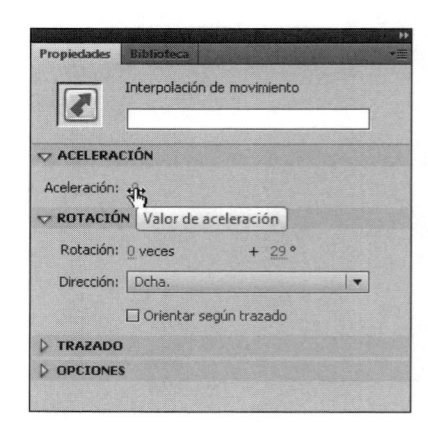

Figura 4.88. Cambio en la aceleración desde el Inspector de propiedades.

Nota: Las aceleraciones aplicadas a través del **Inspector de propiedades** afectarán globalmente a todas las propiedades de la interpolación de movimiento. El Editor de movimiento le proporciona un control preciso sobre las propiedades individuales y las aceleraciones entre los fotogramas clave.

Uso de los suavizados predefinidos

Las aceleraciones suavizadas pueden ser muy potentes y se pueden utilizar para crear muchos movimientos especializados. Por ejemplo, logrará crear un efecto de rebote con sólo dos fotogramas clave de posición y un suavizado que mueva el objeto hacia atrás y hacia delante entre las dos posiciones.

En el siguiente ejemplo va a volver al proyecto de la película y agregar una aceleración predefinida al movimiento del coche para dotarlo de una vibración que imite los movimientos típicos de los vehículos. La interpolación de movimiento se creará dentro del símbolo de clip de película del objeto.

1. Retome el proyecto Flash del archivo `04_workingcopy.fla`.

2. En la Biblioteca, haga doble clic sobre el símbolo de clip de película llamado **carLeft**. Flash pasará a modo edición de símbolo del clip de película. El símbolo contiene dos capas: la capa superior, llamada **lights**, y la inferior, llamada **smallRumble** (véase la figura 4.89).

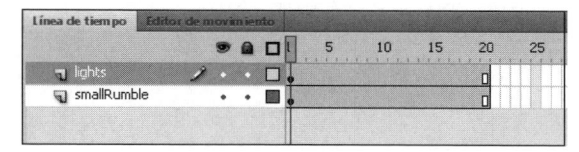

Figura 4.89. Línea de tiempo del símbolo.

3. Bloquee la capa **lights** superior.

4. Haga clic con el botón derecho del ratón o **Control-clic** sobre el coche y seleccione **Crear interpolación de movimiento** (véase la figura 4.90). Observe la manera en que Flash convierte la capa actual en una de interpolación para que pueda comenzar a animar la instancia.

5. Sitúe la cabeza reproductora roja al final de la Línea de tiempo.

6. Escoja la herramienta **Selección**.

7. Desplace el coche unos 5 píxeles hacia abajo (véase la figura 4.91).

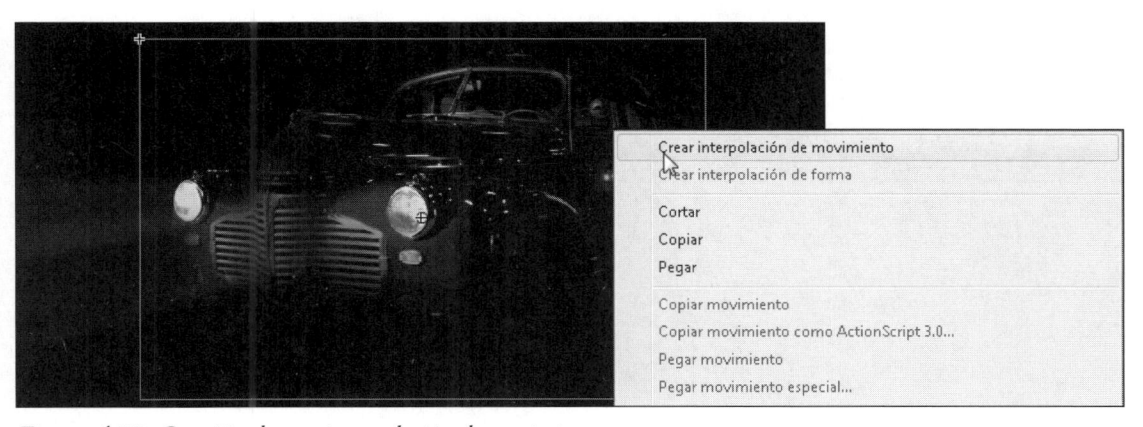

Figura 4.90. Creación de una interpolación de movimiento.

Figura 4.91. *Colocación del coche en su posición final.*

Flash creará una animación en la que el vehículo efectuará un leve y suave desplazamiento hacia abajo.

8. Haga clic en la interpolación de movimiento de la Línea de tiempo para abrir el Editor de movimiento.

9. Pulse en el botón del signo de la suma de la categoría **Suavizados** y seleccione **Aleatoria** (véase la figura 4.92).

De esta manera se mostrará el suavizado predefinido **Aleatoria**.

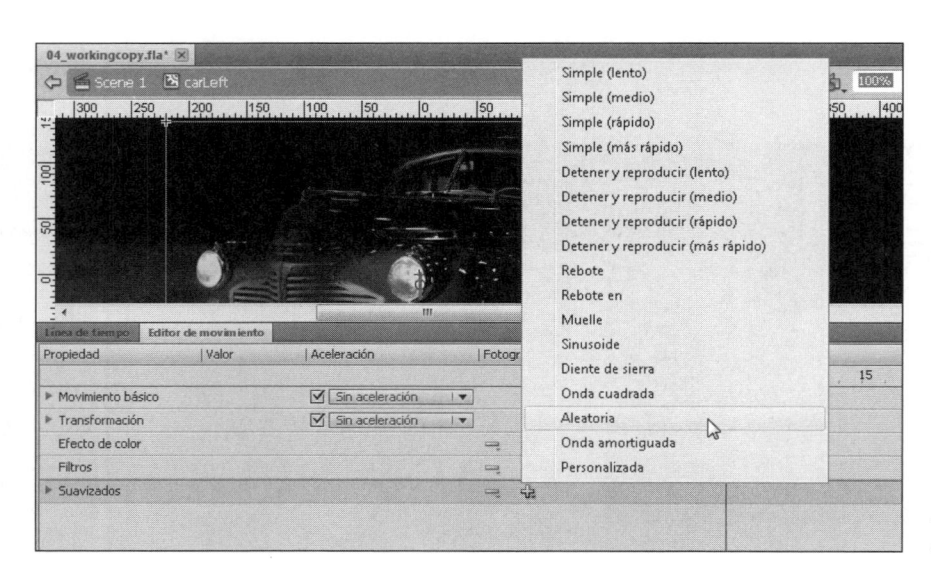

Figura 4.92. *Aplicación de un suavizado aleatorio.*

10. Seleccione el suavizado **Aleatoria**. Vea cómo salta de valor en valor a intervalos aleatorios. Esto se representa gráficamente como una serie de abruptos escalones (véase la figura 4.93).

11. Cambie a **15** el valor de **Aleatoria**. La frecuencia de los saltos se incrementa en función de esta cantidad (véase la figura 4.94).

12. Seleccione a continuación la categoría **Movimiento básico**.

13. En el menú desplegable **Aceleración seleccionada** que hay junto a la categoría **Movimiento básico**, elija **Aleatoria** (véase la figura 4.95).

Flash aplicará una aceleración aleatoria a los cambios posicionales de la interpolación de movimiento y hará avanzar al coche a tirones, simulando la marcha de un vehículo antiguo al ralentí. Como la animación se encuentra anidada en un clip de película, seleccione **Control>Probar película>En Flash Professional** para previsualizarla.

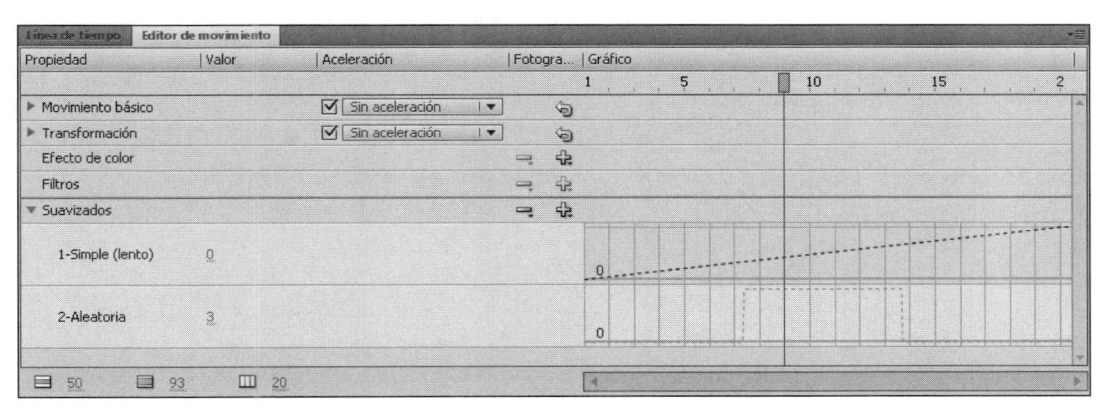

Figura 4.93. Representación de un suavizado aleatorio.

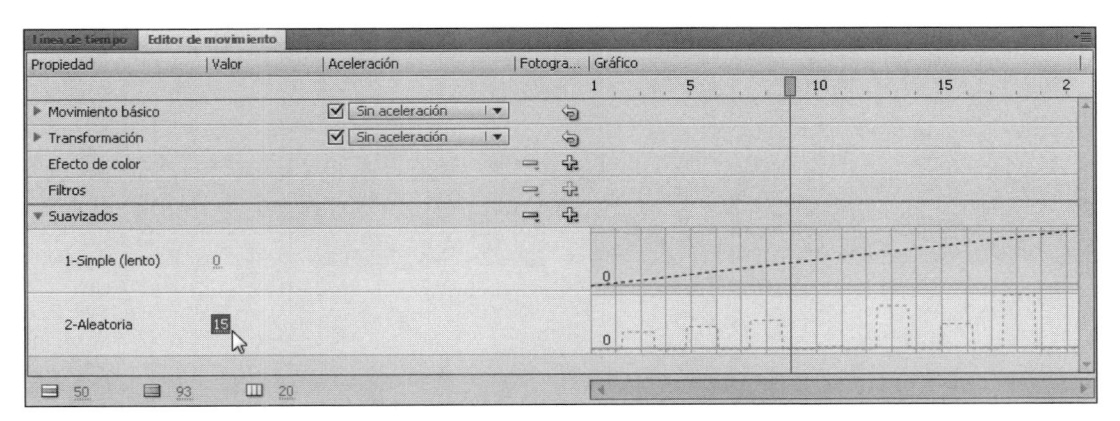

Figura 4.94. Cuanto mayor sea el valor de Aleatoria, más escalones aparecerán.

Añadir animación   149

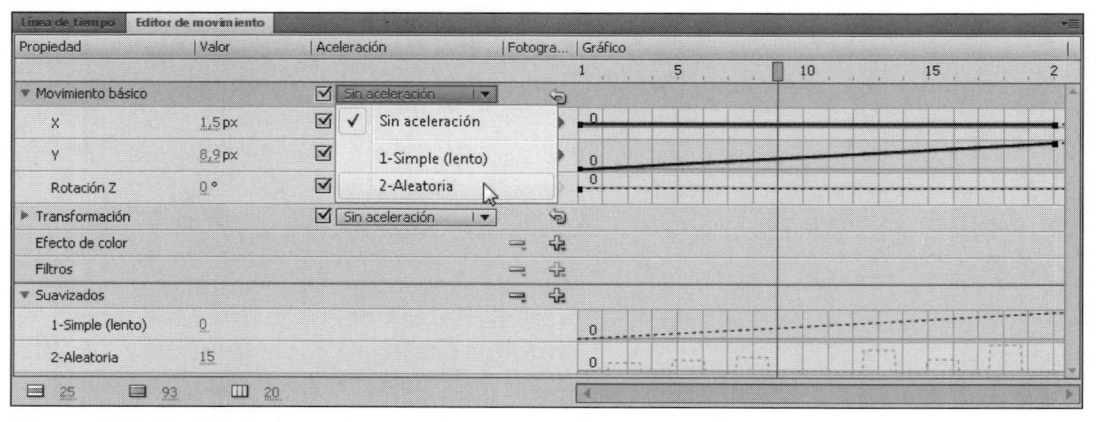

Figura 4.95. Elección de una aceleración aleatoria para el movimiento básico.

Modelo de interpolación básico

En las versiones anteriores de Flash, las interpolaciones de movimiento se realizaban creando primero fotogramas clave en la Línea de tiempo, cambiando después una o más propiedades de la instancia y, finalmente, aplicando el efecto entre los dos fotogramas clave. Si se encuentra más cómodo trabajando con el modelo de animación anterior, conseguirá acceder a él a través de la opción **Interpolación clásica**. Seleccione el primer fotograma clave que contiene la instancia y escoja **Insertar>Interpolación clásica** (véase la figura 4.96). Flash aplicará una interpolación de movimiento clásica en la Línea de tiempo, aunque debe tener en cuenta que el **Editor de movimientos** no se encuentra disponible para las interpolaciones clásicas.

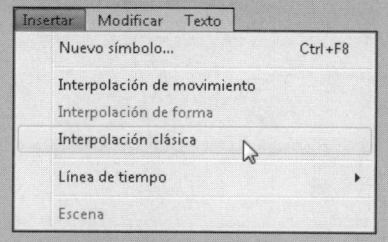

Figura 4.96. Antiguo sistema de creación de interpolaciones.

REALIZAR MOVIMIENTOS EN 3D EN LAS ANIMACIONES

Por último, va a agregar un título que animará en el espacio tridimensional. Las animaciones en 3D presentan la complicación adicional del tercer eje (Z). Cuando seleccione las herramientas de rotación o traslación 3D, debe contar con la opción **Transformación global** que aparece en la base del panel **Herramientas**.

Recuerde que este recurso conmuta entre las variantes global (botón presionado) y local (botón levantado).

Al mover un objeto con la primera de ellas, las modificaciones se harán en relación al sistema de coordenadas global, mientras que al desplazarlo con la segunda activada, las alteraciones que se le apliquen tendrán repercusión sobre sí mismo.

1. Inserte una nueva capa encima del resto de la pila y renómbrela como **title** (véase la figura 4.97).

2. Bloquee el resto de capas.

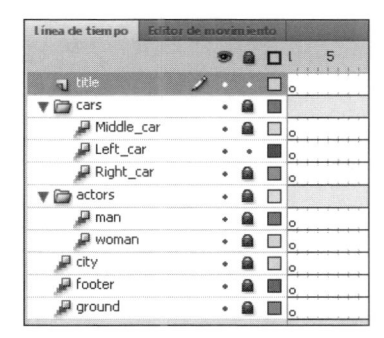

Figura 4.97. Creación de una nueva capa en la parte superior.

3. Incorpore un nuevo fotograma clave en el 120 (véase la figura 4.98).

4. Arrastre el símbolo de clip de película llamado **movietitle** desde la Biblioteca hasta el **Escenario**.

En el fotograma clave de la posición 120 de la nueva capa aparecerá la instancia del título de la película.

5. Coloque el título en las coordenadas X=**180** e Y=**90** (véase la figura 4.99).

6. Haga clic con el botón derecho del ratón o **Control-clic** sobre el título de la película y seleccione **Crear interpolación de movimiento**.

Flash convertirá la capa actual en una de interpolación para que pueda comenzar a animar la instancia.

7. Sitúe la cabeza reproductora roja en el fotograma 140 (véase la figura 4.100).

8. Seleccione la herramienta **Rotación 3D**.

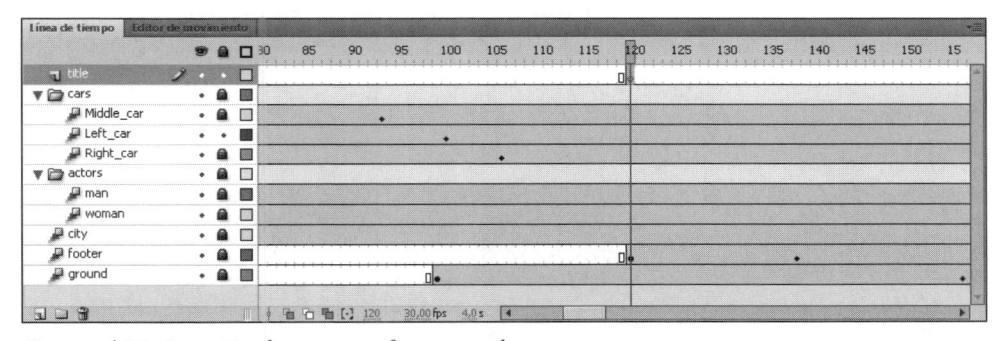

Figura 4.98. Inserción de un nuevo fotograma clave.

Figura 4.99. Colocación del título en un lugar adecuado.

Añadir animación **151**

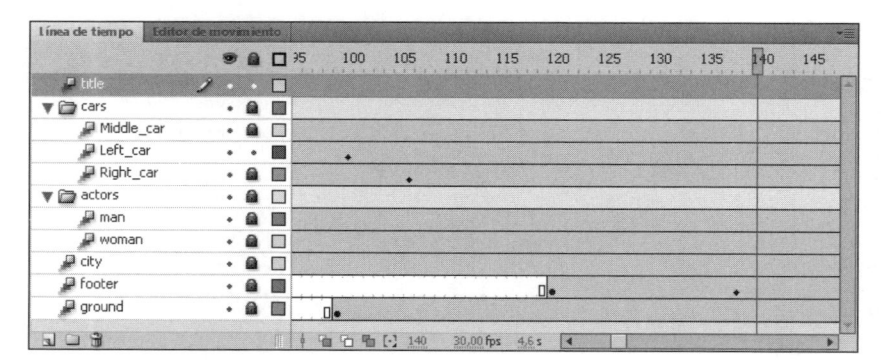

Figura 4.100. Desplazamiento hasta el fotograma 140 de la capa.

9. Deje sin marcar la opción **Transformación global** que se encuentra en la parte inferior del panel **Herramientas**.

10. Haga clic sobre el título y desplácelo para rotarlo alrededor del eje Y (verde) para que su ángulo sea de unos -50 grados. Puede comprobar los valores de rotación en el panel **Transformar** (**Ventana>Transformar**) (véase la figura 4.101).

11. Desplace la cabeza reproductora roja hasta el primer fotograma clave, en la posición 120.

12. Pulse sobre el título y muévalo para girar sobre el eje Y en dirección opuesta, con lo que su ángulo será de 25 grados y la instancia parecerá sólo una rodaja (véase la figura 4.102). Flash interpolará el movimiento al realizar el cambio en la rotación en 3D, de manera que el título dé la sensación de girar en tres dimensiones.

Figura 4.101. La ventana Transformar muestra los valores de rotación, entre otros.

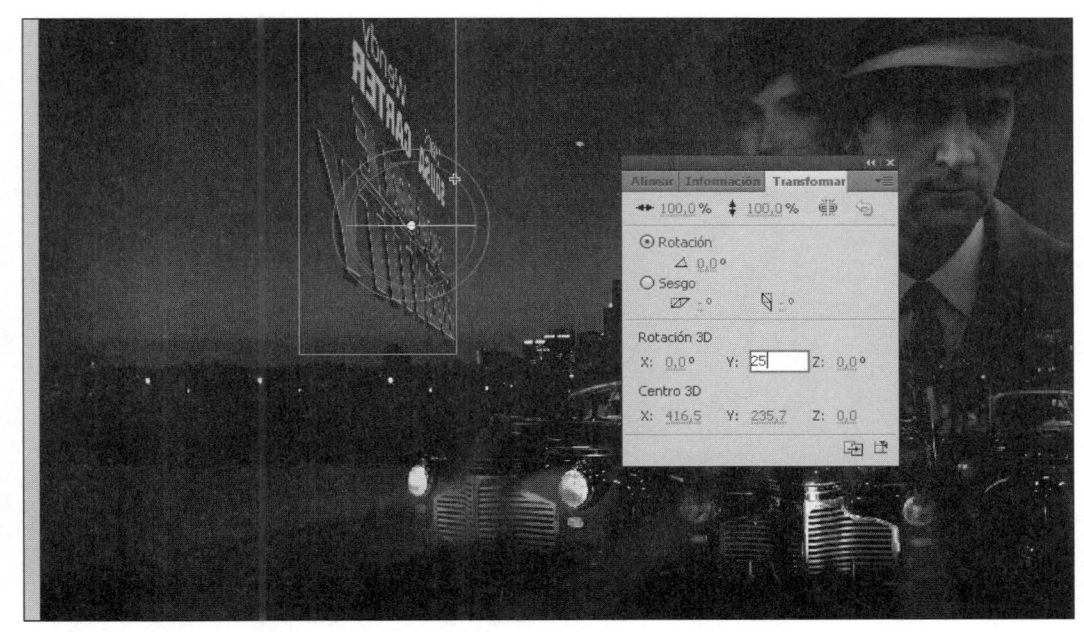

Figura 4.102. Rotación de la instancia sobre el eje Y.

PREVISUALIZAR LA ANIMACIÓN

Puede previsualizar rápidamente su animación moviendo la cabeza reproductora roja hacia delante y hacia atrás en la Línea de tiempo o seleccionando **Control>Reproducir**. También puede seguir la ruta **Ventana>Barras de herramientas>Controlador** y mostrar así un panel con botones para rebobinar y reproducir la Línea de tiempo (véase la figura 4.103).

Figura 4.103. Control de la reproducción en la Línea de tiempo.

Es recomendable que intente previsualizar la animación de manera idéntica a cómo la verán sus destinatarios, revisando también las animaciones anidadas que hay dentro de los símbolos de clip de película. Para ello, seleccione **Control>Probar película> En Flash Professional**.

El programa exportará la película como un archivo .swf, que guardará en la misma ubicación que su archivo .fla. Este fichero es el documento Flash comprimido y listo para ser embebido en una página .html.

Flash mostrará el archivo swf en una nueva ventana con las dimensiones de escenario exactas y reproducirá la animación (véase la figura 4.104).

Para salir del modo de prueba, pulse sobre el botón de cierre de la ventana.

Figura 4.104. *Previsualización de la película terminada.*

> **Nota:** Si va a crear una animación en Flash para otra plataforma (como por ejemplo un teléfono móvil), puede previsualizar su película seleccionando **Control>Probar película>En Device Central**, que es una aplicación independiente que le permite ver su creación tal y como se haría en un dispositivo móvil.

> **Nota:** Al reproducir la película en modo de prueba, ésta se reproducirá indefinidamente. Para desactivar el bucle, seleccione **Control>Reproducir indefinidamente**.

PREGUNTAS DE REPASO

1. ¿Cuáles son los dos requisitos de una interpolación de movimiento?

2. ¿Qué tipo de propiedades se pueden cambiar en una interpolación de movimiento?

3. ¿Qué son los fotogramas clave de propiedades y por qué son tan importantes?

4. ¿Cómo se puede modificar la trayectoria de un movimiento?

5. Cite tres maneras de suavizar una interpolación de movimiento.

RESPUESTAS

1. Una interpolación de movimiento precisa de una instancia del símbolo en el Escenario y su propia capa, denominada capa de interpolación, en la cual no pueden existir otras interpolaciones ni objetos de dibujo.

2. Las interpolaciones de movimiento crean transiciones suaves entre fotogramas clave distintos para los valores de posición, escala, rotación, transparencia, brillo, tinta, filtros o rotación y traslación 3D de un objeto.

3. Los fotogramas clave marcan un cambio en una o más propiedades de un objeto. Son específicos para cada propiedad, de modo que una interpolación de movimiento puede tener fotogramas clave para posición que serán diferentes de los de transparencia.

4. Para modificar la trayectoria de un movimiento, escoja la herramienta **Selección**, haga clic directamente sobre la trayectoria y arrástrela para curvarla. También puede seleccionar las herramientas **Convertir punto de ancla** y **Subselección** y extraer así manijas de los puntos de ancla, las cuales controlan la curvatura.

5. Tres posibles maneras de suavizar una interpolación de movimiento serían:

- Seleccionarla en la Línea de tiempo y cambiar el valor de **Aceleración** en el **Inspector de propiedades**.

- Dentro del Editor de movimiento, haciendo clic con el botón derecho del ratón o **Control-clic** sobre cualquier fotograma clave para extraer las manijas de control y modificar la curvatura de la gráfica.

- Agregar un suavizado predefinido a la categoría **Suavizados** del Editor de movimiento y aplicárselo a una propiedad.

Capítulo 5

Integrar movimientos y formas

Puede crear fácilmente movimientos complejos con articulaciones (uniones entre objetos conectados) con una funcionalidad llamada cinemática inversa. También es posible realizar metamorfosis (crear cambios orgánicos en los objetos) mediante las interpolaciones de forma.

En este capítulo aprenderá a:

- Animar esqueletos con varios clips de película conectados entre sí.

- Restringir las uniones.

- Crear movimiento en esqueletos con formas.

- Transformar formas orgánicas mediante interpolaciones.

- Realizar simulaciones físicas con la funcionalidad Muelle.

- Utilizar los consejos de forma para depurar las interpolaciones.

Le costará unas dos horas y media completar este capítulo. Si es necesario, borre la carpeta del capítulo anterior de su disco duro y copie la que lleva por nombre `Lesson05`.

INTRODUCCIÓN

Comience visualizando el archivo de la grúa animada y la boya flotante que va a crear para aprender más sobre el movimiento articulado y las metamorfosis en Flash. También generará animará el tentáculo de un pulpo.

1. Haga doble clic sobre el archivo `05End.swf` que está en la carpeta `Lesson05/05End` para reproducir la animación.

Pulse dos veces sobre `05ShapeIK_End.swf` para reproducir también esa animación (véase la figura 5.1). El primer proyecto es una animación que representa una grúa operando en un muelle y una boya que flota sobre las leves ondulaciones del agua. En este capítulo va a animar el brazo mecánico de la grúa, la boya y el suave movimiento de las olas.

Figura 5.1. Fotogramas de las dos animaciones.

Integrar movimientos y formas 159

El otro proyecto es una animación que muestra a un pulpo enroscando uno de sus tentáculos.

2. Haga doble clic sobre el archivo `05Start.fla` que está en la carpeta `Lesson05/05Start` para abrir el proyecto inicial en Flash.

3. Seleccione **Archivo>Guardar como**. Póngale de nombre al fichero `05_workingcopy.fla` y guárdelo en la carpeta `05Start`. Grabar una copia de su trabajo asegura que el archivo de inicio original va a estar disponible si quiere volver a empezar.

ARTICULAR MOVIMIENTOS UTILIZANDO CINEMÁTICA INVERSA

La cinemática inversa de Flash Professional CS5 le facilitará la animación de objetos articulados (aquellos que poseen varias uniones), como personas que caminan o, como en este ejemplo, una grúa que se mueve. Es un sistema matemático ideado para calcular los distintos ángulos de un objeto unido a otro y alcanzar determinada configuración. Puede colocar el elemento sobre el que va a trabajar en un fotograma clave inicial y luego ponerlo en una pose diferente en otro posterior. Flash utilizará la cinemática inversa para averiguar los distintos ángulos de todas las uniones que hacen que el objeto pase de una pose a la siguiente.

La cinemática inversa le facilita la creación de animaciones, pues ya no tiene que preocuparse de animar cada segmento de un objeto o cada extremidad de un personaje, lo cual le permitirá centrarse en la pose global.

Definir los huesos

El primer paso para producir movimientos articulados es definir los huesos del objeto. Para ello puede utilizar la herramienta **Hueso** ( ), la cual le

va a indicar a Flash cómo se conectan las series de instancias de clip de película. Los clips de película conectados se denominan "esqueleto" y cada uno de éstos se denomina "nodo".

1. Seleccione la capa **crane** del archivo `05working_copy.fla`. Bloquee el resto de capas.

2. Arrastre el símbolo de clip de película **cranearm1** desde la Biblioteca hasta el Escenario. Coloque la instancia justo sobre la base rectangular de la grúa (véase la figura 5.2).

Figura 5.2. *Colocación del símbolo en el Escenario.*

3. Arrastre el símbolo de clip de película **cranearm2** desde la Biblioteca hasta el Escenario. Coloque la instancia en el extremo superior de **cranearm1** (véase la figura 5.3).

4. Proceda a hacer la misma operación con la otra instancia incluida en **cranearm2**. Póngala a continuación del extremo libre de la primera instancia de **cranearm2** (véase la figura 5.4).

Figura 5.3. Colocación del segundo símbolo en el Escenario.

Figura 5.5. Colocación de la última de las instancias.

7. Haga clic en la base de la instancia de **cranearm1** y arrastre la herramienta **Hueso** hasta la unión con **cranearm2**. Suelte el botón del ratón (véase la figura 5.6).

Figura 5.4. Colocación de la otra instancia de cranearm2 en el Escenario.

5. Arrastre el símbolo de clip de película **cranerope** desde la Biblioteca hasta el Escenario. Coloque la instancia de manera que cuelgue de la última instancia de **cranearm2** (véase la figura 5.5).

Figura 5.6. Conexión de las dos instancias.

Con esto ya tiene todas las instancias de los clips de película en su sitio, listas para ser conectadas entre sí mediante huesos.

6. Seleccione la herramienta **Hueso**.

Acaba de definir el primer hueso. Flash lo mostrará como un estrechísimo triángulo con una unión circular en su base y otra en su vértice. Los huesos se extienden desde la base del primer nodo hasta la del siguiente. Para construir un brazo articulado, por ejemplo, debería hacer clic sobre el hombro y arrastrar hasta el codo.

Integrar movimientos y formas **161**

8. Haga clic en la base de la primera instancia de **cranearm2** y arrástrela hasta la base de la siguiente instancia de **cranearm2**. Suelte a continuación el botón del ratón (véase la figura 5.7).

Figura 5.7. Colocación del segundo hueso.

De nuevo ha realizado la operación con éxito.

9. Pulse ahora sobre la base de la segunda instancia de **cranearm2** y desplácela hasta **cranerope**. Libere una vez más el botón del ratón (véase la figura 5.8).

Figura 5.8. Colocación del tercer hueso.

Jerarquía del esqueleto

Al primer hueso de un esqueleto se le considera el padre y al conectado a éste se le denomina hijo. Un padre puede tener vinculado más de un hueso hijo. Por ejemplo, un esqueleto de una marioneta podría tener una pelvis unida a dos muslos, los cuales a su vez dispondrían de dos pantorrillas. La pelvis sería el padre, cada uno de los muslos un hijo, siendo los muslos hermanos entre sí. Conforme el esqueleto vaya adquiriendo complejidad, puede utilizar el **Inspector de propiedades** para recorrer los elementos de la jerarquía en base a sus relaciones.

Al seleccionar un hueso de un esqueleto, la parte superior del **Inspector de propiedades** mostrará una serie de flechas. Puede hacer clic en ellas para moverse por la jerarquía, seleccionando y consultando rápidamente las propiedades de cada nodo. Si está seleccionado el hueso padre, puede pulsar en la flecha que apunta hacia abajo para seleccionar al hijo (véase la figura 5.9). Si por el contrario el elegido es el hueso hijo, puede pinchar sobre la flecha que apunta hacia arriba para seleccionar a su padre o hacer clic sobre la flecha que apunta hacia abajo para seleccionar a su hijo, en caso de tenerlo. Las flechas que apuntan a los lados se utilizan para desplazarse entre nodos hermanos.

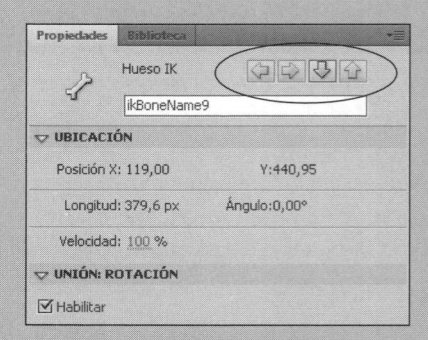

Figura 5.9. Las flechas permiten recorrer los elementos del esqueleto.

Una vez haya terminado esta acción, observe que se han separado las cuatro instancias de clip de película pero que están conectadas por los huesos en una nueva capa con un icono y un nombre nuevos. Este elemento creado por Flash se denomina "capa de pose" y sirve para mantener separados los esqueletos del resto de objetos de la Línea de tiempo, como gráficos o interpolaciones de movimiento.

10. Renombre ahora la capa de pose como **cranearmature** y borre la capa **crane** vacía que contiene las instancias iniciales de los clips de película (véase la figura 5.10).

Figura 5.10. Se ha creado una capa especial para todo el esqueleto.

Insertar poses

Las poses son como los fotogramas clave del esqueleto. En el 1 se encuentra la pose inicial de la grúa. Va a incorporar dos poses más para ésta. La siguiente situará la grúa más abajo, como si estuviera recogiendo algo del océano. La última colocará el mecanismo en la posición de levantamiento del objeto.

1. Sitúe la cabeza reproductora roja en el fotograma 50 (véase la figura 5.11).

2. Empleando la herramienta **Selección**, haga clic en el gancho que hay al final de la instancia de **cranerope** y arrástrelo hacia abajo, en dirección al agua. En el fotograma 50 se insertará automáticamente una nueva pose. Conforme vaya realizando esta acción, observará cómo junto al gancho se mueve el esqueleto completo. Los huesos mantienen conectados los diferentes nodos (véase la figura 5.12).

Figura 5.12. Al mover un elemento, se mueve todo el esqueleto.

3. Desplace la cabeza reproductora roja hasta el fotograma 100, el último de todos (véase la figura 5.13).

Figura 5.11. Fijación de la primera pose en el fotograma 50.

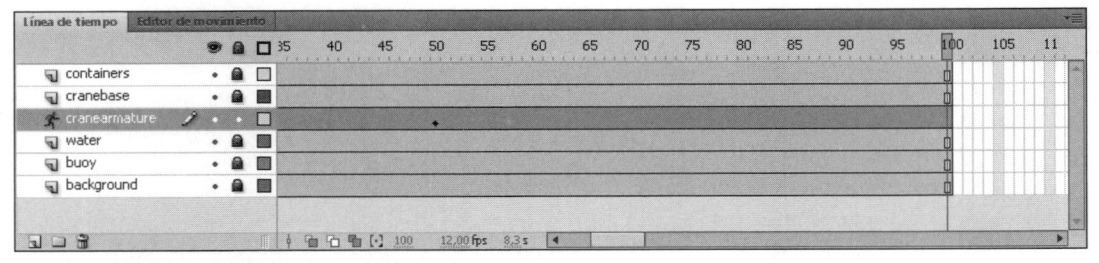

Figura 5.13. Inserción de la siguiente pose en el fotograma 100.

4. Haga clic en el gancho que hay al final de la instancia de **cranerope** y arrástrelo hacia arriba, fuera del agua (véase la figura 5.14). En el fotograma 100 se insertará una nueva pose.

Figura 5.14. Se ha creado una capa especial para todo el esqueleto.

5. Previsualice la animación seleccionando **Control> Probar película>En Flash Professional**. Verá cómo la grúa cobra vida, moviendo todas sus partes para pasar de una posición a la siguiente.

Aislar la rotación de los nodos individuales

Quizá le resulte cada vez más complicado controlar la rotación de los nodos individuales según va tirando y empujando el esqueleto para crear las poses, debido a las conexiones entre éstos. Para aislar cada una de las rotaciones al moverlos, mantenga pulsada la tecla **Mayús**.

1. Seleccione la tercera pose en el fotograma 100.

2. Mantenga pulsada la tecla **Mayús**, haga clic sobre el segundo nodo del esqueleto y arrástrelo para rotarlo de manera que apunte hacia abajo (véase la figura 5.15). Observe cómo rota el segundo nodo de la grúa pero no el primero.

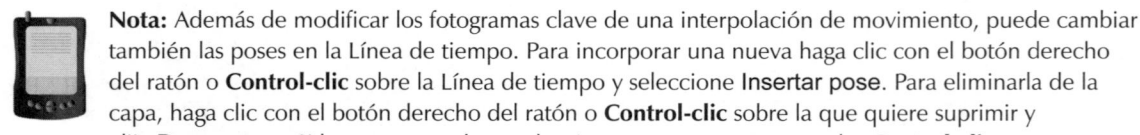

> **Nota:** Además de modificar los fotogramas clave de una interpolación de movimiento, puede cambiar también las poses en la Línea de tiempo. Para incorporar una nueva haga clic con el botón derecho del ratón o **Control-clic** sobre la Línea de tiempo y seleccione **Insertar pose**. Para eliminarla de la capa, haga clic con el botón derecho del ratón o **Control-clic** sobre la que quiere suprimir y elija **Borrar pose**. Si lo que pretende es seleccionar una en concreto, pulse **Control-clic** o **Comando-clic** sobre ella. Si quiere moverla en la Línea de tiempo, haga clic sobre ella y arrástrela hasta su nueva posición.

Figura 5.15. Rotación del segundo nodo por separado.

3. Con la tecla **Mayús** pulsada, haga clic sobre el tercer nodo y arrástrelo para girarlo mirando hacia arriba (véase la figura 5.16). Vea cómo se desplaza solamente el elemento elegido.

Figura 5.16. Rotación del tercer nodo.

4. Realice la misma acción sobre el último nodo del esqueleto (la instancia de la cuerda con el gancho) y haga que se dirija directamente hacia abajo (véase la figura 5.17).

Figura 5.17. El último nodo queda vertical por completo.

Al mantener pulsada la tecla **Mayús** se aíslan las rotaciones de los nodos individuales, permitiéndole colocar la pose exactamente como desee. Ahora la grúa contrae de forma correcta los distintos segmentos de su brazo.

Modificar esqueletos

Conseguirá cambiar de modo sencillo estas estructuras recolocando los nodos o borrándolos y agregando otros nuevos. Si uno de los nodos del esqueleto está levemente desplazado, por ejemplo, es posible utilizar la herramienta **Transformación libre** para rotarlo o moverlo a una nueva posición, aunque esto no cambiará los huesos. También puede llevar los nodos a sus nuevas ubicaciones manteniendo pulsada la tecla **Alt** u **Opción** mientras los desplaza a otro lugar.

Si desea eliminar huesos, bastará con que haga clic sobre el que quiera eliminar y pulse la tecla **Supr** en el teclado. Se borrará el marcado y todos los conectados a éste, y así sucesivamente. Si le apetece, a continuación puede agregar otros nuevos.

Integrar movimientos y formas **165**

RESTRINGIR UNIONES

Las distintas uniones de la grúa pueden rotar libremente, lo cual no resulta demasiado real, ya que muchos de los esqueletos tienen limitaciones en sus ángulos de rotación. Por ejemplo, su antebrazo podría girar hacia su bíceps pero no podría hacerlo en dirección contraria. Al trabajar con esqueletos en Flash Professional CS5 es posible decidir las restricciones de rotación para varias uniones o incluso restringir las traslaciones (movimientos) de las distintas uniones.

A continuación, va a limitar la rotación y la traslación de las distintas uniones de la grúa para que se mueva con más realismo.

Restringir la rotación de uniones

Por defecto, las uniones no poseen restricciones de rotación, lo que significa que pueden describir un círculo completo (360 grados). Si desea que este desplazamiento sólo pueda efectuarse en un arco que suponga la cuarta parte de la circunferencia, deberá limitar el giro a 90 grados.

1. Haga clic en la segunda pose, en el fotograma 50 de la capa **cranearmature**; haga clic con el botón derecho del ratón o haga **Control-clic** y seleccione Borrar pose (véase la figura 5.18).

2. Pulse sobre la tercera pose, en el fotograma 100 de la capa **cranearmature**; haga clic con el botón derecho del ratón (o **Control-clic**) y elija Borrar pose (véase la figura 5.19).

El esqueleto ahora sólo tiene una única pose, en el fotograma 1.

3. Sitúe la cabeza reproductora roja en el fotograma 1.

4. Escoja la herramienta **Selección**.

5. Haga clic en el segundo hueso del esqueleto de la grúa (véase la figura 5.20).

Flash resaltará el hueso, indicando así que está seleccionado.

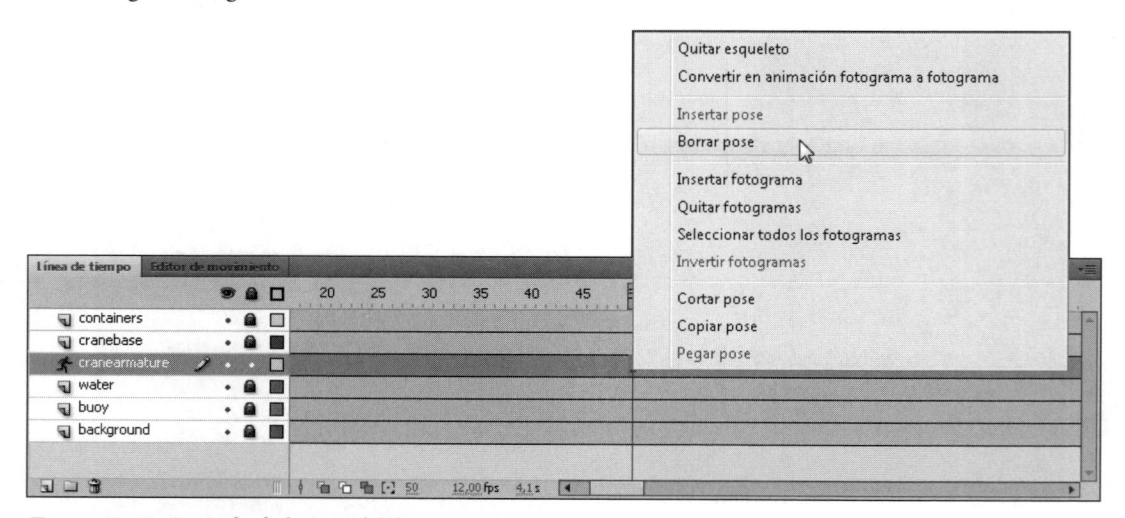

Figura 5.18. Borrado de la pose del fotograma 50.

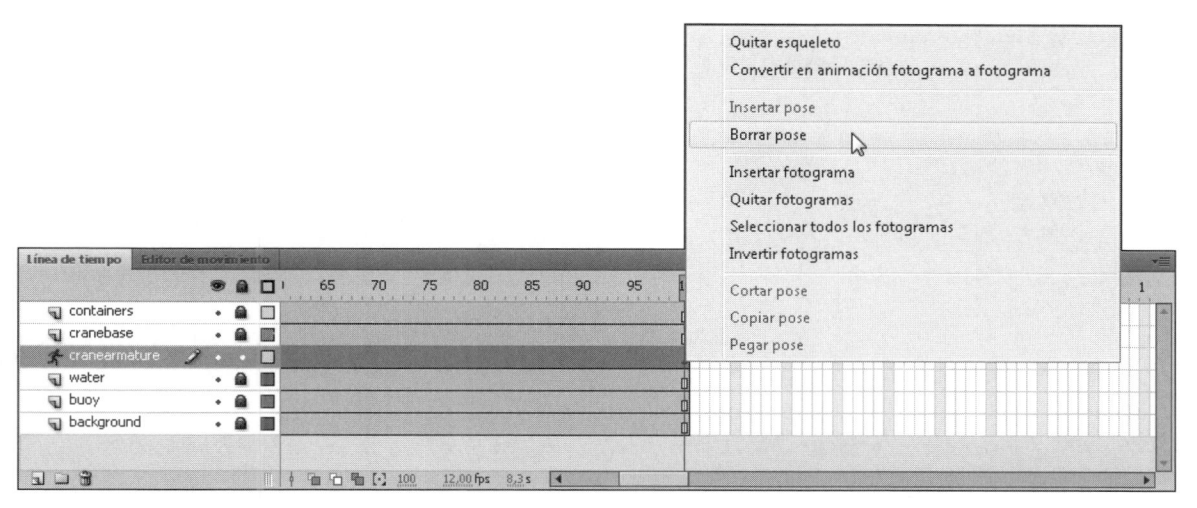

Figura 5.19. Eliminación de la tercera pose.

Figura 5.20. Selección del segundo hueso.

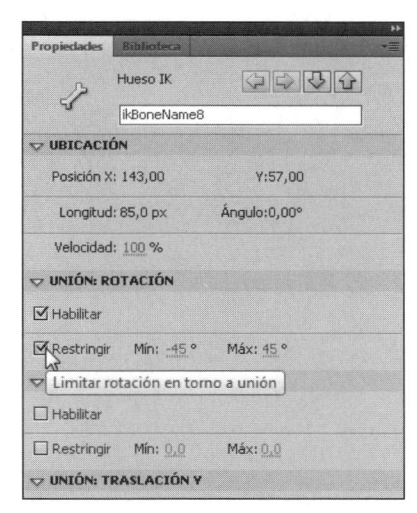

Figura 5.21. La sección Unión: Rotación del Inspector de propiedades.

6. En el **Inspector de propiedades**, elija la opción **Restringir** en la sección **Unión: Rotación** (véase la figura 5.21).

En el empalme aparecerá un indicador de ángulo, mostrando el rango angular permitido y la posición actual del nodo (véase la figura 5.22).

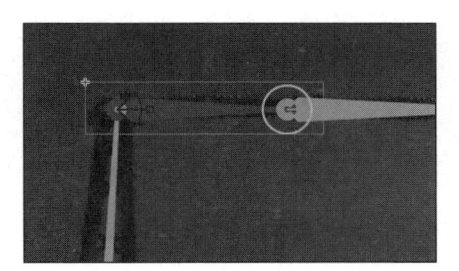

Figura 5.22. Indicación de hasta dónde se puede girar el hueso.

Integrar movimientos y formas **167**

7. Asigne un ángulo mínimo de rotación de **0** grados y uno máximo de unión de **90** (véase la figura 5.23).

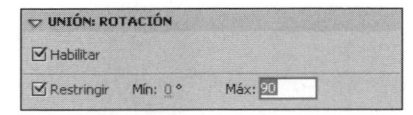

Figura 5.23. Asignación de valores para restringir la rotación.

El indicador de ángulo de la unión cambiará, mostrando los ángulos disponibles. En este ejemplo, el segundo segmento de la grúa sólo podrá doblarse hacia abajo o elevarse hasta alinearse con el horizonte (véase la figura 5.24).

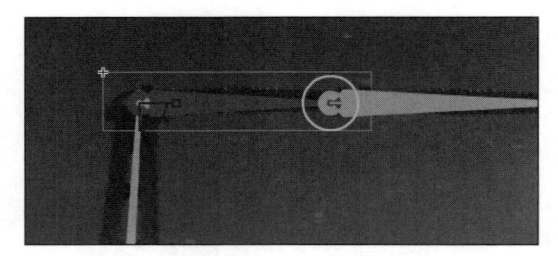

Figura 5.24. Restricción del segundo segmento a un ángulo recto.

8. Haga clic sobre el tercer hueso del esqueleto de la grúa. De nuevo, aparecerá resaltado, lo que nos indica que está seleccionado (véase la figura 5.25).

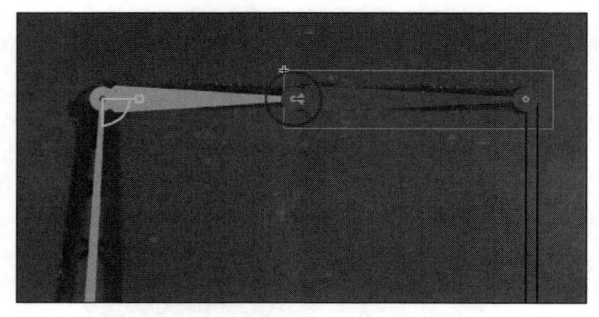

Figura 5.25. Flash resalta los huesos seleccionados.

9. En el **Inspector de propiedades**, marque la opción **Restringir** de la sección **Unión: Rotación**. En la unión aparecerá un indicador de ángulo de la unión, mostrando los ángulos disponibles y la posición actual del nodo.

10. Asigne un ángulo mínimo de rotación de **-90** grados y un máximo de **0** (véase la figura 5.26).

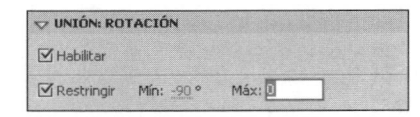

Figura 5.26. Asignación de valores para acotar la rotación del tercer hueso.

El indicador de ángulo de la unión cambiará, mostrando los ángulos disponibles. En este caso, el tercer segmento de la grúa sólo podrá doblarse desde una posición horizontal hasta una vertical (véase la figura 5.27). Cada unión del esqueleto tendrá sus propias restricciones de rotación.

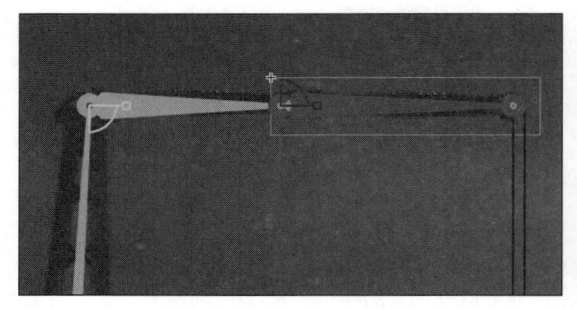

Figura 5.27. Limitación del segundo segmento a un ángulo recto.

Restringir la traslación de uniones

Normalmente, no se conciben las uniones como elementos que puedan mover sus posiciones. Sin embargo, en Flash CS5 podemos hacer que las uniones se deslicen en las direcciones X (horizontal) o Y (vertical) y facilita el establecimiento de los límites de dicho desplazamiento.

En el siguiente ejemplo va a permitir que el primer nodo (el largo segmento inicial de la grúa) se mueva hacia delante y hacia atrás, como si estuviera sobre unas guías. Esto le dará la capacidad de recoger cualquier tipo de cargamento del océano y colocarlo en el muelle.

1. Haga clic en el primer nodo del esqueleto de la grúa (véase la figura 5.28).

Figura 5.28. Selección del primer hueso.

2. Desactive la opción **Habilitar** en la sección **Unión: Rotación** del **Inspector de propiedades** (véase la figura 5.29).

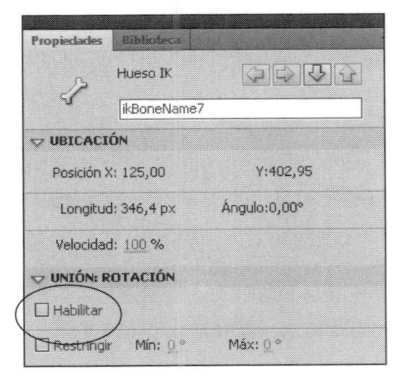

Figura 5.29. Opción Habilitar sin marcar.

El círculo que rodea a la unión desaparece, indicando que ya no puede rotar (véase la figura 5.30).

Figura 5.30. Eliminación de la posibilidad de rotación de este elemento.

3. Seleccione la opción **Habilitar** de **Unión: Traslación X** en el **Inspector de propiedades**. En la unión aparecerán unas flechas que indican que es posible mover este punto en la dirección señalada (véase la figura 5.31).

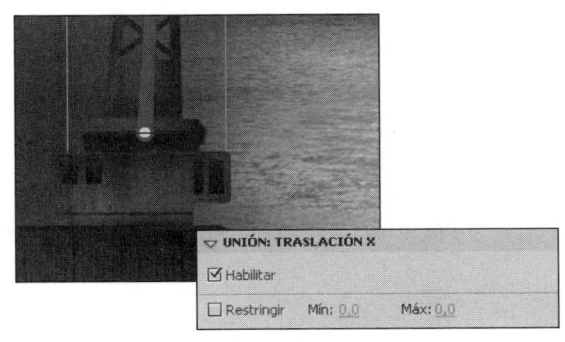

Figura 5.31. Las flechas indican hacia dónde se moverá el nodo.

4. Elija la opción **Restringir** en **Unión: Traslación X** del **Inspector de propiedades**. Las flechas se convertirán en líneas rectas, señalando el límite del desplazamiento.

5. Asigne a la traslación un valor mínimo de **-50** y un máximo de **50**. Las barras indican cuánto se puede desplazar el primer hueso en la dirección X (véase la figura 5.32).

Figura 5.32. *Restricción del desplazamiento horizontal.*

6. Coja el gancho y sitúe la grúa en el primer fotograma clave, de modo que el primer nodo quede cerca del borde del agua y el gancho esté bajado (véase la figura 5.33).

Figura 5.33. *Colocación de la grúa en la posición inicial.*

7. Desplace la cabeza reproductora roja hasta el último fotograma.

Modificar la velocidad de una unión

La velocidad de una unión es la flexibilidad que posee. Si es baja se moverá lentamente y, si es alta, su respuesta será mucho mejor. Conseguirá establecer la velocidad adecuada de cualquier unión a través del **Inspector de propiedades**.

La velocidad de la unión se comprueba al arrastrar el extremo de un esqueleto. Si existen uniones lentas en una parte en concreto de la jerarquía del esqueleto, tendrán una peor respuesta y rotarán menos grados que el resto.

Para cambiar esta propiedad haga clic sobre un hueso y selecciónelo. En el **Inspector de propiedades**, asigne un valor para la **Velocidad** entre el 0 por 100 y el 100 por 100 (véase la figura 5.34).

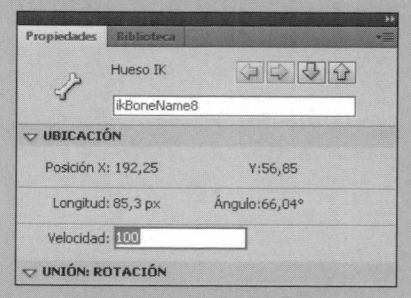

Figura 5.34. *Velocidad de respuesta de una unión.*

8. Separe la grúa y el gancho del borde del agua, creando una nueva pose (véase la figura 5.35).

Las restricciones de las uniones de rotación y traslación imponen unas limitaciones en las poses que le permitirán generar animaciones más realistas.

9. Contemple su animación seleccionando **Control>Probar película>En Flash Professional**.

***Figura 5.35.** Creación de una segunda pose para la grúa.*

CINEMÁTICA INVERSA CON FORMAS

La grúa es un esqueleto compuesto por varios símbolos de clip de película. También se pueden crear esqueletos con formas, que son útiles para animar objetos sin uniones ni segmentos evidentes, pero que presentan un movimiento articulado.

Por ejemplo, los brazos de un pulpo no tienen puntos de enlace reales, aunque el hecho de añadir huesos a un tentáculo serviría para simular un movimiento ondulatorio.

Definir huesos dentro de una forma

Va a agregarle huesos a un pulpo (que posiblemente haya sido recogido por la grúa de las profundidades del océano) y a animar uno de sus tentáculos.

1. Abra el archivo 05ShapeIK_Start.fla. Escoja **Archivo>Guardar como**. Póngale de nombre al fichero **05ShapeIK_workingcopy.fla**.

Observe que el archivo contiene una ilustración de un pulpo y uno de los brazos está separado en su propia capa, llamada **arm1** (véase la figura 5.36).

2. Bloquee todas las capas excepto **arm1** y seleccione el contenido de dicha capa.

3. Seleccione la herramienta **Hueso**.

***Figura 5.36.** Es momento de trabajar sobre esta ilustración.*

Integrar movimientos y formas

4. Haga clic en la base del tentáculo de **arm1** y arrastre el primer hueso en dirección al extremo del tentáculo (véase la figura 5.37).

Figura 5.37. *Se estira el hueso hasta la mitad del tentáculo.*

Ha definido el primer hueso. El contenido de **arm1** se ha separado en una nueva capa de pose (véase la figura 5.38).

Figura 5.38. *Se ha creado automáticamente una nueva capa de pose.*

5. Haga clic sobre el final del primer hueso y arrastre el siguiente en dirección al extremo del tentáculo (véase la figura 5.39). Acaba de definir el segundo.

6. Siga construyendo el esqueleto, que tendrá un total de cuatro huesos (véase la figura 5.40).

7. Una vez completado el esqueleto, utilice la herramienta **Selección** para hacer clic sobre el último hueso y arrastrarlo. De esta manera verá cómo se adapta el tentáculo a la forma de los huesos del esqueleto (véase la figura 5.41).

Figura 5.39. *Definición del segundo hueso, siguiendo en la misma dirección.*

Figura 5.40. *Vertebración del tentáculo con cuatro huesos.*

Figura 5.41. *El tentáculo sigue la forma de los huesos que contiene.*

Modificar la forma

Para modificar una forma que contiene huesos no se necesita ninguna herramienta especial. Se pueden utilizar muchas de las habituales de dibujo y edición del panel **Herramientas**, como el **Cubo de pintura**, el **Bote de tinta** y las incluidas en **Subselección**, todas ellas habilitadas para modificar el relleno, el trazo o los contornos.

1. Seleccione la herramienta **Cubo de pintura**.

2. Escoja como color de relleno un tono melocotón oscuro.

3. Haga clic sobre la forma en la capa de pose. Observe cómo el color del tentáculo cambia (véase la figura 5.42).

4. Seleccione la herramienta **Bote de tinta**.

5. Escoja para el trazo un color rojo.

6. Haga clic sobre la forma en la capa de pose. El contorno del tentáculo cambiará de color (véase la figura 5.43).

7. Elija la herramienta **Subselección**.

Figura 5.42. Modificación del color del tentáculo con el cubo de pintura.

Figura 5.43. Se cambia el color del contorno del tentáculo.

8. Haga clic en el contorno de la forma. Alrededor del mismo aparecerán los puntos de ancla y las manijas de control (véase la figura 5.44).

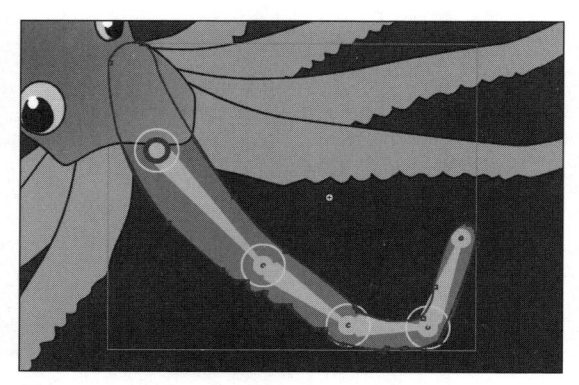

Figura 5.44. Cambio de la forma del tentáculo.

9. Arrastre los puntos de ancla hacia nuevas posiciones o haga clic sobre las manijas y desplácelas para modificar la forma del tentáculo (véase la figura 5.45).

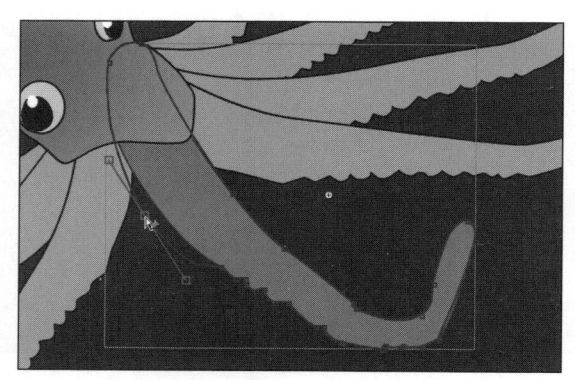

Figura 5.45. Una posibilidad es tirar de los puntos de ancla.

> **Nota:** Puede agregar nuevos puntos sobre el contorno de la forma con la herramienta **Añadir punto de ancla**. Para eliminarlos emplee **Eliminar punto de ancla**.

Transformar los huesos y el esqueleto

La herramienta **Subselección** permite mover las uniones dentro de la forma. Pero su ubicación sólo se puede modificar si el esqueleto tiene una única pose. Si cambia de posición en fotogramas posteriores de la capa de pose, no se podrá alterar la estructura de los huesos. Use la herramienta **Selección** para mover el esqueleto completo a un emplazamiento diferente manteniendo intacta la estructura ósea.

1. Escoja la herramienta **Subselección**.

2. Haga clic sobre una unión.

3. Pulse encima de un empalme del interior de la forma y arrástrelo hasta una nueva posición (véase la figura 5.46).

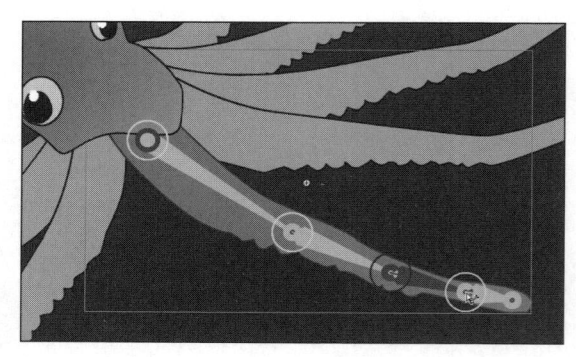

Figura 5.46. Desplazamiento de una de las uniones.

4. Elija la herramienta **Selección**. Mantenga pulsada la tecla **Alt** u **Opción** y arrastre el esqueleto completo hasta otra ubicación.

> **Nota:** Eliminar o añadir huesos en un esqueleto es fácil. Escoja la herramienta **Selección** y haga clic en el que desee borrar. Pulse la tecla **Supr** y se suprimirán tanto el hueso seleccionado como todos sus huesos hijo. Para agregar nuevos huesos, use la herramienta **Hueso** y haga clic sobre el esqueleto.

Perfeccionar el comportamiento de la forma con la herramienta Vinculación

El control orgánico de una forma mediante su esqueleto se obtiene a través de la conexión entre sus puntos de ancla y sus huesos. Por ejemplo, los puntos que hay en el extremo del tentáculo están conectados al último hueso, mientras que los que se encuentran al principio están conectados a los huesos de esa zona. Ésta es la causa de que la forma siga a los huesos cuando éstos rotan.

Puede modificar las conexiones existentes con la herramienta **Vinculación** ( ), la cual está oculta bajo la herramienta **Hueso**. **Vinculación** muestra qué puntos de control están conectados a qué huesos, permitiéndole romper estas uniones y crear otras nuevas.

Utilice **Vinculación** y haga clic sobre cualquier hueso de la forma. Éste se resaltará en rojo y todos los puntos de control conectados se pondrán en amarillo (véase la figura 5.47).

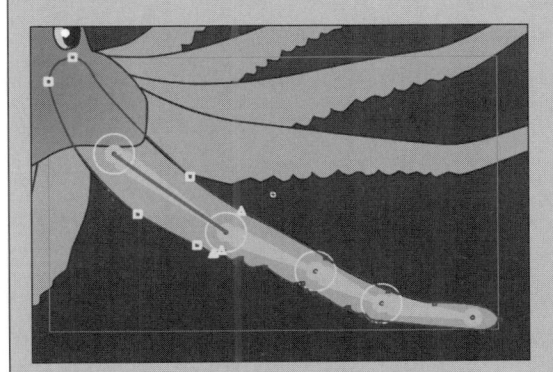

Figura 5.47. Al hacer clic se muestran todas las conexiones.

Si desea redefinir qué puntos de control están conectados al hueso seleccionado, debe hacer lo siguiente:

- Mantener pulsada la tecla **Mayús** y hacer clic para añadir puntos de control adicionales.
- Pulsar **Control-clic** o **Comando-clic** para eliminar asociaciones con determinados puntos.
- Arrastrar una línea de conexión entre el hueso y el punto de control. En la siguiente figura se realiza esta acción desde la parte seleccionada hasta un punto a su izquierda, creando así la asociación (véase la figura 5.48).

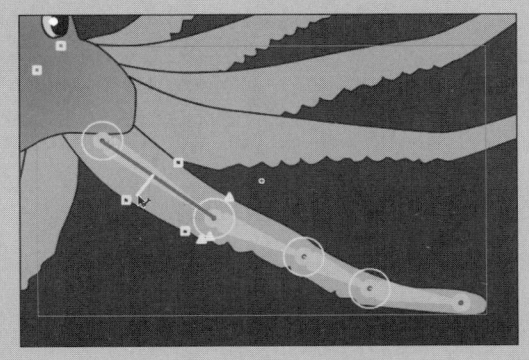

Figura 5.48. Conexión de un hueso con uno de los puntos de control.

Haga clic sobre cualquier punto de control de la forma. El punto de control seleccionado se resaltará en rojo y todos los huesos conectados se pondrán en amarillo. En la figura 5.49 el que está en rojo se ha vinculado al primer hueso.

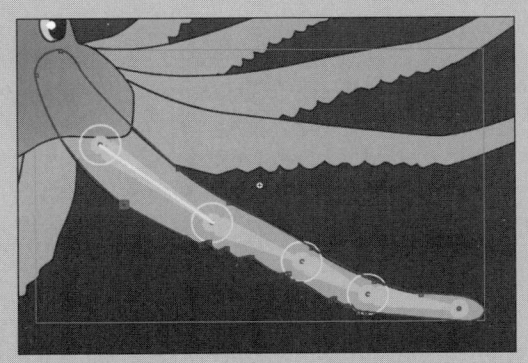

Figura 5.49. Selección de un punto de control.

Si desea redefinir qué huesos están conectados al punto de control seleccionado, puede hacer lo siguiente:

- Mantener pulsada la tecla **Mayús** y hacer clic para añadir huesos adicionales.
- Pulsar **Control-clic** o **Comando-clic** para eliminar asociaciones.
- Arrastrar una línea de conexión entre el punto de control y el hueso. En la figura 5.50 se asocia al primer hueso otro punto de control que se encuentra más lejos en el tentáculo.

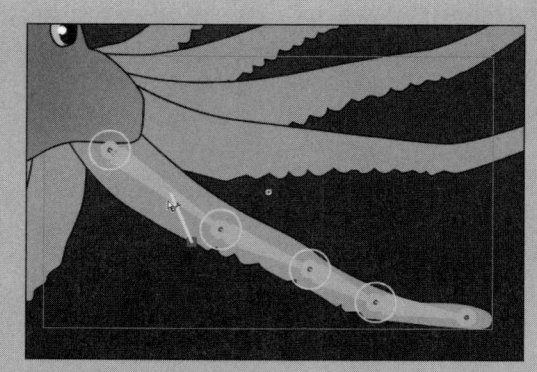

Figura 5.50. Asociación del punto de control al primer hueso.

OPCIONES DEL ESQUELETO

En el **Inspector de propiedades** es posible realizar muchos ajustes que le servirán para hacer que su esqueleto sea interactivo o para que sus movimientos sean más suaves. También puede seleccionar la opción de visualización que mejor se adapte a su estilo de trabajo.

Esqueletos en tiempo de creación y de ejecución

Los esqueletos en tiempo de creación son aquellos a los que se asignan poses a lo largo de la Línea de tiempo y se reproducen como animaciones simples. Los que se desarrollan en tiempo de ejecución son interactivos, ofreciendo al usuario la posibilidad de moverlos. Cualquier esqueleto, esté formado por una serie de clips de película como la grúa o por una forma (como el tentáculo del pulpo), se puede tratar de cualquiera de las dos maneras. No obstante, debe tener en cuenta que los de tiempo de ejecución sólo permiten una única pose.

1. Retome en primer lugar el archivo `05ShapeIK_workingcopy.fla`.

2. Seleccione la capa que contiene el esqueleto del tentáculo.

3. En el **Inspector de propiedades**, seleccione ahora **Tipo: Tiempo de ejecución** (véase la figura 5.51).

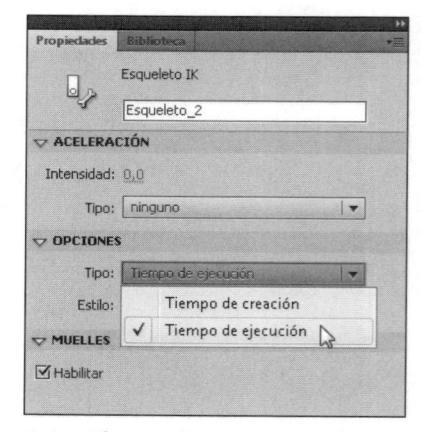

Figura 5.51. Elección de un tipo para el esqueleto.

El esqueleto se convertirá en un esqueleto en tiempo de ejecución, permitiendo al usuario manipular directamente el tentáculo del pulpo. El primer fotograma de la capa de pose indica que se ha elegido la opción **Tiempo de ejecución** y que no se pueden añadir poses adicionales (véase la figura 5.52).

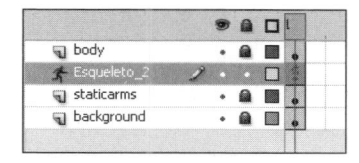

Figura 5.52. El primer fotograma cambia de aspecto.

4. Pruebe su película seleccionando **Control> Probar película>En Flash Professional**.

Podrá hacer clic sobre el tentáculo y arrastrarlo, moviéndolo por el Escenario de manera interactiva (véase la figura 5.53).

Figura 5.53. El tentáculo es interactivo.

Controlar la aceleración

El Editor de movimiento y sus sofisticados controles para la aceleración no se pueden aplicar sobre los esqueletos, pero el **Inspector de propiedades** ofrece algunas aceleraciones predefinidas que sí son aplicables a éstos. La aceleración (o deceleración) es capaz de hacer que un esqueleto se mueva, dando la sensación de verse afectado por la gravedad.

1. Seleccione la capa que contiene el esqueleto del tentáculo.

2. En el **Inspector de propiedades**, desactive **Tiempo de creación** en la opción **Tipo**. De esta manera vuelve a ser un esqueleto en tiempo de creación.

3. Seleccione el fotograma 40 en todas las capas y escoja **Insertar>Línea de tiempo>Fotograma**. Así se incorporarán fotogramas en todas las capas, creando el espacio suficiente en la Línea de tiempo para añadir poses adicionales para el tentáculo (véase la figura 5.54).

4. Sitúe la cabeza reproductora roja en el fotograma 40.

5. Utilice la herramienta **Selección** para coger la punta del tentáculo, enroscarlo hacia arriba y moverlo a un lado. En el fotograma 40 se insertará una nueva pose del esqueleto (véase la figura 5.55).

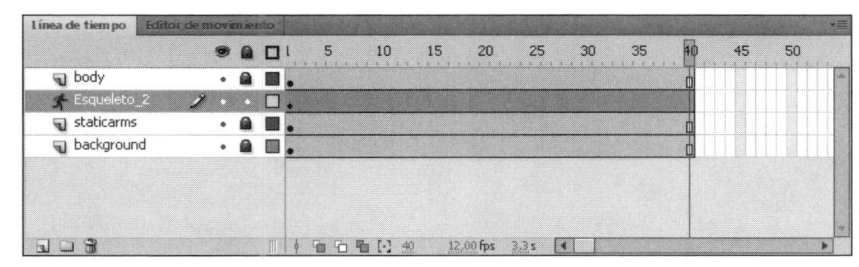

Figura 5.54. Creación de espacio para más poses.

Integrar movimientos y formas

Figura 5.55. Creación de una nueva pose para el tentáculo.

6. Seleccione la primera pose de la capa **Esqueleto**, en el fotograma 1.

7. En el **Inspector de propiedades**, escoja **Simple (medio)** en el menú desplegable **Tipo** de la sección **Aceleración** (véase la figura 5.56).

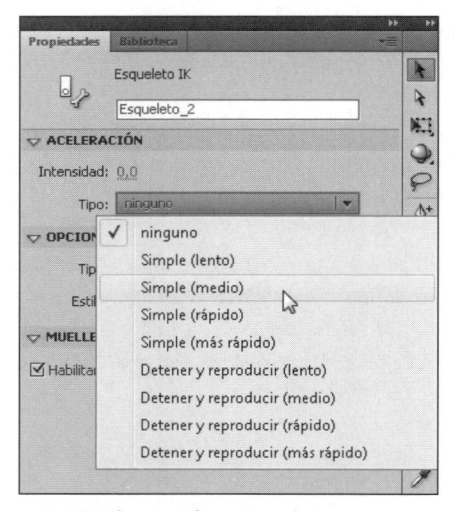

Figura 5.56. Elección de una aceleración de tipo medio.

Las variaciones de las aceleraciones simples (que van desde lento hasta rápido) representan la brusquedad de la aceleración. Representan las mismas curvaturas que ofrece el Editor de movimiento para las interpolaciones de movimiento.

8. Ajuste la **Intensidad** a **100** (véase la figura 5.57). La **Intensidad** representa el sentido de la aceleración. Un valor negativo indica una aceleración y un valor positivo una deceleración.

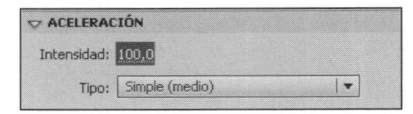

Figura 5.57. Ajuste de los parámetros de la aceleración.

9. Seleccione **Control>Probar película>En Flash Professional** para previsualizar la animación. El tentáculo se enroscará, acelerando su movimiento gradualmente (véase la figura 5.58).

Figura 5.58. Ahora el movimiento del tentáculo posee aceleración.

10. Cierre la ventana de previsualización de la película.

11. Seleccione la primera pose, en el fotograma 1.

12. Cambie el ajuste de la **Intensidad** a **-100** y pruebe la película de nuevo. El tentáculo se enroscará pero el movimiento ahora irá de más a menos, hasta detenerse.

13. Vuelva a cerrar la ventana de previsualización de la película.

14. Seleccione la primera pose, en el fotograma 1.

15. En el **Inspector de propiedades**, dentro de la sección **Aceleración**, escoja **Detener y reproducir (medio)** (véase la figura 5.59). Las variaciones de **Detener y reproducir** (que van desde lento hasta más rápido) representan la brusquedad de la aceleración. Poseen curvas en ambos extremos del movimiento, por lo que los valores aplicados afectarán al inicio y al final del mismo.

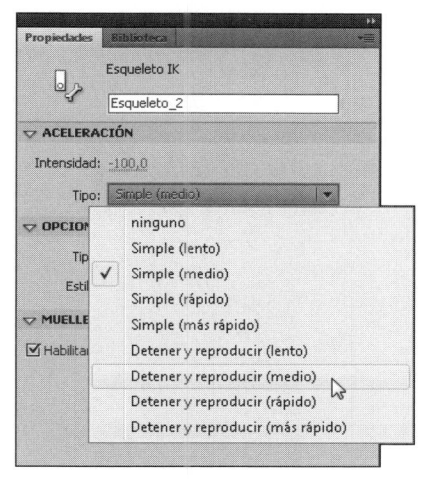

Figura 5.59. Aplicación de una doble curva de aceleración.

16. Ajuste la **Intensidad** a **-100**.

17. Seleccione **Control>Probar película>En Flash Professional** para previsualizar la animación. El tentáculo se enroscará, acelerando su movimiento gradualmente al principio y decelerando de igual modo al acercarse al final.

REALIZAR METAMORFOSIS MEDIANTE INTERPOLACIONES DE FORMA

Las interpolaciones de forma se utilizan para crear animaciones con cambios entre formas que se encuentran en fotogramas clave distintos. Hacen posible la transformación suave de una forma en otra. Cualquier tipo de animación que exija una modificación en el contorno (por ejemplo, la de las nubes, el agua o el fuego) será un candidato ideal para realizar una interpolación de forma. Logrará animar de esta manera tanto el relleno como el trazo. Como las interpolaciones de formas sólo se aplican a las formas, no podrá utilizar grupos, instancias de símbolos ni imágenes de mapa de bits.

Crear fotogramas clave que contengan diferentes formas

En los siguientes pasos va a crear una sutil animación para ondular la superficie del océano que se muestra bajo la grúa mediante una interpolación de forma.

1. Retome el archivo de la animación de la grúa llamado `05_workingcopy.fla`.

2. Bloquee y oculte todas las capas excepto la capa **water**. Ésta contiene una forma azul transparente que está situada en la parte inferior del Escenario (véase la figura 5.60).

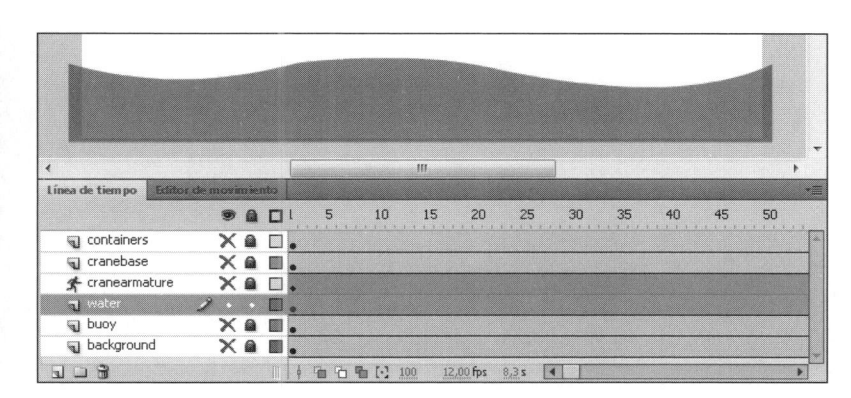

Figura 5.60. Incorporación de la capa water.

Integrar movimientos y formas

3. Sitúe la cabeza reproductora roja en el fotograma 50 de **water**.

4. Haga clic con el botón derecho del ratón o **Control-clic** sobre el fotograma 50 de la capa **water** y seleccione **Insertar fotograma clave**. También puede hacerlo siguiendo la ruta **Insertar>Línea de tiempo>Fotograma clave** (**F6**). En el punto marcado se insertará un nuevo fotograma clave (véase la figura 5.61). El contenido del fotograma clave anterior se copiará en éste.

5. Sitúe la cabeza reproductora roja en el fotograma 100.

6. Haga clic con el botón derecho del ratón o **Control-clic** sobre el fotograma 100 de la capa **water** y seleccione **Insertar fotograma clave**. O bien, seleccione **Insertar>Línea de tiempo> Fotograma clave** (**F6**) (véase la figura 5.62).

En esta ubicación se insertará un nuevo fotograma. El contenido del anterior pasará a éste. Ahora dispone de tres fotogramas clave en la capa **water** de la Línea de tiempo: uno en el fotograma 1, otro en el 50 y un tercero en el 10.

7. Sitúe de nuevo la cabeza reproductora roja en el fotograma 50 y oculte las capas superiores. A continuación, va a cambiar la forma del agua en el segundo fotograma clave.

8. Escoja la herramienta **Selección**.

9. Haga clic sobre el contorno de la forma del agua y arrástrelo de manera que las partes altas (crestas) de la ondulación sean las más bajas y viceversa (véase la figura 5.63). Ahora cada fotograma clave de la capa **water** contiene una forma diferente.

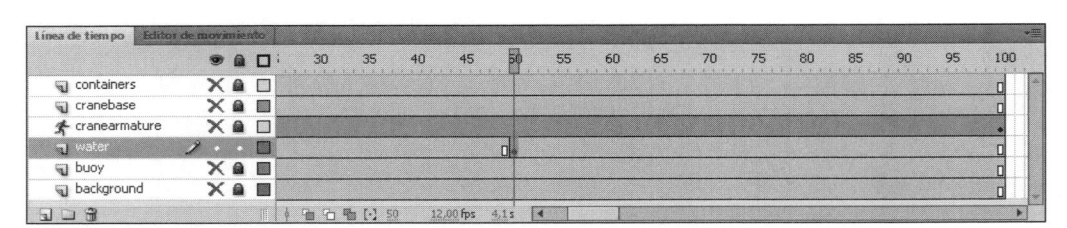

Figura 5.61. El contenido del fotograma clave anterior se copiará en el nuevo.

Figura 5.62. Creación de un tercer fotograma clave.

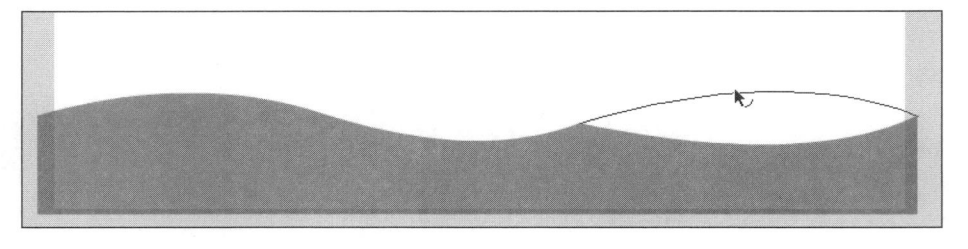

Figura 5.63. Modificación de la forma del agua.

Aplicar la interpolación de forma

El siguiente paso consiste en incorporar una interpolación de forma entre los fotogramas clave para crear las transiciones suaves.

1. Haga clic sobre cualquier fotograma situado entre el primer y el segundo fotograma clave de la capa **water**.

2. Haga clic con el botón derecho del ratón o **Control-clic** y seleccione Crear interpolación de forma. O si lo desea, vaya al menú superior y ejecute Insertar>Interpolación de forma (véase la figura 5.64).

Flash aplicará una interpolación de forma entre los dos fotogramas clave, indicada mediante una flecha negra que apunta hacia delante (véase la figura 5.65).

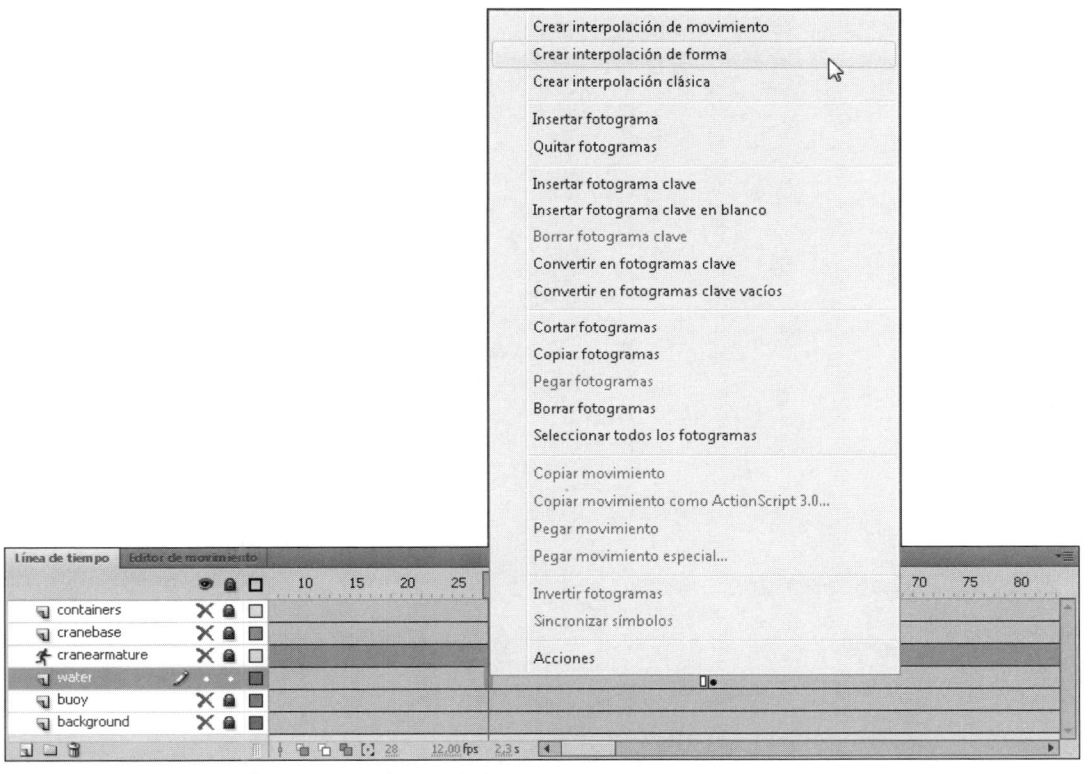

Figura 5.64. Creación de una interpolación de forma.

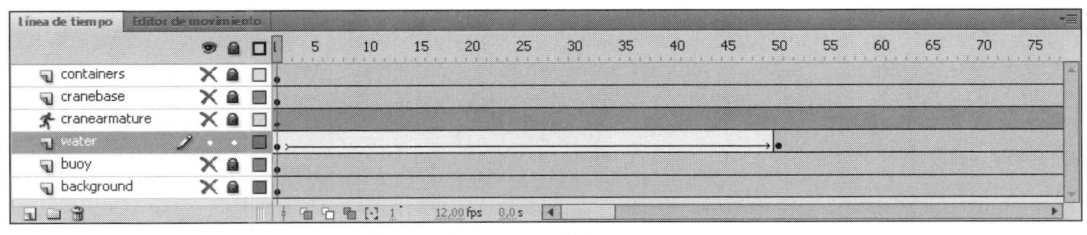

Figura 5.65. La interpolación se indica mediante una flecha.

Integrar movimientos y formas   **181**

3. Haga clic sobre cualquier fotograma entre el segundo y el tercer fotograma clave de la capa **water**.

4. Haga clic a continuación con el botón derecho del ratón o **Control-clic** y escoja **Crear interpolación de forma**. La otra opción es seguir la ruta **Insertar>Interpolación de forma** (véase la figura 5.66).

Flash aplicará una interpolación de forma entre los dos últimos fotogramas clave, indicada con una flecha negra que apunta hacia delante (véase la figura 5.67).

> **Nota:** El Editor de movimiento no se puede utilizar para las interpolaciones de forma.

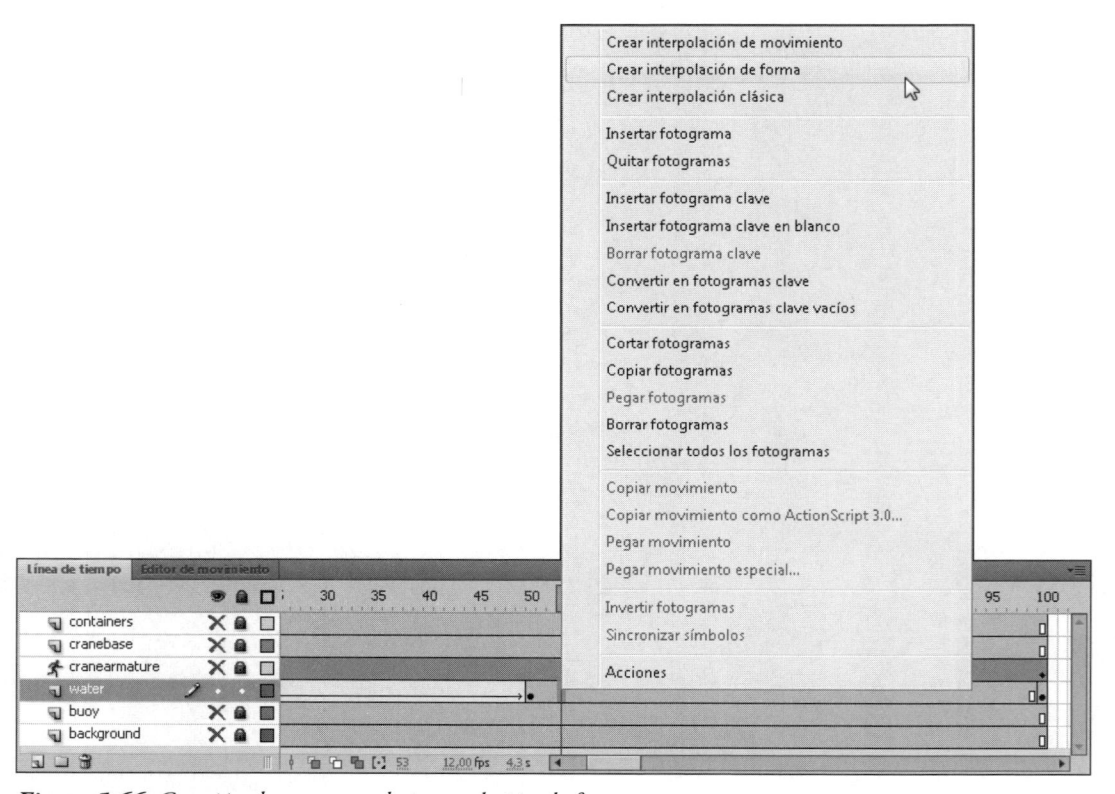

Figura 5.66. Creación de una segunda interpolación de forma.

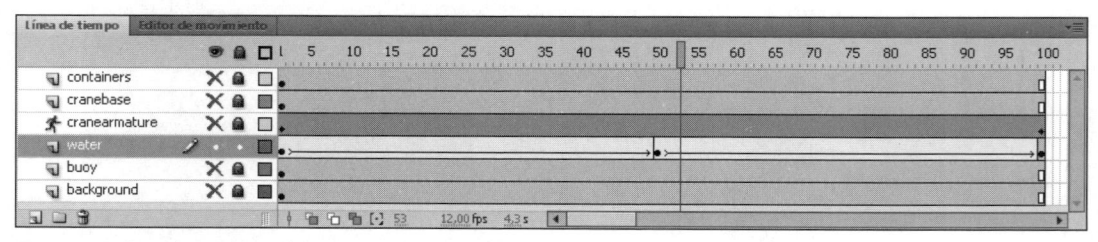

Figura 5.67. Al igual que la anterior, la interpolación se señala mediante una flecha.

5. Contemple su animación seleccionando **Control>Probar película>En Flash Professional**.

Flash creará una suave animación entre los fotogramas clave de la capa **water**, transformando la forma de la superficie del agua (véase la figura 5.68).

Figura 5.68. *Se ha generado un efecto de ondulación del agua.*

UTILIZAR CONSEJOS DE FORMA

Los consejos de forma obligan a Flash a asociar determinados puntos de la primera forma con puntos de la segunda. Al colocar varios consejos de forma se puede controlar con más precisión cómo se desarrolla una interpolación de forma.

Añadir consejos de forma

Ahora agregará consejos de forma a la interpolación de forma de la ola para modificar la manera en que una forma se convierte en la siguiente.

1. Oculte de nuevo las capas superiores y seleccione el primer fotograma clave de la interpolación de forma de la capa **water** (véase la figura 5.69).

2. Vaya a **Modificar>Forma>Añadir consejo de forma** (**Control-Mayús-H** o **Comando-Mayús-H**). En el Escenario aparecerá un círculo rojo con la letra "a", que representa el primer consejo de forma (véase la figura 5.70).

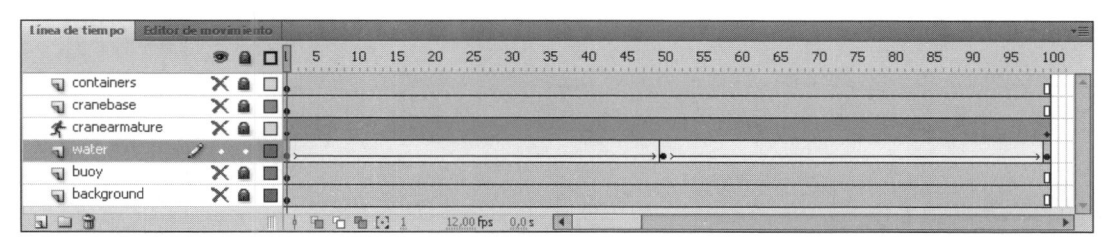

Figura 5.69. *Se trabaja sobre el primer fotograma clave.*

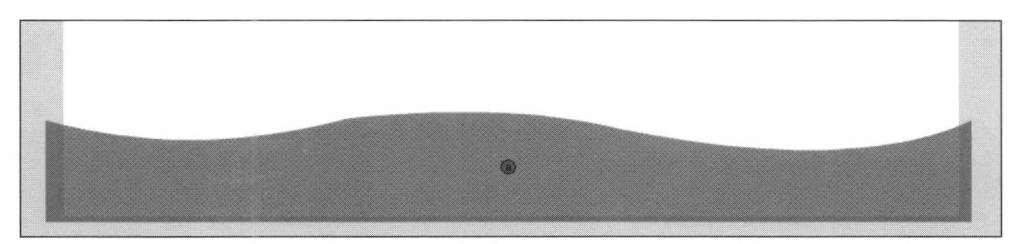

Figura 5.70. *El primer consejo de forma se representa mediante un círculo con una "a".*

3. Arrastre el círculo con la letra hasta la esquina superior izquierda de la forma del océano (véase la figura 5.71). Le recomendamos que los consejos vayan en los contornos.

4. Seleccione de nuevo **Modificar>Forma> Añadir consejo de forma** para crear un segundo consejo de forma. Ahora aparecerá en pantalla un círculo rojo con la letra "b" (véase la figura 5.72).

5. Arrastre el consejo de forma "b" hasta la superficie del océano, a la altura de la primera bajada de la ondulación (véase la figura 5.73).

6. Agregue un tercer consejo de forma. En el escenario aparecerá un círculo rojo con la letra "c" (véase la figura 5.74).

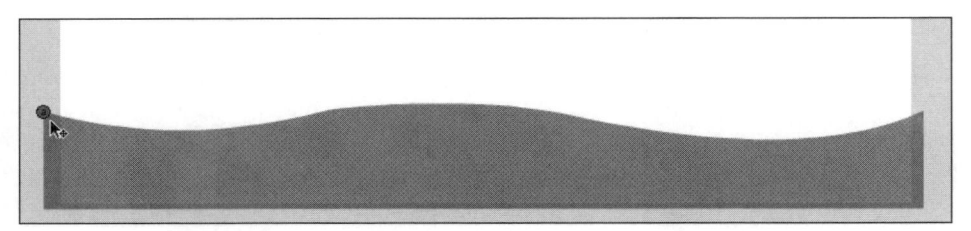

Figura 5.71. Se coloca el consejo de forma en una esquina de la misma.

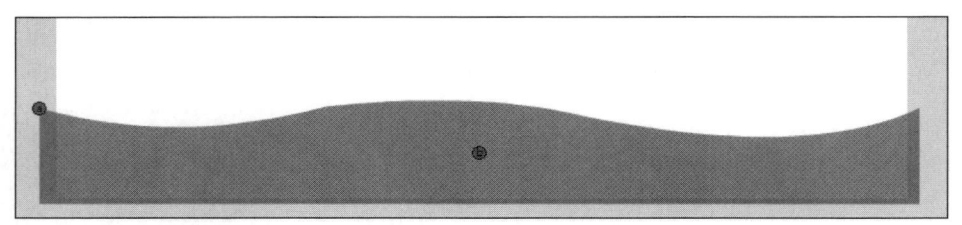

Figura 5.72. Creación de un nuevo consejo de forma.

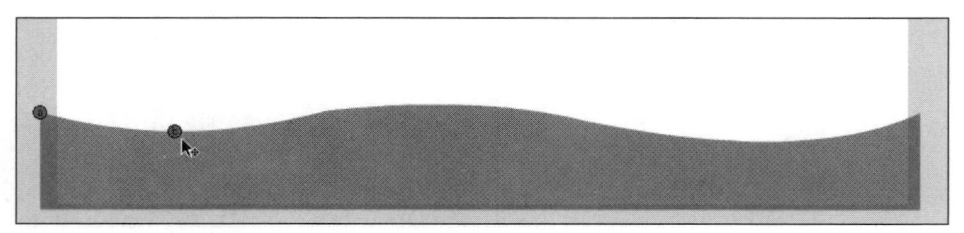

Figura 5.73. Colocación de un segundo consejo de forma.

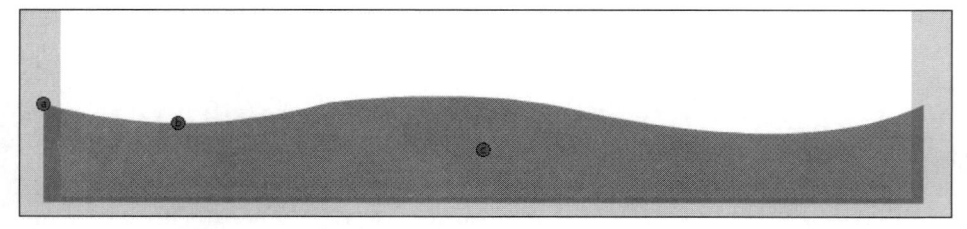

Figura 5.74. El tercer consejo de forma.

7. Desplácelo hasta la esquina superior derecha de la forma del océano. Dispone ahora de tres consejos de forma asignados a puntos diferentes en el primer fotograma (véase la figura 5.75).

8. Seleccione el siguiente fotograma clave de la capa **water** (el 50).

En el Escenario aparecerá un círculo rojo con una "c", aunque bajo éste hay dos más, uno con una "a" y otro con una "b".

9. Mueva las letras a sus puntos correspondientes en este segundo fotograma. El consejo "a" irá en la esquina superior izquierda; el "b", en la parte inferior de la ola; y el "c", en la esquina superior derecha.

Verá cómo se vuelven verdes, lo que significa que se han colocado correctamente (véase la figura 5.76).

10. Seleccione el primer fotograma clave. Observe que los consejos de forma iniciales se han vuelto amarillos, indicando que están ubicados en la posición acertada (véase la figura 5.77).

> **Nota:** Puede agregar un máximo de 26 consejos de forma a una interpolación de forma. Asegúrese de incorporarlos en el sentido de las agujas del reloj (o en sentido contrario), obtendrá mejores resultados.

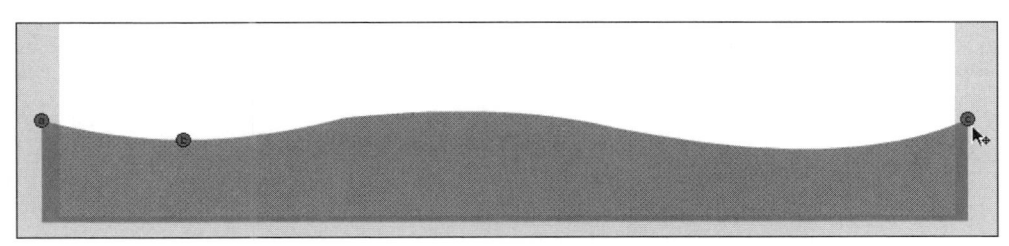

Figura 5.75. Consejos de forma en el primer fotograma clave.

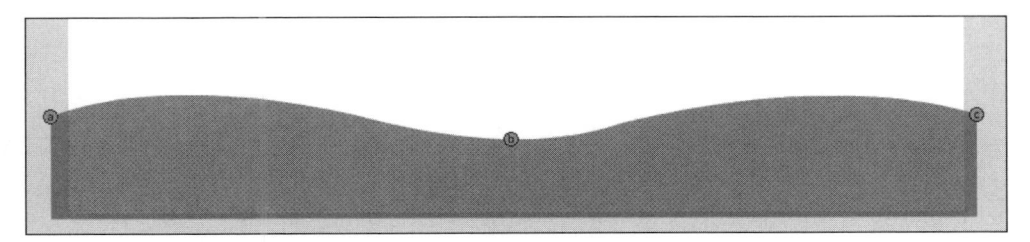

Figura 5.76. Consejos de forma en el segundo fotograma clave.

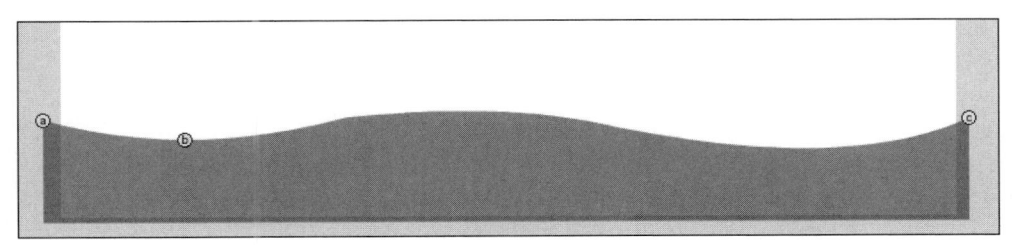

Figura 5.77. Los consejos de forma se vuelven amarillos.

11. Seleccione **Control>Probar película** para ver los efectos de los consejos de forma sobre la interpolación. Notará cómo obligan a la cresta de la primera forma a vincularse con la de la segunda, causando que la impresión de que la ondulación se desplaza, en lugar de balancearse arriba y abajo.

Quitar consejos de forma

Si ha agregado demasiados consejos de forma, puede eliminar fácilmente los que no necesite. Al quitar uno en un fotograma clave eliminará también los consejos de forma correspondientes en el otro fotograma clave.

• Arrastre un consejo de forma individual completamente fuera del Escenario y del Área de trabajo.

• Seleccione **Modificar>Forma>Quitar todos los consejos** para eliminar todos los que haya incorporado.

REALIZAR SIMULACIONES FÍSICAS MEDIANTE CINEMÁTICA INVERSA

Una vez animada la ondulación del agua que hay bajo la grúa, sería pertinente ver además cómo se mueve la boya roja por la superficie del agua. Se podría crear una interpolación de movimiento para que se desplazara por el agua pero, como la boya tiene adosada una bandera flexible, se añadiría un punto de realismo conseguir que la bandera y su mástil mostrasen cierta ondulación y flexibilidad conforme la boya se desplaza. Flash Professional CS5 incorpora una nueva característica de la cinemática inversa, llamada **Muelle**, que le facilitará esta tarea.

Esta funcionalidad **Muelle** realiza simulaciones físicas en cualquier esqueleto animado. Un objeto flexible (como una bandera o su mástil, en el caso que nos ocupa) poseería, normalmente, una elasticidad que provocaría una cierta oscilación al moverse, incluso un poco después de haberse detenido el cuerpo completo. Es posible determinar la intensidad del muelle de cada hueso para intentar obtener la medida exacta de rigidez de la animación.

Definir los huesos del esqueleto

En los siguientes pasos va a animar la boya que flota en el agua y a definir la elasticidad de cada uno de los huesos que componen su esqueleto. Empezará incorporándole algunos huesos.

1. Bloquee y oculte todas las capas excepto la de la boya y seleccione el contenido.

2. Escoja la herramienta **Hueso**.

3. Haga clic sobre la base de la boya y arrastre el primer hueso hasta el vértice del soporte triangular, que coincide con la parte inferior del mástil (como indica la figura 5.78).

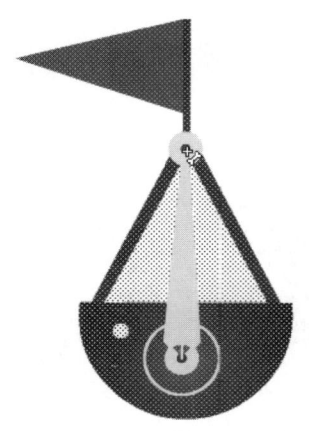

Figura 5.78. Incorporación del primer hueso.

El primer hueso queda definido. El contenido de la capa de la boya se disgrega en una nueva capa de pose.

4. Pulse al final del primer hueso y arrastre para crear uno nuevo que avance un poco más hacia la parte superior del mástil (véase la figura 5.79). Con esto se define el segundo.

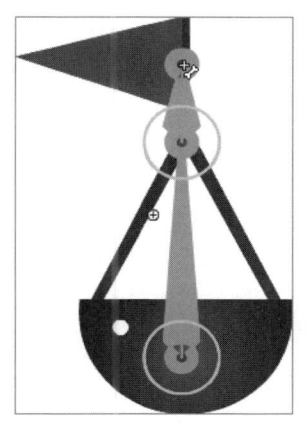

Figura 5.79. Se añade un segundo hueso siguiendo la misma dirección.

5. Haga clic al final del hueso recién incorporado y desplácelo para extender el siguiente hacia la bandera (véase la figura 5.80).

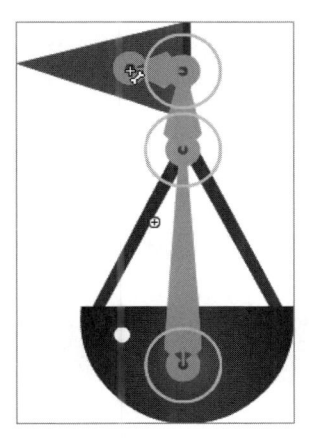

Figura 5.80. El tercer hueso se adentrará en la bandera.

6. Defina dos más para extender el esqueleto hasta el vértice de la bandera, como indica la figura 5.81.

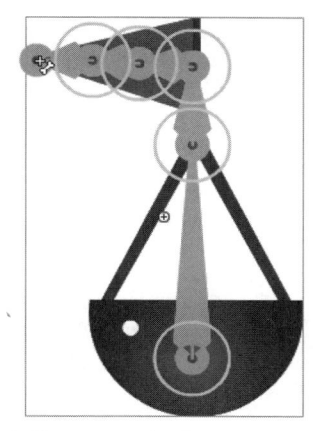

Figura 5.81. Se agregan dos huesos más.

Nota: La funcionalidad Muelle para cinemática inversa funciona tanto con los esqueletos de las formas como con los de los clips de película.

Los huesos de la bandera harán posible que ésta ondee de una manera realista. El del mástil facilitará que éste se curve con independencia del movimiento de la base flotante.

Definir la intensidad del muelle de cada hueso

A continuación, va a definir el valor de la intensidad del muelle de cada uno de los huesos. Puede ir desde el 0 (sin elasticidad) hasta el 100 (elasticidad máxima).

1. Seleccione el último hueso del esqueleto de la boya, el del extremo de la bandera (véase la figura 5.82).

2. En el **Inspector de propiedades**, en la sección **Muelle**, introduzca **100** para la **Intensidad** (véase la figura 5.83).

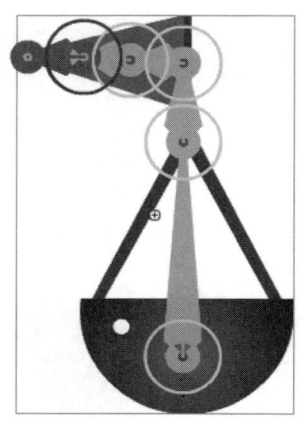

Figura 5.82. Asignación de valores, empezando por el elemento final.

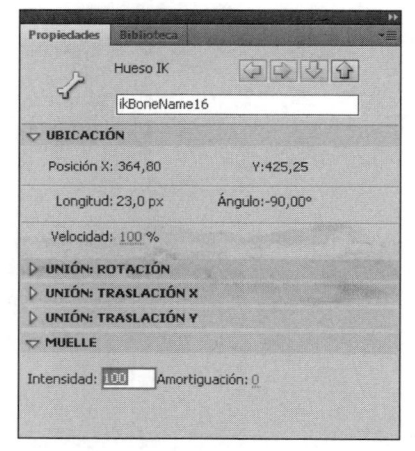

Figura 5.83. Máxima flexibilidad en el hueso del extremo de la bandera.

Incorporar un valor máximo a la intensidad del muelle del último hueso responde a que el vértice de la bandera es la parte más flexible de toda la boya y, por tanto, debe tener un movimiento más independiente.

3. Seleccione el siguiente hueso adyacente en la jerarquía del esqueleto. Puede que le resulte complicado si están demasiado juntos. En tal caso, recurra al botón **Elemento principal** para subir un nivel (véase la figura 5.84).

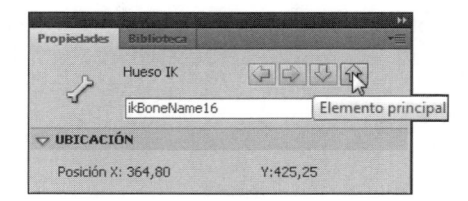

Figura 5.84. Otra manera de seleccionar el hueso adyacente.

4. En el **Inspector de propiedades**, dentro de la sección **Muelle**, introduzca un **60** para la **Intensidad** (véase la figura 5.85). La parte intermedia de la bandera es un poco menos flexible que el extremo y por eso se le asigna una intensidad menor.

Figura 5.85. Se reduce un poco la elasticidad de los huesos.

5. Trabaje sobre el siguiente hueso adyacente y, dentro de la sección **Muelle** del **Inspector de propiedades**, establezca el valor **20** para la **Intensidad**. La base de la bandera es menos flexible que la parte intermedia, por lo que ha de tener un valor aún menor.

6. Escoja el siguiente, el del mástil, y, dentro de la sección **Muelle** del **Inspector de propiedades**, dele una intensidad de **50** (véase la figura 5.86).

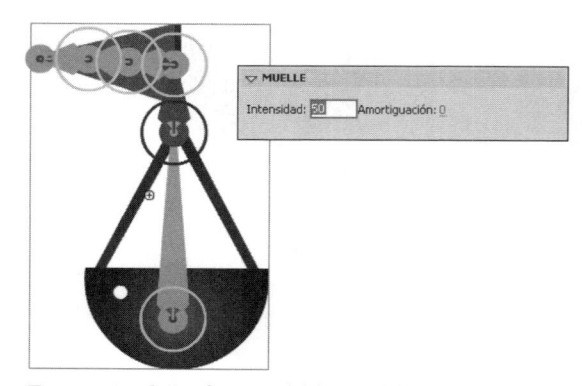

Figura 5.86. Es el turno del hueso del mástil.

Al darle a la elasticidad del mástil una intensidad media, hará posible que se doble hacia ambos lados de la boya.

Insertar la siguiente pose

Ahora va a mover la boya por el agua y observará cómo afecta su movimiento horizontal a cada uno de los huesos del esqueleto.

1. Vuelva a mostrar todas las capas para poder ver en qué punto del Escenario se encuentra la boya.

2. Seleccione el fotograma 70 de la capa del esqueleto, que es la que contiene nuestra boya (véase la figura 5.87).

3. Manteniendo pulsada la tecla **Alt/Opción**, haga clic sobre la boya y arrástrela para moverla hacia la derecha, hasta llegar a los contenedores de carga del extremo del Escenario (véase la figura 5.88).

4. En Control>Probar película>En Flash Professional comprobará cómo se mueven la boya y la bandera (véase la figura 5.89).

> **Nota:** El resultado de la funcionalidad **Muelle** es más vistoso cuando en la Línea de tiempo existen fotogramas adicionales tras la última pose del esqueleto (como ocurre en este capítulo), ya que los fotogramas adicionales le permiten ver el resto del efecto de rebote una vez que se detiene el movimiento.

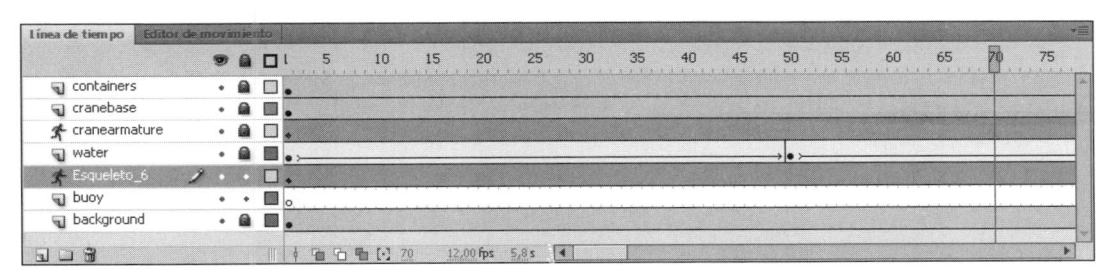

Figura 5.87. La boya se encuentra en la capa del esqueleto.

Figura 5.88. Desplazamiento de la boya.

Figura 5.89. Previsualización de la película.

La boya se mueve de izquierda a derecha, a la par que el mástil se comba y la bandera ondea. Cuando la boya se detiene en el borde el Escenario, el mástil y la bandera siguen agitándose.

Ajustar los valores de los muelles del esqueleto

Aunque la flexibilidad de la bandera y el mástil de la boya le dan a la animación más realismo, la base flotante también debería balancearse conforme se desplaza. En esta sección va a perfeccionar el esqueleto añadiendo un poco de elasticidad al primer hueso de la boya.

1. Bloquee y oculte todas las capas excepto la del esqueleto que contiene la boya y seleccione el primer hueso (véase la figura 5.90).

2. En el **Inspector de propiedades**, dentro de la sección **Muelle**, introduzca un **20** para la **Intensidad** (véase la figura 5.91).

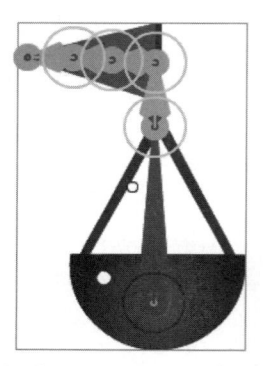

Figura 5.90. Se deja únicamente a la vista la boya.

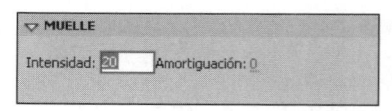

Figura 5.91. Ajuste de la intensidad del hueso de la base.

Al asignarle un valor a la intensidad del primer hueso hacemos que la boya se bambolee hacia ambos lados a la par que se mueve todo el esqueleto.

3. Escoja **Control>Probar película>En Flash Professional** para observar las mejoras en el movimiento de la boya (véase la figura 5.92). Ahora, conforme la boya se desplaza de izquierda a derecha, a la vez que flota en el agua, se va balanceando. La bandera y el mástil conservan sus movimientos.

Añadir efectos de amortiguación

La amortiguación hace referencia a cómo se reduce el efecto de la elasticidad con el tiempo. No resultaría real que el balanceo de la boya o el vaivén de la bandera y el mástil duraran eternamente. De hecho, el vaivén debería reducirse hasta llegar a detenerse. Puede definir un valor para la amortiguación que va desde 0 (nula) hasta 100 (máxima) y controlar así la rapidez con la que disminuyen estos efectos.

1. Seleccione el primer hueso de la boya (de la parte flotante) y, en el **Inspector de propiedades**, dentro de la sección **Muelle**, introduzca un **100** para la **Amortiguación** (véase la figura 5.93).

Figura 5.93. Ajuste de la amortiguación.

Un valor máximo para la amortiguación reducirá el vaivén de la boya con el paso del tiempo.

2. Siga trabajando con cada uno de los huesos del esqueleto y aplique un valor máximo (**100**) para la **Amortiguación**.

3. Escoja **Control>Probar película>En Flash Professional** para observar el efecto de la amortiguación en el movimiento de la boya. Todo el conjunto seguirá balanceándose pero su movimiento aminorará rápidamente tras el impulso inicial y después se detendrá en el extremo derecho del Escenario. Los valores que ha incorporado contribuirán a dar una sensación de peso al esqueleto. Experimente con la intensidad y la amortiguación de la sección **Muelle** de su esqueleto para conseguir un efecto lo más realista posible.

Figura 5.92. Nueva previsualización de la película.

PREGUNTAS DE REPASO

1. ¿Cuáles son las dos maneras de utilizar la herramienta **Hueso**?

2. ¿Para qué se usa la herramienta **Vinculación**?

3. Defina y diferencie estos términos: hueso, nodo, unión y esqueleto.

4. ¿Qué es una interpolación de forma y cómo se aplica?

5. ¿Qué son los consejos de forma y cómo se usan?

6. ¿Cómo influyen la intensidad y la amortiguación en la funcionalidad Muelle?

RESPUESTAS

1. La herramienta **Hueso** conecta entre sí instancias de clip de película para formar un objeto articulado que se pueda colocar en poses y animar mediante cinemática inversa. También permite crear un esqueleto para una forma, que también podrá adquirir poses y ser animada mediante cinemática inversa.

2. La herramienta **Vinculación** redefine las conexiones entre los puntos de control de una forma y los huesos de un esqueleto. Las uniones establecidas entre estos dos elementos determinan cómo reacciona la forma a las curvaturas y rotaciones del esqueleto.

3. Los huesos son objetos que conectan entre sí clips de película individuales o que crean la estructura interna de una forma para moverla mediante cinemática inversa. Un nodo es una de las instancias de clip de película que ha sido vinculado mediante la herramienta **Hueso**. Se hace referencia a uno en función de su relación con el resto de nodos, pudiendo ser padre, hijo o hermano. Las uniones son las articulaciones entre los huesos. Es posible rotarlas y también trasladarlas (deslizarlas en las direcciones X e Y). Los esqueletos hacen referencia al objeto articulado completo. Están separados en una capa de pose especial de la Línea de tiempo, en la que se pueden insertar poses para la animación.

4. Las interpolaciones de forma crean transiciones suaves entre fotogramas clave que contienen formas diferentes. Para aplicarlas, cree algunas formas en el fotograma clave inicial y en el final. Luego seleccione cualquier fotograma de la Línea de tiempo que se encuentre entre ellos, haga clic con el botón derecho del ratón o **Control-clic** y escoja **Crear interpolación de forma**.

5. Los consejos de forma son marcas etiquetadas que indican la existencia de una correspondencia entre un punto de la forma inicial y otro de la final dentro de una interpolación de forma. Ayudan a perfeccionar la manera en que se metamorfosean las formas. Para usar los consejos de forma, comience por seleccionar el fotograma clave inicial de una interpolación de forma. Siga la ruta **Modificar>Forma>Añadir consejo de forma**. Sitúe el primer consejo de forma en el borde de la forma. Desplace la cabeza reproductora roja hasta el fotograma clave final y mueva el consejo de forma correspondiente hasta el límite coincidente de la otra forma.

6. La intensidad es la cantidad de elasticidad de un hueso en particular del esqueleto. Se añade intensidad a la funcionalidad Muelle para simular cómo oscilan las distintas partes de un objeto flexible cuando se mueve el objeto entero, así como el modo que tiene de seguir balanceándose cuando el elemento se detiene. La amortiguación es la rapidez con la que desaparece el efecto de la intensidad con el tiempo.

Capítulo 6

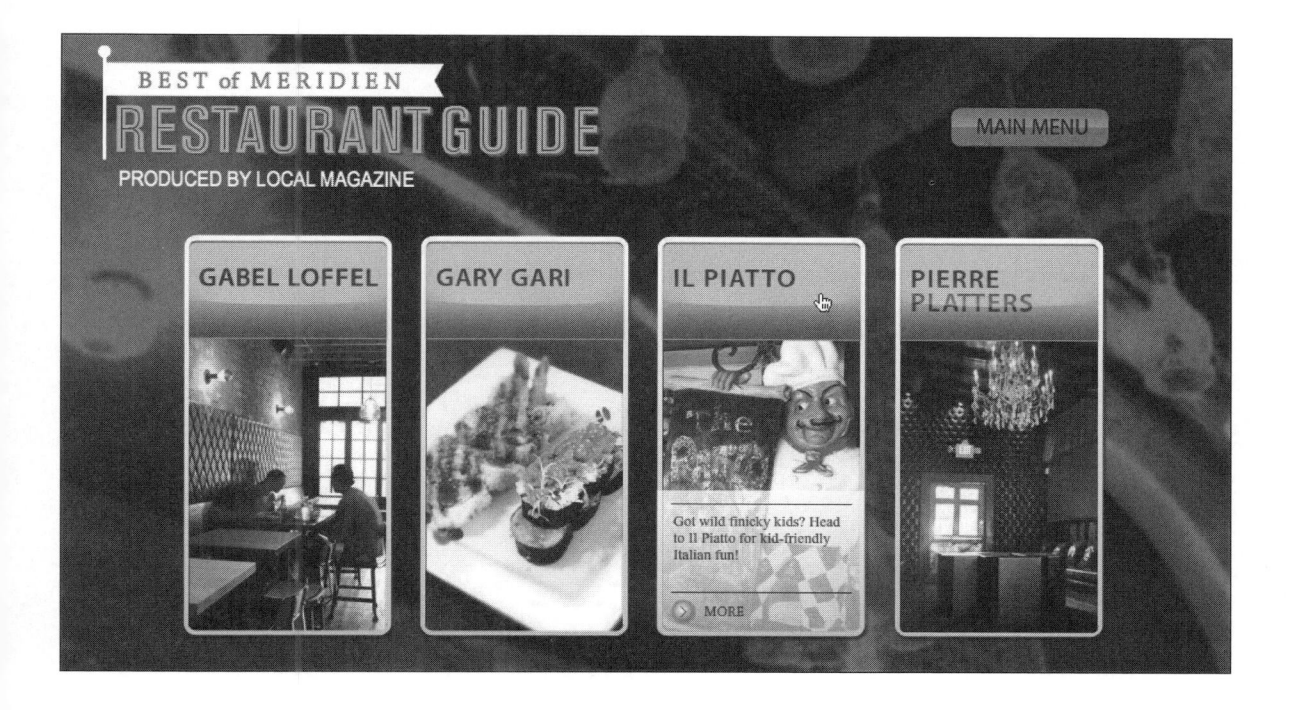

Crear proyectos interactivos

Deje que los espectadores exploren su página y se conviertan en participantes activos. Los botones y ActionScript trabajan juntos para crear interfaces atractivas, intuitivas y pensadas para el usuario. En este capítulo aprenderá a:

- Crear símbolos de tipo botón.

- Agregar efectos de sonido a los botones.

- Duplicar símbolos.

- Intercambiar símbolos y mapas de bits.

- Dar nombre a instancias de botones.

- Escribir código en ActionScript para que la navegación no sea lineal.

- Utilizar el panel **Fragmentos de código** para añadir interactividad rápidamente.

- Crear y utilizar etiquetas de fotograma.

- Originar botones animados.

Le costará unas tres horas completar este capítulo. Si es necesario, borre la carpeta del capítulo anterior de su disco duro y copie `Lesson06`.

INTRODUCCIÓN

Para comenzar, mire la guía interactiva de restaurantes que va a crear mientras aprende a componer proyectos interactivos en Flash.

1. Haga doble clic sobre el archivo `06End.swf` que está en la carpeta `Lesson06/06End` para reproducir la animación. El proyecto es una página Web interactiva de los restaurantes de una ciudad ficticia. Los visitantes de este portal podrán hacer clic en cualquier botón para ver más información sobre un establecimiento en particular. En este capítulo va a crear botones interactivos y a estructurar adecuadamente la Línea de tiempo. También aprenderá a crear el código ActionScript para indicarle a cada botón cuál es su función.

2. Cierre el archivo `06End.swf`.

3. Pulse dos veces en el fichero `06Start.fla` de la carpeta `Lesson06/06Start` para abrir el archivo del proyecto inicial en Flash. Puede ver que incluye varios elementos que están ya en la Biblioteca y el Escenario posee por defecto las dimensiones adecuadas.

4. Seleccione **Archivo>Guardar como**. Llame `06_workingcopy.fla` al archivo y guárdelo en la carpeta `06Start`. Grabar una copia de trabajo asegura que el fichero original de inicio estará disponible si desea comenzar de nuevo.

PELÍCULAS INTERACTIVAS

Las películas interactivas son aquellas que cambian según las acciones del usuario. Por ejemplo, cuando haga clic en un botón se mostrará un gráfico diferente con más información. La interactividad puede ser tan simple como pulsar sobre un botón, o tan compleja como recibir entradas procedentes de diversas fuentes, por ejemplo de los movimientos del ratón, las pulsaciones en el teclado o incluso desde bases de datos.

En Flash se utiliza ActionScript para conseguir mayor interactividad. Esta aplicación le indica a cada botón qué debe hacer cuando el usuario hace clic en uno de ellos. En este capítulo va a aprender a crear una navegación no lineal, es decir, en la que la película no se reproduzca sin interrupción de principio a fin. ActionScript le puede ordenar a la cabeza reproductora de Flash que salte o regrese a diferentes fotogramas de la Línea de tiempo en función del botón sobre el que haga clic el usuario. El contenido de los fotogramas de la línea de tiempo es distinto según el caso. El usuario no sabrá realmente que la cabeza reproductora está pegando saltos por la Línea de tiempo; todo lo que verá (o escuchará) será que el contenido cambia dependiendo de qué botón del Escenario elija.

CREAR BOTONES

Un botón es un indicador visual con el que el usuario puede interactuar. Lo normal es que estén habilitados para ser pulsados, aunque se pueden dar muchos otros tipos de interacciones. Por ejemplo, podría ocurrir algo cuando se pasara el cursor sobre el botón.

Estos elementos no dejan de ser un tipo de símbolo que posee cuatro estados o fotogramas clave especiales que determinan su apariencia. Adoptan cualquier tipo de forma (una imagen, un gráfico o un fragmento de texto) y no tienen por qué restringirse a los típicos rectángulos grises en forma de píldora que se ven en tantos sitios Web.

Crear un símbolo de tipo botón

En este capítulo va a crear botones con imágenes en miniatura y nombres de restaurantes. Los cuatro estados especiales de un símbolo de botón son:

- **Reposo:** Muestra el aspecto del botón cuando el cursor no interactúa con él.

- **Sobre:** Imagen que se presenta en el momento en el que el cursor le pasa por encima.

- **Presionado:** Aspecto que ofrece cuando se pulsa el botón del ratón.

- **Zona activa:** Indica el área del botón sobre la que se puede hacer clic.

Conforme vaya trabajando en este capítulo irá comprendiendo la relación entre estos estados y su aspecto.

1. Seleccione **Insertar>Nuevo Símbolo**.

2. En el cuadro de diálogo **Crear un nuevo símbolo**, escoja **Botón** y póngale de nombre **gabel loffel button** (véase la figura 6.1). Haga clic en **Aceptar**.

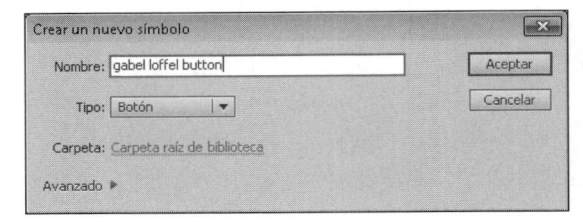

Figura 6.1. El cuadro de diálogo Crear un nuevo símbolo.

3. Flash pasará al modo de Edición de símbolo para el nuevo botón.

4. En la **Biblioteca**, expanda la carpeta `restaurant thumbnails` y arrastre el símbolo gráfico **gabel loffel thumbnail** al centro del Escenario, como indica la figura 6.2.

5. En el **Inspector de propiedades**, asigne a X e Y el valor **0**. Ahora la esquina superior izquierda de la pequeña imagen **gabel loffel restaurant** está alineada con el punto central del símbolo.

6. Seleccione el fotograma clave **Zona activa** en la Línea de tiempo y elija **Insertar>Línea de tiempo>Fotograma** para extenderlo en ese espacio (véase la figura 6.3). La imagen **gabel loffel** se extiende ahora a los estados **Reposo**, **Sobre**, **Presionado** y **Zona activa**.

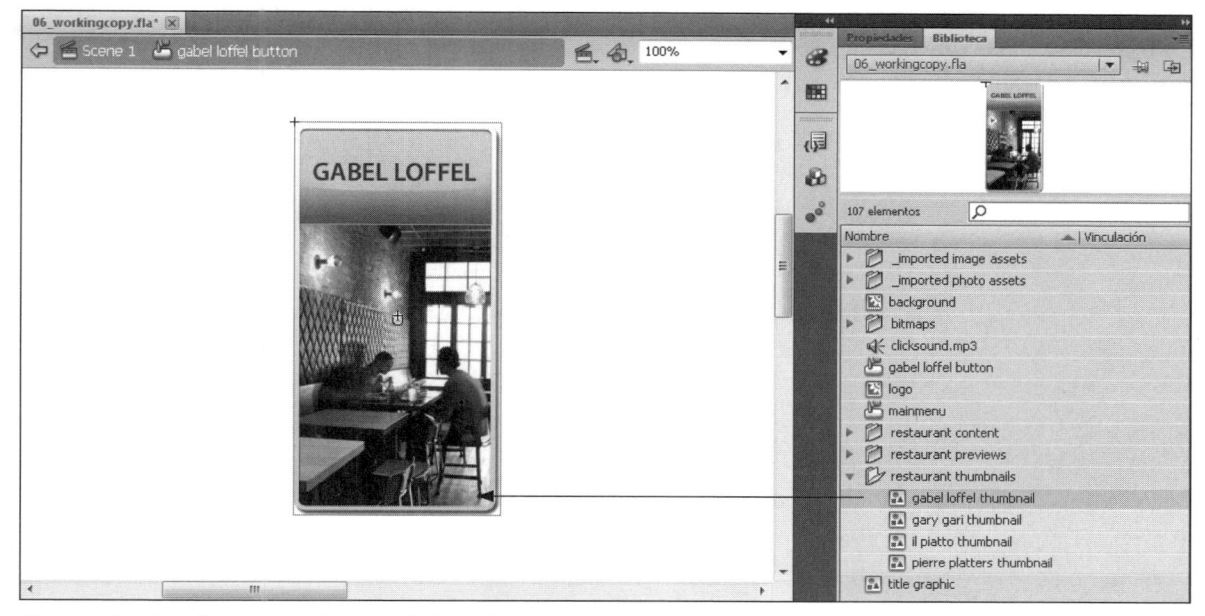

Figura 6.2. Desplazamiento de un símbolo gráfico al Escenario.

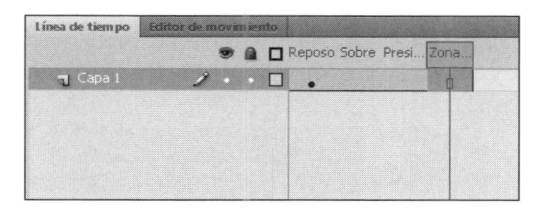

Figura 6.3. Inserción de un fotograma en la Línea de Tiempo.

7. Inserte una nueva capa.

8. Vaya al fotograma clave **Sobre** y elija **Insertar>Línea de tiempo>Fotograma clave**. Se incorporará uno nuevo en el **Sobre** de la capa superior (véase la figura 6.4).

Figura 6.4. Inserción de un fotograma clave en la nueva capa.

9. En la Biblioteca, expanda ahora la carpeta restaurant previews y arrastre el símbolo del clip de película **gabel loffel over info** hasta el Escenario (véase la figura 6.5).

10. En el **Inspector de propiedades**, asigne a X el valor **0** y a Y el valor **215**.

El cuadro gris de la información se mostrará sobre la imagen del restaurante cada vez que el cursor pase sobre el botón.

11. Inserte a continuación una tercera capa sobre las dos primeras.

12. Seleccione el fotograma **Presionado** y siga la ruta **Insertar>Línea de tiempo>Fotograma clave** (véase la figura 6.6). Observe cómo se inserta un fotograma clave.

Crear proyectos interactivos **197**

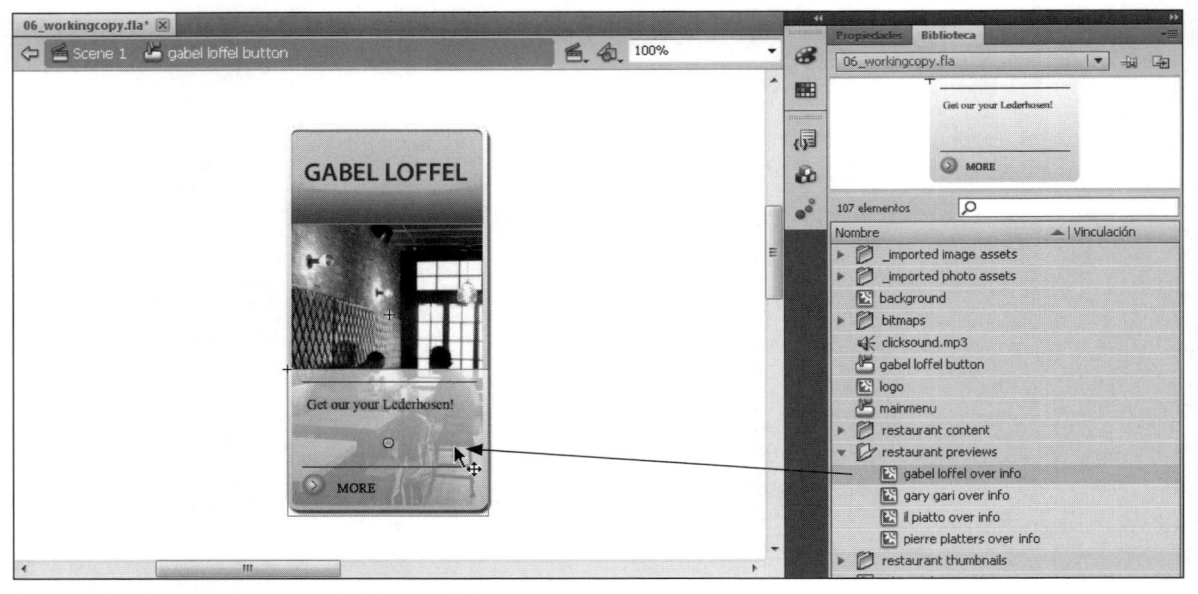

Figura 6.5. Se arrastra otro símbolo hasta el Escenario.

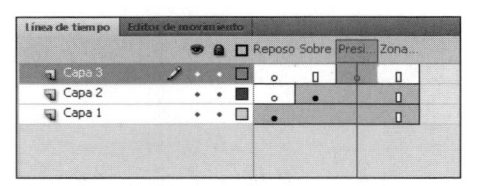

Figura 6.6. Inclusión de un fotograma clave en Presionado.

14. Escoja el fotograma clave **Presionado** en el que aparece el sonido y, dentro del **Inspector de propiedades**, asegúrese de que **Sinc** está asignado a **Evento** (véase la figura 6.8).

13. Mueva el archivo de sonido llamado `clicksound.mp3` desde la Biblioteca hasta el Escenario (véase la figura 6.7).

Figura 6.7. Agregado de un archivo de sonido al botón.

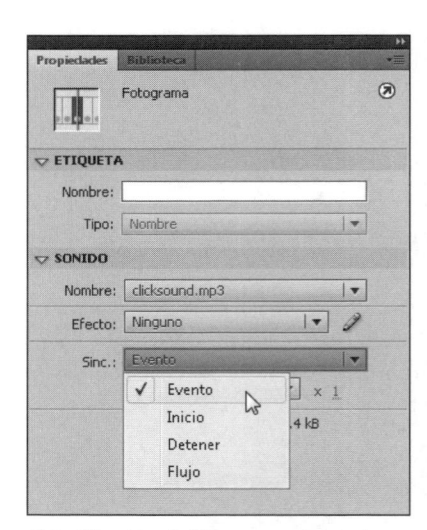

Figura 6.8. Elección de Evento en el menú desplegable Sinc.

El sonido del clic se reproducirá sólo cuando el usuario pulse sobre el botón.

Nota: Aprenderá más sobre sonidos en el capítulo 8.

15. Haga clic en **Escena 1**, sobre el Escenario, para salir del modo de Edición del símbolo y volver a la Línea de tiempo principal

¡Acaba de finalizar su primer símbolo de botón! Mire en la Biblioteca y localice el nuevo elemento (véase la figura 6.9).

Figura 6.9. El nuevo símbolo de botón se encuentra ya en la Biblioteca.

Los botones invisibles y el fotograma clave Zona Activa

El fotograma clave **Zona activa** del símbolo de nuestro botón indica la zona "caliente", es decir, aquélla en la que el usuario puede hacer clic. Por lo general, el fotograma clave **Zona activa** contiene una forma que coincide exactamente en tamaño y posición con la forma que hay en el fotograma clave **Reposo**.

En la mayoría de los casos, lo recomendable es que a los usuarios se les permita pulsar sobre toda el área gráfica que ven, pero en determinadas aplicaciones avanzadas tal vez desee que estas dos zonas sean diferentes. Si **Reposo** está vacío, el botón resultante será lo que se conoce como un botón invisible.

Cualquier persona que interactúe con nuestro proyecto no logrará ver estos elementos pero, como **Zona activa** define una parte en la que se puede hacer clic, los botones invisibles conservan su funcionalidad, de manera que es posible colocarlos en cualquier punto del Escenario y utilizar ActionScript para programarlos con el fin de que respondan a las acciones requeridas.

Los botones invisibles resultan útiles para crear puntos de respuesta genéricos. Por ejemplo, si los pone sobre distintas fotos conseguirá que cada una de ellas coincida con un clic del ratón sin tener que componer un símbolo de botón diferente para cada foto.

Duplicar botones

Ahora que ha creado un botón, los otros serán más fáciles. Va a realizar el duplicado aquí: en la siguiente sección cambiará la imagen y después seguirá añadiendo botones y modificando las ilustraciones de los demás restaurantes.

1. En el panel Biblioteca, haga clic con el botón derecho o **Control-clic** sobre el símbolo **gabel loffel** y escoja **Duplicar** (véase la figura 6.10). También puede pulsar en el menú de opciones que hay en la esquina superior derecha de la Biblioteca y seleccionar Duplicar.

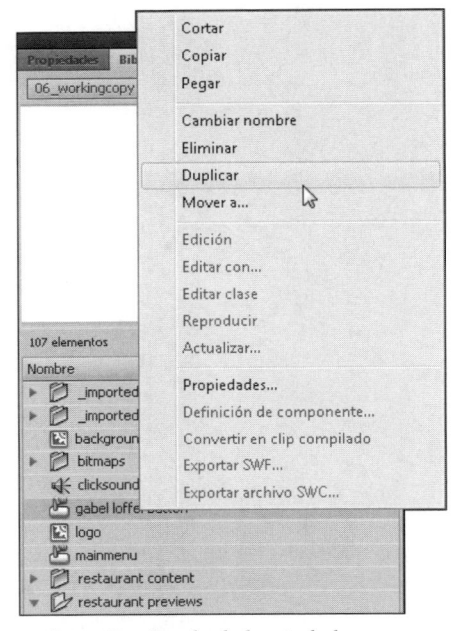

Figura 6.10. *Duplicado de los símbolos de la Biblioteca.*

2. En el cuadro de diálogo **Duplicar símbolo**, seleccione **Botón** y póngale de nombre **gary gari button** (véase la figura 6.11). Haga clic en **Aceptar**.

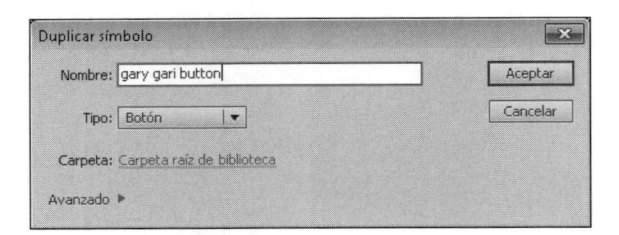

Figura 6.11. *Asignación de un nombre al símbolo duplicado.*

Intercambiar mapas de bits

Los mapas de bits y los símbolos del Escenario se pueden intercambiar fácilmente, acelerando de manera significativa el método de trabajo.

1. En el panel Biblioteca, haga doble clic sobre el icono del símbolo recién duplicado (**gary gari button**) para modificarlo.

2. Seleccione la imagen del restaurante del Escenario.

3. En el **Inspector de propiedades**, pulse en **Intercambiar** (véase la figura 6.12).

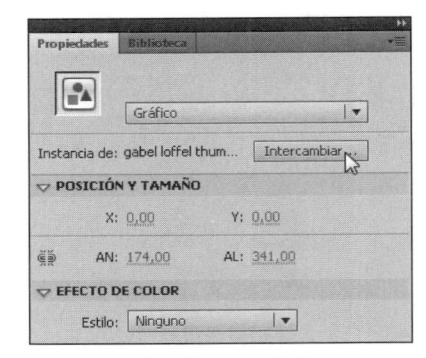

Figura 6.12. *Cambio de un símbolo del Escenario por otro.*

4. En el cuadro de diálogo **Intercambiar símbolo**, seleccione la siguiente imagen en miniatura, llamada **gary gari thumbnail** (véase la figura 6.13), y haga clic en **Aceptar**.

Se sustituye la miniatura original (que viene indicada por un punto negro al lado del nombre del símbolo) por la que ha seleccionado. Como ambas tienen el mismo tamaño, la sustitución se realiza sin problemas.

5. Diríjase ahora al fotograma clave **Sobre** y haga clic sobre el cuadro de información gris del Escenario (véase la figura 6.14).

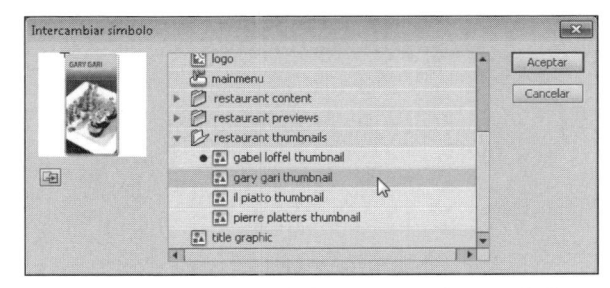

Figura 6.13. Cuadro de diálogo Intercambiar símbolo.

Figura 6.14. Selección del cuadro con la información.

Figura 6.15. Intercambio de la instancia del símbolo para este fotograma.

6. En el **Inspector de propiedades**, pulse sobre **Intercambiar** y haga la sustitución entre el símbolo seleccionado y el llamado **gary gari over info**.

La instancia del fotograma clave **Sobre** de su botón se cambiará por una apropiada para el segundo restaurante. A pesar de haber duplicado el símbolo, todos los demás elementos (como el sonido de la capa superior) siguen intactos (véase la figura 6.15).

7. Siga duplicando los botones e intercambiando las dos instancias que contienen hasta obtener cuatro símbolos de botón diferentes en su Biblioteca, donde cada uno represente un restaurante distinto. Cuando haya terminado, es aconsejable que clasifique todos los botones de restaurante en una carpeta de su Biblioteca, como se indica en la figura 6.16.

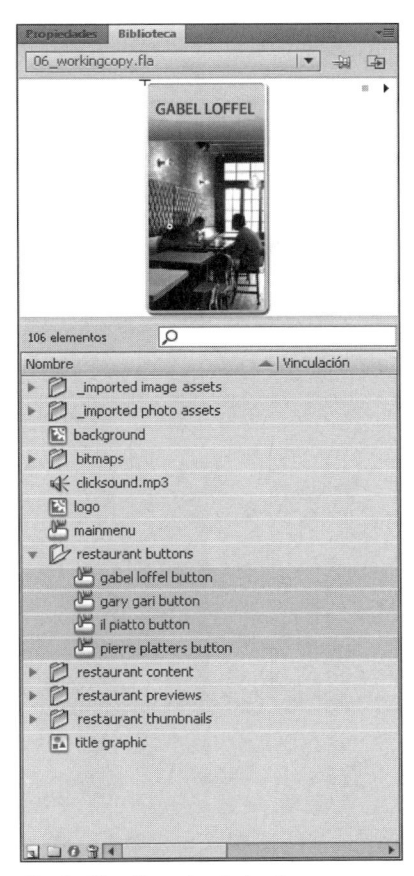

Figura 6.16. Clasificación de los botones en la Biblioteca.

Crear proyectos interactivos

Colocar las instancias de los botones

Ahora debe ordenarlos en el Escenario y darles nombres para que el Inspector de propiedades pueda hacerles referencia.

1. Inserte una nueva capa en la Línea de tiempo principal y llámela **buttons** (véase la figura 6.17).

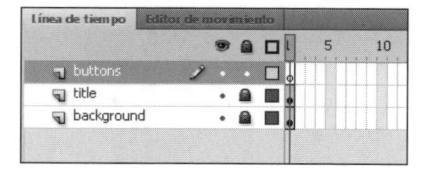

Figura 6.17. Creación de una capa para los botones.

2. Arrastre cada uno de los botones desde la Biblioteca hasta el centro del Escenario, colocándolos en una fila horizontal. No se preocupe por su posición exacta, pues los alineará adecuadamente en los siguientes pasos (véase la figura 6.18).

3. Seleccione el primero y asigne a X el valor **100** en el Inspector de propiedades.

4. Diríjase ahora al último botón y dé a X el valor **680** en el Inspector de propiedades.

5. Seleccione los cuatro botones. En el panel Alinear (Ventana>Alinear), deje sin validar la opción Alinear en escenario, haga clic en el botón **Espaciar uniformemente en horizontal** (véase la figura 6.19) y, por último, pulse en **Alinear borde superior**.

Ahora tiene todos los botones distribuidos uniformemente y alineados de forma horizontal.

6. Con los cuatro seleccionados, en el Inspector de propiedades, introduzca **170** para el valor de Y.

Ahora los seis botones están correctamente situados en el Escenario (véase la figura 6.20).

Figura 6.18. Colocación manual de los botones en el Escenario.

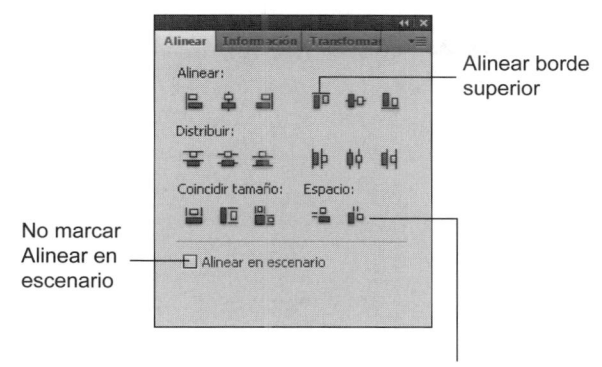

Figura 6.19. *Utilización del panel Alinear para distribuir los botones.*

(Alinear borde superior — No marcar Alinear en escenario — Espaciar uniformemente en horizontal)

7. Puede probar ahora su película para ver cómo se comportan. Seleccione **Control>Probar película> En Flash Professional**.

Fíjese en cómo aparece el cuadro gris con la información cuando pasa el cursor sobre cada botón y cómo se dispara el sonido del clic cuando suelta el cursor sobre ellos (véase la figura 6.21).

No obstante, aún no ha dado instrucciones a los botones sobre qué deben hacer. Antes de nada tiene que darle un nombre a cada uno y aprender un poco más de ActionScript.

Figura 6.20. *Los botones están colocados.*

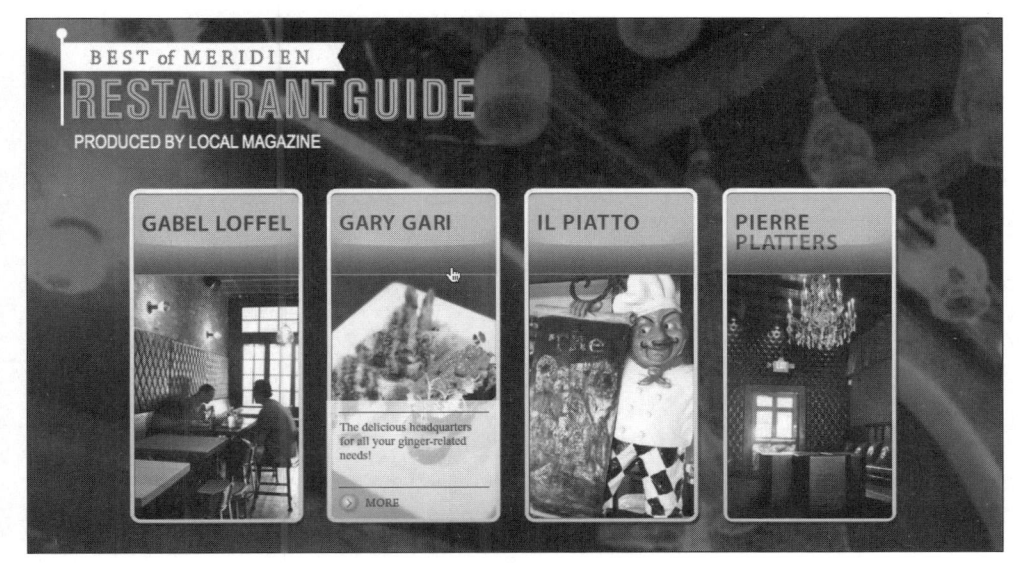

Figura 6.21. *Pruebe todos los botones, uno a uno.*

Crear proyectos interactivos

Nombrar las instancias de los botones

Nombre cada instancia de botón para que ActionScript pueda referirse a ella. Se trata de un paso crucial, descuidado por muchos principiantes.

1. Haga clic en una parte vacía del Escenario para que ningún botón quede seleccionado y luego seleccione sólo el primero (véase la figura 6.22).

Figura 6.22. Selección del botón de la izquierda.

2. Escriba **gabelloffel_btn** en el campo **Nombre de instancia** del **Inspector de propiedades** (véase la figura 6.23).

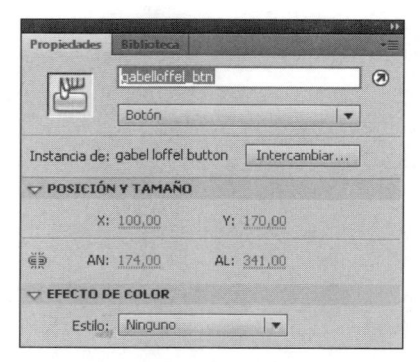

Figura 6.23. El campo Nombre de instancia.

3. Llame a los otros botones **garygari_btn**, **ilpiatto_btn** y **pierreplatters_btn**. Asegúrese de escribir todas las letras en minúscula, sin dejar espacios y cerciorándose de nuevo de haber escrito correctamente las denominaciones en las instancias. Flash es muy quisquilloso; cualquier error de escritura afectaría al buen funcionamiento de todo el proyecto.

4. Bloquee todas las capas.

Reglas de nomenclatura

Dar un nombre a las instancias es un paso fundamental en la creación de proyectos interactivos en Flash. El error más común de los novatos consiste en no asignar una denominación o incorporar una incorrecta.

Los nombres de instancia son importantes, pues ActionScript los utiliza para hacer referencia a los objetos. Debe tener en cuenta que los nombres de las instancias no tienen por qué corresponderse con las denominaciones de los símbolos en la Biblioteca, ya que éstos se usan simplemente para organizarla.

La nomenclatura de las instancias sigue estas sencillas reglas:

1. No se han de utilizar espacios o signos especiales de puntuación. Los subrayados están permitidos.

2. No deben empezar por un número.

3. Se ha de tener cuidado con las mayúsculas y las minúsculas, pues se hace distinción entre ambas.

4. El nombre del botón debe terminar por **_btn**. Aunque no es necesario, esto ayuda a identificar estos objetos como botones.

5. No se debe utilizar ninguna palabra reservada para un comando de Flash ActionScript.

TRABAJAR CON ACTIONSCRIPT 3.0

Adobe Flash CS5 emplea ActionScript 3.0, un robusto lenguaje de *scripts*, para extender la funcionalidad de Flash. Aunque pueda parecerle intimidatorio si es la primera vez que programa, se consiguen grandes resultados con algunos *scripts* muy simples. Igual que ocurre con cualquier idioma, lo hará mejor si se toma tiempo para aprender la sintaxis y algo de terminología básica.

ActionScript

ActionScript (parecido a JavaScript) le permite añadir más interactividad a las animaciones de Flash. En este capítulo, va a usar ActionScript para asignar comportamientos a los botones. También verá cómo utilizarlo para tareas tan sencillas como detener una animación.

No tiene que ser un experto para usar ActionScript. De hecho, en las tareas más comunes, podrá copiar *scripts* que hayan distribuido otros usuarios de Flash. Además, en CS5 dispone también del panel **Fragmentos de código**, con el que le resultará más fácil incluir ActionScript en su proyecto y compartir su código con otros desarrolladores.

Conseguirá llegar mucho más lejos en Flash y sentirse más seguro cuando utilice la aplicación si entiende cómo funciona ActionScript.

Este capítulo no está diseñado para convertirlo en un experto en ActionScript. En vez de eso, le va a enseñar la terminología más común y la sintaxis, y le guiará a través de un simple *script* para realizar una pequeña introducción al lenguaje.

Si ha usado antes lenguajes de script, la documentación incluida en el menú de Ayuda de Flash puede proporcionarle toda la información adicional que necesite para usar ActionScript con eficacia.

Si está empezando a programar y quiere aprender este lenguaje, tal vez le convenga hacerse con un libro de ActionScript 3.0 para principiantes.

Terminología de los scripts

Muchos de los términos que se usan para describir ActionScript son parecidos a los de otros lenguajes de script. Los aquí descritos se ven con frecuencia en la documentación de ActionScript.

Variable

Una variable representa un dato específico, que puede ser constante o no. Cuando crea o declara una variable, también le asigna un tipo de dato que determina la clase de elementos que va a representar. Por ejemplo, una variable `String` soporta cualquier cadena de caracteres alfanuméricos, mientras que una variable `Number` debe contener una cifra.

> **Nota:** Los nombres de variable deben ser únicos y distinguen entre mayúsculas y minúsculas; por ejemplo, `mypassword` no es la misma que `MyPassword`. Sólo pueden contener letras, números y guiones bajos y no han de comenzar con un número. Se trata de las mismas reglas que aplicamos a la nomenclatura de las instancias (de hecho, conceptualmente, son la misma cosa).

Palabra clave

En ActionScript, una palabra clave es una palabra reservada que se usa para realizar una tarea específica. Por ejemplo, `var` es una palabra clave que genera una variable.

En la Ayuda de Flash encontrará una lista completa de palabras clave. Están restringidas a determinados valores y no puede emplearlas como nombres de variables o para otro fin. ActionScript las usa siempre para ejecutar las tareas asignadas.

Conforme vaya escribiendo el código en el panel **Acciones**, las palabras clave adoptarán un color diferente que le permitirá reconocerlas.

Parámetros

Los parámetros proporcionan detalles específicos. Son los valores que van entre paréntesis () en una línea de código. Por ejemplo, en el código `gotoAndPlay (3);` el parámetro le ordena al *script* que vaya al fotograma 3.

Función

Una función es un grupo de instrucciones a las que se puede hacer referencia por su nombre. Usar una función hace posible ejecutar el mismo conjunto de comandos sin tener que escribirlos repetidamente.

Objetos

En ActionScript 3.0 se trabaja con objetos; son tipos de datos abstractos que ayudan a realizar ciertas tareas. Por ejemplo, un objeto `Sound` le servirá para controlar el sonido, mientras que con uno `Date` podrá manipular datos relacionados con el tiempo. Los símbolos de botones que creó anteriormente en este capítulo también son objetos, de tipo `Button`.

Todos deben tener un nombre para poder hacer referencia a ellos y controlarlos desde ActionScript. Nos hemos referido a los botones del Escenario como instancias y, de hecho, los términos "instancia" y "objeto" son sinónimos.

Métodos

Los métodos son palabras clave que dan como resultado una acción. Se puede decir que son los operarios de ActionScript y cada tipo de objeto posee su propio conjunto de métodos.

Parte del aprendizaje de este lenguaje consiste en conocer los métodos de cada instancia. Por ejemplo, dos de los métodos asociados con la clase `MovieClip` son `stop ()` y `gotoAndPlay ()`.

Propiedades

Las propiedades describen el objeto. Por ejemplo, las de un clip de película incluyen su altura y su anchura, las coordenadas X e Y y la escala. Muchas se pueden cambiar, si bien existen algunas otras que son de sólo lectura, lo que significa que describen el objeto, simplemente.

Usar una sintaxis de script adecuada

Si no está familiarizado con la programación o los *scripts*, descifrar el código de ActionScript puede suponer un desafío.

Una vez comprendida la sintaxis básica (que es la gramática y la puntuación del lenguaje) le parecerá más fácil de seguir.

- El punto y coma al final de la línea indica a ActionScript que ha alcanzado el final de una línea de código y debe pasar a la siguiente.

- Al igual que en español, cada paréntesis abierto debe tener su correspondiente paréntesis cerrado. Lo mismo se aplica para los corchetes y las llaves. Si abre algo, tiene que cerrarlo. Es frecuente encontrar códigos en ActionScript en los que las llaves estén en líneas aparte. Esto facilita la lectura de lo que figura entre ellas.

- El operador punto (.) es un medio para acceder a las propiedades y métodos de un objeto. Escriba el nombre de la instancia seguido por un punto y el nombre de la propiedad o del método. Conciba el punto como el método de separar objetos, métodos y propiedades.

- Tanto si está introduciendo una cadena como el nombre de un archivo, use comillas.

- Puede añadir comentarios para recordar e indicar las funciones de las diferentes partes del *script*. Si desea incluir uno de una sola línea, comience éste con dos barras (//). Si va a ocupar varios renglones, empiece con /* y termine con */. Flash ignorará los comentarios y éstos no afectarán a su código.

Al escribir *scripts* en el panel **Acciones**, Flash le ofrece las siguientes ayudas:

- Las palabras que tienen significados específicos en ActionScript (como palabras clave e instrucciones) aparecen en azul mientras las escribe en el panel **Acciones**. Las que no están reservadas, como los nombres de variables, están en negro. Las cadenas aparecen en verde y los comentarios (que ActionScript ignora) van en gris.

- Mientras trabaja en el panel **Acciones**, Flash puede detectar lo que está escribiendo y mostrar una sugerencia de código. Éstas pueden ser de dos tipos: una herramienta de ayuda que contiene la sintaxis completa para esa acción y un menú desplegable que lista los posibles elementos de ActionScript.

- Para comprobar la sintaxis del *script* que está redactando, haga clic en el icono **Revisar sintaxis** ( ). Los errores de sintaxis se listan en el panel **Errores de compilador**.

Además puede hacer clic en el icono **Formato automático** ( ), el cual también dará formato al *script* según las convenciones, de manera que sea más fácil de interpretar por otras personas.

El panel Acciones

El panel **Acciones** es donde escribirá todo el código. Para abrirlo, seleccione **Ventana>Acciones** o escoja un fotograma clave de la Línea de tiempo y haga clic en el icono del panel **ActionScript** ( ) de la parte superior derecha del **Inspector de propiedades**. También valdrá pulsar con el botón derecho del ratón o hacer **Control-clic** sobre cualquier fotograma clave y elegir **Acciones** en el menú contextual.

Este panel le ofrece un rápido acceso a los elementos principales de ActionScript y le proporciona diferentes opciones para ayudarle en la escritura, la depuración, el formato, la edición y la búsqueda de código (véase la figura 6.24).

El panel **Acciones** está dividido en varias ventanas. En la parte superior izquierda se encuentran las herramientas, organizadas en varias categorías que abarcan todo el lenguaje ActionScript. En la parte de arriba hay un menú desplegable que muestra sólo el código de la versión de ActionScript seleccionada; debe decantarse por la última, ActionScript 3.0. Al final de las categorías de herramientas hay una llamada Índice, de color amarillo, que lista en orden alfabético todos los elementos del lenguaje. No es obligatorio utilizar estas herramientas para agregar código al *script* pero puede servirle para asegurarse de que está llevando a cabo el trabajo correctamente.

En la parte superior derecha del panel **Acciones** se encuentra la ventana del código, que es la pizarra en blanco en la que se muestra todo el desarrollo de la escritura. Puede introducir el ActionScript en esta ventana de igual modo que lo haría en un procesador de textos. En la parte inferior verá el navegador del código, que le ayudará a encontrar una parte concreta del código. El código ActionScript se coloca en los fotogramas clave de la Línea de tiempo, por lo que el navegador puede resultar especialmente útil si tiene mucho código disperso en diferentes fotogramas o Líneas de tiempo.

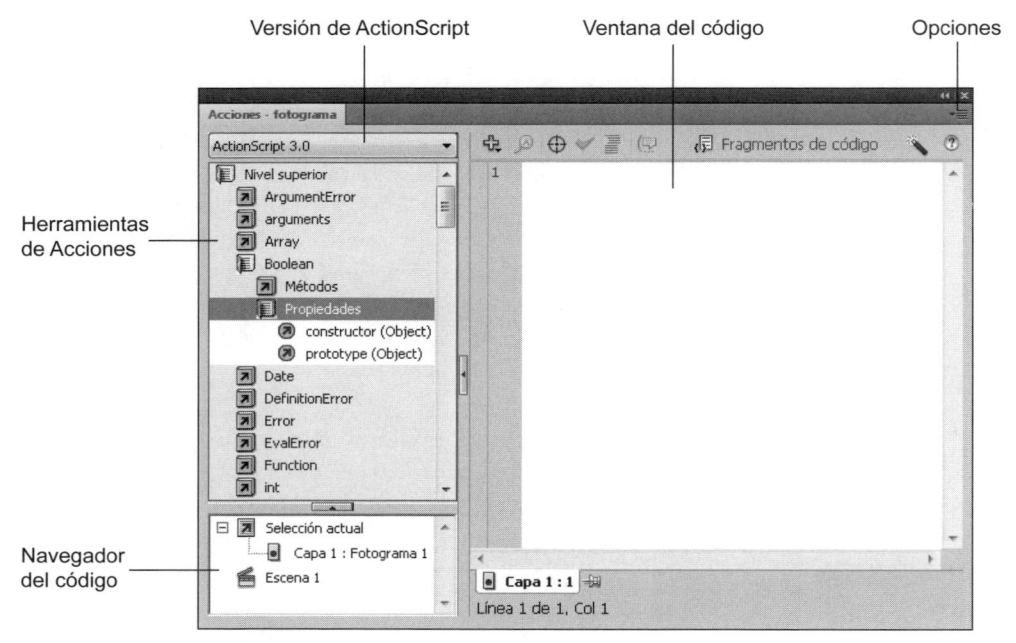

Figura 6.24. El panel Acciones.

Todas las ventanas del panel **Acciones** se pueden redimensionar para adaptarse a su estilo de trabajo. Incluso las puede contraer completamente para maximizar el panel con el que esté trabajando. Para hacerlo pulse sobre los divisores verticales u horizontales y arrástrelos.

PREPARAR LA LÍNEA DE TIEMPO

Cada nuevo proyecto de Flash comienza con un único fotograma. Para hacer sitio en la Línea de tiempo y agregar más contenido deberá añadir más fotogramas en todas las capas.

1. Seleccione como último fotograma el 50 de la capa superior (véase la figura 6.25).

2. Escoja **Insertar>Línea de tiempo> Fotograma (F5)**. También puede hacer clic con el botón derecho o **Control-clic** y seleccionar **Insertar fotograma**. Flash añadirá fotogramas en la capa superior hasta llegar al punto seleccionado, el 50 (véase la figura 6.26).

3. Escoja el fotograma 50 de las otras dos capas y realice la misma acción. En este momento todas las capas de la Línea de tiempo tienen 50 fotogramas (véase la figura 6.27).

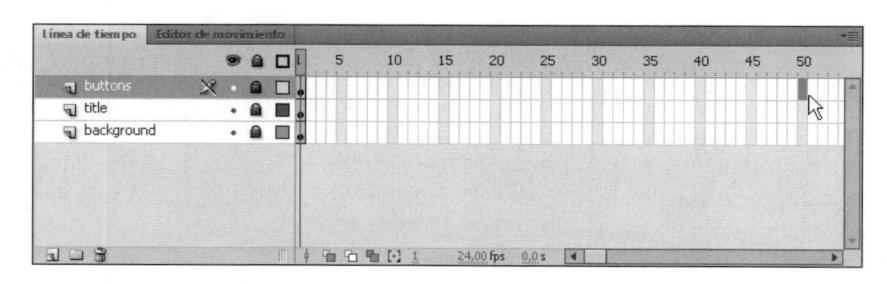

Figura 6.25. Elección del fotograma final de la película.

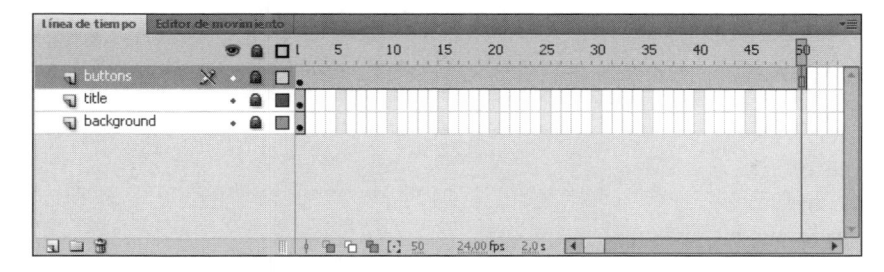

Figura 6.26. Inserción de fotogramas hasta llegar al 50.

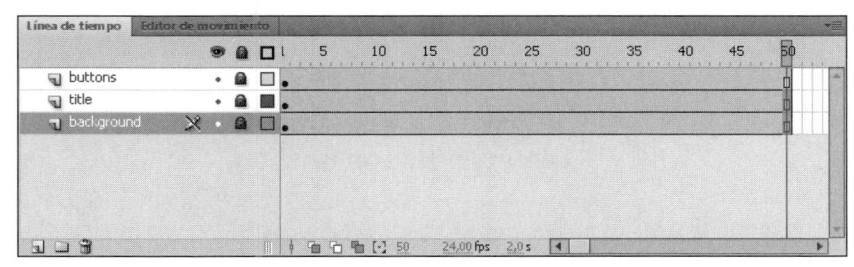

Figura 6.27. Repetición del proceso con las otras dos capas.

AÑADIR UNA ACCIÓN STOP

Ahora que ya tiene fotogramas en la Línea de tiempo, su película se reproducirá de forma lineal del fotograma 1 al 50. No obstante, la idea de esta guía interactiva de restaurantes es que los usuarios puedan consultar uno determinado independientemente del orden en el que se encuentren, por lo que habrá que detener la película en el primero de los fotogramas a la espera de que el usuario haga clic en un botón. Utilizará una acción stop para detener la película Flash. De esta manera, simplemente impide que la película continúe, parando la cabeza reproductora.

1. Inserte una nueva capa y llámela **actions** (véase la figura 6.28).

2. Seleccione el primer fotograma clave de la capa y abra el panel Acciones (Ventana>Acciones).

3. Escriba stop(); (véase la figura 6.29). El código se mostrará en minúsculas en la ventana y aparecerá una diminuta "a" en el primer fotograma clave de la capa **actions** para indicar que contiene algo de ActionScript. Ahora la película se detendrá en el que ocupa el lugar 1 (véase la figura 6.30).

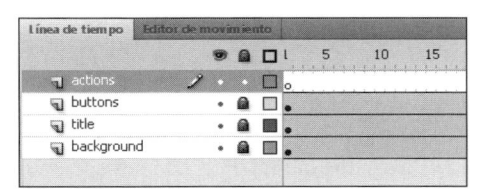

Figura 6.28. Incorporación de una capa para las acciones.

Figura 6.29. Instrucción stop en el panel Acciones.

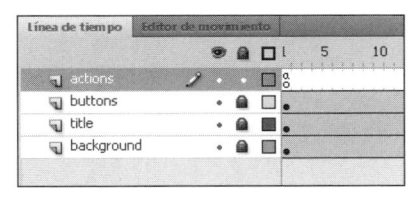

Figura 6.30. La a minúscula advierte de la existencia de código ActionScript.

Crear proyectos interactivos **209**

CREAR GESTORES DE EVENTOS PARA BOTONES

Los eventos son circunstancias que tienen lugar en el entorno de Flash y que éste puede detectar y responder, como por ejemplo el clic de un ratón, el movimiento de un puntero por la pantalla o la pulsación de una tecla. Estos eventos los genera el usuario, pero hay algunos que ocurren independientemente, como la carga con éxito de una parte del código o la finalización de un sonido. Con ActionScript puede escribir un código que detecte eventos y que responda con un gestor de eventos.

El primer paso para gestionar eventos es crear un elemento (*listener* o detector) que localice el evento. Puede tener el siguiente aspecto:

```
DondeDetectar.addEventListener(queevento,
respuestaaevento);
```

El comando realmente es `addEventListener()`. Las demás palabras son contenedores para objetos y parámetros, que hemos agregado como contexto. `DondeDetectar` es el objeto en el que tiene lugar el evento (por lo general, un botón), `queevento` es el tipo específico de evento (como el clic de un ratón) y `respuestaaevento` es la función que se dispara cuando el evento tiene lugar. Así pues, si desea detectar los eventos de clic de ratón en un botón llamado `btn1_btn`, a los que quiere responder llamando a una función de nombre `showimage1`, el código sería el siguiente:

```
btn1_btn.addEventListener(MouseEvent.CLICK,
showimage1);
```

El siguiente paso será crear la función que responda al evento; en este caso sería `showimage1` y simplemente agrupará unas cuantas acciones que se ejecutarán al hacer referencia a este nombre. Tendrá un aspecto semejante a éste:

```
function showimage1
(myEvent:MouseEvent){ };
```

Los nombres de función (como los de botón) son arbitrarios. Puede asignarle cualquiera que, a su criterio, tenga sentido. En este ejemplo en particular, la denominación elegida es `showimage1`. Recibe un parámetro (entre paréntesis) llamado `myEvent`, que es un evento del ratón. Los dos puntos indican el tipo de objeto de que se trata. Si se llama a esta función, se ejecutarán todas las acciones contenidas entre las llaves.

Agregar el detector de eventos y la función

Va a agregar código ActionScript para detectar clics de ratón en cada uno de los botones. La respuesta será hacer que Flash salte a un fotograma concreto de la Línea de tiempo para mostrar contenidos diferentes.

1. Seleccione el primer fotograma de la capa **actions**.

2. Abra el panel **Acciones**.

3. En la ventana de código de este panel, comenzando por la segunda línea (véase la figura 6.31), escriba:

```
gabelloffel_btn.
addEventListener(MouseEvent.CLICK,
restaurant1);
```

El detector estará atento a los clics de ratón que se produzcan en el objeto **gabelloffel_btn** del Escenario. En caso de ocurrir el evento, se llamará a la función `restaurant1`.

4. En la siguiente línea de la ventana de código (véase la figura 6.32), escriba:

```
function restaurant1(event:MouseEvent):void {
    gotoAndStop(10);
}
```

```
stop();
gabelloffel_btn.addEventListener(MouseEvent.CLICK, restaurant1);
```

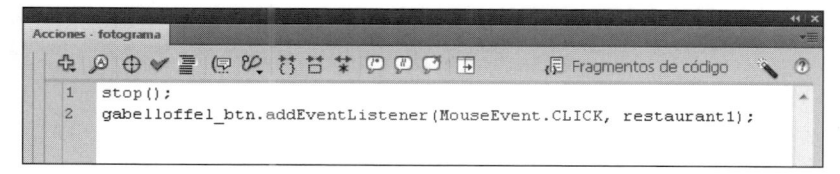

Figura 6.31. Línea de código en la ventana Acciones.

```
stop();
gabelloffel_btn.addEventListener(MouseEvent.CLICK, restaurant1);
function restaurant1(event:MouseEvent):void {
  gotoAndStop(10);
}
```

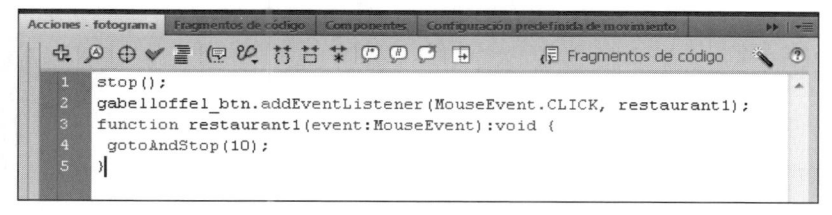

Figura 6.32. Se agrega el código de la función.

Nota: Asegúrese de incluir la llave de cierre o, de lo contrario, la función no surtirá efecto.

La función `restaurant1` contiene instrucciones para saltar al fotograma 10 y detenerse en él.

Hemos terminado con el código del botón `gabelloffel_btn`.

5. Introduzca el código para los tres botones restantes en la siguiente línea de la ventana de código. Puede copiar y pegar las líneas de la 2 a la 5; sólo tiene que cambiar los nombres del botón, el de la función (en dos sitios) y el fotograma de destino. El código completo sería el siguiente:

```
stop();
gabelloffel_btn.
addEventListener(MouseEvent.CLICK,
restaurant1);
function restaurant1(event:MouseEvent):vo
id {
  gotoAndStop(10);
```

Eventos de ratón

La siguiente lista comprende el código ActionScript de los eventos de ratón más comunes. Utilice estos códigos para crear su detector y asegúrese de respetar las mayúsculas y las minúsculas.

A la mayoría de los usuarios les bastará con el primer evento (`MouseEvent.CLICK`) para los proyectos que realicen. Este evento tiene lugar cuando se hace clic con el botón del ratón.

- `MouseEvent.CLICK`.
- `MouseEvent.MOUSE_MOVE`.
- `MouseEvent.MOUSE_DOWN`.
- `MouseEvent.MOUSE_UP`.
- `MouseEvent.MOUSE_OVER`.
- `MouseEvent.MOUSE_OUT`.

```
}
garygari_btn.addEventListener(MouseEvent.
CLICK, restaurant2);
function restaurant2(event:MouseEvent):vo
id {
    gotoAndStop(20);
}
ilpiatto_btn.addEventListener(MouseEvent.
CLICK, restaurant3);
function restaurant3(event:MouseEvent):vo
id {
    gotoAndStop(30);
}
pierreplatters_btn.
addEventListener(MouseEvent.CLICK,
restaurant4);
function restaurant4(event:MouseEvent):vo
id {
    gotoAndStop(40);
}
```

Comandos de ActionScript para navegación

La siguiente lista contiene el código de los comandos para navegación más comunes de ActionScript. Utilícelos cuando cree botones para detener la cabeza reproductora, moverla a fotogramas diferentes o al iniciar la reproducción. Los comandos `gotoAndStop` y `gotoAndPlay` necesitan información o parámetros adicionales, indicados en el interior de los paréntesis.

- `stop();`.

- `play();`.

- `gotoAndStop(númerodefotograma o "etiqueta");`.

- `gotoAndPlay(númerodefotograma o "etiqueta");`.

- `nextFrame();`.

- `prevFrame();`.

Comprobar la sintaxis y dar formato al código

ActionScript puede ser muy quisquilloso y un solo punto fuera de sitio provoca que el proyecto completo se vaya al traste. Afortunadamente, el panel **Acciones** ofrece algunas herramientas para ayudarle a identificar y corregir los errores.

1. Seleccione el primer fotograma de la capa **actions** y abra el panel **Acciones**, si no está ya abierto.

2. Haga clic en el botón **Revisar sintaxis** que hay en la parte superior de dicho panel (véase la figura 6.33).

Flash comprobará la sintaxis de su código. En el panel **Errores de compilador** (Ventana>Errores de compilador) le informará de si el código está libre de fallos o si tiene alguno. Si es correcto, no debería obtener ningún error ni advertencia, como en la figura 6.33.

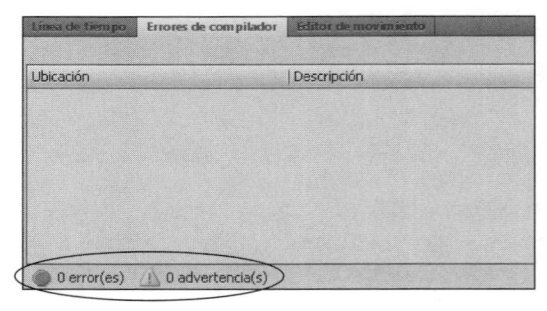

Figura 6.33. Flash le muestra un mensaje con el resultado de la revisión.

3. Pulse sobre el icono de **Formato automático** de la parte superior del panel **Acciones**.

Flash le dará formato a su código, adaptándolo a los espacios y saltos de línea estándar.

> **Nota:** Es posible modificar el formato automático seleccionando **Preferencias** en el menú de opciones que se encuentra arriba a la derecha. Elija **Formato automático** en la columna de la izquierda y seleccione las opciones que desee para su código.

CREAR FOTOGRAMAS CLAVE DE DESTINO

Cuando el usuario haga clic sobre un botón, Flash moverá la cabeza reproductora a un nuevo punto de la Línea de tiempo, conforme a las instrucciones que acaba de programar en ActionScript. Pero aún no ha colocado nada diferente en estos fotogramas en particular. Ése será su próximo paso.

Insertar fotogramas clave con contenidos diferentes

Va a incorporar cuatro fotogramas clave en una nueva capa y a incluir información sobre cada uno de los restaurantes en los nuevos fotogramas clave.

1. Inserte una nueva capa en la parte superior de la pila, pero debajo de la de acciones, y renómbrela como **content** (véase la figura 6.34).

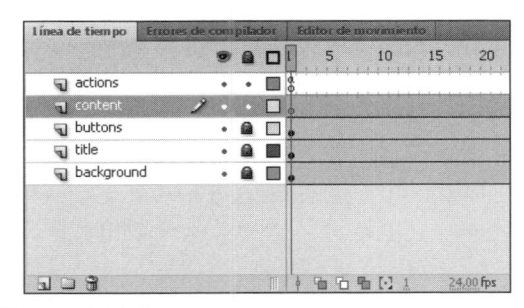

Figura 6.34. Se crea una nueva capa para colocar otro contenido.

2. Seleccione a continuación el fotograma 10 de la capa **content**.

3. Introduzca un nuevo fotograma clave en el fotograma 10. Para ello, seleccione **Insert>Timeline> Keyframe** o pulse **F6** (véase la figura 6.35).

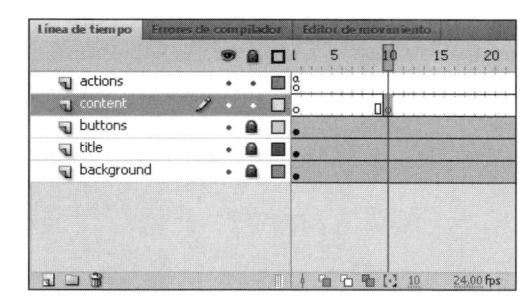

Figura 6.35. Inserción de un fotograma clave en la capa del contenido.

4. Incorpore nuevos fotogramas clave en los fotogramas 20, 30 y 40.

Ahora, la capa **content** de la Línea de tiempo tiene cuatro fotogramas clave vacíos (véase la figura 6.36).

5. Seleccione el fotograma clave 10.

6. En la Biblioteca, expanda la carpeta **restaurant content**. Arrastre el símbolo **gabel and loffel** desde su ubicación hasta el Escenario.

Dicho símbolo es un clip de película que contiene una foto, gráficos y texto sobre el local (véase la figura 6.37).

7. En el **Inspector de propiedades**, asigne a X el valor **60** y a Y el valor **150**. La información del restaurante **gabel and loffel** está centrada en el Escenario y tapa todos los botones (véase la figura 6.37).

8. Seleccione el fotograma clave ubicado en la posición 20.

Crear proyectos interactivos **213**

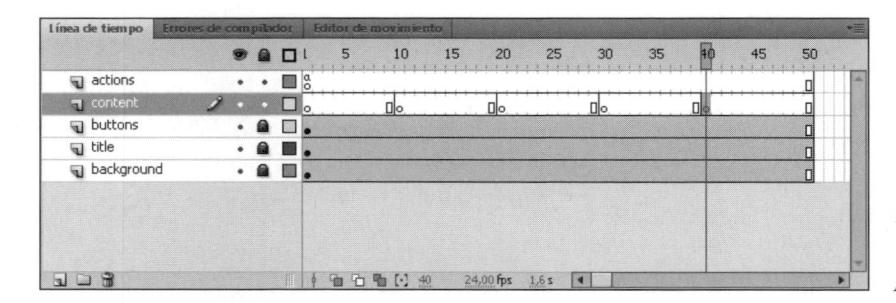

Figura 6.36. Fotogramas clave vacíos en distintos puntos de la capa.

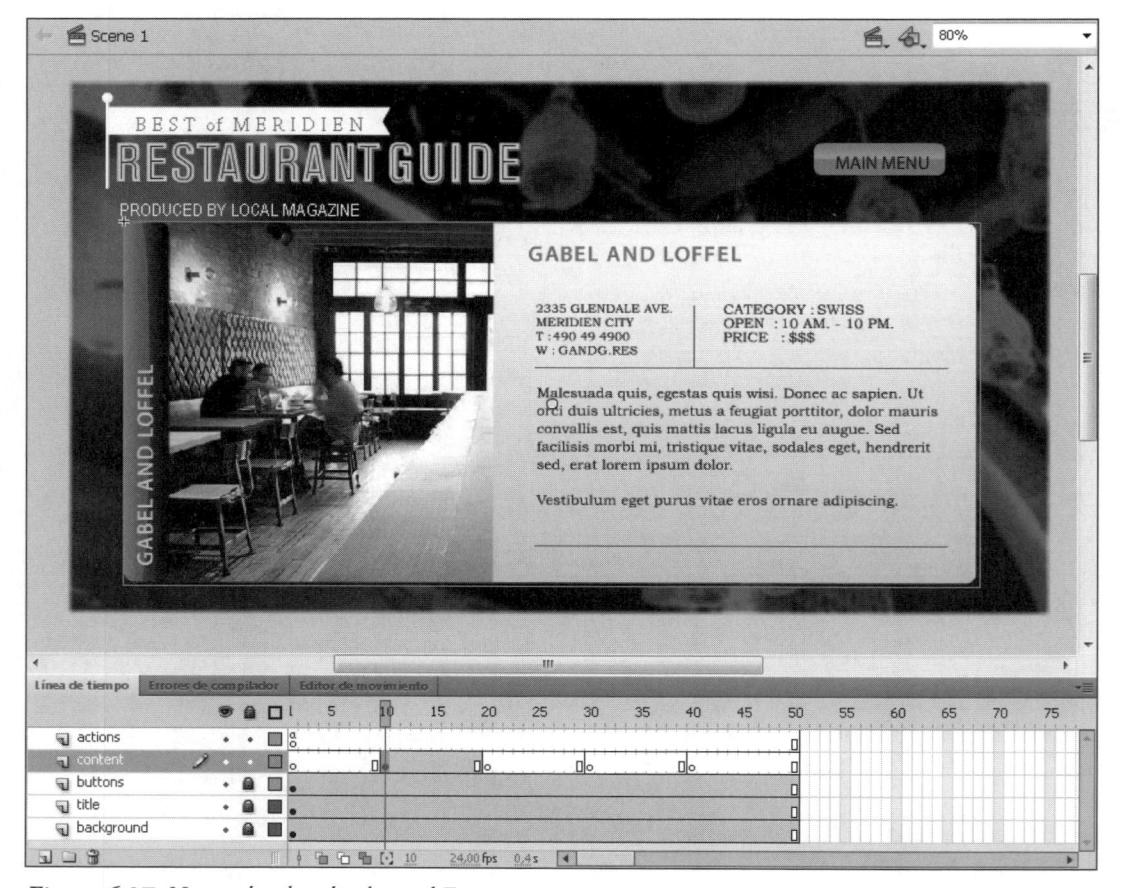

Figura 6.37. Nuevo clip de película en el Escenario.

9. Arrastre el símbolo **gary gari** desde la Biblioteca hasta el Escenario. Es otro clip de película que contiene una foto, gráficos y texto sobre el establecimiento (véase la figura 6.38).

10. En el **Inspector de propiedades**, asigne a X el valor **60** y a Y el valor **150**.

11. Coloque cada uno de los símbolos de clip de película de la carpeta **restaurant folder** de la Biblioteca en los fotogramas correspondientes de la capa **content**. Compruebe que, ahora, cada fotograma clave contiene un clip de película de un restaurante diferente.

Figura 6.38. Otro clip de película desplazado al Escenario.

Poner etiquetas en los fotogramas clave

Nuestro código ActionScript le indica a Flash que vaya a un número de fotograma distinto cuando el usuario haga clic sobre alguno de los botones. No obstante, si decidiera modificar la Línea de tiempo y agregar o eliminar algunos fotogramas, tendría que regresar al código ActionScript y cambiarlo para que coincidiese el número de los fotogramas.

Uno de los modos más fáciles de evitar este problema consiste en utilizar etiquetas en lugar de números de fotograma fijos.

Las etiquetas de fotograma son nombres que asignamos a los fotogramas clave. En lugar de referirnos a los fotogramas clave por su número, hacemos mención a ellos por su etiqueta. Así pues, aunque desplace los fotogramas clave de destino al hacer las alteraciones, las etiquetas seguirán asociadas a sus respectivos fotogramas clave, si bien debe recordar que en ActionScript debe entrecomillarlos para que sean reconocidos.

El comando `gotoAndStop("label1")` hace que la cabeza reproductora se desplace hasta el fotograma clave que tiene la etiqueta `label1`.

1. Seleccione el fotograma 10 de la capa **content**.

2. En el **Inspector de propiedades**, introduzca **label1** en el campo **Nombre** de la sección **Etiqueta** (véase la figura 6.39).

Figura 6.39. Etiquetado del fotograma.

En los fotogramas clave que tengan etiquetas se mostrará una diminuta bandera (véase la figura 6.40).

3. Escoja el fotograma 20 de la capa **content**.

4. En el **Inspector de propiedades**, introduzca **label2** en el campo **Nombre** de la sección **Etiqueta**.

5. Seleccione los fotogramas 30 y 40 e introduzca sus denominaciones correspondientes en el campo **Nombre** de la sección **Etiqueta** del **Inspector de propiedades**: **label3** y **label4**. Aparecerá de nuevo la bandera roja (véase la figura 6.41).

6. Seleccione el primer fotograma de la capa **actions** y abra el panel **Acciones**.

7. En el código ActionScript, cambie todos los números fijos que hay en los comandos `gotoAndStop()` por las etiquetas de los fotogramas correspondientes (véase la figura 6.42):

- `gotoAndStop(10);` debe sustituirse por `gotoAndStop("label1");`.

- `gotoAndStop(20);` debe cambiarse por `gotoAndStop("label2");`.

- `gotoAndStop(30);` debe reemplazarse por `gotoAndStop("label3");`.

- `gotoAndStop(40);` debe sustituirse por `gotoAndStop("label4");`.

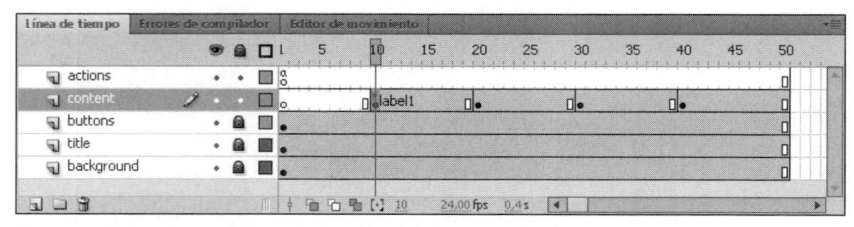

Figura 6.40. Pequeña bandera roja que distingue los fotogramas etiquetados.

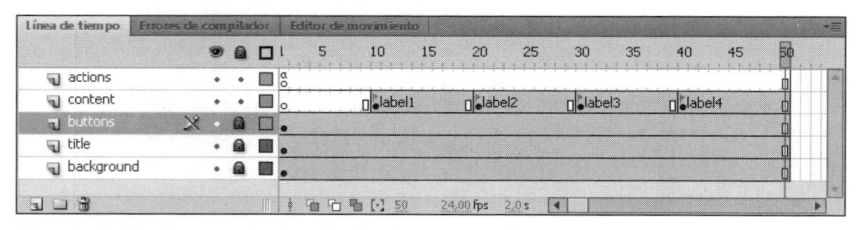

Figura 6.41. Etiquetado de todos los fotogramas clave.

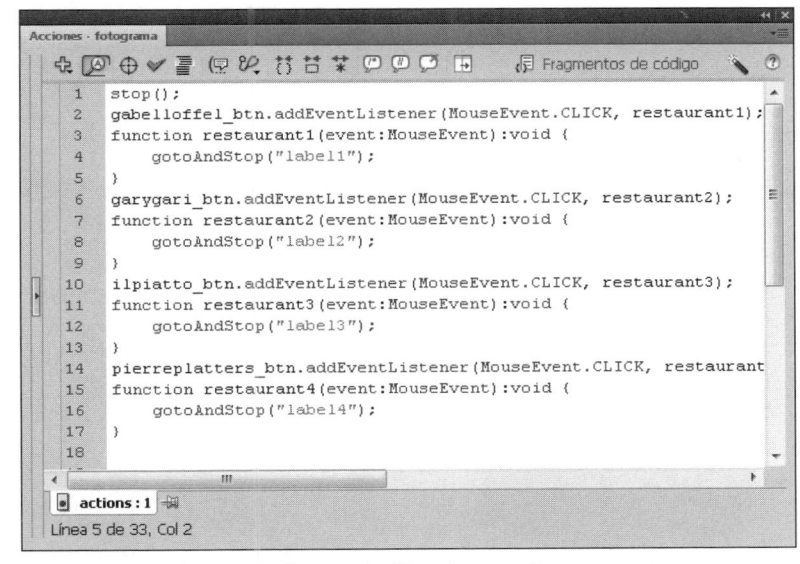

```
1  stop();
2  gabelloffel_btn.addEventListener(MouseEvent.CLICK, restaurant1);
3  function restaurant1(event:MouseEvent):void {
4      gotoAndStop("label1");
5  }
6  garygari_btn.addEventListener(MouseEvent.CLICK, restaurant2);
7  function restaurant2(event:MouseEvent):void {
8      gotoAndStop("label2");
9  }
10 ilpiatto_btn.addEventListener(MouseEvent.CLICK, restaurant3);
11 function restaurant3(event:MouseEvent):void {
12     gotoAndStop("label3");
13 }
14 pierreplatters_btn.addEventListener(MouseEvent.CLICK, restaurant
15 function restaurant4(event:MouseEvent):void {
16     gotoAndStop("label4");
17 }
18
```

Figura 6.42. Ahora todos los gotoAndStop hacen referencia a etiquetas.

El código ActionScript dirige la cabeza reproductora a la etiqueta de un fotograma concreto, en lugar de a un número.

8. Pruebe su película seleccionando **Control> Probar película>En Flash Professional**. Cada botón desplaza la cabeza reproductora a un fotograma clave de la Línea de tiempo, que incluye una etiqueta y un clip de película diferente.

No obstante, como la información de los restaurantes oculta los botones, ello le impide volver al menú original de la pantalla para escoger otro establecimiento. Tendrá que añadir al proyecto otro botón que le sirva para regresar al primer fotograma, algo que hará en la siguiente sección.

CREAR UN BOTÓN DE INICIO

Un botón de inicio simplemente hace que la cabeza reproductora regrese al primer fotograma de la Línea de tiempo o a un fotograma clave en el que se muestra al usuario el conjunto original de opciones

a elegir, llamado de forma habitual menú principal. Para crear un botón que vaya al fotograma 1 se sigue el mismo proceso que para generar los otros cuatro, aunque en esta sección aprenderá a utilizar el nuevo panel **Code Snippets** para incluir ActionScript en su proyecto.

Añadir otra instancia de botón

Tiene disponible un botón de menú principal (o de inicio) en la Biblioteca.

1. Seleccione la capa **Buttons** y desbloquéela, en caso de que esté bloqueada.

2. Arrastre el botón **mainmenu** de la Biblioteca al Escenario. Coloque su instancia en la esquina superior derecha (véase la figura 6.43).

3. En el **Inspector de propiedades**, asigne a X el valor **726** y a Y el valor **60**.

Figura 6.43. Botón de menú principal en el Escenario.

Uso del panel Code Snippets para añadir ActionScript

El panel Code Snippets le proporciona el código ActionScript de uso más frecuente para que pueda añadir fácilmente contenido interactivo a su proyecto Flash. Si no se siente seguro programando sus propios botones, puede utilizar este panel para aprender un poco más. También es posible guardar, importar y compartir código con un equipo de profesionales y hacer así más eficaz el proceso de desarrollo y producción.

1. Escoja primero **Ventana>Fragmentos de código** o, en caso de que ya tenga abierto el panel **Acciones**, haga clic sobre el botón **Fragmentos de código** (Fragmentos de código) de la parte superior derecha. Se le mostrará un grupo de carpetas organizado según su función (véase la figura 6.44).

2. Seleccione el botón **Main Menu** del Escenario.

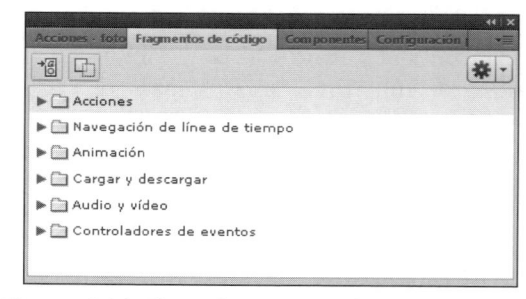

Figura 6.44. El panel Fragmentos de código.

3. En el panel **Fragmentos de código**, expanda la carpeta llamada **Navegación de línea de tiempo** y escoja **Hacer clic para ir al fotograma y detener** (véase la figura 6.45).

4. Pulse en el botón **Añadir al fotograma actual** de la esquina superior derecha del panel (véase la figura 6.46). Flash creará el código necesario para incorporar la interactividad elegida.

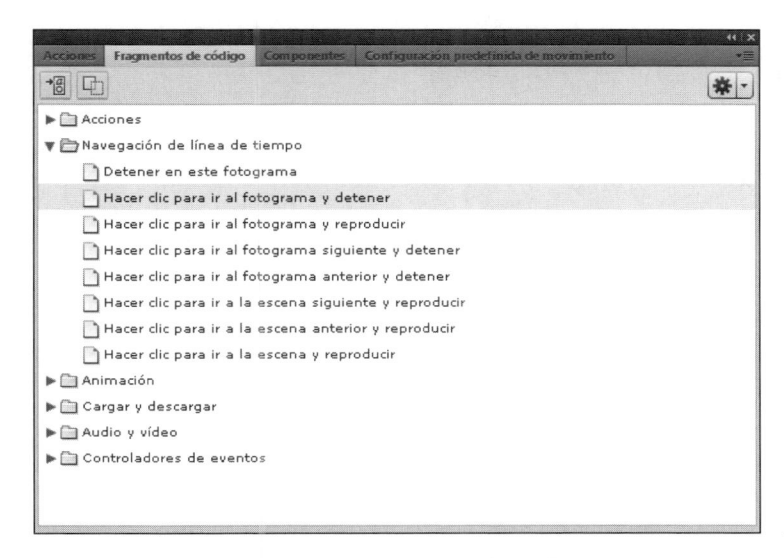

Figura 6.45. La opción Hacer clic para ir al fotograma y detener.

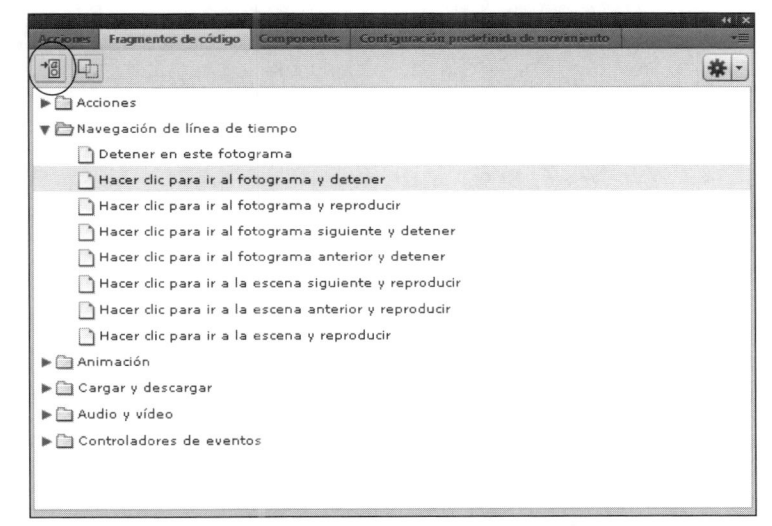

Figura 6.46. El botón Añadir al fotograma actual.

Si no se le ha dado una denominación en concreto a la instancia del botón, se mostrará un cuadro de diálogo (véase la figura 6.47) avisándole de que se le va a asignar un nombre automáticamente. Haga clic en **Aceptar** para cerrar el cuadro de diálogo. El panel Acciones se abre para enseñarle el código que se genera. Flash lo agrega al ya existente en la capa actions. Si todavía no existiese, el propio programa crearía una nueva capa automáticamente. La parte de color gris que hay entre los símbolos /* y */ describe cómo funciona el código y contiene instrucciones para personalizarlo y adaptarlo a la situación (véase la figura 6.48).

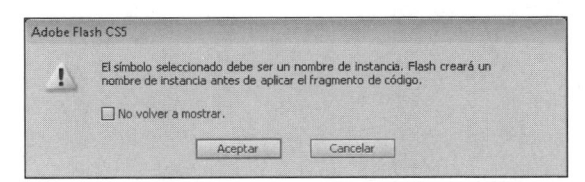

Figura 6.47. Este cuadro de diálogo aparecerá en caso de que no le haya dado un nombre a la instancia.

Crear proyectos interactivos **219**

5. Dentro de la función llamada `fl_ClickToGoToAndStopAtFrame`, sustituya la acción `gotoAndStop(5)` por `gotoAndStop(1)`. Lo que se hace con esto es provocar que la cabeza reproductora regrese al fotograma 1 cuando el usuario haga clic en el botón **Main Menu**, por lo que tendrá que reemplazar el parámetro introducido en `gotoAndStop()`.

6. Escoja **Control>Probar película>En Flash Professional**. Al hacer clic en cada botón, la cabeza reproductora se desplazará a un fotograma clave con una etiqueta diferente de la Línea de tiempo, donde se muestra un clip de película diferente. Al pulsar en **Main Menu** se vuelve al primer fotograma, que muestra los cuatro restaurantes disponibles (véase la figura 6.49).

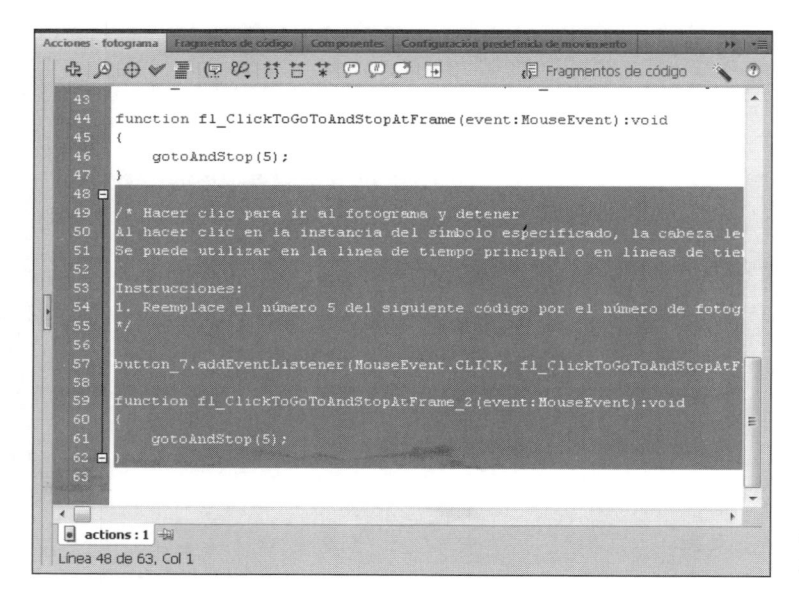

Figura 6.48. Se agrega código al panel Acciones.

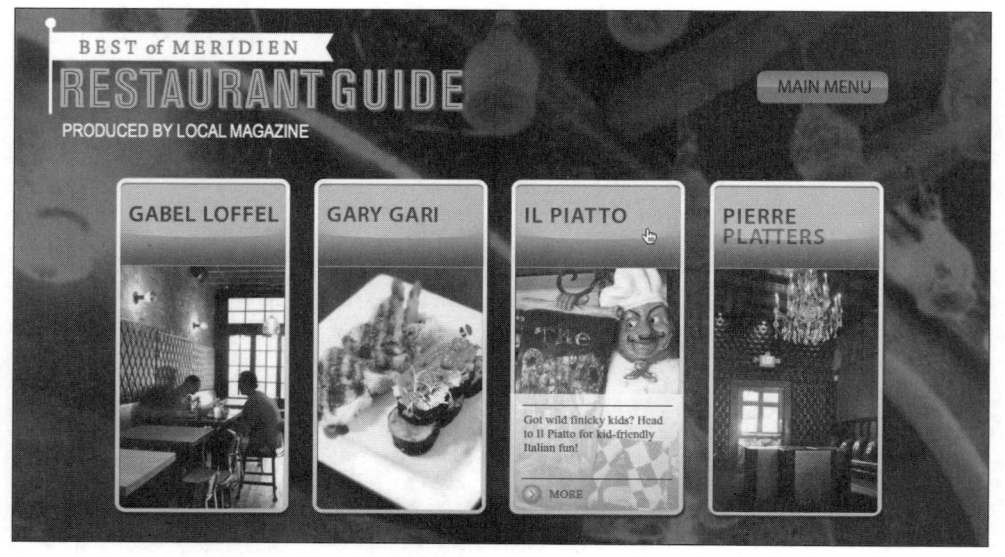

Figura 6.49. Los cuatro restaurantes que se pueden elegir.

REPRODUCIR ANIMACIONES EN EL FOTOGRAMA DE DESTINO

Hasta ahora, este álbum interactivo se ha basado en el comando `gotoAndStop()`, que mostraba las imágenes de diferentes fotogramas clave a lo largo de la Línea de tiempo, pero ¿cómo reproduciría una animación una vez que el usuario ha hecho clic sobre un botón? La respuesta reside en la utilización del comando `gotoAndPlay()`, que desplaza la cabeza reproductora al número o la etiqueta del fotograma indicado en el parámetro y reproduce la película desde ese punto.

Crear animaciones de transición

A continuación, va a crear una breve animación de transición para cada una de las guías de restaurante. Modificará el código ActionScript, indicándole a Flash que se vaya a cada uno de los fotogramas clave y reproduzca la animación.

1. Sitúe la cabeza reproductora en el fotograma etiquetado con **label1** (véase la figura 6.50).

2. Haga clic con el botón derecho del ratón o **Control-clic** sobre la información del restaurante del Escenario y seleccione **Crear interpolación de movimiento** (véase la figura 6.51).

Flash introducirá una capa de interpolación independiente para la instancia, permitiendo proseguir con la interpolación de movimiento (véase la figura 6.52). Haga clic en **Aceptar**.

3. En el **Inspector de propiedades**, seleccione **Alfa** en el menú desplegable de la sección **Efecto de color**.

4. Desplace el deslizador **Alfa** hasta el 0 por 100 (véase la figura 6.53).

La instancia del Escenario se volverá totalmente transparente.

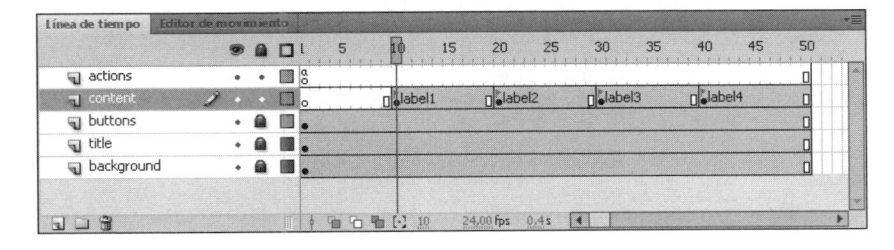

Figura 6.50.
Cabeza reproductora en la etiqueta label1.

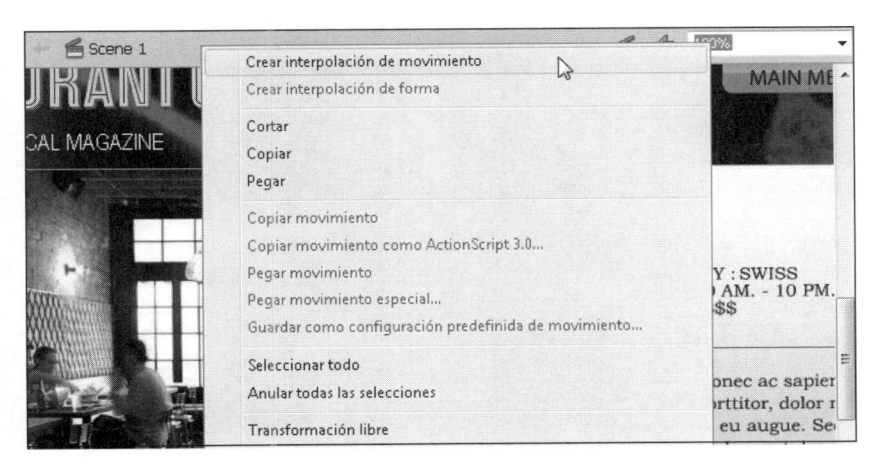

Figura 6.51.
Crear interpolación de movimiento en el menú contextual.

Crear proyectos interactivos

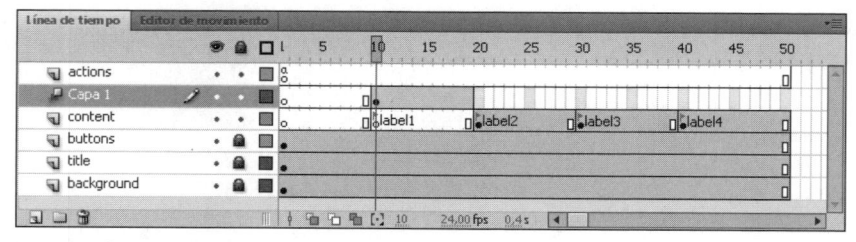

Figura 6.52. Se crea una capa para la interpolación.

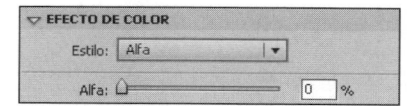

Figura 6.53. El valor de Alfa del 0 por 100.

5. Mueva ahora la cabeza reproductora roja hasta el final del intervalo de interpolación, en el fotograma 19.

6. Seleccione la instancia blanca brillante en el Escenario.

7. En el **Inspector de propiedades**, ponga el deslizador **Alfa** en el 100 por 100 (véase la figura 6.54). La instancia se muestra con un nivel de brillo normal. La interpolación de movimiento que hay entre los fotogramas 10 y 19 expone un suave efecto de fundido de entrada (véase la figura 6.55).

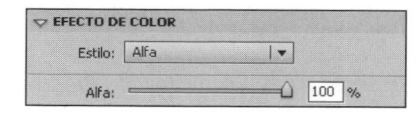

Figura 6.54. El valor de Alfa en el 100 por 100.

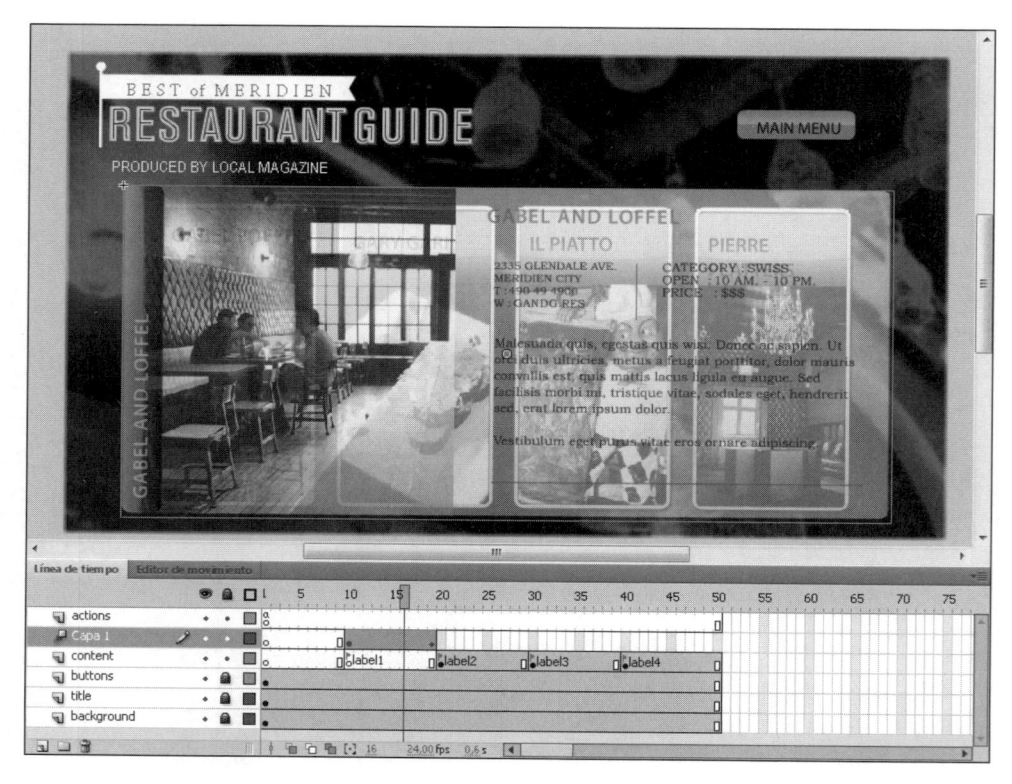

Figura 6.55. Ligero efecto de fundido.

222 Capítulo 6

8. Cree interpolaciones de movimiento similares para el resto de las fotos de los fotogramas clave con las etiquetas `label2`, `label3` y `label4` (véase la figura 6.56).

> **Nota:** Recuerde que puede utilizar el panel **Configuración predefinida de movimiento** para conservar una interpolación de movimiento y aplicarla a otros objetos, con lo que ahorrará tiempo y esfuerzos. Seleccione la primera interpolación de movimiento de la Línea de tiempo y haga clic en **Guardar como configuración predefinida de movimiento**.

Utilizar el comando gotoAndPlay

El comando `gotoAndPlay` hace que la cabeza reproductora de Flash se desplace hasta un fotograma específico de la Línea de tiempo y comience a reproducir desde ese punto.

1. Seleccione el primer fotograma de la capa **actions** y abra el panel **Acciones**.

2. En el código ActionScript, sustituya ahora todos los comandos `gotoAndStop()` por `gotoAndPlay()` (véase la figura 6.57). Deje intacto el parámetro:

- `gotoAndStop("label1");` debe sustituirse por `gotoAndPlay("label1");`.

- `gotoAndStop("label2");` debe cambiarse por `gotoAndPlay("label2");`.

- `gotoAndStop("label3");` debe ser reemplazado por `gotoAndPlay("label3");`.

- `gotoAndStop("label4");` debe sustituirse por `gotoAndPlay("label4");`.

Asegúrese de mantener intacta la función de su botón **Main Menu**, pues lo adecuado es que siga teniendo un comando `gotoAndStop()`.

Ahora, el código ActionScript dirige la cabeza reproductora a una etiqueta de fotograma concreta e inicia la reproducción en ese punto.

> **Nota:** Un modo rápido y fácil de realizar sustituciones múltiples es utilizar la herramienta **Buscar y reemplazar** del panel **Acciones**, accesible desde el menú de opciones de la esquina superior derecha.

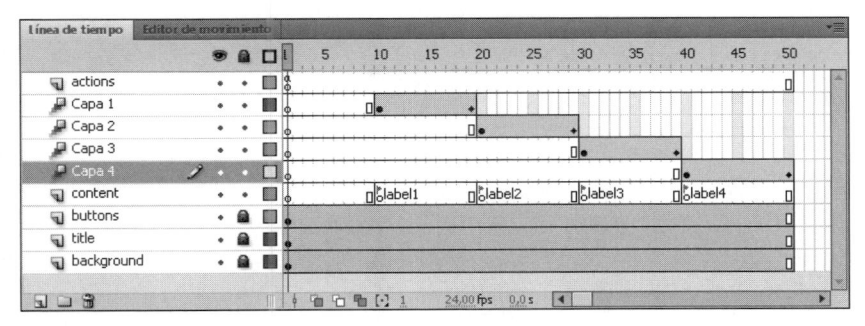

Figura 6.56. Repetición del proceso con los demás fotogramas etiquetados.

```
stop();
gabelloffel_btn.addEventListener(MouseEvent.CLICK, restaurant1);
function restaurant1(event:MouseEvent):void {
    gotoAndPlay("label1");
}
garygari_btn.addEventListener(MouseEvent.CLICK, restaurant2);
function restaurant2(event:MouseEvent):void {
    gotoAndPlay("label2");
}
ilpiatto_btn.addEventListener(MouseEvent.CLICK, restaurant3);
function restaurant3(event:MouseEvent):void {
    gotoAndPlay("label3");
}
pierreplatters_btn.addEventListener(MouseEvent.CLICK, restaurant
function restaurant4(event:MouseEvent):void {
    gotoAndPlay("label4");
}


/* Click to Go To Frame and Stop
Clicking on the specified symbol instance moves the playhead to
Can be used on the main timeline or on movie clip timelines.

Instructions:
1. Replace the number 5 in the code below with the frame number
*/

button_1.addEventListener(MouseEvent.CLICK,
fl_ClickToGoToAndStopAtFrame);

function fl_ClickToGoToAndStopAtFrame(event:MouseEvent):void {
    gotoAndStop(1);
}
```

Figura 6.57. Cambio de los gotoAndStop por gotoAndPlay.

Detener las animaciones

Si prueba ahora su película (**Control>Probar película>En Flash Professional**), observará que cada botón le lleva hasta su etiqueta de fotograma correspondiente y reproduce la película desde ese punto, si bien continúa su reproducción y se muestran todas las animaciones de la Línea de tiempo. El siguiente paso es indicarle a Flash cuándo debe parar.

1. Seleccione el fotograma 19 de la capa **actions**, que es el que hay justo antes del fotograma clave **label2**.

2. Haga clic con el botón derecho del ratón o **Control-clic** y elija **Insertar fotograma clave**. Se incorporará uno nuevo en el fotograma 19 de la capa **actions** (véase la figura 6.58).

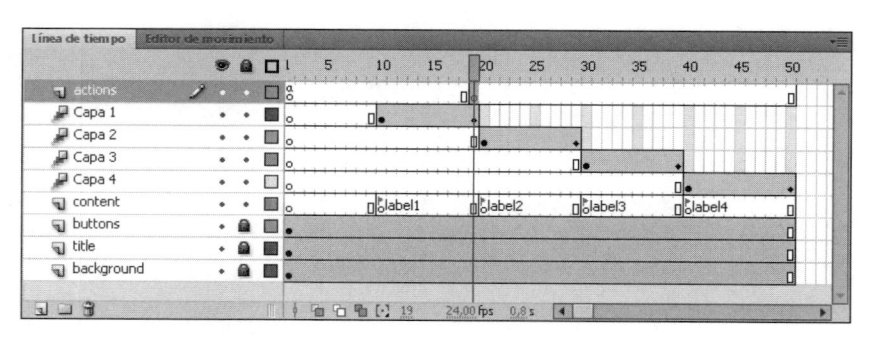

Figura 6.58. Inserción de un fotograma clave justo antes de la etiqueta.

3. Abra el panel **Acciones** y observe que la ventana de código está en blanco. No se preocupe; no ha desaparecido. El código de los detectores de eventos se encuentra en el primer fotograma clave de la capa **actions**. Ahora ha seleccionado uno nuevo en el que agregará un comando para detener la ejecución.

4. Escriba `stop();` en el panel de código (véase la figura 6.59). Flash parará la reproducción al llegar al fotograma 19.

Figura 6.59. *El comando stop detiene la película.*

5. Inserte fotogramas clave en los emplazamientos 29, 39 y 50.

6. En cada uno de ellos incluya un comando `stop` en el panel **Acciones** (véase la figura 6.60).

Nota: Si desea utilizar un método rápido y sencillo para duplicar el fotograma clave que contiene el comando `stop`, mantenga pulsada la tecla **Alt** u **Opción** mientras lo traslada a su nueva ubicación en la Línea de tiempo.

7. Pruebe su película eligiendo **Control>Probar película>En Flash Professional**. Cada botón le llevará a un fotograma clave diferente y reproducirá una corta animación. Cuando ésta termine, la película se detendrá y esperará a que haga clic sobre otro botón.

BOTONES ANIMADOS

Los botones animados muestran una animación en los fotogramas clave **Reposo, Sobre, Presionado** y **Zona activa**.

Al pasar el cursor sobre uno de ellos en el proyecto, aparece el cuadro gris de información adicional. Imagine ahora qué pasaría si este cuadro gris presentara una animación; ello le aportaría más vida y originalidad a la interacción entre el usuario y el botón.

La clave para crearlos reside en desarrollar la animación dentro del símbolo de clip de película y, luego, colocarla en el interior de los fotogramas clave **Reposo, Sobre, Presionado** y **Zona activa** del símbolo de botón.

La animación del clip de película se reproducirá al mostrarse alguno de estos fotogramas clave del botón.

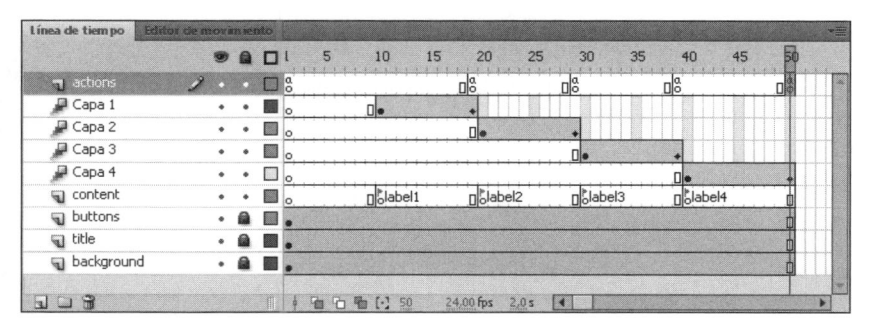

Figura 6.60. *Repetición del proceso en el resto de las etiquetas.*

Crear la animación dentro de un símbolo de clip de película

Los símbolos de botón de este álbum ya contienen el símbolo de clip de película del cuadro gris de información en su estado **Sobre**. Va a modificar el símbolo de clip de película para añadir una animación en su interior.

1. En la Biblioteca, expanda la carpeta **restaurant previews**. Haga doble clic en el icono del símbolo de clip de película de **gabel loffel over info**. Flash pasará a modo de edición de símbolo para este elemento (véase la figura 6.61).

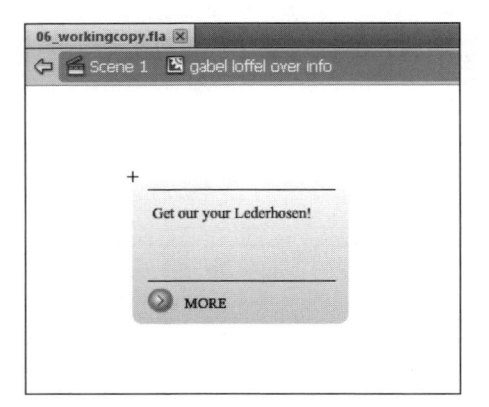

Figura 6.61. Interior del símbolo del cuadro gris.

2. Seleccione todos los elementos visuales del Escenario (**Control /Comando-A**).

3. Haga clic con el botón derecho del ratón o **Control-clic** y elija **Crear interpolación de movimiento** (véase la figura 6.62).

4. En el cuadro de diálogo que se muestra solicitando conformidad para convertir la selección en un símbolo, haga clic en **Aceptar**.

Flash creará una capa de interpolación y agregará un segundo conjunto de fotogramas a la Línea de tiempo del clip de película (véase la figura 6.63).

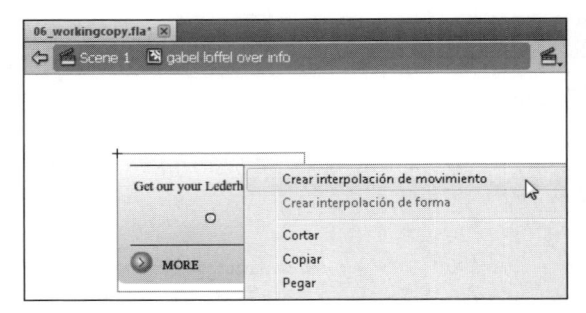

Figura 6.62. Creación de una interpolación de movimiento para la línea.

Figura 6.63. Se crea una capa de interpolación.

5. Arrastre el final del intervalo de la interpolación para que la Línea de tiempo sólo tenga 10 fotogramas (véase la figura 6.64).

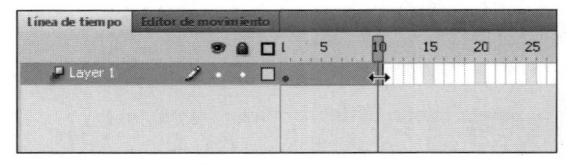

Figura 6.64. Reducción del intervalo.

6. Desplace la cabeza reproductora hasta el fotograma 1 y seleccione la instancia del Escenario.

7. En el **Inspector de propiedades**, escoja **Alfa** en el menú desplegable de la sección **efecto de color** y defínalo al 0 por 100. La instancia del Escenario se volverá transparente.

8. Desplace la cabeza reproductora hasta el final del intervalo de interpolación, en el fotograma 10.

9. Seleccione la instancia transparente del Escenario.

10. En el **Inspector de propiedades**, asigne en el deslizador un Alfa del 100 por 100. Flash creará una suave transición entre las instancias transparente y opaca.

11. Inserte una nueva capa y renómbrela como **actions**.

12. Incorpore otro fotograma clave en el último (el 10) de dicha capa, como indica la figura 6.65.

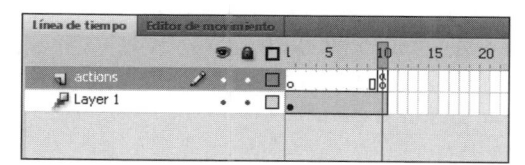

Figura 6.65. Capa destinada a las acciones.

13. Abra el panel **Acciones** (**Ventana>Acciones**) e introduzca `stop();` en el código. Al añadir la acción `stop` en el último fotograma se asegura de que el efecto de fundido de entrada sólo se reproduce una vez.

14. Salga del modo de edición del símbolo haciendo clic sobre el botón **Escena 1** que hay sobre el Escenario.

15. Seleccione **Control>Probar película>En Flash Professional**.

Nota: Si desea que la animación de los botones se enseñe sólo una vez, debe incluir un comando `stop` al final de la Línea de tiempo del clip de película.

Cuando desplace el cursor sobre el primer botón del restaurante, el cuadro de información gris hará un fundido de entrada.

La interpolación de movimiento interna del símbolo de clip de película se reproduce en un bucle infinito y el símbolo del clip de película se encuentra dentro del estado **Sobre** del símbolo del botón (véase la figura 6.66).

Figura 6.66. La animación se muestra al colocar el cursor sobre los botones.

16. Cree interpolaciones de movimiento idénticas con los demás cuadros grises de información para que todos los botones de restaurante presenten una animación.

PREGUNTAS DE REPASO

1. ¿Dónde y cómo se agrega el código ActionScript?

2. ¿Cómo se da nombre a una instancia y por qué es necesario?

3. ¿Cómo se etiquetan los fotogramas y cuándo es útil hacerlo?

4. ¿Qué es una función?

5. ¿Qué es un evento? ¿Qué es un detector de eventos?

6. ¿Cómo se crea un botón animado?

RESPUESTAS

1. El código ActionScript reside en los fotogramas clave de la Línea de tiempo, los cuales están indicados por una pequeña "a" minúscula. El código ActionScript se agrega a través del panel **Acciones**. Seleccione **Ventana>Acciones** o escoja un fotograma clave y haga clic en el icono **Acciones** del **Inspector de propiedades**.

También puede pulsar con el botón derecho del ratón o combinar **Control-clic** y elegir **Acciones**. Introduzca directamente el código en la ventana del panel **Acciones** o bien seleccione los comandos agrupados por categorías en el cuadro de herramientas de la parte izquierda de dicho cuadro. Por último, puede añadir ActionScript a través del panel **Fragmentos de código**.

Seleccione una instancia del Escenario, escoja una interacción y después pulse en el botón **Añadir al fotograma actual**.

2. Para dar nombre a una instancia, selecciónela en el Escenario y escriba en el cuadro de texto **Nombre de instancia**, en el **Inspector de propiedades**. Necesita nombrar una instancia si planea hacer referencia a ella en ActionScript.

3. Para etiquetar un fotograma, seleccione un fotograma clave en la Línea de tiempo y escriba un nombre en el cuadro de texto **Etiqueta**, en el **Inspector de propiedades**. Es posible realizar esta operación en Flash para que sea más fácil referenciar los fotogramas en ActionScript y tener mayor flexibilidad. Así, si desea cambiar el destinatario de un comando gotoAndStop o gotoAndPlay, puede mover la etiqueta en lugar de tener que localizar en el *script* cada referencia al número de fotograma.

4. Una función es un grupo de instrucciones al que puede hacer referencia por el nombre. Recurrir a ella posibilita el uso del mismo grupo de instrucciones sin tener que escribirlas una y otra vez en el mismo *script*. Al detectarse un evento, se ejecuta una función como respuesta.

5. Un evento es una circunstancia desencadenada por un clic sobre un botón, la pulsación de una tecla o muchos otros tipos de entradas que Flash es capaz detectar y a los que puede responder. Un detector de eventos (también llamado gestor) es una función que se ejecuta en respuesta a eventos específicos.

6. Los botones animados muestran una animación en los fotogramas clave **Reposo, Sobre, Presionado y Zona activa**. Para crearlos debe incorporar una animación dentro de un símbolo de clip de película y colocar dicho elemento dentro de **Reposo, Sobre, Presionado** y **Zona activa** de un símbolo de botón. La animación del clip de película se reproducirá al mostrar alguno de estos fotogramas clave del botón.

Capítulo 7

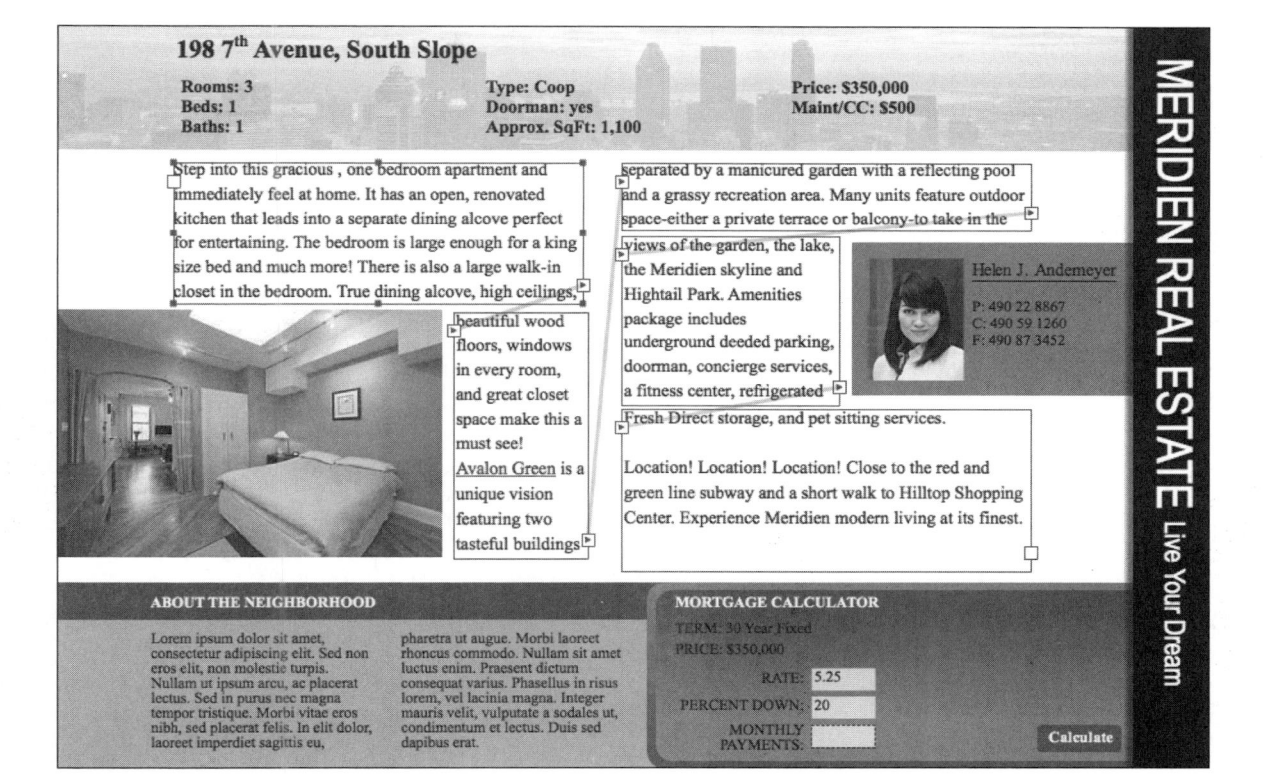

Utilizar texto

Las palabras son fundamentales en los sitios Flash. Aprenda a usar la nueva característica Text Layout Format, para crear títulos, diseños sofisticados y contenido de texto dinámico que se pueda modificar para adaptarlo a las distintas situaciones. En este capítulo aprenderá a:

- Añadir y editar texto en el Escenario.

- Aplicar estilos y opciones de formato.

- Crear texto que se distribuya alrededor de los objetos.

- Incorporar hipervínculos a la redacción.

- Utilizar texto editable para las entradas del usuario.

- Cambiar el contenido de lo que haya escrito dinámicamente.

- Embeber fuentes y emplear las de los dispositivos.

- Cargar texto externo.

Le costará unas dos horas y media completar este capítulo. Si es necesario, borre la carpeta del capítulo anterior de su disco duro y copie la `Lesson07` en él.

INTRODUCCIÓN

Antes de comenzar, visualice el proyecto terminado para ver los diferentes tipos de elementos de texto que creará en este capítulo.

1. Haga doble clic en el fichero `07End.swf` de la carpeta `Lesson07/07End` para reproducir la animación.

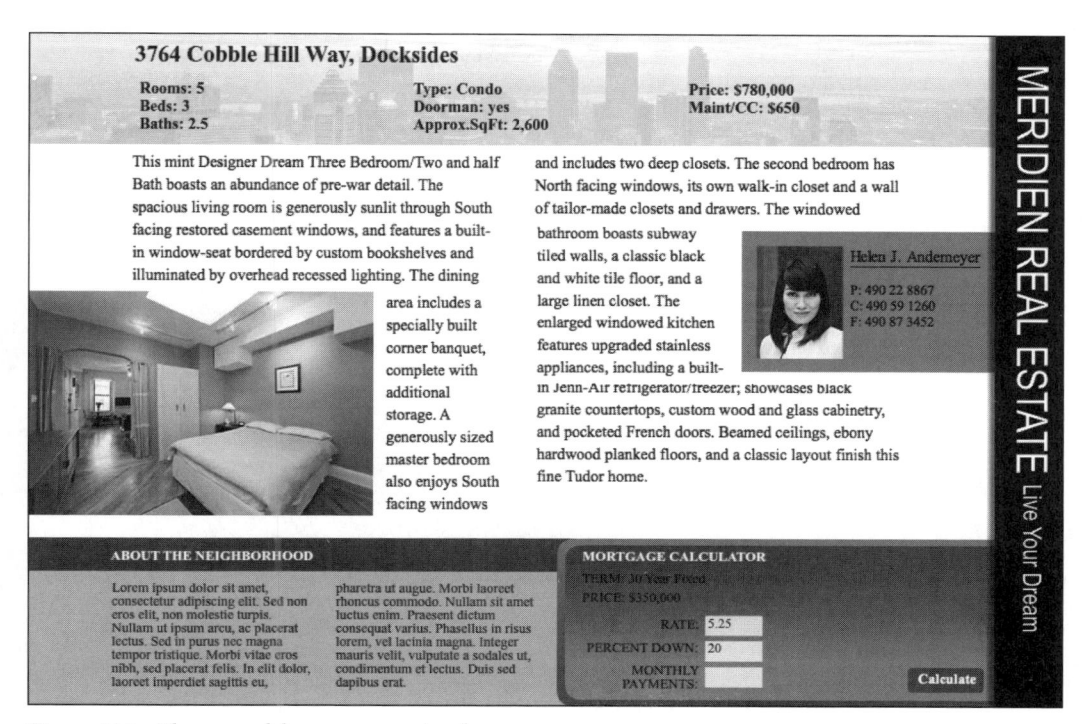

Figura 7.1. *El aspecto del proyecto terminado.*

Utilizar texto 231

Verá un sitio interactivo de un agente inmobiliario en la ciudad ficticia de Meridien, cuya guía de restaurantes completó en el capítulo anterior. Los usuarios pueden consultar la propiedad elegida y su vecindario, o averiguar cuánto tendrán que pagar cada mes gracias al calculador de hipotecas de la parte inferior derecha. Introduzca una nueva tasa, un nuevo valor para el adelanto y haga clic en el botón **Calculate** (calcular) para mostrar el pago estimado.

2. Cierre el fichero `07End.swf`.

3. Haga doble clic a continuación sobre el fichero `07Start.fla` de la carpeta `Lesson07/07Start` para abrir el archivo de proyecto inicial en Flash (véase la figura 7.2).

El Escenario incluye algunos elementos de diseño sencillos para dividir el espacio, con varios creados por defecto y almacenados en la Biblioteca.

4. Escoja **Archivo>Guardar como**. Llame al fichero `07_workingcopy.fla` y guárdelo en la carpeta `07Start`. Grabar una copia del trabajo asegura que el archivo de inicio original esté disponible si quiere volver a empezar de nuevo.

EL TEXTO TLF

Flash Professional CS5 introduce un modo de trabajar con texto que es diferente y mucho más potente en comparación con las anteriores versiones, a causa de la utilización de una funcionalidad llamada Text Layout Format (TLF).

Cuando escoja **Texto** (T) en el panel de herramientas para añadir texto al Escenario, deberá elegir entre **Texto TLF** o **Texto clásico** (véase la figura 7.3).

Figura 7.2. *Imagen del proyecto al empezar.*

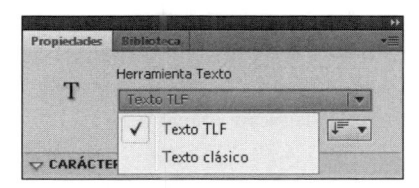

Figura 7.3. *Los dos motores de texto de Flash.*

Escoja **Texto TLF** cuando desee emplear controles más sofisticados para el formato de texto, como puede ser la introducción de varias columnas o el texto envolvente.

En este capítulo conocerá muchas de las funcionalidades propias de esta nueva aplicación. Elija **Texto clásico** si considera que no necesita tal grado de control o si su película está destinada a versiones más antiguas de Flash Player.

El Texto TLF depende de una biblioteca ActionScript externa específica para funcionar adecuadamente. Cuando pruebe o publique una película que lo contenga, se creará un archivo Text Layout con extensión .swz ( ) junto a su archivo .swf, que no es más que la biblioteca ActionScript externa que utiliza el texto TLF.

Al reproducir desde la Web un archivo .swf que contiene Texto TLF, el .swf busca en la biblioteca un par de ubicaciones diferentes. Lo hace en el ordenador local en el que se reproduce, que es donde se suele guardar en caché la biblioteca al hacer un uso normal de Internet, y también en Adobe.com; en caso de no encontrarlo, se dirige a su mismo directorio.

Para que la funcionalidad Texto TLF se ejecute de modo correcto al probar localmente sus películas, debe guardar siempre el archivo .swz junto al .swf. También debería adjuntar el uno al otro cuando lo suba a su servidor Web, por si acaso.

Combinar la biblioteca del Texto TLF

Si no desea conservar el fichero .swz independiente, puede combinar la biblioteca ActionScript requerida con él. Sin embargo, ello incrementará de manera notoria el tamaño de su archivo .swf publicado, por lo que no se recomienda.

1. Escoja ahora **Archivo>Configuración de publicación**. Haga clic en la pestaña **Flash** y pulse en el botón **Configuración** para ActionScript 3.0. También puede realizar esta acción con el botón **Editar** que hay junto a **Configuración de ActionScript** en el **Inspector de propiedades** (véase la figura 7.4). Se abrirá el cuadro de diálogo **Configuración avanzada de ActionScript 3.0**.

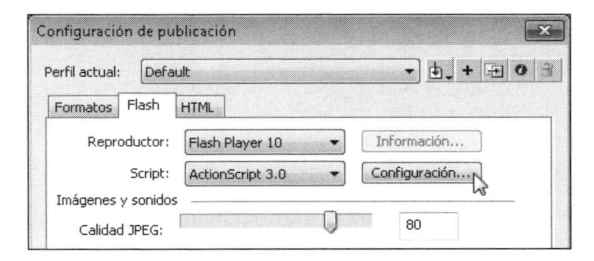

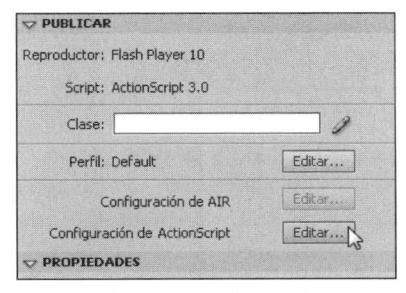

Figura 7.4. *Las dos maneras de acceder a la configuración del ActionScript.*

2. Haga clic en la pestaña **Ruta de biblioteca** (véase la figura 7.5).

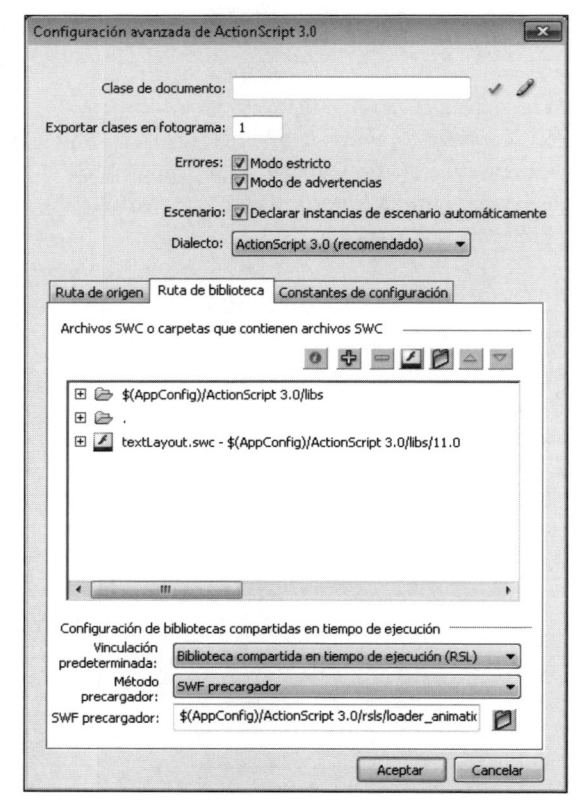

Figura 7.5. *El cuadro de diálogo Configuración avanzada de ActionScript 3.0.*

3. Pulse en el signo de la suma que hay junto al listado **textLayout.swc** de la ventana del cuadro de diálogo. Vea cómo se convierte en el símbolo de la resta, ampliando la información sobre la funcionalidad Texto TLF. Fíjese en que el tipo de vínculo indica que el archivo usa una biblioteca compartida en tiempo de ejecución y que la URL de la biblioteca está en Adobe.com (véase la figura 7.6).

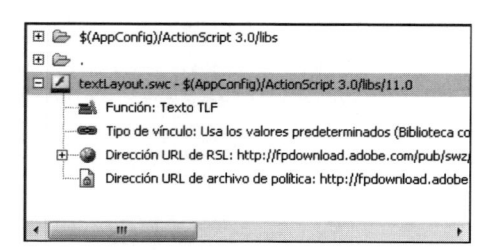

Figura 7.6. *Más datos sobre la funcionalidad Texto TLF.*

4. Dentro de la sección **Configuración de bibliotecas compartidas en tiempo de ejecución**, escoja **Combinado en código** como **Vinculación predeterminada** (véase la figura 7.7).

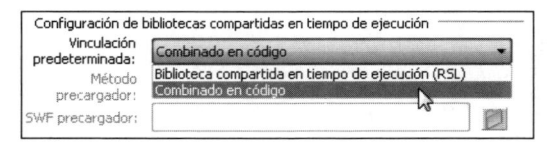

Figura 7.7. *El desplegable Vinculación predeterminada.*

Vea que el tipo de vínculo cambia a **Combinado en código** (véase la figura 7.8).

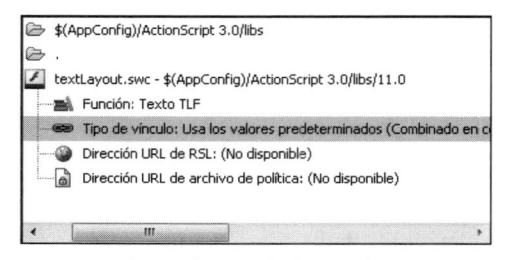

Figura 7.8. *El tipo de vínculo ha cambiado.*

El fichero Flash actual combinará la biblioteca Texto TLF de ActionScript en el .swf publicado si hace clic en **Aceptar** para confirmar estos parámetros. En el proyecto de este capítulo no va a realizar este proceso. Haga clic en **Cancelar** para dejar el ajuste por defecto, **Biblioteca compartida en tiempo de ejecución** como **Vinculación predeterminada**.

AÑADIR UN TEXTO SENCILLO

Empezará por añadir unas simples líneas sueltas con el fin de visualizarlas. Para agregar texto al Escenario, utilice la herramienta **Texto** del panel de herramientas. Una vez lo haya hecho, sea éste de tipo TLF o clásico, podrá editarlo completamente. Así pues, cuando lo cree en cualquier momento, será posible modificarlo después como tal o bien hacer alteraciones en cualquiera de sus propiedades, como el color, la fuente, el tamaño o el alineamiento.

Como ocurre con otros elementos de Flash, es preferible separar el texto en su propia capa para mantenerlo todo organizado. De esta manera, también le será más fácil seleccionarlo, moverlo o modificarlo sin alterar los elementos de las capas inferiores o superiores.

> **Nota:** Logrará separar el texto (**Modificar>Separar**) para convertir cada letra en un objeto de dibujo independiente cuyo trazo y relleno pueda ser cambiado. No obstante, una vez que se haya hecho esto, el texto ya no se podrá editar.

Añadir los títulos

Va a agregar los títulos a varias secciones del sitio del agente para conocer las distintas opciones de formato y estilo.

1. Seleccione la capa **banner** y haga clic sobre el botón **Nueva capa**. Renómbrela como **text** (véase la figura 7.9).

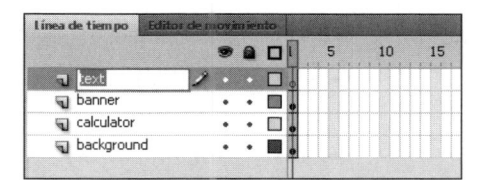

Figura 7.9. *Creación de una nueva capa.*

2. Elija la herramienta **Texto**.

3. En el **Inspector de propiedades**, seleccione **Texto TLF** y **Sólo lectura**. En la sección **Carácter**, escoja **Times New Roman** como **Familia**, **Bold** como **Estilo**, **20,0** como **Tamaño**, **14,0** como **Interlineado** y negro como **Color** (véase la figura 7.10).

Figura 7.10. *Parámetros fijados en el Inspector de propiedades.*

Escoja una fuente similar si no dispone de Times New Roman en su ordenador. Para el Texto TLF dispone de las opciones **Sólo lectura**, **Seleccionable** y **Editable** (véase la figura 7.11).

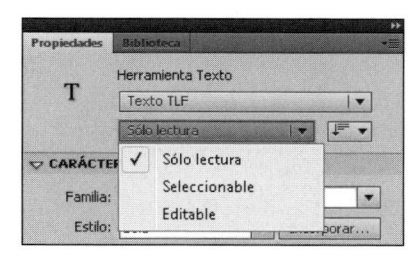

Figura 7.11. *Las opciones del Texto TLF.*

- **Sólo lectura** muestra un texto que el usuario final no puede seleccionar ni modificar.

- **Seleccionable** ofrece al usuario aquella parte que puede marcar o copiar.

- **Editable** enseña todo lo que se puede seleccionar y editar. Esta opción se emplea para los campos de introducción de texto, como los de los controles de acceso. Va a usar esta opción más adelante en este capítulo para crear la calculadora de hipotecas.

4. Haga clic en la esquina superior izquierda del Escenario, donde desee empezar a añadir texto. Empiece por introducir la dirección de la propiedad

indicada, **198 7th Avenue, South Slope**, como indica la figura 7.12. Salga de la herramienta **Texto** escogiendo **Selección**.

Figura 7.12. *Se introduce el nombre de una de las propiedades.*

5. En el **Inspector de propiedades**, sitúe el texto en las coordenadas X=**90** y Y=**10**.

> **Nota:** El registro del texto se encuentra en la esquina superior izquierda de la caja de texto.

6. Escoja de nuevo la herramienta **Texto**.

7. En el **Inspector de propiedades**, seleccione **Texto TLF** y **Sólo lectura**. En la sección **Carácter**, escoja **Times New Roman** como **Familia**, **Bold** como **Estilo**, **12,0** como **Tamaño**, **12,0** como **Interlineado** y blanco como **Color** (véase la figura 7.13).

Figura 7.13. *Parámetros del texto en el Inspector de propiedades.*

8. Haga clic en el *banner* verde oscuro para colocar el comienzo del siguiente elemento de texto e introduzca el título de sección **About the Neighborhood**, como indica la figura 7.14.

Figura 7.14. *Introducción de otro texto.*

> **Nota:** También puede hacer clic y arrastrar con la herramienta **Texto** para definir un cuadro de una anchura y una altura concretos. Siempre es posible cambiar las dimensiones que haya definido con anterioridad para hacer sitio al texto.

9. Cree un tercer elemento de texto en la parte superior de la zona marrón oscuro con el título de sección **Mortgage Calculator**, como indica la figura 7.15.

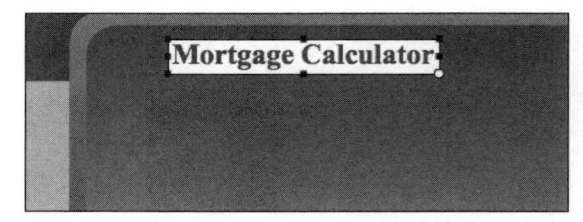

Figura 7.15. *Se incorpora un tercer título de sección.*

10. Coloque el título **About the Neighborhood** en las coordenadas X=**70** y Y=**460** y el **Mortgage Calculator** en X=**480** y Y=**460** (véase la figura 7.16).

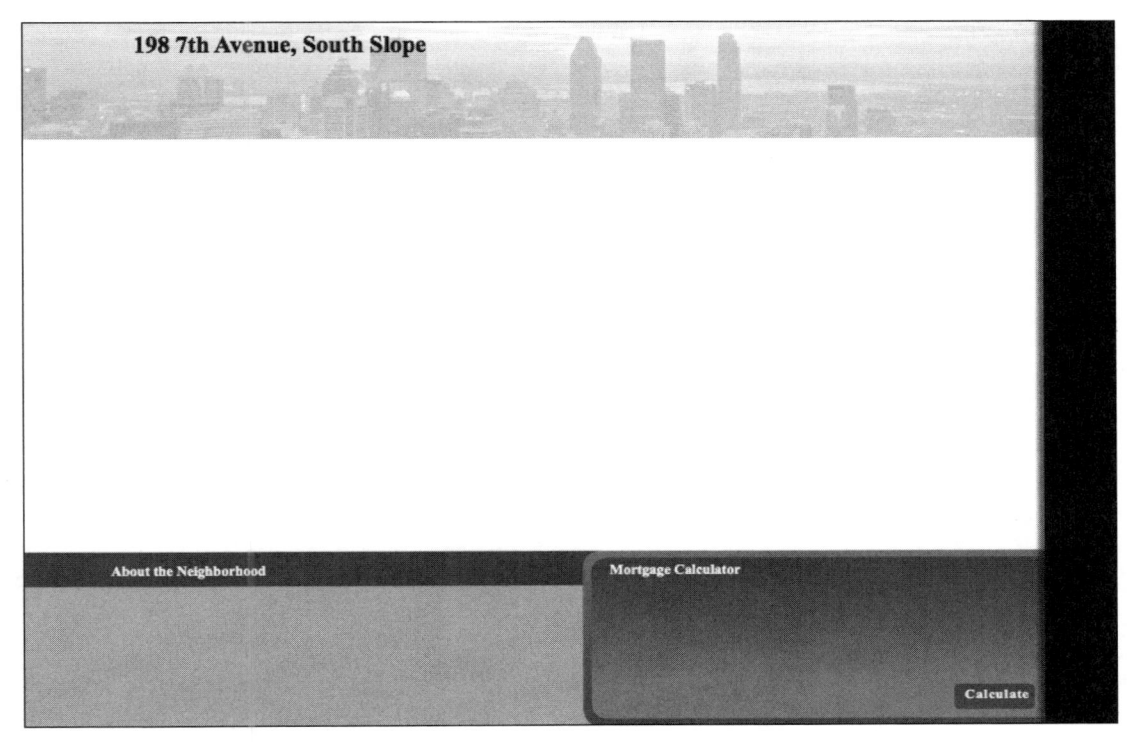

Figura 7.16. *Colocación de los títulos creados.*

Crear texto vertical

Aunque el texto vertical no es lo más común, resultará útil en la creación de estructuras poco usuales y es esencial para mostrar correctamente muchos idiomas asiáticos.

En este capítulo, se servirá de una orientación vertical para el título del *banner* global.

1. Seleccione la herramienta **Texto**.

2. En el **Inspector de propiedades**, escoja **Texto TLF** y **Sólo lectura**. En la sección **Carácter**, seleccione **Arial Narrow** como **Familia**, **Regular** como **Estilo**, **38,0** como **Tamaño** y blanco como **Color** (véase la figura 7.17).

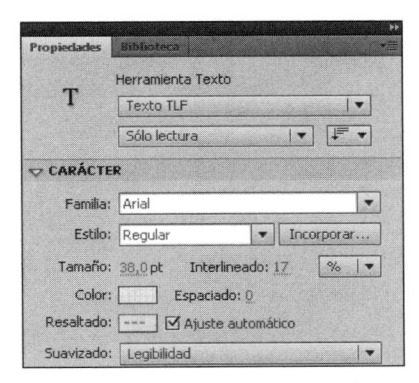

Figura 7.17. *Parámetros del texto vertical.*

3. En el menú desplegable de la orientación, marque a continuación **Vertical** (véase la figura 7.18).

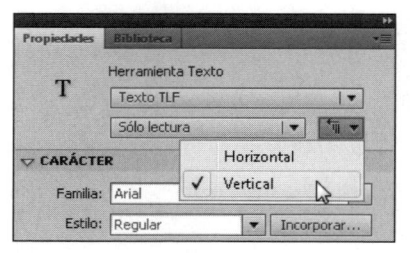

Figura 7.18. *Orientación vertical para el texto.*

> **Nota:** En la sección **Carácter** del **Inspector de propiedades**, puede elegir un valor de 270° para cambiar la orientación de los caracteres individuales, así como las líneas de texto.

4. Haga clic en el *banner* vertical negro para situar el comienzo de su texto e introducir el título **Meridien Real Estate Live Your Dream** (véase la figura 7.19).

Figura 7.19. *Inserción del texto vertical.*

Modificar caracteres

Utilice las opciones de **Carácter** y **Carácter avanzado** del **Inspector de propiedades** para cambiar el modo en el que se muestra su texto. Ya ha empleado colores diferentes, familias de fuentes, tamaños y orientaciones. Ahora va a explorar algunas opciones menos obvias.

1. Haga doble clic en la dirección superior y seleccione los caracteres "th", como indica la figura 7.20.

Figura 7.20. *Selección de dos de los caracteres de la dirección.*

2. En la sección **Carácter** del **Inspector de propiedades**, elija la opción **Alternar superíndice** (véase la figura 7.21).

Figura 7.21. *La opción Alternar superíndice.*

Vea cómo los caracteres "th" se muestran ahora a un tamaño inferior y elevados con respecto al resto (véase la figura 7.22).

Figura 7.22. *Los caracteres "th" reflejan los cambios realizados.*

3. Salga de **Texto** escogiendo la herramienta **Selección** y haga clic en una parte vacía del Escenario para dejar de tenerlo marcado.

4. Mantenga pulsada la tecla **Mayús** y seleccione los dos textos de título de la parte inferior, **About the Neighborhood** y **Mortgage Calculator** (véase la figura 7.23).

Figura 7.23. *Selección de ambos textos.*

5. Dentro de la sección **Carácter avanzado** del **Inspector de propiedades**, escoja **Mayúsculas** en el menú **Caja** (véase la figura 7.24).

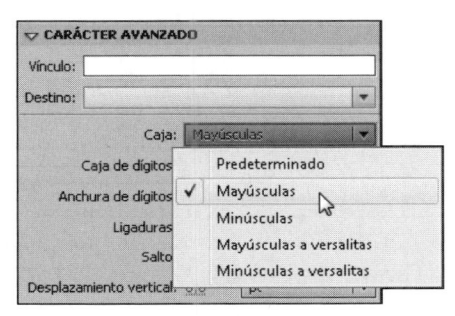

Figura 7.24. *Las opciones del menú Caja.*

Los caracteres de los dos títulos inferiores se mostrarán en mayúsculas (véase la figura 7.25).

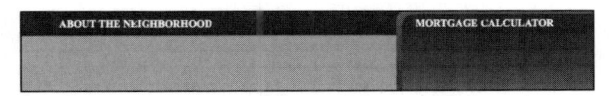

Figura 7.25. *Ahora todas las letras son mayúsculas.*

6. Haga doble clic en el *banner* vertical y seleccione las palabras **Meridien Real Estate**, como indica la figura 7.26.

Figura 7.26. *Selección de parte del texto vertical.*

7. Dentro de la sección **Carácter avanzado** del **Inspector de propiedades**, escoja **Mayúsculas** en el menú **Caja**.

Las palabras seleccionadas en el título pasarán a ser mayúsculas (véase la figura 7.27).

Figura 7.27. *Sólo cambian las letras seleccionadas.*

8. Seleccione las tres últimas palabras del título, **Live Your Dream**.

9. En el **Inspector de propiedades**, cambie el tamaño de la fuente al **22** y el **Desplazamiento vertical** al **6.0** (véase la figura 7.28).

Las palabras marcadas ven reducido su tamaño y se desplazan hacia arriba con respecto a su base (véase la figura 7.29). Las variaciones de este tipo hacen que el diseño sea más atractivo.

Figura 7.28. *Modificación de dos parámetros en el Inspector de propiedades.*

Figura 7.29. *Cambio de título finalizado.*

AÑADIR VARIAS COLUMNAS

Ahora va a seguir completando el trabajo con la descripción de la propiedad y algunos detalles sobre el barrio. El texto aparecerá en columnas diferentes.

En la primera parte añadirá un texto en tres columnas y en la segunda lo dividirá en dos.

1. Escoja la herramienta **Texto**.

2. En el **Inspector de propiedades**, seleccione **Texto TFL** y **Sólo lectura**. En la sección **Carácter**, escoja **Times New Roman** como familia, **Bold** como estilo, **14,0** para el tamaño, **16** para el interlineado y negro para el color. Asegúrese de cambiar de nuevo a texto horizontal (véase la figura 7.30).

Figura 7.30. *Parámetros del nuevo texto.*

3. Haga clic en el *banner* superior horizontal que hay bajo la dirección y arrastre para definir la anchura y altura de una gran caja de texto, como indica la figura 7.31.

4. En la sección **Contenedor y flujo** del **Inspector de propiedades**, introduzca un **3** en la opción **Columnas** (véase la figura 7.32). El cuadro de texto seleccionado mostrará ahora la información en tres columnas.

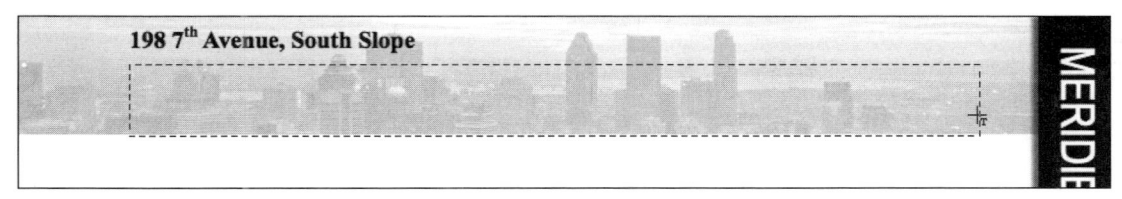

Figura 7.31. *Creación de una caja de texto.*

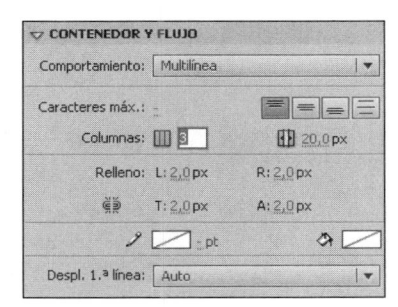

Figura 7.32. *La sección Contenedor y flujo del Inspector de propiedades.*

5. Inserte texto en el cuadro que proporciona los detalles de esta propiedad hipotética, con datos como el número de habitaciones y de camas, por ejemplo (véase la figura 7.33). Pulse **Intro** o **Retorno** después de cada línea. Puede copiar la información del fichero de texto `07SampleRealEstateText1.txt` que se encuentra en la carpeta `07Start folder`.

El texto se muestra en tres columnas. Cuando el de la primera rebase la parte inferior del cuadro, la línea aparecerá en la parte superior de la siguiente.

6. Salga del cuadro de texto escogiendo la herramienta **Selección** y haga clic en algún punto vacío del Escenario para deseleccionar el texto.

7. Elija de nuevo la herramienta **Texto**. Va a crear ahora el correspondiente a la sección **About the Neighborhood**.

8. En el **Inspector de propiedades**, seleccione **Texto TFL** y **Sólo lectura**. En la sección **Carácter**, escoja **Times New Roman** como familia, **Regular** como estilo, **12,0** para el tamaño, **12** para el interlineado y negro para el color (véase la figura 7.34).

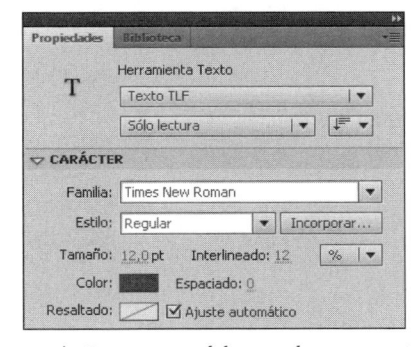

Figura 7.34. *Parámetros del texto de esta sección.*

9. Haga clic en la barra verde inferior que hay bajo el título **About the Neighborhood** y arrastre para crear una caja de texto que ocupe la mayor parte de dicho espacio, como indica la figura 7.35.

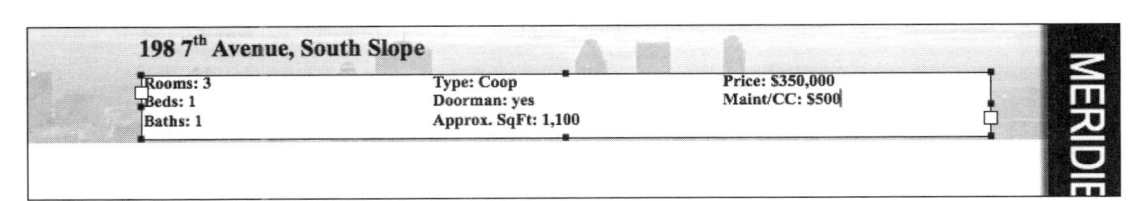

Figura 7.33. *Información sobre la propiedad.*

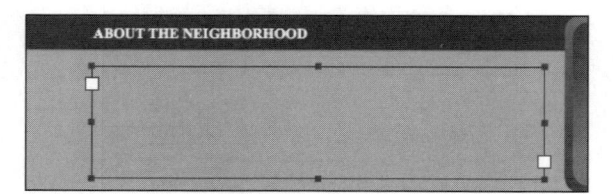

Figura 7.35. *Cuadro de texto en el área verde.*

10. Dentro de la sección **Contenedor y flujo** del **Inspector de propiedades**, introduzca un **2** en la opción **Columnas** (véase la figura 7.36). El cuadro de texto está preparado para mostrar dos columnas.

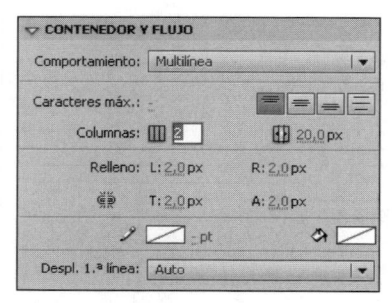

Figura 7.36. *La sección Contenedor y flujo del Inspector de propiedades.*

11. Si no está aún abierto, abra el fichero de texto `07SampleRealEstateText1.txt` de la carpeta `07Start`. Copie la muestra en latín en la sección **About the Neighborhood** y péguela en el cuadro a dos columnas (véase la figura 7.37).

Figura 7.37. *Colocación del texto contenedor en latín.*

Vea ahora cómo se reparte en dos columnas. Cuando el de la primera columna rebase la parte inferior del cuadro, la línea aparecerá en la parte superior de la segunda.

Nota: En la sección **Contenedor y flujo** del **Inspector de propiedades** también puede modificar el margen, el espacio entre columnas y el relleno entre el texto y los límites del cuadro de texto, lo cual le permitirá ajustar mejor la maquetación deseada.

Modificar el cuadro de texto

Si su texto no cabe del todo en el cuadro, Flash mostrará una cruz roja en la esquina inferior derecha indicando que hay más cantidad de la que se ve (véase la figura 7.38).

Figura 7.38. *La cruz roja denota texto desbordado.*

Puede agrandar el cuadro para ver el resto de la siguiente forma:

1. Seleccione la herramienta **Texto** o **Selección**.

2. Mueva el cursor del ratón sobre uno de los cuadrados rellenos de azul que rodean al cuadro de texto.

El puntero pasará a ser una flecha de dos cabezas que indica la dirección en la que podrá modificar el tamaño del cuadro.

3. Haga clic y arrastre el cuadro para hacerlo más alto o más ancho, de manera que quepa todo el texto (véase la figura 7.39).

Figura 7.39. *Se adapta el cuadro al tamaño del contenido.*

> **Nota:** También es posible redimensionar un cuadro de texto introduciendo nuevos valores para la anchura y la altura en el **Inspector de propiedades**. Sin embargo, evite realizar esta acción con el panel **Transformar** o la herramienta **Transformación libre**, pues ello comprimiría o estiraría el contenido, distorsionándolo.

El cuadro adquiere otras dimensiones, de manera que el escrito se reposiciona para adaptarse al nuevo contorno delimitador.

TEXTO ENVOLVENTE

Los largos pasajes de texto son visualmente aburridos. Pero, si es capaz de hacer que estén acompañados por algunas fotografías o elementos gráficos, su diseño será más interesante y agradable desde un punto de vista estético. Eche un vistazo a cualquier revista impresa o digital y comprobará que el texto fluye alrededor de las fotos, contribuyendo a la integración de los elementos de la página.

En esta sección se añadirán algunas ilustraciones al sitio del agente (una presentación de diapositivas y una imagen del agente inmobiliario) y se creará un texto envolvente para ambos. Para hacerlo, conectará cuadros de texto independientes en los que las palabras fluyan de unos a otros como si perteneciese a un único contenedor.

Añadir los gráficos

La presentación de diapositivas y la imagen del agente ya están creados y se encuentran en la Biblioteca.

1. Inserte una nueva capa, renómbrela como **images** y muévala hasta situarla bajo la capa **banner**.

2. En la Biblioteca, seleccione el símbolo de clip de película **photos** (véase la figura 7.40).

Figura 7.40. *El clip de película photos.*

3. Desplácelo desde la Biblioteca hasta el Escenario. Ponga la instancia del clip en las coordenadas X=**0** y Y=**230** (véase la figura 7.41). El clip de película contiene interpolaciones de movimiento de varias fotografías con fundidos de entrada y salida. Las animaciones de los clips son independientes de la Línea de tiempo principal y sólo se reproducen cuando se prueba la película (Control>Probar película>En Flash Professional).

4. Arrastre el símbolo de clip de película **contact** desde la Biblioteca hasta el Escenario. Colóquelo en las coordenadas X=**620** y Y=**175** (véase la figura 7.42). El clip del agente inmobiliario y su información de contacto sólo consisten en una imagen estática.

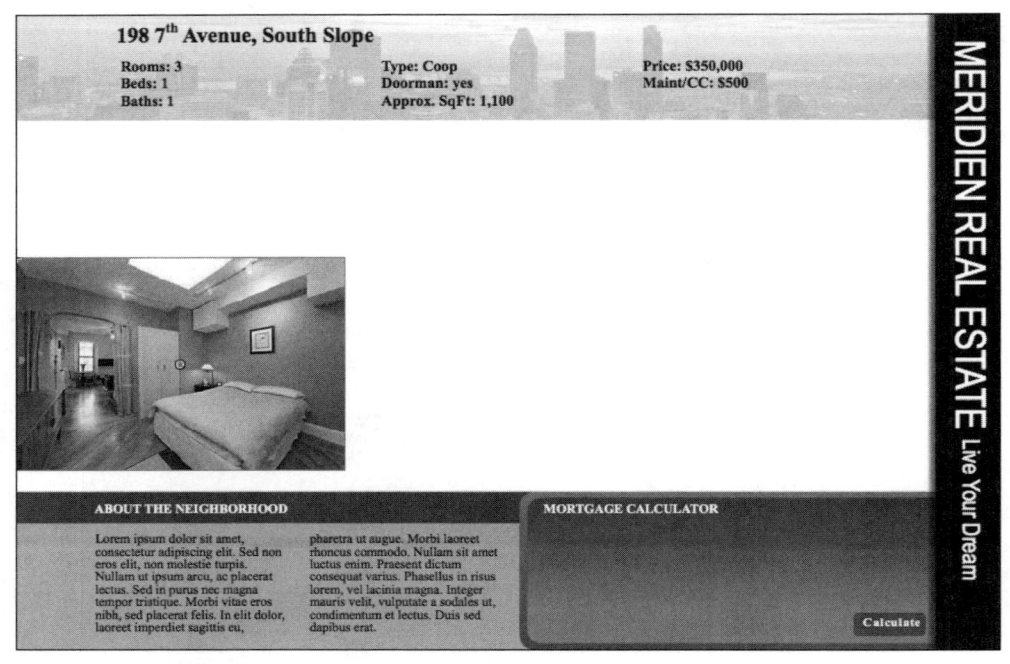

Figura 7.41. *Ubicación de la instancia del clip.*

Figura 7.42. *Ubicación de la instancia de este otro clip.*

244   Capítulo 7

Conectar los cuadros de texto

Ahora va a disponer varios cuadros de texto alrededor de los elementos gráficos.

1. Seleccione la herramienta **Texto**.

2. En el Inspector de propiedades, escoja Texto TFL y Sólo lectura. En la sección Carácter, escoja Times New Roman como familia, Regular como estilo, **14,0** para el tamaño, **20** para el interlineado y negro para el color (véase la figura 7.43).

Figura 7.43. *Parámetros del texto.*

3. Haga clic y arrastre el primer cuadro de texto, que ocupará el espacio que hay sobre la foto del dormitorio y cuyo borde derecho se extiende hasta la mitad del Escenario (véase la figura 7.44).

No se preocupe si no es demasiado preciso, pues siempre podrá ajustar el tamaño y la posición más adelante.

4. Una vez introducido el primero, haga clic en el cuadro vacío de la esquina inferior derecha del cuadro de texto, como indica la figura 7.45.

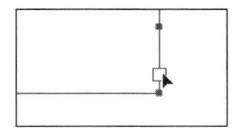

Figura 7.45. *Pequeño cuadrado azul del cuadro de texto.*

El cursor se convertirá en un icono que representa la esquina de un cuadro de texto ( ).

5. Pulse y arrastre para crear el segundo cuadro de texto, justo a la derecha de la instancia del clip **photos**, como indica la figura 7.46.

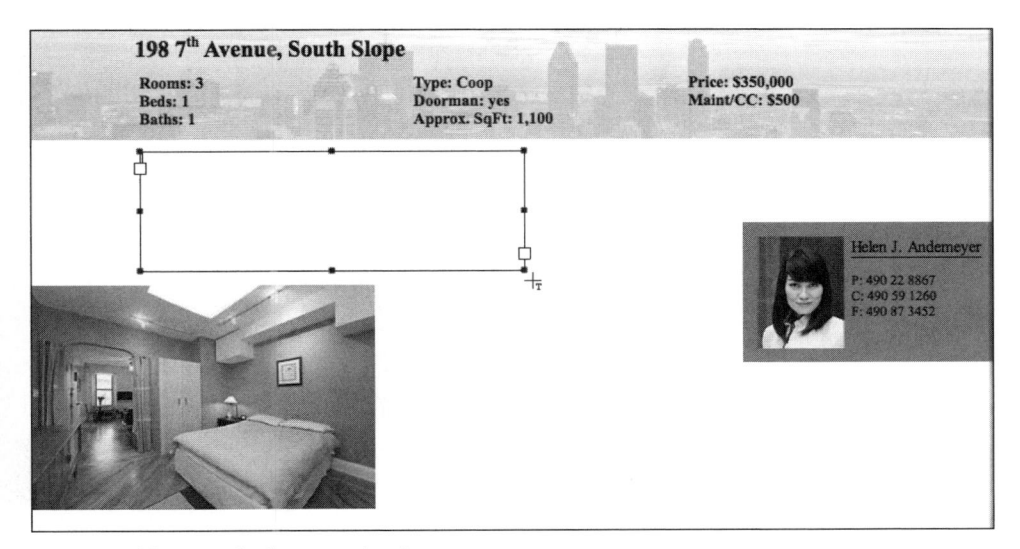

Figura 7.44. *Trazado de un cuadro de texto.*

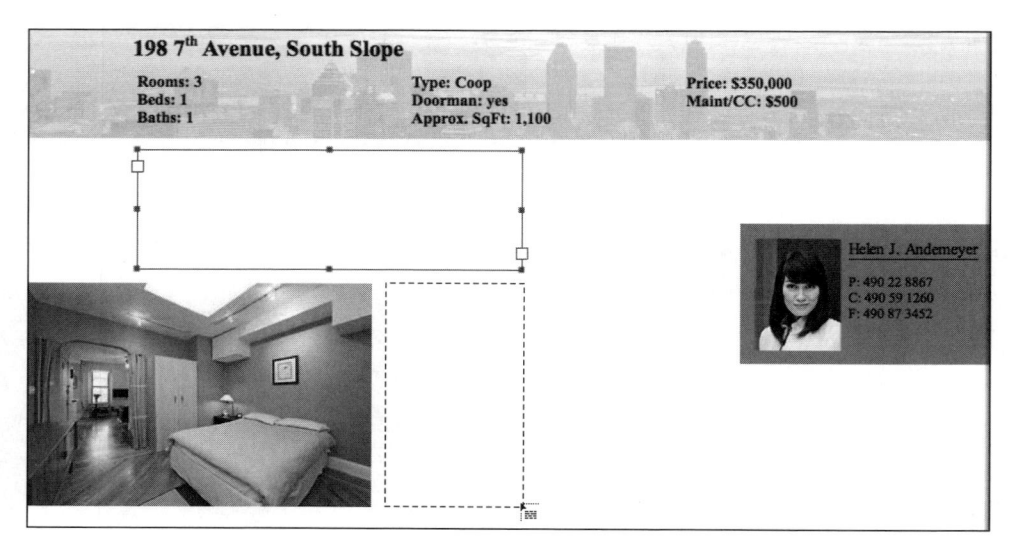

Figura 7.46.
Trazado de un segundo cuadro.

Al soltar el botón del ratón, el segundo cuadro de texto quedará conectado al primero. Dicho vínculo se indica con una línea azul (véase la figura 7.47).

Nota: Si simplemente hace clic en el Escenario para definir el segundo cuadro, Flash creará uno que tendrá un tamaño idéntico al anterior.

6. Pulse en el cuadro de texto de la esquina inferior derecha del segundo. Luego pinche y arrastre para crear un tercero sobre la información de contacto del agente inmobiliario (véase la figura 7.48).

7. Siga poniendo cuadros conectados hasta tener cinco, para que el texto pueda fluir alrededor de la foto y el agente inmobiliario (véase la figura 7.49).

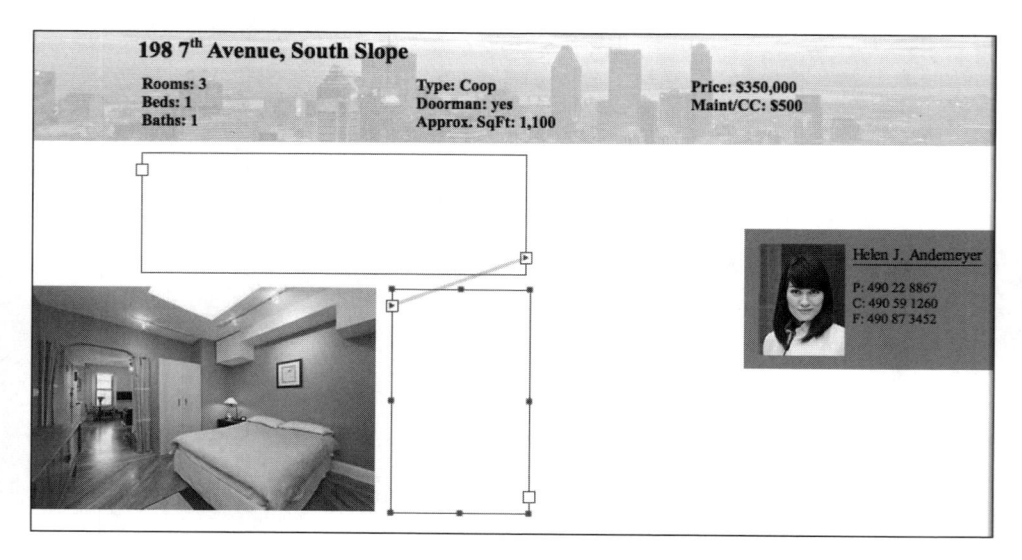

Figura 7.47.
Los dos cuadros están conectados.

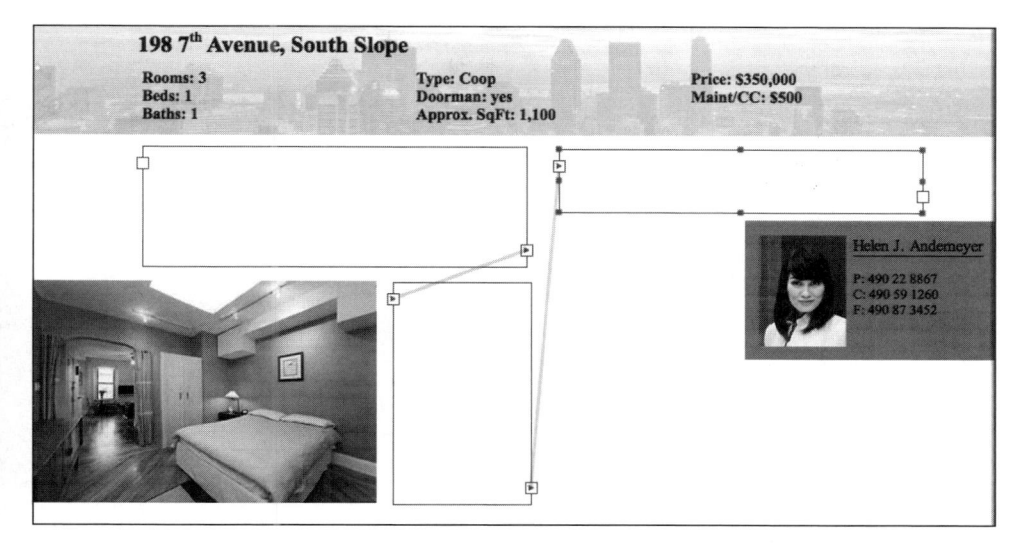

Figura 7.48.
Tercer cuadro de texto.

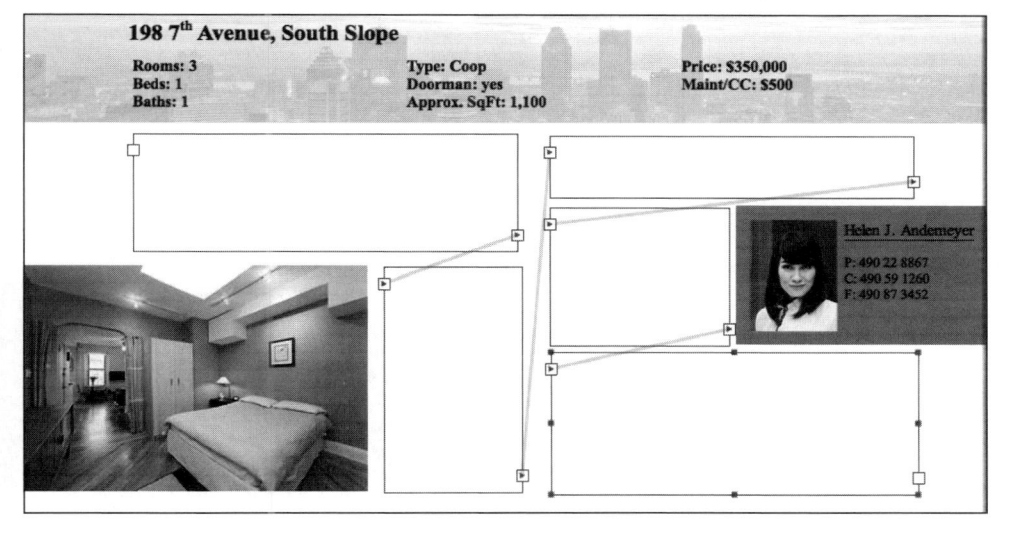

Figura 7.49.
Cinco cuadros de texto en el Escenario.

Agregar contenido a los cuadros de texto conectados

A continuación, va a llenar de texto los cuadros de texto que ha enlazado. Comience por el primero; cuando el texto rebase el límite de uno, continuará fluyendo por el siguiente de manera automática.

1. Si no está abierto aún, abra el archivo `07SampleRealEstateText1.txt` de la carpeta `07Start`.

2. Copie la descripción de la propiedad.

3. Haga doble clic en el primer cuadro del Escenario y pegue el texto (véase la figura 7.50).

Pulse en el Escenario (fuera de los cuadros de texto) para dejar de tenerlos seleccionados y ver cómo fluye el texto alrededor de las imágenes. Ajuste el tamaño o la ubicación para precisar más cómo pasa de un cuadro a otro (véase la figura 7.51).

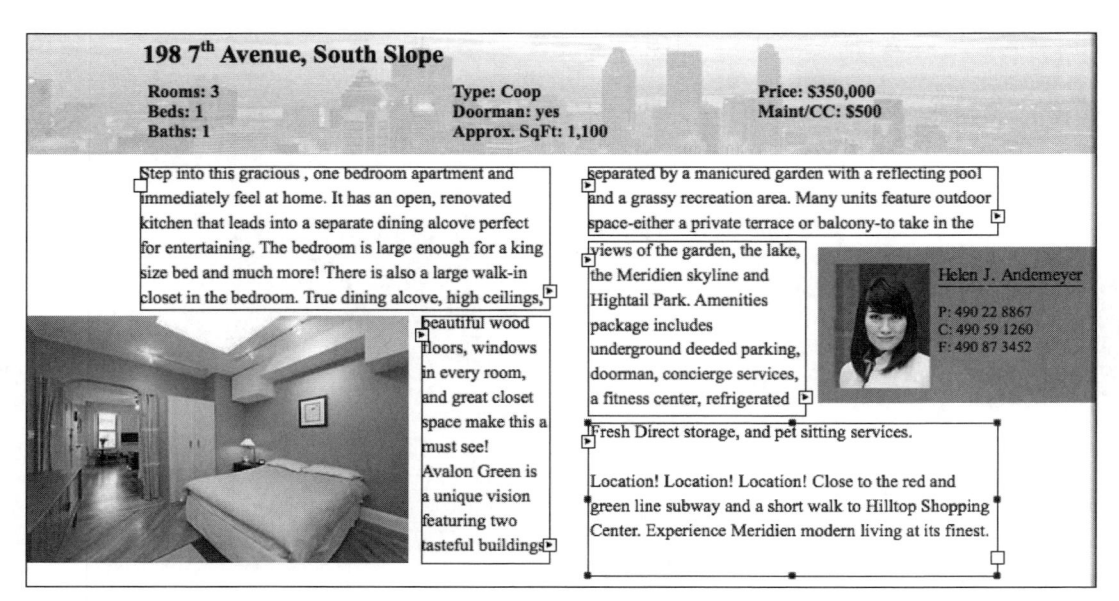

Figura 7.50. *Incorporación del texto copiado.*

Figura 7.51. *Desaparición de los cuadros para ver el resultado.*

Nota: Maneje los cuadros como si fueran un solo contenedor. Al añadir, borrar y modificar el texto, el contenido pasará de uno a otro, adaptándose. Puede seleccionar de una vez todo el contenido de los cuadros conectados accediendo a **Edición>Seleccionar todo**.

Borrar e insertar cuadros de texto

Si tiene que cambiar la manera en que fluye el texto, siempre es posible borrar los cuadros de texto conectados o agregar otros nuevos. Las conexiones se conservarán.

1. Marque el segundo cuadro conectado con la herramienta **Selección** (véase la figura 7.52).

2. Pulse la tecla **Supr** del teclado. Esto borrará el segundo cuadro de texto del Escenario pero los demás mantendrán sus conexiones. El primero está ahora conectado al tercero, situado en la parte superior de la segunda columna. Observe que el último muestra una cruz roja en su esquina inferior derecha, indicándole la imposibilidad de enseñar el texto que no cabe (véase la figura 7.53).

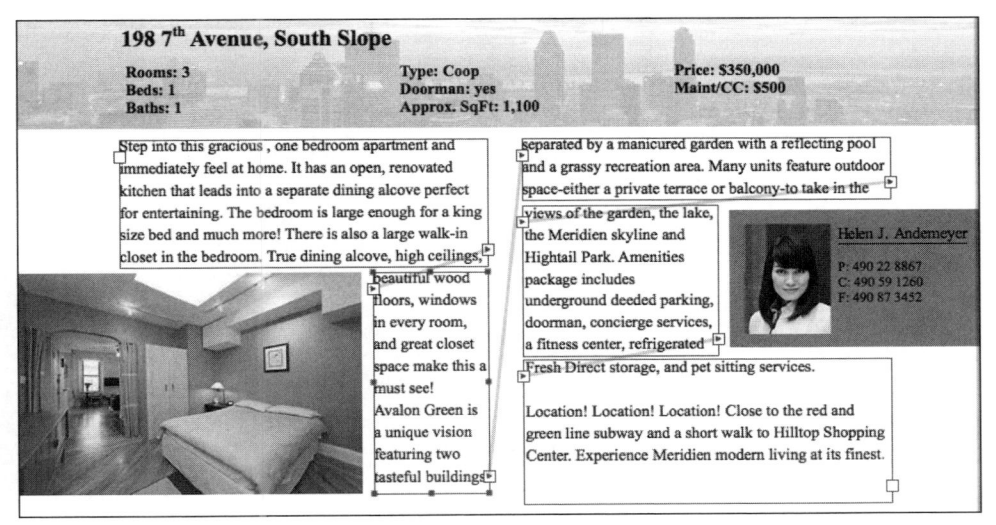

Figura 7.52. *Selección del segundo cuadro.*

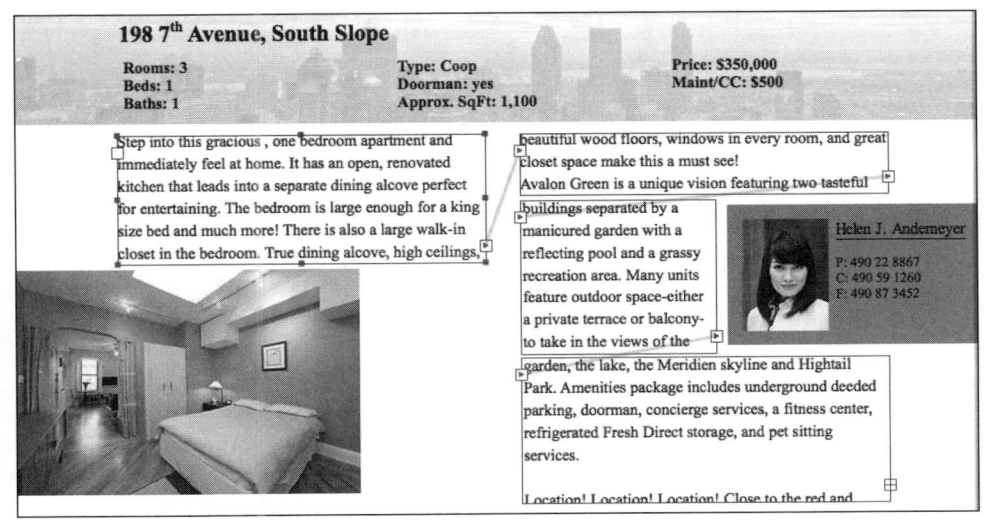

Figura 7.53. *Al suprimir uno de los cuadros no hay espacio para el texto.*

3. Haga clic en el cuadro que contiene la pequeña cabeza de flecha de la esquina inferior derecha del primer cuadro de texto.

4. Pulse sobre él y desplácelo para restaurar el que acaba de borrar (véase la figura 7.54).

Entre los cuadros que se encuentran conectados se insertará uno nuevo, con lo cual el texto se recolocará, rellenando también el nuevo contenedor (véase la figura 7.55).

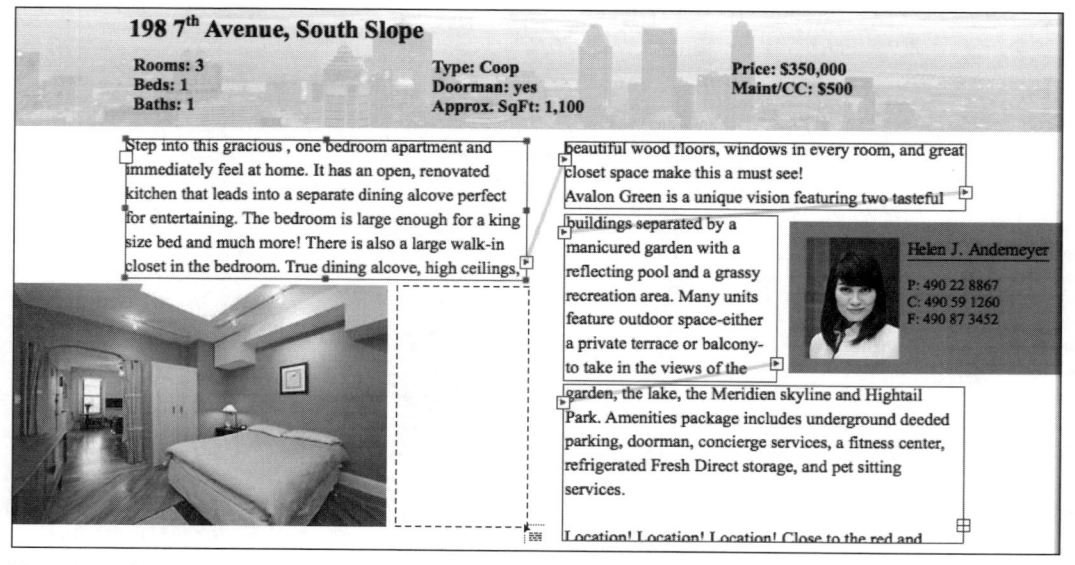

Figura 7.54. *Recuperación del elemento borrado.*

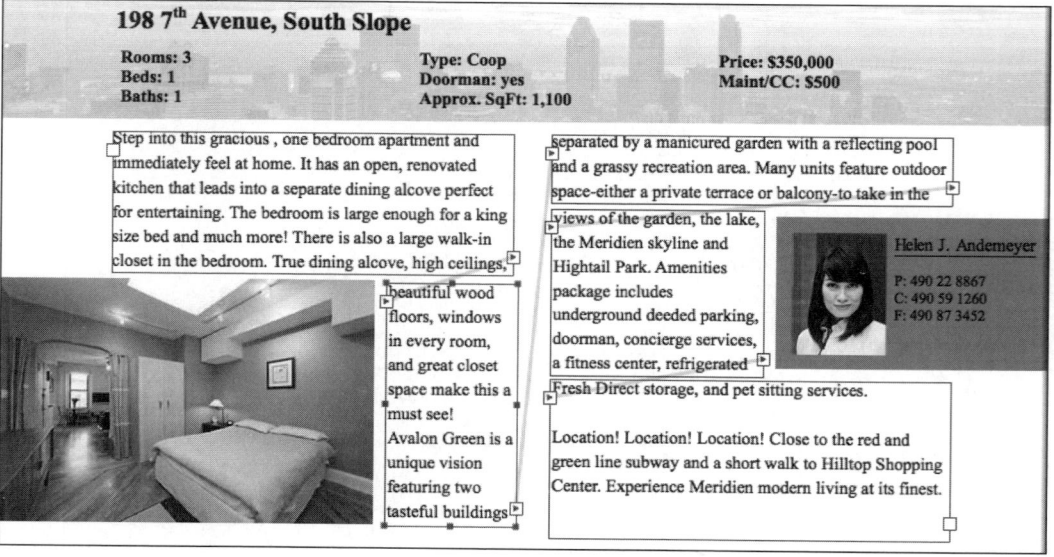

Figura 7.55. *El texto vuelve a adaptarse a los contenedores existentes.*

Desconectar y reconectar cuadros de texto

Las conexiones entre los cuadros de texto se pueden romper, así como crear otras nuevas.

1. Haga clic en el cuadro que contiene la pequeña cabeza de flecha de la esquina inferior derecha del primer cuadro de texto ( ).

2. Mueva su cursor sobre el segundo. El puntero pasará a ser un icono de vínculo roto ( ), lo cual le indica que puede romper la conexión con el cuadro de texto que está actualmente bajo su cursor.

3. Haga clic en el segundo cuadro de texto. Con esto inhabilitará el vínculo entre el primero y el segundo. Así, el contenido no irá del primer cuadro a los demás (véase la figura 7.56).

4. Ahora restablecerá la conexión. Haga clic en el cuadro rojo de la esquina inferior derecha del primer cuadro de texto y desplace su cursor sobre el segundo.

El puntero se convertirá ahora en un icono de vínculo ( ), lo cual le indica que puede establecer una conexión con el cuadro de texto que está actualmente debajo.

5. Pulse a continuación en el segundo cuadro (véase la figura 7.57).

Ahora el primero está vinculado de nuevo al segundo. El texto vuelve a fluir por los cinco cuadros (véase la figura 7.58).

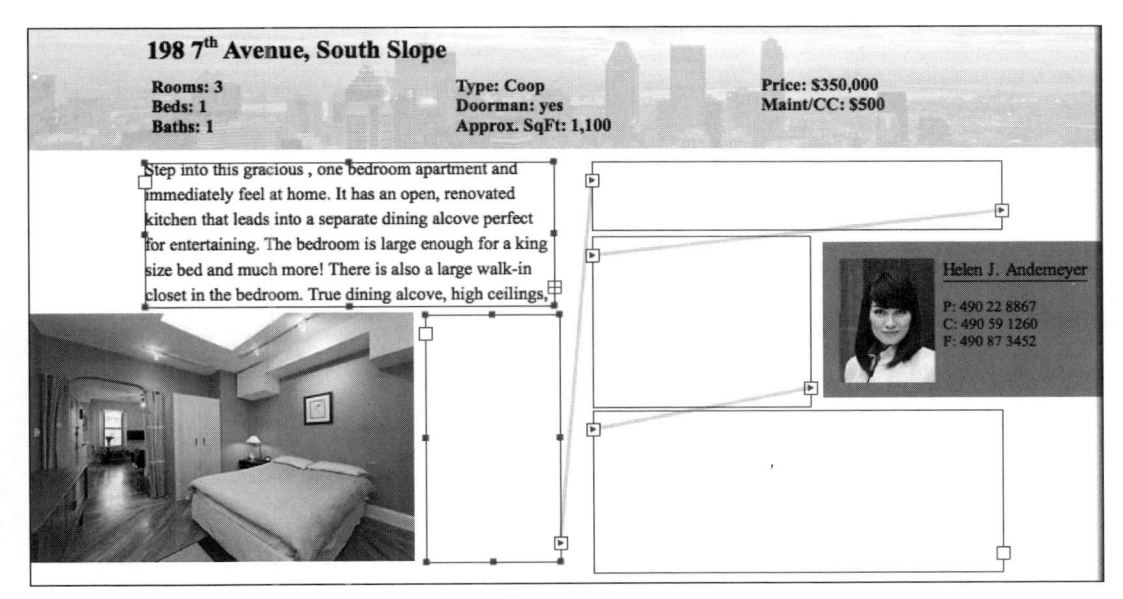

Figura 7.56. *El texto se queda en el primer cuadro.*

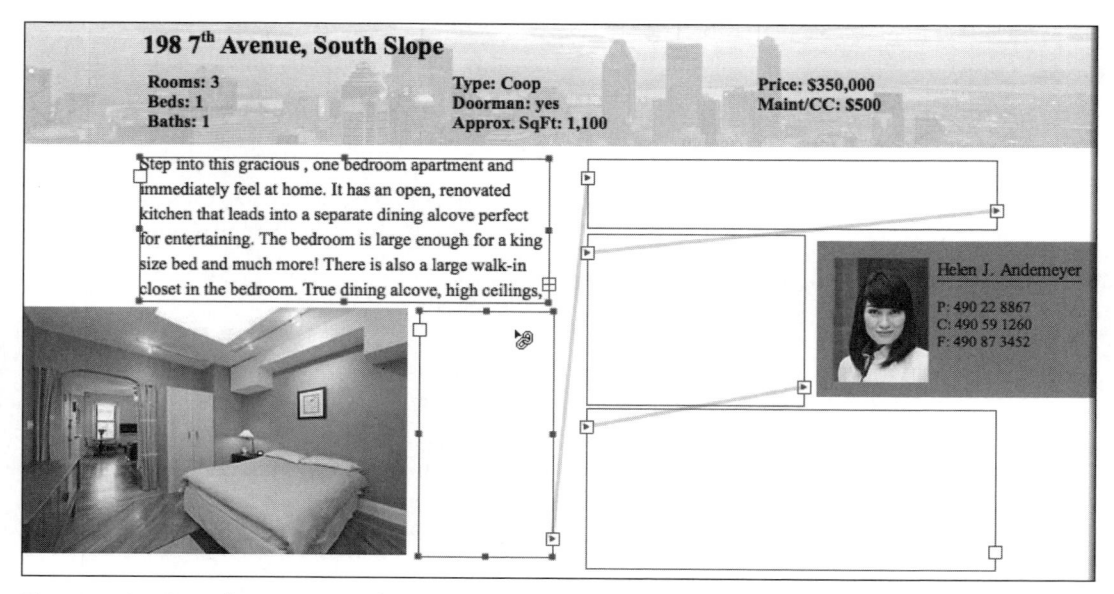

Figura 7.57. *Se vuelven a conectar los cuadros de texto.*

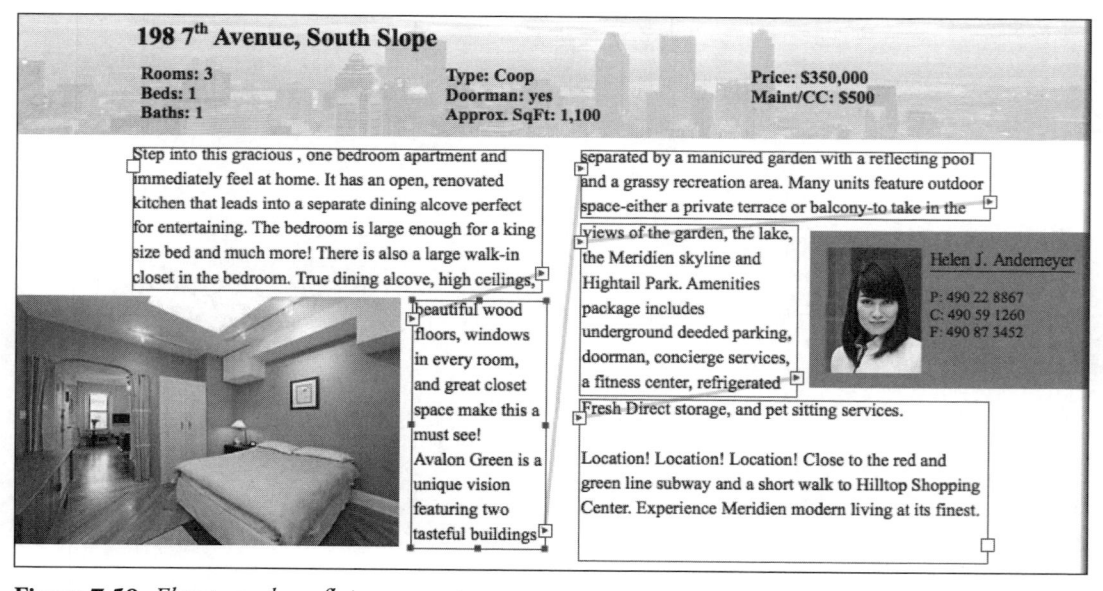

Figura 7.58. *El texto vuelve a fluir como antes.*

Localizar el vínculo anterior o siguiente

A veces, cuando se tienen varios cuadros de texto conectados, resulta difícil ver las relaciones o seleccionar la sucesión de cuadros. Al hacer clic con el botón derecho o **Control-clic** sobre cualquier elemento del conjunto, si éste está enlazado, verá las opciones **Buscar vínculo anterior** y **Buscar vínculo siguiente**, que establecerán las uniones con el cuadro anterior o siguiente, respectivamente (véase la figura 7.59).

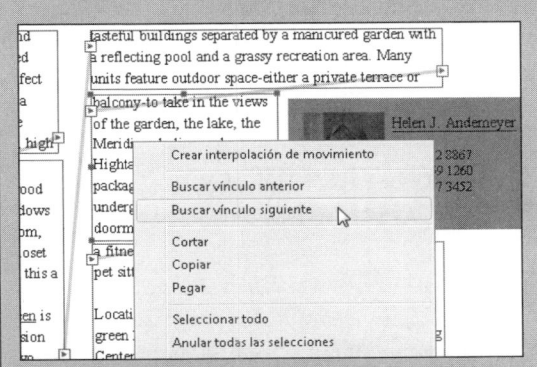

Figura 7.59. *Puede seleccionar los vínculos desde el menú contextual.*

CONVERTIR TEXTOS EN HIPERVÍNCULOS

La descripción de la propiedad del sitio del agente contiene referencias a varios lugares y destinos de interés de Meridien City.

Va a incluir un hipervínculo al texto de una de estas referencias, para que los usuarios sean redirigidos al hacer clic sobre éste a un sitio Web con información adicional. Agregar hipervínculos al texto es muy sencillo y no hace falta escribir ningún código en HTML o ActionScript.

Añadir un hipervínculo

1. Haga doble clic sobre el segundo cuadro de texto del Escenario y seleccione las palabras **Avalon Green** (véase la figura 7.60).

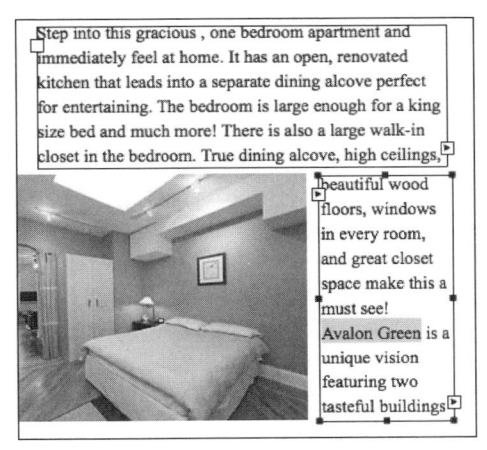

Figura 7.60. *Selección de dos palabras del texto.*

2. En la sección **Carácter avanzado** del **Inspector de propiedades**, introduzca `http://www.avalongreen.org` como **Vínculo** y escoja **_blank** en el menú desplegable **Destino** (véase la figura 7.61).

Figura 7.61. *Propiedades del hipervínculo.*

Nota: Un destino de tipo **_self** abrirá la URL en la misma ventana del navegador, ocupando el lugar de su película Flash. Sin embargo, **_top** y **_parent** hacen referencia a una estructura de marcos, cargando la URL en un marco concreto en relación al actual.

Las palabras seleccionadas en su cuadro de texto quedarán subrayadas, indicando que se trata de un hipervínculo (véase la figura 7.62).

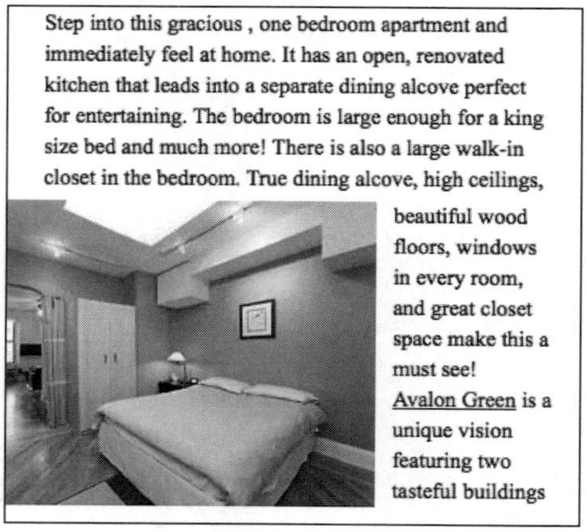

Figura 7.62. *El texto ya es un hipervínculo.*

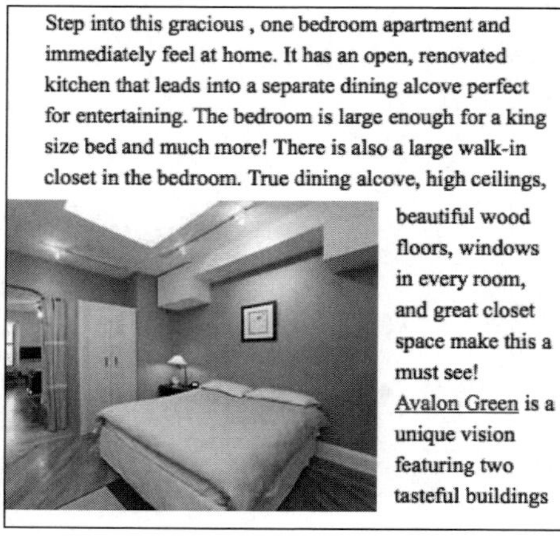

Figura 7.63. *Las palabras adoptan el aspecto típico de un hipervínculo.*

La dirección Web es ficticia. Asegúrese de incluir el protocolo `http://` delante de cualquier URL para designar un sitio de Internet.

El campo **Destino** determina dónde se cargará el sitio Web. Uno de tipo **_blank** indica que la descarga se hará en una ventana nueva del navegador.

3. Seleccione las palabras **Avalon Green** y, dentro de la sección **Carácter** del **Inspector de propiedades**, cambie el color de negro a azul. Las palabras seleccionadas se volverán azules y seguirán estando subrayadas (véase la figura 7.63).

Éste es el indicador visual estándar de los hipervínculos en los navegadores, aunque si lo desea puede modificar su aspecto como le apetezca, siempre que el usuario pueda reconocerlos como elementos en los que hacer clic.

4. Escoja **Control>Probar película>En Flash Professional**. Haga clic en el hipervínculo y se abrirá un navegador, que intentará acceder al sitio Web ficticio de `www.avalongreen.org`.

TEXTO INTRODUCIDO POR EL USUARIO

A continuación creará el calculador de hipotecas, que acepta datos introducidos por el usuario desde el teclado y muestra una estimación de los pagos mensuales en base a dichas entradas. Para ello va a utilizar un Texto TLF Editable. Esta funcionalidad se puede usar para generar una sofisticada interacción con el usuario, a fin de recopilar información del cliente y adaptar la película Flash a los datos obtenidos. Tanto las aplicaciones que requieren un acceso mediante usuario y contraseña como las encuestas, formularios o cuestionarios servirían de ejemplo.

Añadir los elementos de texto estáticos

1. Seleccione la herramienta **Texto**.

2. En el **Inspector de propiedades**, seleccione **Texto TLF** y **Sólo lectura**. En la sección **Carácter**, escoja **Times New Roman** como **Familia**, **Regular** como **Estilo**, **12,0** como **Tamaño**, **12,0** como **Interlineado** y negro como **Color** (véase la figura 7.64).

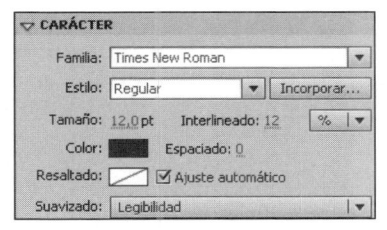

Figura 7.64. *Parámetros fijados en el Inspector de propiedades.*

3. Haga clic en la zona marrón oscura que hay bajo el calculador de hipotecas (**Mortgage Calculator**) e inserte cinco líneas de texto independientes para **Term: 30 Year Fixed**, **Price: $350,000**, **Rate**, **Percent Down** y **Monthly Payments** (véase la figura 7.65).

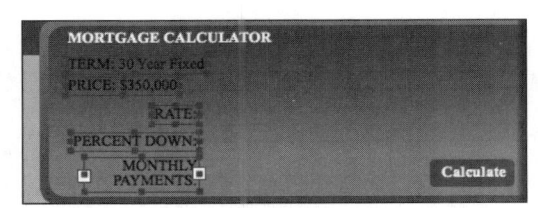

Figura 7.65. *Cinco campos de texto normales.*

Añadir los campos para los datos

Va a añadir cuadros de texto editables junto a **Rate** (tasa) y **Percent Down** (adelanto), para que los usuarios puedan introducir sus propios números y personalizar los cálculos con el fin de tomar una decisión sobre la compra.

1. Seleccione la herramienta **Texto**.

2. En el Inspector de propiedades, seleccione Texto TLF y Editable. Deje el resto de parámetros de la fuente como en el texto que acaba de crear (véase la figura 7.66).

3. Haga clic y arrastre para generar un pequeño cuadro de texto junto a **Rate**, como indica la figura 7.67.

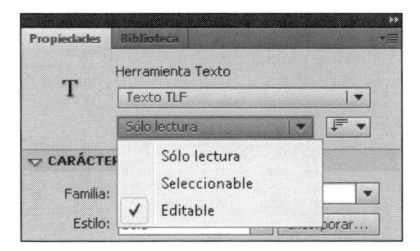

Figura 7.66. *Se crea un texto editable.*

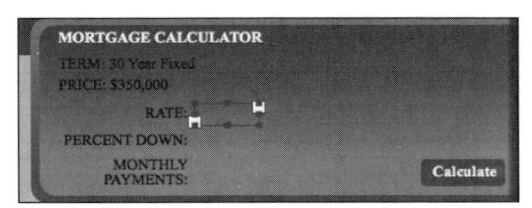

Figura 7.67. *Pequeño campo editable junto a Rate.*

4. En la sección Contenedor y flujo del Inspector de propiedades, escoja el color blanco y un Alfa del 75% para el relleno (véase la figura 7.68).

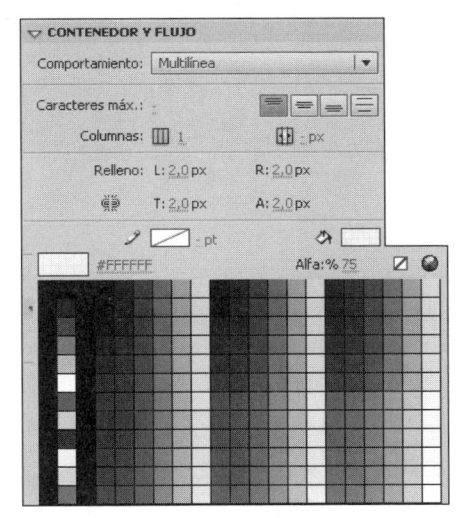

Figura 7.68. *Parámetros del relleno.*

El cuadro de texto editable que colocó junto a **Rate** muestra un fondo blanco semitransparente. También puede añadir un trazo para darle una mayor definición, si lo desea.

5. Cree un segundo cuadro de texto editable junto a **Percent Down** con el mismo fondo (véase la figura 7.69).

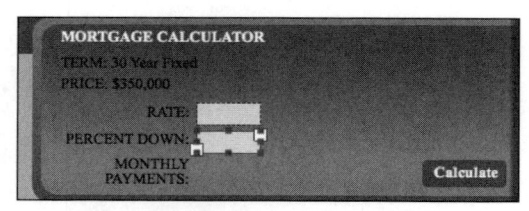

Figura 7.69. *Segundo cuadro editable.*

6. Es el momento de incluir un tercero con las mismas características junto a **Monthly Payments**, pero en este caso haga que sea de sólo lectura (véase la figura 7.70). Va a ponerlo de este modo porque mostrará un número calculado a partir de los datos introducidos por el usuario en los dos campos anteriores y el cliente no necesita acceder a la información que aparezca aquí.

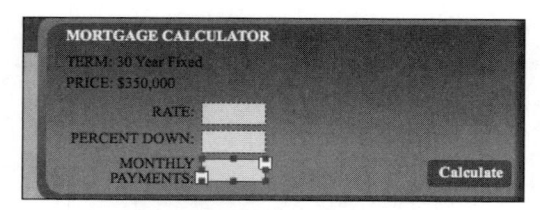

Figura 7.70. *Tercer cuadro editable.*

7. Introduzca **5,25** en el campo que hay junto a **Rate**. Ponga el número **20** en el que está al lado de **Percent Down** (véase la figura 7.71). El hecho de situar un texto inicial en los cuadros editables orientará a los usuarios acerca del contenido de los mismos.

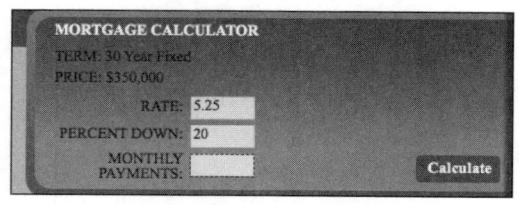

Figura 7.71. *Incorporación de datos en los dos campos editables.*

Incorporar fuentes

Se deben poder introducir las fuentes a cualquier texto que sea modificable en tiempo de ejecución. Como el usuario puede introducir cualquier tipo de texto en los campos editables, es preciso que incorpore esos caracteres en el .swf final para asegurarse de que se muestran de la manera esperada, con la misma fuente que ha sido elegida en el Inspector de propiedades.

1. Seleccione el primer cuadro de texto editable que hay junto a **Rate**.

Las fuentes del dispositivo

Para incorporar las fuentes se utilizan las fuentes del dispositivo, que son tres opciones genéricas agrupadas en la parte superior del menú desplegable Familia contenido en la sección Carácter. También es posible escoger la opción Usar fuentes de dispositivo en el menú Suavizado (véase la figura 7.72).

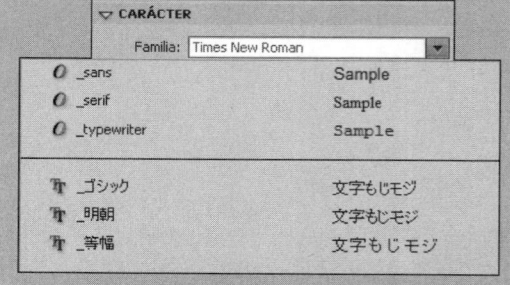

Figura 7.72. *Menú desplegable Familia de la sección Carácter.*

Las tres fuentes de dispositivo son **_sans**, **_serif** y **_typewriter**, que localizan y usan las fuentes del ordenador del usuario que más se parezcan a las especificadas en el dispositivo. Cuando utilice éstas, no tendrá que preocuparse por las fuentes embebidas; esté seguro de que el usuario verá un texto similar al que observa usted en su entorno de desarrollo.

2. En la sección **Carácter** del **Inspector de propiedades**, haga clic en el botón **Incorporar**. O puede seleccionar Texto>Incorporación de fuentes (véase la figura 7.73).

Figura 7.73. *El botón Incorporar.*

Se mostrará el cuadro de diálogo **Incorporación de fuentes**. La utilizada en el cuadro de texto seleccionado se verá a la izquierda.

3. En el apartado **Rangos de caracteres**, escoja **Numerales** (véase la figura 7.74).

En el .swf publicado se incluirán todos los caracteres numéricos de la fuente actual, Times New Roman Regular. Haga clic en **Aceptar**.

> **Nota:** La incorporación de fuentes incrementa radicalmente el tamaño del .swf final, por lo que debe tener cuidado al hacerlo y limitar el número de fuentes y caracteres en la medida de lo posible.

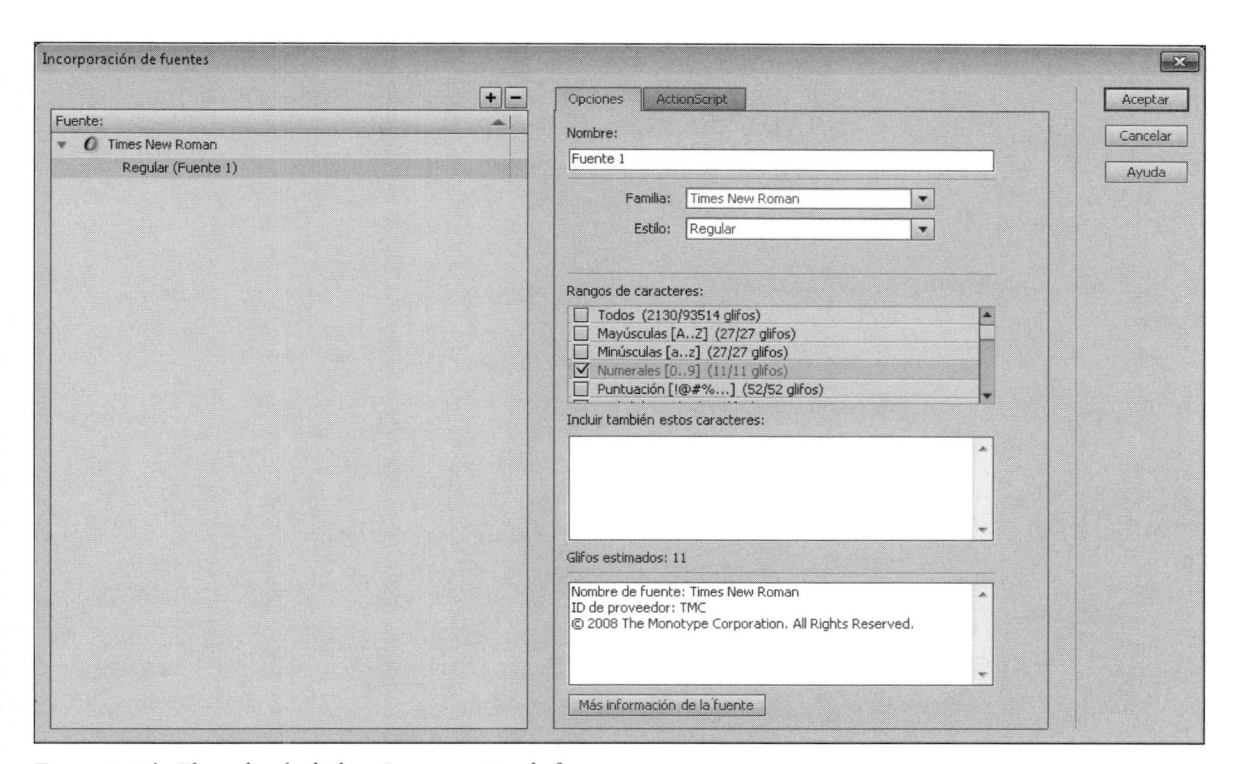

Figura 7.74. *El cuadro de diálogo Incorporación de fuentes.*

Utilizar texto

Nombrar los cuadros de texto

Para que Flash controle qué texto mostrar en un cuadro de texto normal o sepa qué se ha introducido en uno editable, debe asignar un nombre de instancia a cada uno de ellos en el **Inspector de propiedades**. Al igual que ocurría con las denominaciones de los símbolos de los botones en el capítulo 6, poner nombres a los cuadros del Escenario hace posible que ActionScript les haga referencia. Son aplicables las mismas reglas de nomenclatura que para los botones.

1. Seleccione el primer botón editable que hay junto a **Rate**.

2. En el **Inspector de propiedades**, introduzca **rate_txt** como nombre de instancia (véase la figura 7.75). El sufijo **_txt** es una convención para los cuadros de texto.

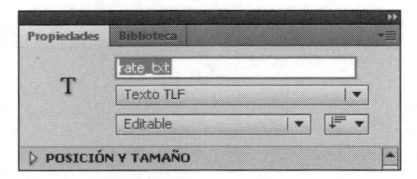

Figura 7.75. *Nombre de la primera instancia.*

3. Elija el siguiente cuadro de texto editable, junto a **Percent Down**.

4. En el **Inspector de propiedades**, ponga **down_txt** para denominar la instancia (véase la figura 7.76).

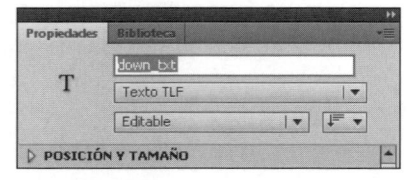

Figura 7.76. *Nombre de la siguiente instancia.*

5. Escoja ahora el cuadro de sólo lectura que hay junto a **Monthly Payments**.

6. En el **Inspector de propiedades**, introduzca la denominación **monthly_txt** (véase la figura 7.77).

Figura 7.77. *Denominación del cuadro de sólo lectura.*

Cambiar el contenido de los cuadros de texto

El contenido de un cuadro de texto viene determinado por su propiedad **text**. Se puede modificar dinámicamente asignando un nuevo texto a dicha propiedad. En esta sección agregará un código ActionScript que lea el texto introducido en los cuadros editables que hay junto a **Rate** y **Percent Down** y realice algunos cálculos matemáticos, mostrando el resultado después en el campo de sólo lectura situado al lado de **Monthly Payments**.

1. Seleccione el botón **Calculate** (Calcular) del Escenario y, dentro del **Inspector de propiedades**, introduzca **calculate_btn** como nombre de instancia.

2. Inserte una nueva capa y renómbrela como **actionscript**.

3. Escoja el primer fotograma de dicha capa y abra el panel **Acciones**.

4. Primero debe crear unas cuantas variables para albergar datos numéricos, las cuales le ayudarán a realizar los cálculos de la hipoteca. Se crean, o "declaran", empleando la palabra clave `var`. Introduzca el siguiente código (véase la figura 7.78):

```
var term:Number=360;
var price:Number=350000;
var monthlypayment:Number;
```

```
1  var term:Number=360;
2  var price:Number=350000;
3  var monthlypayment:Number;
```

Figura 7.78. *Declaración de algunas variables.*

5. Cree un detector (*listener*) de eventos y una función para el botón **Calculate**. Ya debería estar familiarizado con estos elementos por haber trabajado con ellos en el capítulo 6; de no ser así, consulte los conceptos de dicho capítulo antes de continuar.

El detector y la función deberían tener el aspecto mostrado en la figura 7.79.

6. Inserte el código de la función para realizar los cálculos de la hipoteca y mostrar los resultados. El código completo debería ser el siguiente (véase la figura 7.80):

```
calculate_btn.addEventListener(MouseEvent.
    CLICK,
calculatemonthlypayment);
function calculatemonthlypayment
    (e:MouseEvent):void {
  var loan:Number=price-Number(down_txt.
    text)/100*price;
  var c:Number=Number(rate_txt.
    text)/1200;
  monthlypayment = loan*(c*(Math.
    pow((1+c),term)))/(Math.
pow((1+c),term)-1);
  monthly_txt.text=String(Math.
    round(monthlypayment));
}
```

Espero que no se desanime al ver este código. Tómese su tiempo para copiarlo con exactitud o bien cópielo y péguelo desde el fichero 07End.fla de la carpeta 07End.

Tal vez le parezca complicado pero en él sólo hay dos conceptos importantes que identificar. En primer lugar, el contenido de los cuadros de texto viene determinado por la propiedad text, de manera que down_txt.text hace referencia al interior de **down_txt** y rate_txt.text hace lo propio con **rate_txt**.

En segundo lugar, los cuadros de texto contienen texto, o datos de tipo cadena. Para realizar cálculos numéricos, primero debe convertir el texto en un número empleando Number(). Si quiere hacer la operación inversa, utilice String(). El resto del código consiste en manipulaciones algebraicas que corresponden a intuitivas fórmulas de cálculo de hipotecas.

```
1  var term:Number=360;
2  var price:Number=350000;
3  var monthlypayment:Number;
4  calculate_btn.addEventListener(MouseEvent.CLICK, calculatemonthlypayment);
5  function calculatemonthlypayment(e:MouseEvent):void {
6
7  }
```

Figura 7.79. *Creación de un detector de eventos y una función.*

```
1   var term:Number=360;
2   var price:Number=350000;
3   var monthlypayment:Number;
4   calculate_btn.addEventListener(MouseEvent.CLICK, calculatemonthlypayment);
5   function calculatemonthlypayment(e:MouseEvent):void {
6       var loan:Number=price-Number(down_txt.text)/100*price;
7       var c:Number=Number(rate_txt.text)/1200;
8       monthlypayment = loan*(c*(Math.pow((1+c),term)))/(Math.pow((1+c),term)-1);
9       monthly_txt.text=String(Math.round(monthlypayment));
10  }
```

Figura 7.80. *Introducción del código de la función.*

Probar la calculadora

Va a probar ahora su película para ver cómo controla Flash el contenido de estos cuadros de texto.

1. Escoja **Control>Probar película>En Flash Professional**.

2. En la previsualización de la película que se mostrará, introduzca nuevos valores en los cuadros de texto que hay junto a **Rate** y **Percent Down** y haga clic en el botón **Calculate** (véase la figura 7.81).

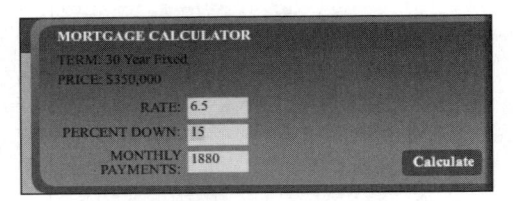

Figura 7.81. *Introducción de nuevos datos.*

Flash lee los valores de los cuadros de texto que hay junto a **Rate** y **Percent Down**, calcula el pago mensual y muestra el nuevo texto en el cuadro de **Monthly Payments**. Pruebe con valores diferentes para ver cuánto puede permitirse.

CARGAR TEXTO EXTERNO

Ha creado un atractivo diseño con herramientas interactivas para este listado de propiedades del agente en concreto. Pero el agente tiene muchos más listados y lo más cómodo sería usar el mismo formato y enseñar la información sin generar un nuevo diseño para cada propiedad. Puede cargar nuevo texto de una fuente externa y mostrarlo en un cuadro de texto existente, reemplazando así su contenido.

Figura 7.82. *Selección del cuadro de texto de la dirección.*

Para mostrar listados adicionales, basta con tener almacenados archivos de texto adicionales y cargarlos para usarlos cuando sea preciso. Éste sería un ejemplo de contenido dinámico, ya que se incorpora a la acción en tiempo de ejecución (en el archivo `.swf`) en vez de fijarse durante el desarrollo (en el archivo `.fla`). En esta sección va a cargar nuevo contenido desde archivos de texto externo, con el que sustituirá la dirección, la información y la descripción de la propiedad.

Dar nombre a los cuadros de texto

Si desea cambiar el contenido de los cuadros de texto, primero debe asignarles nombres a las instancias, para que el código ActionScript pueda hacer referencia a éstas. Lo hará con la dirección, la información y la descripción del listado de propiedades.

1. Seleccione el cuadro de texto de la parte superior del Escenario que contiene la dirección del listado de propiedades (véase la figura 7.82).

2. En el **Inspector de propiedades**, introduzca **address_txt** como nombre de instancia (véase la figura 7.83).

Figura 7.83. *Nombre a la instancia de la dirección.*

3. Seleccione el cuadro de texto que hay bajo la dirección que tiene los detalles del listado de propiedades (véase la figura 7.84).

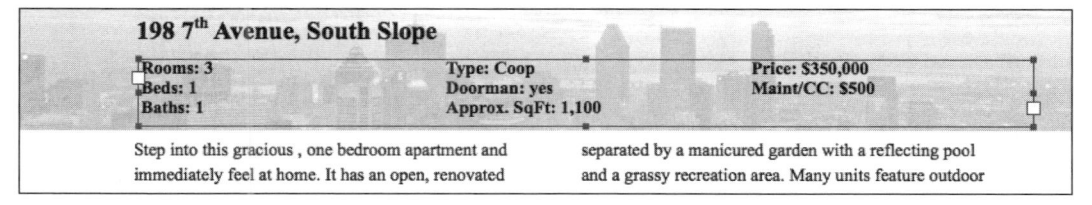

Figura 7.84. *Selección del siguiente cuadro de texto.*

4. En el **Inspector de propiedades**, inserte **info_txt** como nombre de instancia (véase la figura 7.85).

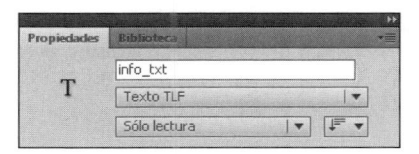

Figura 7.85. *Denominación de la siguiente instancia.*

5. Seleccione el primer cuadro de texto conectado de la descripción de la propiedad instancia (véase la figura 7.86).

6. En el **Inspector de propiedades**, introduzca **description_txt** como nombre de instancia (véase la figura 7.87).

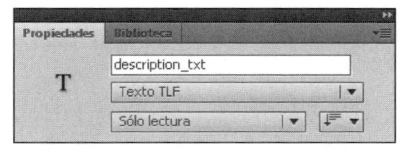

Figura 7.87. *Nombre de la instancia del primero cuadro conectado.*

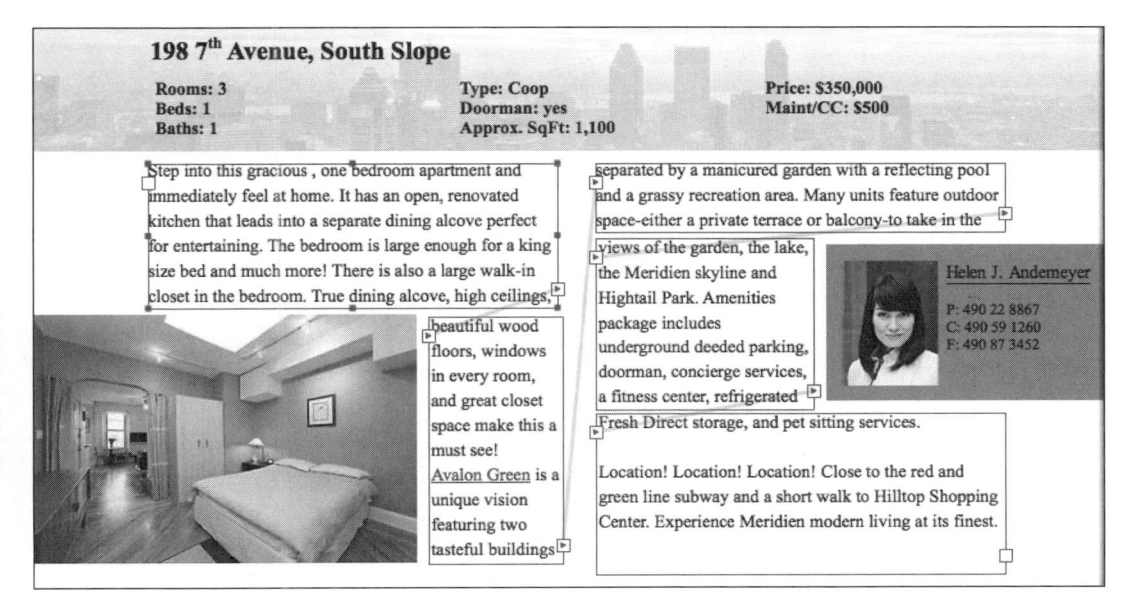

Figura 7.86. *Selección del primero de los cinco cuadros conectados.*

Utilizar texto   **261**

Incorporar las fuentes

Cuando el texto cambia en tiempo de ejecución, debe incorporar todos los caracteres de la fuente que se pudieran llegar a utilizar para asegurase de que se mostrarán correctamente.

1. Seleccione el primer cuadro de texto conectado llamado **address_txt**.

2. En la sección **Carácter** del **Inspector de propiedades,** haga clic en el botón **Incorporar,** como indica la figura 7.88.

Figura 7.88. *El botón Incorporar de la sección Carácter.*

Se mostrará el cuadro de diálogo **Incorporación de fuentes.** También puede escoger **Texto> Incorporación de fuentes** para hacer esta operación.

3. La fuente utilizada en el cuadro de texto seleccionado aparece en el lado izquierdo del cuadro de diálogo (Times New Roman Bold). Dentro de **Rangos de caracteres,** seleccione **Mayúsculas, Minúsculas, Numerales** y **Puntuación** como indica la figura 7.89. Haga clic en **Aceptar.**

Los rangos de caracteres seleccionados se incorporarán al archivo .swf final. Cualquiera que esté contenido aquí se mostrará adecuadamente en su película Flash.

4. Seleccione el primer cuadro de texto conectado llamado **description_txt**.

5. En la sección **Carácter** del **Inspector de propiedades,** haga clic en el botón **Incorporar.**

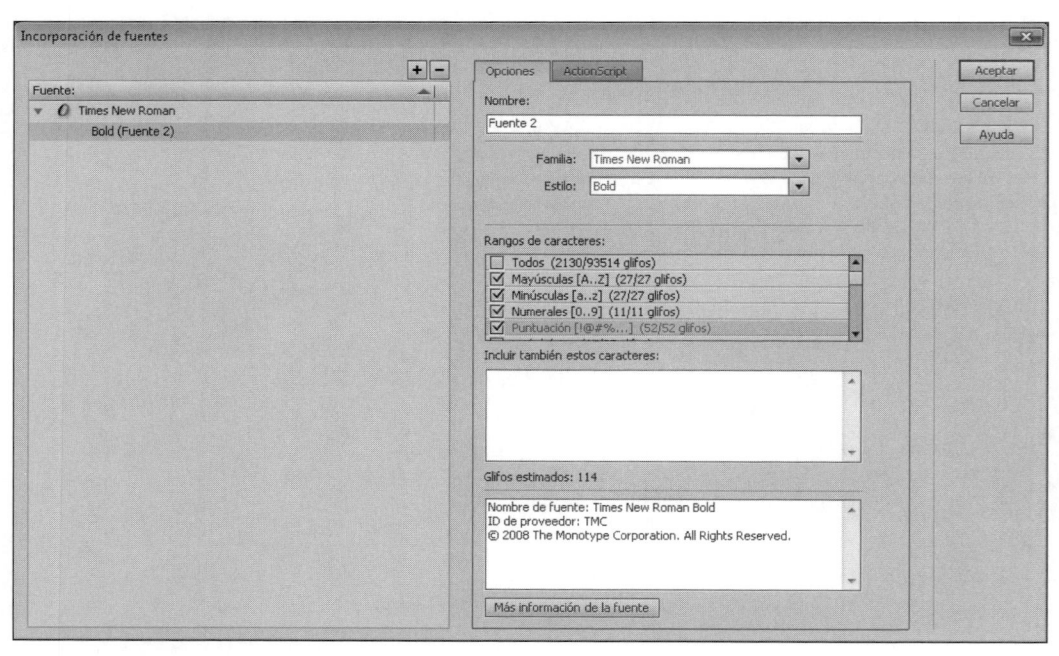

Figura 7.89. *El cuadro de diálogo Incorporación de fuentes.*

Aparecerá en pantalla la ventana **Incorporación de fuentes**. El rango de caracteres **Numerales** ya debería estar seleccionado, puesto que lo incorporamos en el calculador de hipotecas.

6. En el apartado **Rangos de caracteres**, seleccione **Mayúsculas, Minúsculas** y **Puntuación** como indica la figura 7.90. Haga clic en **Aceptar**.

Los rangos de caracteres seleccionados pasarán a formar parte del archivo `.swf` final. Cualquier carácter incluido en estos rangos se verá de manera correcta en su película Flash.

Cargar y mostrar texto externo

La información del segundo listado de propiedades se guarda en tres archivos de texto adicionales de la carpeta `07Start`. Añadirá ActionScript a la película para cargar los datos de estos ficheros.

> **Nota:** Asegúrese de guardar el contenido externo de tipo texto como un archivo de sólo lectura empleando una aplicación como el Bloc de Notas (Windows) o SimpleText (Mac). No utilice Microsoft Word porque éste agrega innecesariamente al fichero datos adicionales que interfieren en la carga. Si usa Word, escoja siempre la opción que guarda sólo como texto.

1. Abra el archivo `07SampleRealEstate2-address.txt` de la carpeta `07Start`. El fichero contiene información sobre la dirección de otro listado de propiedades (véase la figura 7.91).

2. Escoja **Ventana>Fragmentos de código**. Se mostrará el panel **Fragmentos de código**.

3. Expanda la carpeta `Cargar y descargar` y haga doble clic sobre la opción **Cargar texto externo** (véase la figura 7.92).

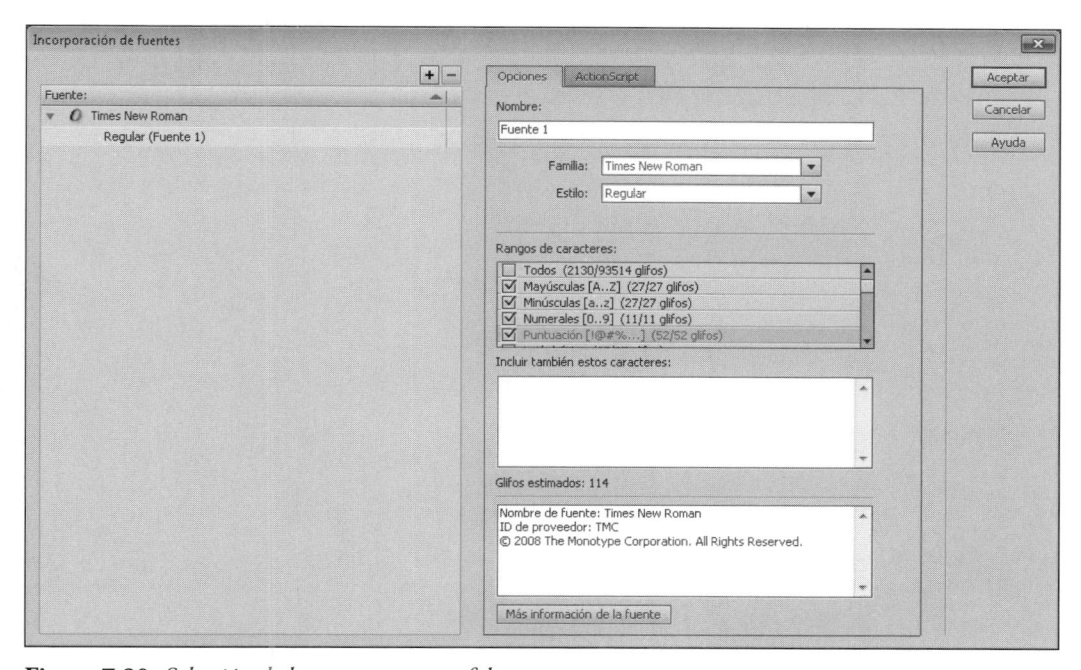

Figura 7.90. *Selección de los tres rangos que faltan.*

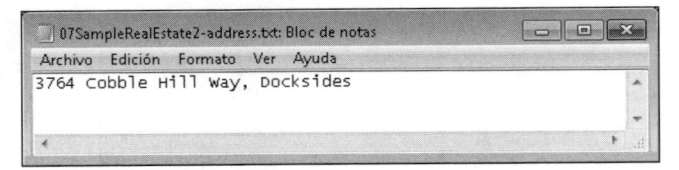

Figura 7.91. *El contenido del archivo 07SampleRealEstate2-address.txt.*

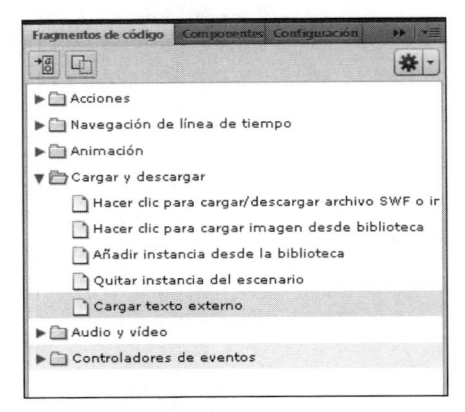

Figura 7.92. *El panel Fragmentos de código.*

En la línea de tiempo se insertará una nueva capa llamada **Actions** y se abrirá el panel **Acciones** para mostrar el fragmento de código insertado (véase la figura 7.93). Tendrá que personalizar parte del código para que funcione con este proyecto en particular.

4. Reemplace la URL de la línea 12 del fragmento de código por el nombre del archivo de la dirección de la propiedad, `07SampleRealEstate2-address.txt`. Verifique que se conservan las comillas dobles que rodean al nombre (véase la figura 7.94). Ahora el código cargará `07Sample-RealEstate2-address.txt`.

5. Reemplace el comando `trace` de la línea 19 del fragmento de código por el siguiente código, que asigna el nuevo texto al cuadro llamado `address_txt` (véase la figura 7.95):

```
address_txt.text = textData;
```

El contenido del fichero `07SampleRealEstate2-address.txt` se mostrará ahora en el cuadro de texto designado como `address_txt`.

```
/* Cargar texto externo
Carga un archivo de texto externo y lo visualiza en el panel Salida.

Instrucciones:
1. Reemplace "http://www.helpexamples.com/flash/text/loremipsum.txt" por la direcció
La dirección puede ser un vínculo relativo o un vínculo "http://".
La dirección debe estar encerrada entre comillas ("").
*/

var fl_TextLoader:URLLoader = new URLLoader();
var fl_TextURLRequest:URLRequest = new URLRequest("http://www.helpexamples.com/flas

fl_TextLoader.addEventListener(Event.COMPLETE, fl_CompleteHandler);

function fl_CompleteHandler(event:Event):void
{
    var textData:String = new String(fl_TextLoader.data);
    trace(textData);
}

fl_TextLoader.load(fl_TextURLRequest);
```

Figura 7.93. *En el panel Acciones se inserta el código.*

```
10
11   var fl_TextLoader:URLLoader = new URLLoader();
12   var fl_TextURLRequest:URLRequest = new URLRequest("07SampleRealEstate2-address.txt");
13
```

Figura 7.94. *Sustitución de la URL del código.*

```
16   function fl_CompleteHandler(event:Event):void
17   {
18       var textData:String = new String(fl_TextLoader.data);
19       address_txt.text = textData;
20   }
```

Figura 7.95. *Reemplazo del comando trace.*

6. En el panel **Fragmentos de código**, haga doble clic de nuevo sobre la opción **Cargar texto externo**.

7. En el panel **Acciones** se mostrará un segundo fragmento de código que incorporará un segundo archivo de texto (véase la figura 7.96).

8. Reemplace la URL de la línea 34 con el nombre de fichero de los detalles de la propiedad, `07SampleRealEstate2-info.txt`, y sustituya el comando `trace` de la línea 41 por el siguiente código, que asigna el nuevo texto al cuadro llamado `info_txt` (véase la figura 7.97):

`info_txt.text = textData;`

9. En el panel **Fragmentos de código**, pulse dos veces sobre la opción **Cargar texto externo** por tercera vez y haga las sustituciones de código para cargar `07SampleRealEstate2-description.txt` y enseñar el texto en `description_txt` (véase la figura 7.98).

```
22   fl_TextLoader.load(fl_TextURLRequest);
23
24   /* Cargar texto externo
25   Carga un archivo de texto externo y lo visualiza en el panel Salida.
26
27   Instrucciones:
28   1. Reemplace "http://www.helpexamples.com/flash/text/loremipsum.txt" por la direcci
29   La dirección puede ser un vínculo relativo o un vínculo "http://".
30   La dirección debe estar encerrada entre comillas ("").
31   */
32
33   var fl_TextLoader_2:URLLoader = new URLLoader();
34   var fl_TextURLRequest_2:URLRequest = new URLRequest("http://www.helpexamples.com/fl
35
36   fl_TextLoader_2.addEventListener(Event.COMPLETE, fl_CompleteHandler_2);
37
38   function fl_CompleteHandler_2(event:Event):void
39   {
40       var textData:String = new String(fl_TextLoader_2.data);
41       trace(textData);
42   }
43
44   fl_TextLoader_2.load(fl_TextURLRequest_2);
45
```

Figura 7.96. *Se repite la operación para un segundo fichero.*

```
22  fl_TextLoader.load(fl_TextURLRequest);
23
24  /* Cargar texto externo
25  Carga un archivo de texto externo y lo visualiza en el panel Salida.
26
27  Instrucciones:
28  1. Reemplace "http://www.helpexamples.com/flash/text/loremipsum.txt" por la dirección URL
29  La dirección puede ser un vínculo relativo o un vínculo "http://".
30  La dirección debe estar encerrada entre comillas ("").
31  */
32
33  var fl_TextLoader_2:URLLoader = new URLLoader();
34  var fl_TextURLRequest_2:URLRequest = new URLRequest("07SampleRealEstate2-info.txt");
35
36  fl_TextLoader_2.addEventListener(Event.COMPLETE, fl_CompleteHandler_2);
37
38  function fl_CompleteHandler_2(event:Event):void
39  {
40      var textData:String = new String(fl_TextLoader_2.data);
41      info_txt.text = textData;
42  }
43
44  fl_TextLoader_2.load(fl_TextURLRequest_2);
45
```

Figura 7.97. *Ejecución de las sustituciones pertinentes.*

```
44  fl_TextLoader_2.load(fl_TextURLRequest_2);
45
46  /* Cargar texto externo
47  Carga un archivo de texto externo y lo visualiza en el panel Salida.
48
49  Instrucciones:
50  1. Reemplace "http://www.helpexamples.com/flash/text/loremipsum.txt" por la dirección URL d
51  La dirección puede ser un vínculo relativo o un vínculo "http://".
52  La dirección debe estar encerrada entre comillas ("").
53  */
54
55  var fl_TextLoader_3:URLLoader = new URLLoader();
56  var fl_TextURLRequest_3:URLRequest = new URLRequest("07SampleRealEstate2-description.txt");
57
58  fl_TextLoader_3.addEventListener(Event.COMPLETE, fl_CompleteHandler_3);
59
60  function fl_CompleteHandler_3(event:Event):void
61  {
62      var textData:String = new String(fl_TextLoader_3.data);
63      description_txt.text = textData;
64  }
65
66  fl_TextLoader_3.load(fl_TextURLRequest_3);
67
```

Figura 7.98. *De nuevo se realiza la operación.*

Ahora aparecen los tres grandes bloques de código uno tras otro en el panel **Acciones**.

10. Escoja **Control>Probar película>En Flash Professional** (véase la figura 7.99).

Flash carga los tres archivos de texto externos y exhibe el contenido de los ficheros en los cuadros de destino. El listado muestra ahora los detalles de una propiedad de Cobble Hill Way, en lugar de la 7th Avenue.

Las fotos y el calculador de hipotecas siguen haciendo referencia al listado anterior, por lo que faltaría actualizarlos para la nueva propiedad. No obstante, teniendo en cuenta que todavía está incompleto, se puede apreciar la flexibilidad que presenta Flash para desarrollar un entorno de trabajo que cargue contenido externo de tipo texto para enseñarlo en diferentes campos del Escenario. Gran parte de los proyectos profesionales de Flash se nutren de un contenido dinámico almacenado en recursos externos, como archivos de texto.

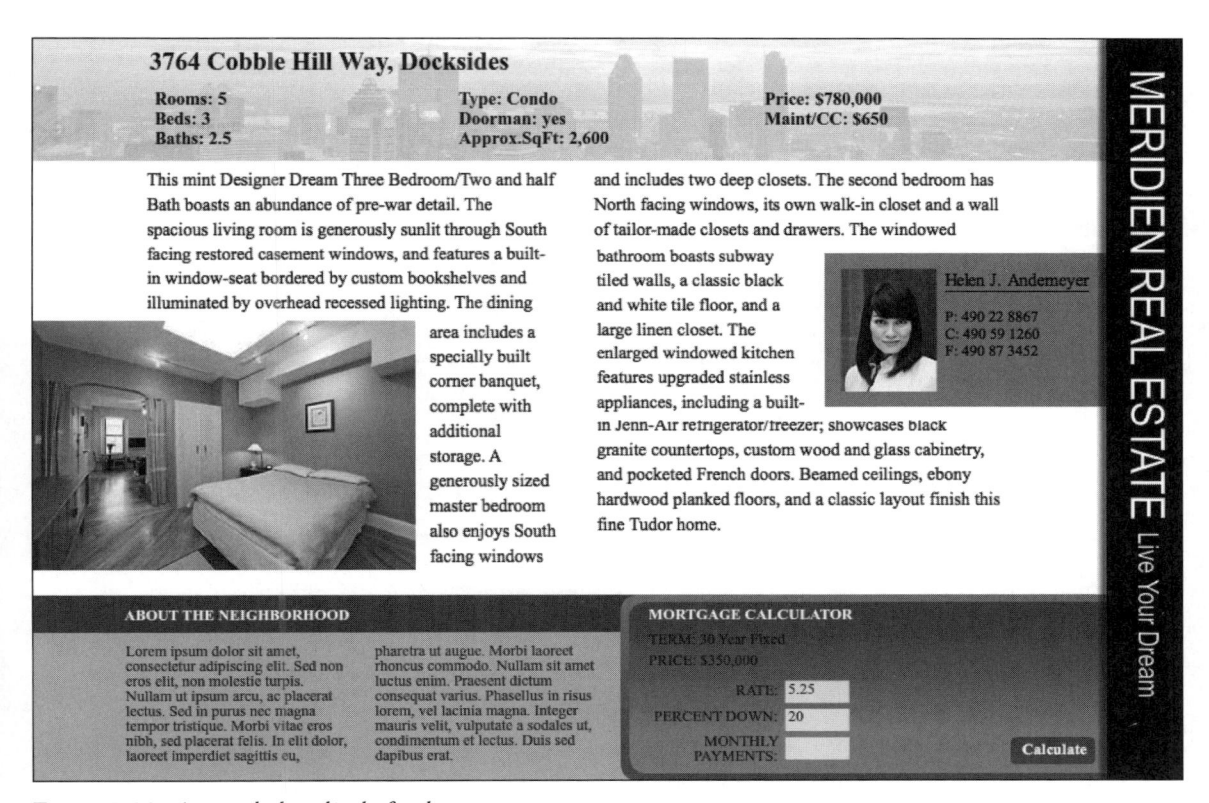

Figura 7.99. *Así queda la película final.*

PREGUNTAS DE REPASO

1. ¿Qué es el archivo `.swz` adicional que se requiere para utilizar Texto TLF?

2. ¿Cuál es la diferencia entre Texto TLF de sólo lectura, seleccionable y editable?

3. ¿Cuándo es necesario incorporar las fuentes y cómo se hace?

4. ¿Qué hay que hacer para que el texto envuelva a los objetos del diseño?

5. ¿Cómo se cambia o se lee el contenido de un cuadro de texto?

RESPUESTAS

1. El archivo `.swz` es una biblioteca ActionScript externa que contiene información que admite Texto TLF. Si su película Flash incluye esta nueva variante, precisa de este archivo para funcionar adecuadamente. Flash generará un fichero adicional de modo automático que debería acompañar siempre a su `.swf`.

2. El texto de sólo lectura tiene como único fin ser visto y no permite al usuario seleccionar o modificar su contenido. El texto seleccionable, en cambio, autoriza al usuario a marcarlo con el ratón y copiarlo. El editable, por su parte, puede ser copiado, borrado y modificado. Es posible cambiar automáticamente el contenido de los tres tipos con ActionScript.

3. Se deben incorporar las fuentes para cualquier texto que se pueda editar o cambiar en tiempo de ejecución, es decir, cualquier cuadro de texto editable o aquél cuyo contenido cambie de forma dinámica, excepto los que usen fuentes del dispositivo. Escoja **Texto>Incorporación de fuentes** o haga clic en el botón **Incorporar** del **Inspector de propiedades** para mostrar el cuadro de diálogo **Incorporación de fuentes**. Dentro de éste puede escoger la fuente, el estilo o el rango de caracteres que incorporará a su película Flash.

4. Es posible distribuir el texto alrededor de los objetos de un diseño, como fotos o elementos gráficos, generando una serie de cuadros de texto conectados. Los vínculos determinan cómo fluirá el texto de un cuadro al siguiente. Cree el primero y luego haga clic en el pequeño cuadrado blanco de su esquina inferior derecha. Cuando el cursor del ratón pase a ser un icono de cuadro de texto, pulse una vez y arrastre para añadir el siguiente con el vínculo establecido.

5. El contenido de un cuadro de texto viene especificado por su propiedad **text**, que acepta valores de tipo cadena. Para cambiarlo o acceder a él primero debe asignarle un nombre de instancia en el **Inspector de propiedades**; luego, podrá utilizar esta denominación seguida de un punto y la palabra clave **text** para abrirlo desde ActionScript.

Capítulo 8

Trabajar con sonido y vídeo

Los archivos de sonido y vídeo añaden nuevas dimensiones a sus proyectos. Importe archivos de sonido y modifíquelos directamente en Flash, utilizando Adobe Media Encoder para comprimir y convertir los de imagen al usarlos en Flash. En este capítulo aprenderá a:

- Importar archivos de sonido.

- Editar archivos de sonido.

- Utilizar Adobe Media Encoder CS5.

- Conocer las opciones de codificación para audio y vídeo.

- Reproducir vídeos externos desde un proyecto de Flash.

- Personalizar las opciones del componente de reproducción.

- Crear y utilizar puntos de referencia.

- Trabajar con vídeo que contiene canales Alfa.

- Incorporar vídeos a proyectos Flash.

Le costará alrededor de tres horas completar este capítulo. Si es necesario, borre la carpeta del capítulo anterior de su disco duro y copie la carpeta `Lesson08`.

INTRODUCCIÓN

Comience el capítulo visualizando el kiosco del zoológico animado ya terminado. Va a crearlo añadiendo ficheros de sonido y de vídeo al proyecto en Flash.

1. Haga doble clic sobre el archivo `08End.swf` que está en la carpeta `Lesson08/08End` para reproducir la animación.

Figura 8.1. *Fotograma de la película.*

Visualice la película del oso polar con una breve banda sonora de un ritmo africano, en la que el director del zoológico se presenta. Conforme va hablando se van mostrando elementos de Flash, de manera sincronizada con sus palabras.

2. Pulse en el botón del audio para escuchar el sonido de un animal.

3. Haga clic en un botón con una imagen en miniatura para ver una película de corta duración sobre el animal. Utilice los controles de interfaz de la parte inferior para detenerla, reanudarla o bajar el volumen.

En este capítulo va a importar los archivos de audio y a colocarlos en la Línea de tiempo para dar la ambientación sonora. También aprenderá a incorporar sonidos en los botones y utilizará Adobe Media Encoder CS5 para comprimir los archivos de vídeo y convertirlos al formato apropiado para Flash. Va a trabajar con imágenes de fondos transparentes para superponer el vídeo del director del zoo y añadirá puntos de referencia a esta parte de la película para disparar otros elementos animados de Flash.

1. Haga doble clic sobre el archivo `08Start.fla` que está en la carpeta `Leccion08/08Start` y abrir así el proyecto inicial en Flash.

2. Seleccione **Archivo>Guardar como**. Llame al archivo `08_workingcopy.fla` y guárdelo en la carpeta `08Start`. Conservar una copia de trabajo le asegura que el fichero de inicio original estará disponible si desea comenzar de nuevo.

DESCRIPCIÓN DEL ARCHIVO DEL PROYECTO

La configuración inicial está terminada, a excepción del audio y el vídeo y parte del código en ActionScript. El Escenario tiene 1.000 x 700 píxeles. En la parte inferior hay una fila de botones de coloridos animales, a su derecha hay otro grupo de botones, un título en la parte superior y una imagen de fondo de un león descansando (véase la figura 8.2). La Línea de tiempo contiene varias capas, en las que se distribuye el contenido (véase la figura 8.3).

Figura 8.2.
Archivo inicial.

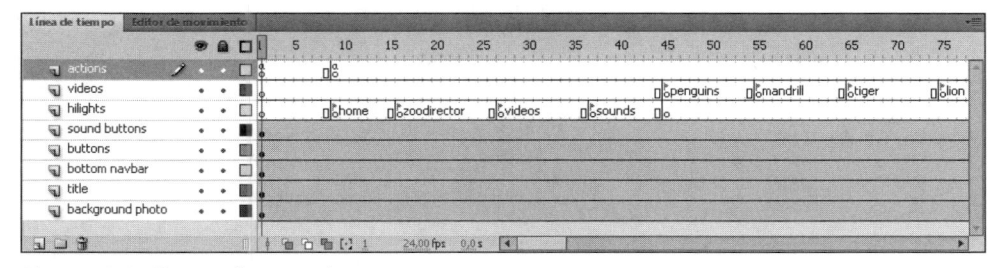

Figura 8.3. Contenido separado en capas.

Las tres capas inferiores, llamadas **background photo**, **title** y **bottom navbar** contienen elementos de diseño, texto e imágenes. Las dos siguientes, llamadas **buttons** y **sound buttons**, poseen instancias de símbolos de botón.

La capa **videos** y la denominada **hilights** presentan varios fotogramas clave etiquetados y, por último, **actions** tiene en su interior el ActionScript para los disparadores de eventos de la fila inferior de botones.

Si ya ha completado el capítulo anterior, debería estar familiarizado con la estructura de esta Línea de tiempo. Cada uno de los botones de la fila inferior está programado de manera que, cuando el usuario haga clic sobre uno de ellos, la cabeza reproductora se desplace hasta el fotograma clave etiquetado que corresponda en la capa **videos**. Va a agregar contenido a cada uno de ellos pero antes debe aprender a trabajar con el sonido.

UTILIZAR SONIDOS

Puede importar varios tipos de archivos de sonido desde Flash ya que admite los formatos `.mp3`, `.wav` y `.aiff`, tres variantes bastante comunes. Al realizar esta operación desde Flash, los ficheros se almacenan en su Biblioteca.

Después, puede arrastrarlos hasta el Escenario en diferentes puntos de la Línea de tiempo para sincronizarlos con lo que esté sucediendo en el Escenario.

Importar archivos de sonido

Importará a la Biblioteca varios archivos de sonido para utilizarlos a lo largo de este capítulo.

1. Seleccione **Archivo>Importar>Importar a biblioteca**.

2. Escoja el archivo `Monkey.wav` en la carpeta `Lesson08/08Start/Sounds` y haga clic en **Abrir**. En la Biblioteca se mostrará este fichero. Los archivos de sonido poseen un icono propio y la ventana de previsualización muestra una forma de onda, una serie de picos y valles que forman una representación visual del audio (véase la figura 8.4).

Figura 8.4. Los sonidos tienen su propia identidad visual en la Biblioteca.

Trabajar con sonido y vídeo

3. Haga clic sobre el botón **Reproducir** de la esquina superior derecha de la ventana de previsualización de la Biblioteca. Se reproducirá el sonido.

4. Pulse dos veces sobre el icono de audio que precede al archivo `Monkey.wav`. Se mostrará el cuadro de diálogo **Propiedades de sonido**, que ofrece información sobre el archivo, como su ubicación original, su tamaño y otros detalles técnicos (véase la figura 8.5).

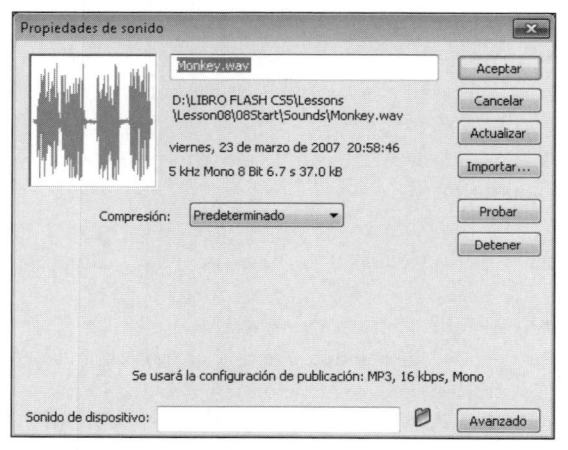

Figura 8.5. Propiedades del archivo de sonido.

5. Escoja **Archivo>Importar>Importar a biblioteca** y seleccione el resto de archivos de sonido que va a importar al proyecto Flash: `Elephant.wav`, `Lion.wav`, `Africanbeat.wav` y `Afrolatinbeat.mp3`. La Biblioteca debería contener ahora todos estos ficheros.

6. Para organizar la Biblioteca, cree una carpeta y coloque dentro todos los archivos de sonido. Póngale de nombre **sounds** (véase la figura 8.6).

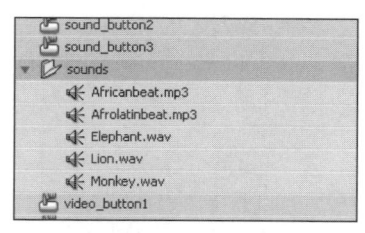

Figura 8.6. Carpeta de audio de la Biblioteca.

Colocar sonidos en la Línea de tiempo

Puede ubicar sonidos en cualquier punto de la Línea de tiempo; Flash los reproducirá cuando la cabeza reproductora llegue al fotograma clave. Coloque uno en el primer fotograma para que se escuche al iniciarse la película y ofrecer así una agradable introducción sonora y preparar el ambiente.

1. Seleccione la capa **videos** de la Línea de tiempo.

Dónde encontrar clips de sonido

Si está buscando elementos de audio interesantes para su película Flash, puede utilizar los archivos de sonido gratuitos que ofrece Adobe. Flash CS5 lleva incorporados muchos a los que es posible acceder desde **Ventana>Bibliotecas comunes>Sonidos**. Se mostrará una Biblioteca externa, es decir, que no está vinculada al proyecto actual (véase la figura 8.7).

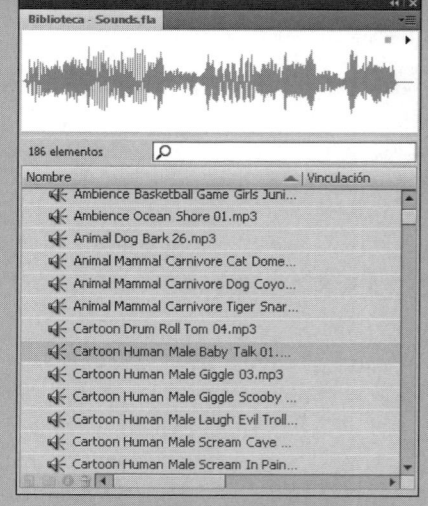

Figura 8.7. La biblioteca de sonidos externa.

Sólo tiene que arrastrar los archivos de sonido desde esta ubicación hasta el Escenario. El audio se incluirá en su Biblioteca actual.

2. Inserte una nueva capa y llámela **sounds** (véase la figura 8.8).

3. Seleccione el primer fotograma clave de **sounds**.

4. Arrastre el archivo `Afrolatinbeat.mp3` desde la carpeta `sounds` de su Biblioteca hasta el Escenario. Aparecerá la forma de la onda del sonido (véase la figura 8.9).

5. Seleccione ahora el primer fotograma de la capa **sounds**.

Observe que el archivo de sonido se incluye ahora en el menú desplegable que hay dentro de la sección **Sonido** del **Inspector de propiedades** (véase la figura 8.10).

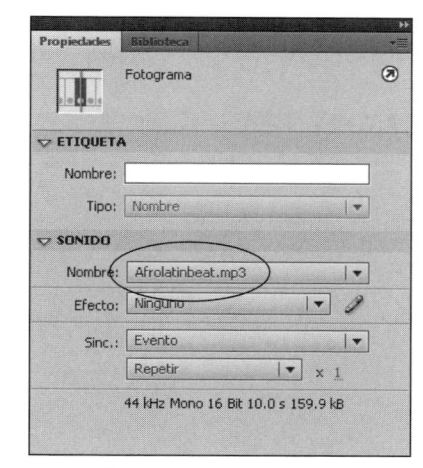

Figura 8.10. El Inspector de propiedades con el sonido incorporado.

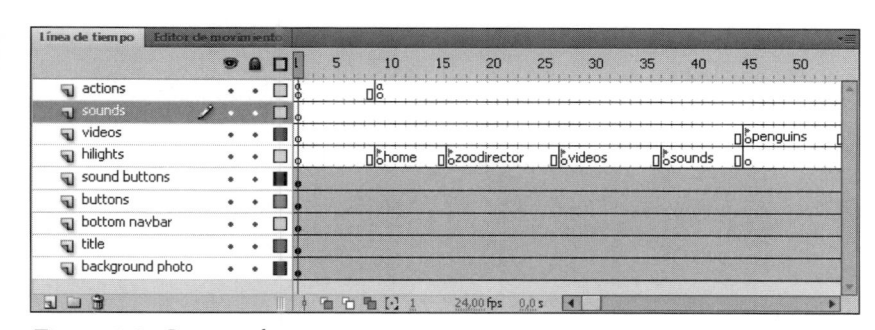

Figura 8.8. Creación de una nueva capa.

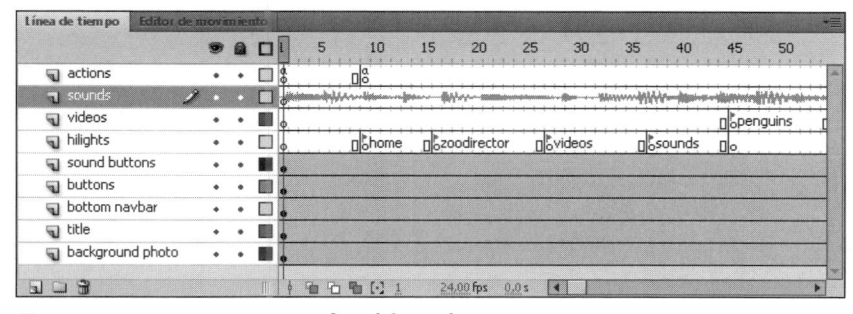

Figura 8.9. Representación gráfica del sonido.

Trabajar con sonido y vídeo   275

6. En la opción **Sinc**, elija a continuación **Flujo** (véase la figura 8.11).

Figura 8.11. El menú desplegable Sinc.

Las opciones de **Sinc** determinan cómo se reproduce el sonido en la Línea de tiempo. Utilícelo para largos pasajes musicales o narrativos cuando desee que el audio se sincronice con la Línea de tiempo.

7. Mueva la cabeza reproductora adelante y atrás, lo que hará que se emita el sonido.

8. Seleccione **Control>Probar película> En Flash Professional**. El sonido se reproducirá sólo durante un instante y se cortará.

Como se ha configurado mediante la opción **Flujo**, sólo se desarrolla mientras se mueve la cabeza reproductora por la Línea de tiempo.

En el fotograma 10 hay una acción que la detiene, de ahí que se pare el audio.

Agregar fotogramas a la Línea de tiempo

El siguiente paso es extender la Línea de tiempo para que todo el sonido (o al menos las partes que desee) se reproduzca antes de que la acción detenga la cabeza reproductora.

1. Haga clic en el Escenario para que la Línea de tiempo deje de estar seleccionada y coloque la cabeza reproductora entre los fotogramas 1 y 9 haciendo clic en los números (véase la figura 8.12).

2. Vaya a **Insertar>Línea de tiempo> Fotograma** o pulse **F5** para insertar fotogramas en todas las capas entre el 1 y el 9.

3. Inserte suficientes fotogramas, unos cincuenta, para conseguir reproducir el sonido antes de detener la acción en el segundo fotograma clave de la capa **actions** (véase la figura 8.13).

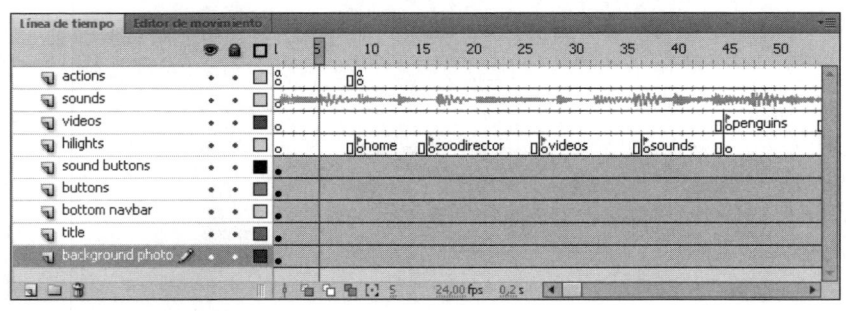

Figura 8.12. Cabeza reproductora en los primeros fotogramas.

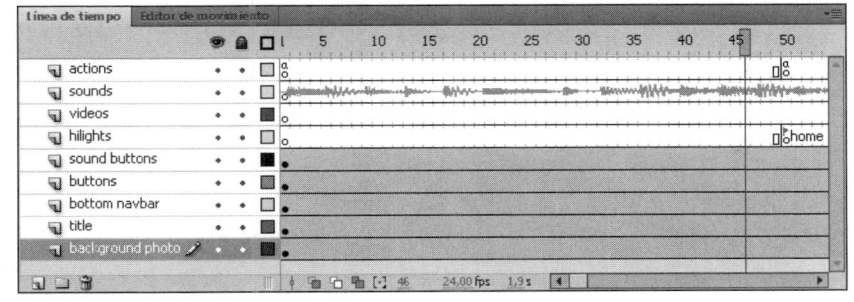

Figura 8.13. Línea de tiempo ampliada para reproducir todo el sonido.

4. Siga la ruta Control>Test movie>En Flash Professional. El sonido durará más tiempo, puesto que dispone de más fotogramas antes de que la cabeza reproductora se detenga.

Cortar el final de un sonido

El clip de sonido que ha importado es un poco más largo de lo necesario. Va a acortar el archivo de sonido usando el cuadro de diálogo **Editar envoltura**.

Luego, aplicará un fundido para que el audio sea decreciente hasta el final.

1. En la capa **sounds**, seleccione el primer fotograma clave.

2. En el Inspector de propiedades, haga clic en el botón **Editar envoltura de sonido** (véase la figura 8.14).

Se mostrará el cuadro de diálogo **Editar envoltura**, que contiene la forma de la onda.

La superior y la inferior corresponden a los canales izquierdo y derecho del sonido (estéreo), respectivamente.

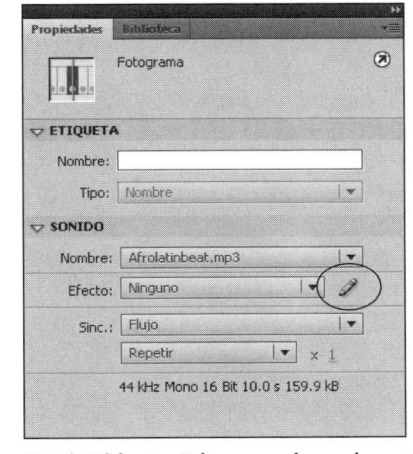

Figura 8.14. El botón Editar envoltura de sonido del Inspector de propiedades.

Entre ambas hay una Línea de tiempo; en la esquina izquierda, un menú desplegable de efectos predefinidos y, en la parte inferior, se encuentran las opciones de visualización (véase la figura 8.15).

3. En el cuadro de diálogo **Editar envoltura**, haga clic en el icono **Segundos** (véase la figura 8.16).

La Línea de tiempo cambiará las unidades, enseñando segundos en lugar de fotogramas. Puede hacer clic en el icono **Fotogramas** para desplazarse hacia atrás o adelante, dependiendo de cómo desee visualizar el sonido.

Trabajar con sonido y vídeo **277**

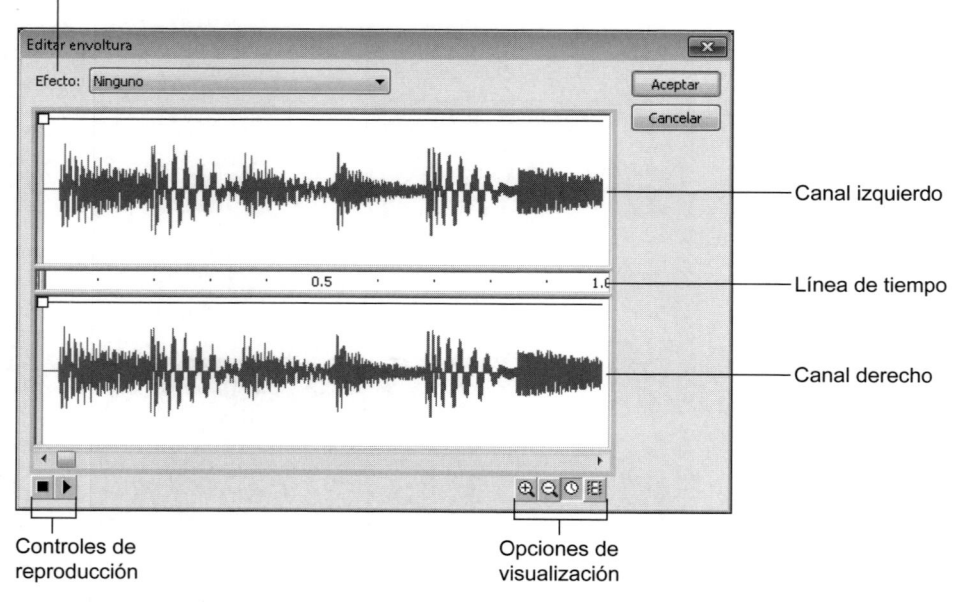

Figura 8.15. El cuadro de diálogo Editar envoltura.

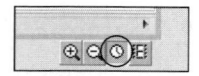

Figura 8.16. El icono Segundos.

Figura 8.17. El icono Alejar.

4. Haga clic a continuación en el icono **Alejar** hasta que pueda ver la onda completa (véase la figura 8.17).

La forma de la onda parece abarcar unos 240 fotogramas o unos 10 segundos (véase la figura 8.18).

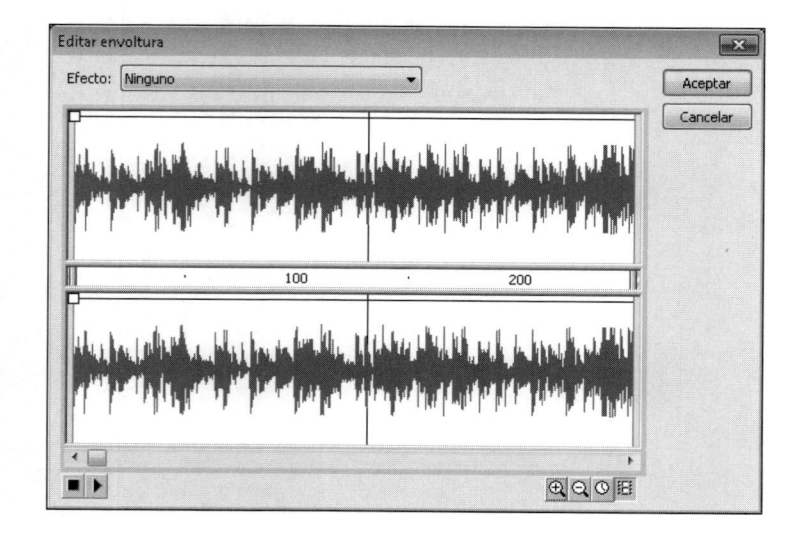

Figura 8.18. Duración de la onda en fotogramas o en segundos.

5. Arrastre el deslizador de tiempo situado más a la derecha hasta el fotograma 45, aproximadamente (véase la figura 8.19). Al cortar la parte final, el audio es más pequeño. Ahora el sonido se reproducirá durante unos 45 fotogramas.

6. Haga clic en **Aceptar** para aceptar los cambios que ha realizado. La forma de la onda de la Línea de tiempo principal muestra el sonido recortado (véase la figura 8.20).

Modificar el volumen de un sonido

El sonido será más elegante si se va fundiendo lentamente en lugar de interrumpirse de modo abrupto. Puede cambiar los niveles de volumen a lo largo del tiempo desde el cuadro de diálogo Editar envoltura.

Utilícelo para hacer fundidos de entrada o de salida o para modular los canales izquierdo y derecho de manera independiente.

1. Seleccione el primer fotograma clave de la capa sounds.

2. En el Inspector de propiedades, haga clic en el botón **Editar envoltura de sonido**.

Se mostrará el cuadro de diálogo Editar envoltura.

3. Seleccione la opción de visualización Fotogramas y acérquese a la forma de la onda para mejor ver la parte final, sobre el fotograma 45 (véase la figura 8.21).

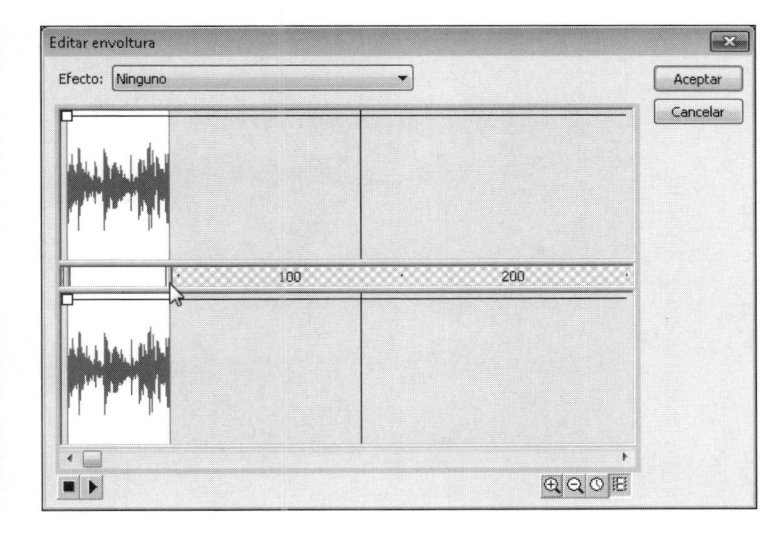

Figura 8.19. El archivo de sonido es más corto.

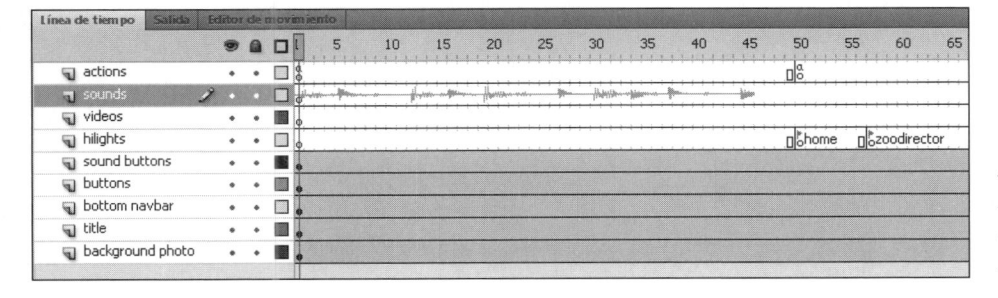

Figura 8.20. Los cambios se trasladan a la Línea de tiempo.

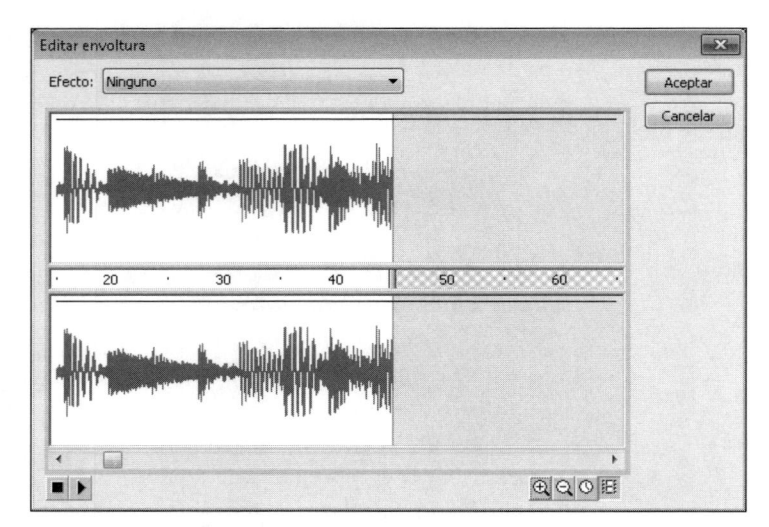

Figura 8.21. Sonido medido en fotogramas.

4. Haga clic en la línea horizontal superior de la onda cerca del fotograma 20. Aparecerá un cuadrado sobre la línea, que representa un fotograma clave para el volumen del audio (véase la figura 8.22).

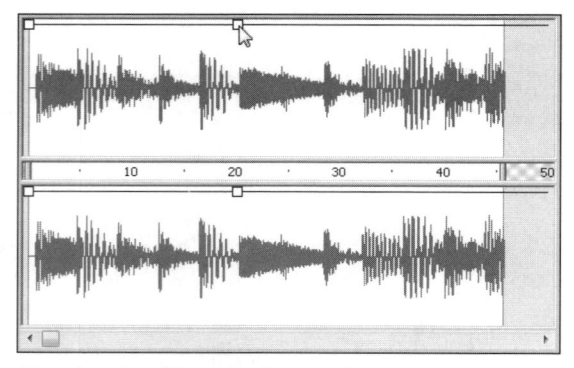

Figura 8.22. El cuadrado es un fotograma clave para el sonido.

5. Pulse ahora sobre el fotograma 45 y arrástrelo hacia abajo hasta la parte inferior de la ventana (véase la figura 8.23). La línea diagonal descendente indica una bajada en el volumen desde el 100 por 100 hasta el 0 por 100.

6. Haga clic en el fotograma clave correspondiente de la forma de onda inferior y desplácelo hasta la base de la ventana (véase la figura 8.24).

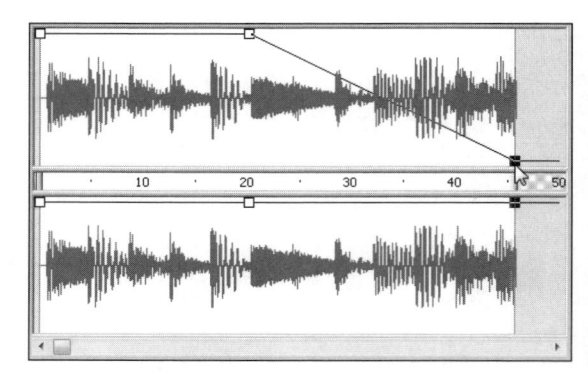

Figura 8.23. Arrastre el segundo cuadrado hasta abajo.

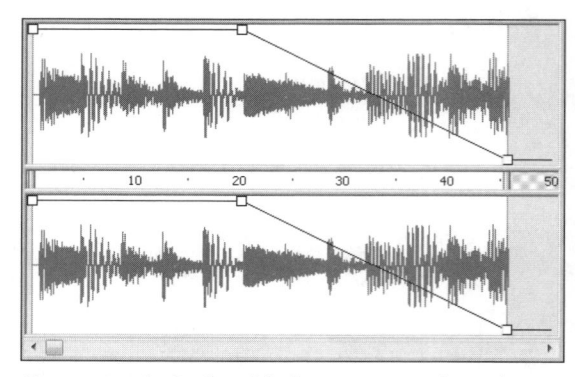

Figura 8.24. Gráfica del efecto para que el sonido se apague poco a poco.

Los niveles de volumen de ambos canales (izquierdo y derecho) se reducirán progresivamente a partir del fotograma 20. Al llegar al 45, el audio estará al 0 por 100.

7. Pruebe los efectos de la edición del sonido haciendo clic sobre el botón **Reproducir sonido** que hay en la parte inferior izquierda del cuadro de diálogo. Pulse en **Aceptar** para confirmar los cambios.

> **Nota:** Puede aplicar algunos de los efectos predefinidos del menú desplegable **Editar envoltura** con sólo seleccionarlos. Se incluyen elementos habituales (como los fundidos) por cuestiones de comodidad.

Figura 8.25. El menú desplegable Nombre de la sección Sonido.

Eliminar o cambiar el archivo de sonido

Si quiere suprimir el audio de su Línea de tiempo o prefiere sustituirlo por otro diferente, es posible realizar estos cambios desde el **Inspector de propiedades**.

1. Seleccione el primer fotograma de la capa **sounds**.

2. En el **Inspector de propiedades**, seleccione **Ninguno** en el menú desplegable **Nombre** (véase la figura 8.25). Esto borra el sonido de la Línea de tiempo.

3. Es momento de probar con un archivo de audio diferente. Escoja `Africanbeat.mp3` en el menú desplegable **Nombre** (véase la figura 8.26). El sonido `Africanbeat.mp3` se agregará a la Línea de tiempo. Los parámetros del cuadro de diálogo **Editar envoltura** que cortan el audio y aplican un fundido conservan su efecto.

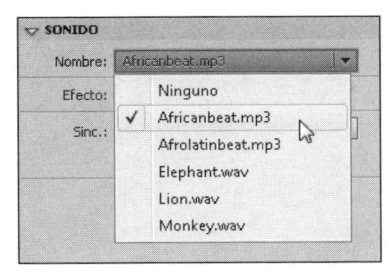

Figura 8.26. Sonido Africanbeat.mp3.

Incrementar la calidad de los sonidos

Puede controlar el grado de compresión de sus sonidos en el archivo `.swf` final. En un nivel bajo, su audio será de una mejor calidad. Cuanto más alto sea este baremo, además de reducir la calidad, el tamaño del archivo será menor.

Tendrá que encontrar el equilibrio entre la calidad y el tamaño dentro de un mínimo aceptable. Defina estos rangos en las opciones de configuración de publicación.

1. Seleccione **Archivo>Configuración de publicación**. Se mostrará el cuadro de diálogo **Configuración de publicación**.

2. Haga clic sobre la pestaña **Flash** y pulse en el botón **Establecer** de la opción **Flujo de audio** (véase la figura 8.27). Aparecerá el cuadro de diálogo **Configuración de sonido**.

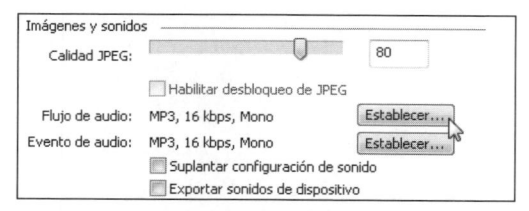

Figura 8.27. Configuración de sonido.

3. Incremente la **Velocidad de bits** hasta 64 kbps (véase la figura 8.28) y deje sin marcar la opción **Convertir estéreo en mono**. Haga clic en **Aceptar** para confirmar los cambios.

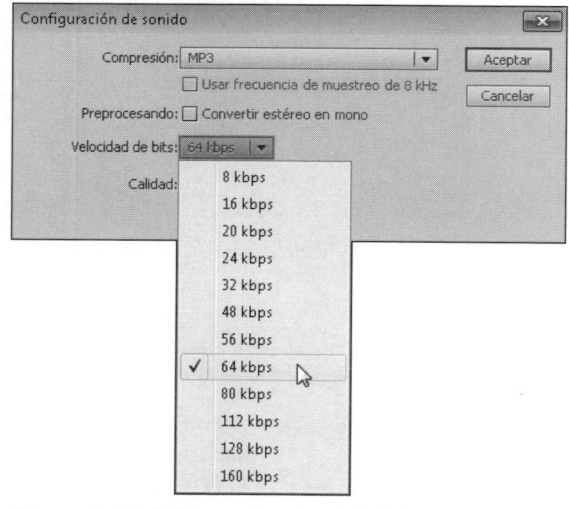

Figura 8.28. Selección de velocidad de bits.

4. Pulse sobre el botón **Establecer** de **Eventos de audio**. Se abrirá el cuadro de dialogo **Configuración de sonido**.

5. Aumente la **Velocidad de bits** hasta 64 kbps y deje sin marcar la opción **Convertir estéreo en mono**. Haga clic en **Aceptar** para confirmar los cambios.

Ahora, tanto los ajustes de **Flujo de audio** como los de **Eventos de audio** deberían estar configurados a 64 kbps en estéreo, conservando los sonidos en este formato.

El archivo `Africanbeat.mp3` en particular se basa en efectos estéreo, por lo que es importante mantener en este caso los canales izquierdo y derecho.

La velocidad de bits se mide el kilobits por segundo y determina la calidad del sonido de la película Flash final una vez exportada.

Cuanto mayor sea, mejor será su calidad pero ello también aumentará el tamaño del archivo. En este capítulo utilizará una de 64 kbps.

6. Seleccione **Suplantar configuración de sonido** (véase la figura 8.29) y haga clic en **Aceptar** para guardar los cambios.

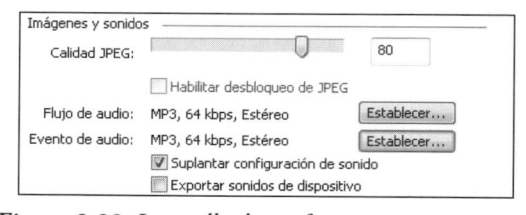

Figura 8.29. La casilla de verificación Suplantar configuración de sonido.

Los ajustes de sonido de **Configuración de publicación** determinarán cómo se exportan los sonidos.

7. Seleccione **Control>Probar película> En Flash Professional**. Se ha conservado el efecto estéreo del sonido y la calidad es la definida por los parámetros del cuadro de diálogo **Configuración de publicación**.

Añadir sonidos a los botones

En el kiosco, los botones se encuentran en la columna de la izquierda. Va a agregarles sonidos para que se emitan cada vez que el usuario haga clic.

1. En la Biblioteca, pulse dos veces en el icono del símbolo de botón llamado **sound_button1**. Pasará al modo de edición de esta instancia.

2. El contenido de los fotogramas clave **Reposo**, **Sobre**, **Presionado** y **Zona activa** del símbolo del botón está organizado en tres capas (véase la figura 8.30).

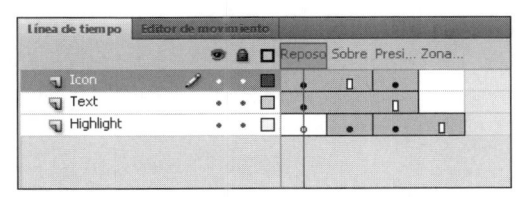

Figura 8.30. La Línea de tiempo del símbolo del botón escogido.

3. Inserte una nueva capa y llámela **sounds** (véase la figura 8.31).

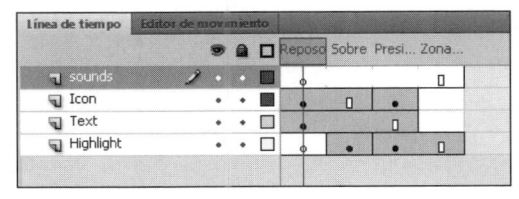

Figura 8.31. Capa para los sonidos del símbolo de botón.

4. Seleccione el fotograma **Presionado** de la capa **sounds** e introduzca un fotograma clave. En el estado **Presionado** del botón se mostrará un nuevo fotograma clave (véase la figura 8.32).

5. Arrastre ahora el archivo `Monkey.wav` desde la carpeta `sounds` de la Biblioteca hasta el Escenario.

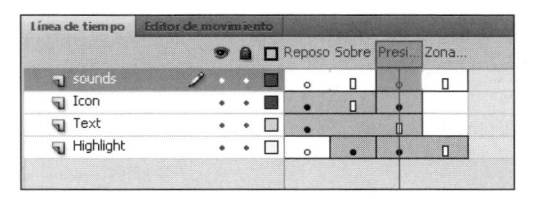

Figura 8.32. Nuevo fotograma clave en la capa sounds.

En el fotograma clave **Presionado** de la capa **sounds** se mostrará la forma de la onda de `Monkey.wav` (véase la figura 8.33).

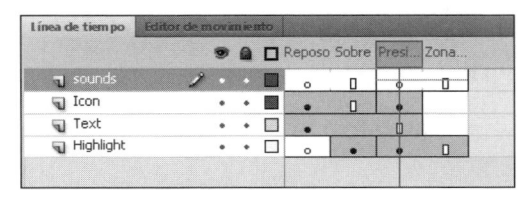

Figura 8.33. Los fotogramas muestran la representación del sonido.

6. Seleccione el fotograma **Presionado** de la capa **sounds**.

7. En el **Inspector de propiedades**, escoja **Inicio** dentro de la opción **Sinc** (véase la figura 8.34).

Figura 8.34. Inicio en el menú desplegable.

La sincronización desde el inicio disparará el sonido cada vez que la cabeza reproductora alcance ese fotograma clave en particular.

8. Escoja **Control>Probar película>En Flash Professional**. Pruebe el primer botón para escuchar al mono y después cierre la ventana de previsualización.

9. Modifique **sound_button2** y **sound_button3** para agregar los sonidos `Lion.wav` y `Elephant.wav` a sus respectivos fotogramas **Presionado**.

> **Nota:** También puede añadir sonidos al estado **Sobre** de un símbolo de botón, con lo que éste se reproducirá cada vez que el ratón pase sobre él.

Más sobre las opciones de sincronización del sonido

La sincronización del sonido se ocupa de cómo se disparan y reproducen los archivos de audio. Existen varias opciones: **Evento**, **Inicio**, **Detener** y **Flujo**. Esta última vincula el sonido a la Línea de tiempo para que pueda sincronizar de forma sencilla elementos animados con el audio correspondiente.

Evento e **Inicio** se utilizan para asociar un sonido (generalmente, uno corto) a la ocurrencia de un evento específico, como el clic sobre un botón. Sólo se diferencian en que **Inicio** no activará el sonido si ya está sonando (para que no se solapen entre ellos).

La opción **Detener** se usa para parar una reproducción, aunque su empleo es poco frecuente. Si desea realizar esta acción con una sincronización de tipo **Flujo**, bastará con que inserte un fotograma clave vacío.

VÍDEOS EN FLASH

Flash se está convirtiendo en el principal método de distribución de vídeo por la Web. La mayoría de los internautas ven más películas con Flash que con otras tecnologías como QuickTime, Windows Media Player o RealPlayer. Todos los sitios nuevos (como el del *New York Times* y las Webs para compartir contenidos como YouTube) utilizan esta aplicación para mostrar los vídeos.

Es fácil añadir vídeos en Flash, tanto si se desea presentar directamente como si se quiere incorporar a otros elementos animados. Existen dos opciones para manejar películas con el programa: la primera es mantener el vídeo separado del archivo Flash y utilizar el componente de reproducción de la propia aplicación para reproducir el contenido; la segunda es embeber el vídeo en el archivo Flash.

Ambos métodos requieren que, previamente, se le dé el formato adecuado al vídeo. El más recomendado es Flash Video, que trabaja con el estándar H.264, un *codec* de última tecnología que trata las imágenes en alta calidad con una compresión muy eficiente. El término *codec* procede de las palabras *compression* (compresión) y *decompression* (descompresión), sistema utilizado por los ordenadores para ahorrar espacio, consistente en la reducción de un archivo en un primer momento para su posterior descompresión en el instante en el que se vaya a reproducir. En las versiones anteriores de Flash el formato estándar era `.flv`, que utilizaba los antiguos *codecs* Sorenson Spark y On2VP6.

> **Nota:** En realidad, Flash es capaz de reproducir cualquier vídeo codificado en H.264, por lo que no es necesario que el archivo tenga la extensión `.f4v`. Por ejemplo, una película con la extensión `.mov` codificado con Quicktime Pro es compatible con Flash.

CÓMO UTILIZAR ADOBE MEDIA ENCODER

Es posible convertir sus archivos de vídeo a formato `.flv` o `.f4v` usando Adobe Media Encoder CS5, una aplicación independiente que se incluye con Flash Professional CS5. Puede facilitarle el trabajo transformando un solo fichero o varios (lo que se conoce como procesamiento por lotes o *batch processing*).

Agregar un archivo de vídeo a Adobe Media Encoder

El primer paso para convertir su archivo de vídeo a un formato compatible con Flash es agregar el fichero a Adobe Media Encoder para que lo codifique.

1. Abra Adobe Media Encoder CS5, que viene instalado con Adobe Flash Professional CS5. La pantalla inicial muestra una ventana que lista todos los archivos de vídeo que se hayan incluido para su procesamiento. Este emplazamiento debería estar vacío (véase la figura 8.35).

2. Escoja **Archivo>Añadir** o haga clic en el botón **Añadir** de la derecha. Se abrirá un cuadro de diálogo para que seleccione un archivo de vídeo.

3. Localice la carpeta `Lesson08/08`, seleccione el archivo `Penguins.mob` y haga clic en **Aceptar**. Se agregará `este elemento` a la lista, preparado para su conversión al formato `.flv` o `.f4v` (véase la figura 8.36). Adobe Media Encoder iniciará de modo automático el proceso de codificación si no hace nada durante dos minutos.

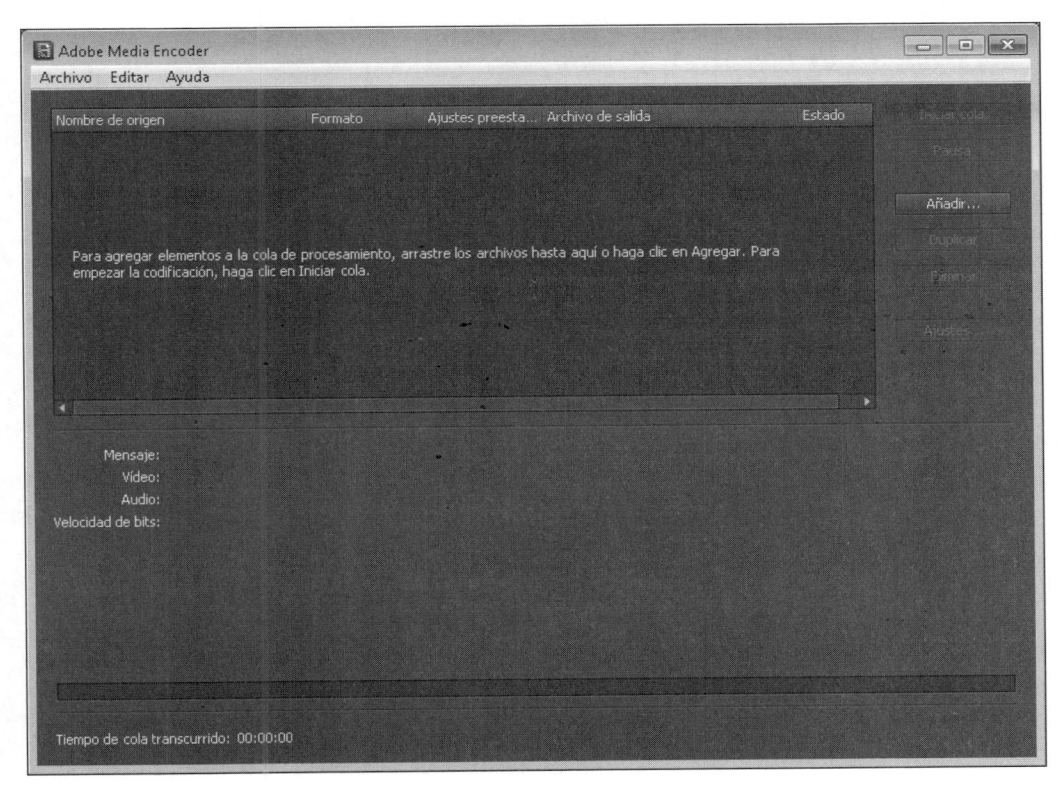

Figura 8.35. *Pantalla inicial de Adobe Media Encoder.*

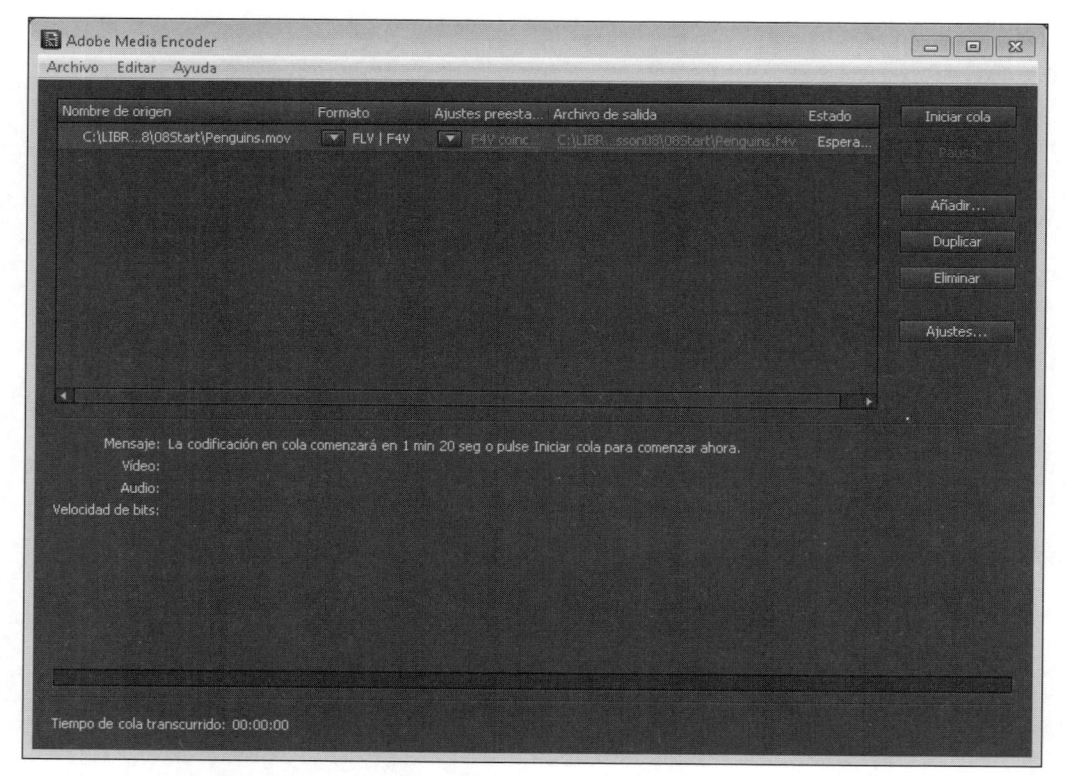

Figura 8.36. Archivo de vídeo en la lista.

Nota: También puede arrastrar directamente el archivo a la cola desde su Escritorio.

4. Seleccione **Editar>Preferencias**. Se mostrará el cuadro de diálogo **Preferencias**. Estará seleccionada la primera pestaña de la izquierda, **General**.

5. Deje sin activar la opción **Iniciar cola automáticamente cuando esté inactivo durante: 2,0 Minutos**, como indica la figura 8.37. Haga clic en **Aceptar**.

El codificador ya no arrancará automáticamente, con lo que podrá seguir los ejercicios de esta parte del capítulo a su propio ritmo.

Convertir archivos de vídeo a Flash Video

1. En las opciones de **Formato**, seleccione FLV/F4V.

2. Dentro de **Ajustes preestablecidos**, escoja F4V-Medio Web.

Puede elegir una de las muchas variantes estándar predefinidas del menú, las cuales determinan el formato (el reciente `.f4v` o el antiguo `.flv`) y el tamaño del vídeo. La opción **Medio Web** convierte su archivo original a un ancho de 360 píxeles y un alto de 264, que son las proporciones medias de visualización en un navegador. Flash indica entre paréntesis la versión mínima de Flash Player necesaria para reproducir el formato de vídeo seleccionado.

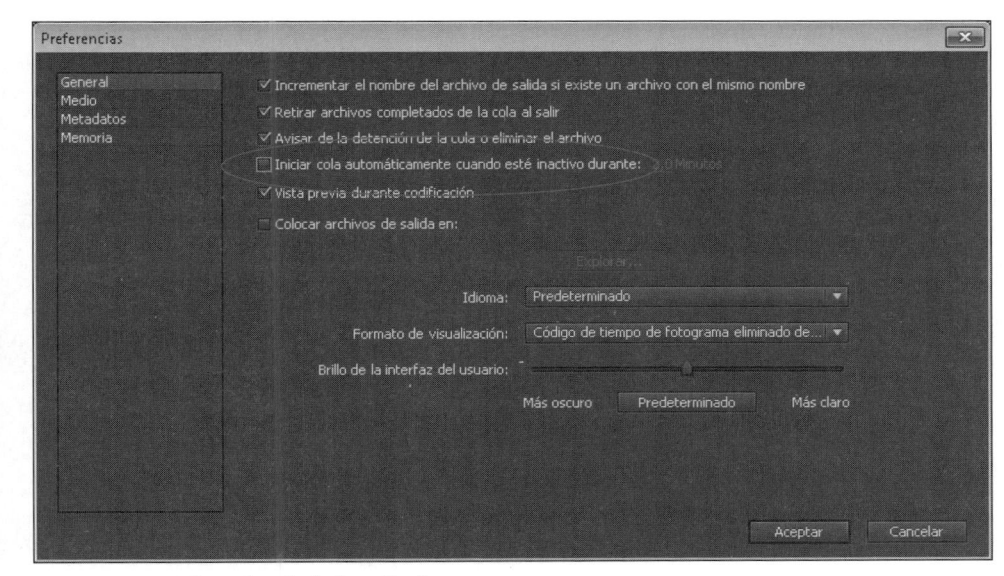

Figura 8.37. El cuadro de diálogo Preferencias.

Figura 8.38. Opciones de formato.

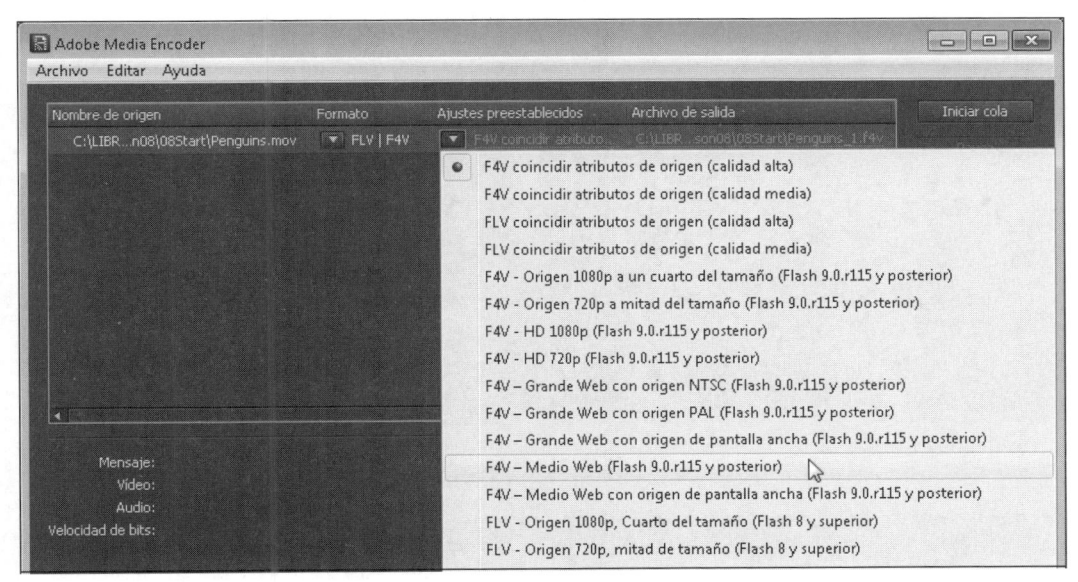

Figura 8.39. Desplegable con diferentes opciones elegibles.

3. Haga clic en el **Archivo de salida**. Se mostrará el cuadro de diálogo **Guardar como**. Puede optar por grabar el archivo convertido en una ubicación diferente de su ordenador o escoger otro nombre para su fichero. El vídeo original no se borrará o alterará en modo alguno.

4. Pulse en **Iniciar cola**.

Flash iniciará el proceso de codificación. Mostrará los parámetros del vídeo codificado, además del avance del proceso y una previsualización (véase la figura 8.40).

Una marca verde en la lista de archivos le indica que el proceso de codificación ha finalizado con éxito.

Ahora tiene el nuevo archivo `Penguins.f4v` en la carpeta `Lesson08/08`, junto a `Penguins.mov` original (véase la figura 8.41).

> **Nota:** Si posee muchos archivos de vídeo que codificar en formato `.f4v` o `.flv`, Adobe Media Encoder le permite realizar con facilidad lo que se denomina un procesamiento por lotes, en el que cada fichero puede tener distintos parámetros. Haga clic en el botón **Añadir** para agregar los vídeos a la lista. Si lo desea, seleccione un formato diferente para cada uno. Pulse en **Iniciar cola** para comenzar el procesamiento por lotes.

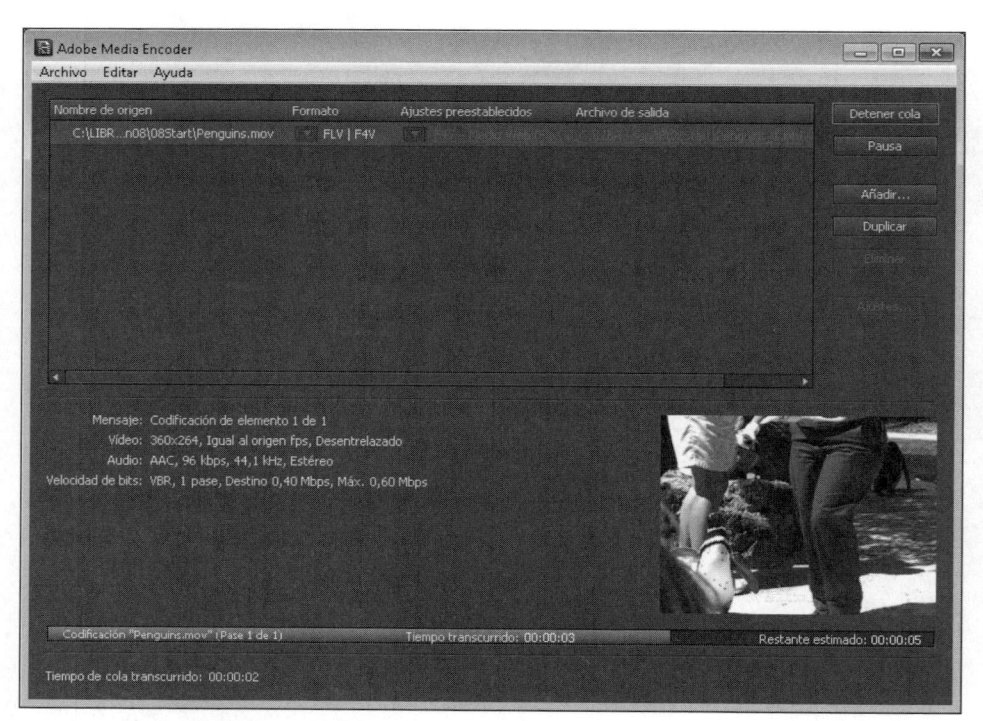

Figura 8.40. El proceso de codificación.

Figura 8.41. El proceso ha terminado.

Nota: Es posible cambiar el estado de cualquier archivo concreto de la cola seleccionándolo en la lista y aplicando **Editar>Restablecer estado** o **Editar>Omitir selección**. Restablecer estado elimina la marca verde de los ficheros completados para codificarlos de nuevo, mientras que **Omitir selección** hace que Flash se salte ese elemento en particular en el procesamiento por lotes.

PERSONALIZAR LAS OPCIONES DE CODIFICACIÓN

Puede personalizar muchos de los ajustes de conversión de su vídeo original al formato Flash Video. Si desea cortar y redimensionar su vídeo a unas proporciones específicas, convertir sólo un fragmento, ajustar el tipo de compresión y los niveles e incluso aplicar filtros, con Flash logrará hacerlo. Busque las opciones de codificación en **Editar>Restablecer estado** para reiniciar el archivo `Penguins.mov`. Tras ello, haga clic en los **Ajustes preestablecidos** de la lista o escoja **Editar>Exportar ajustes**. Se abrirá el cuadro de diálogo **Exportar ajustes** (véase la figura 8.42).

Opciones de recorte de metraje

Opciones de recorte de área

Resumen de opciones de exportación

Opciones preestablecidas

Puntos de referencia

Codificación avanzada de audio y vídeo

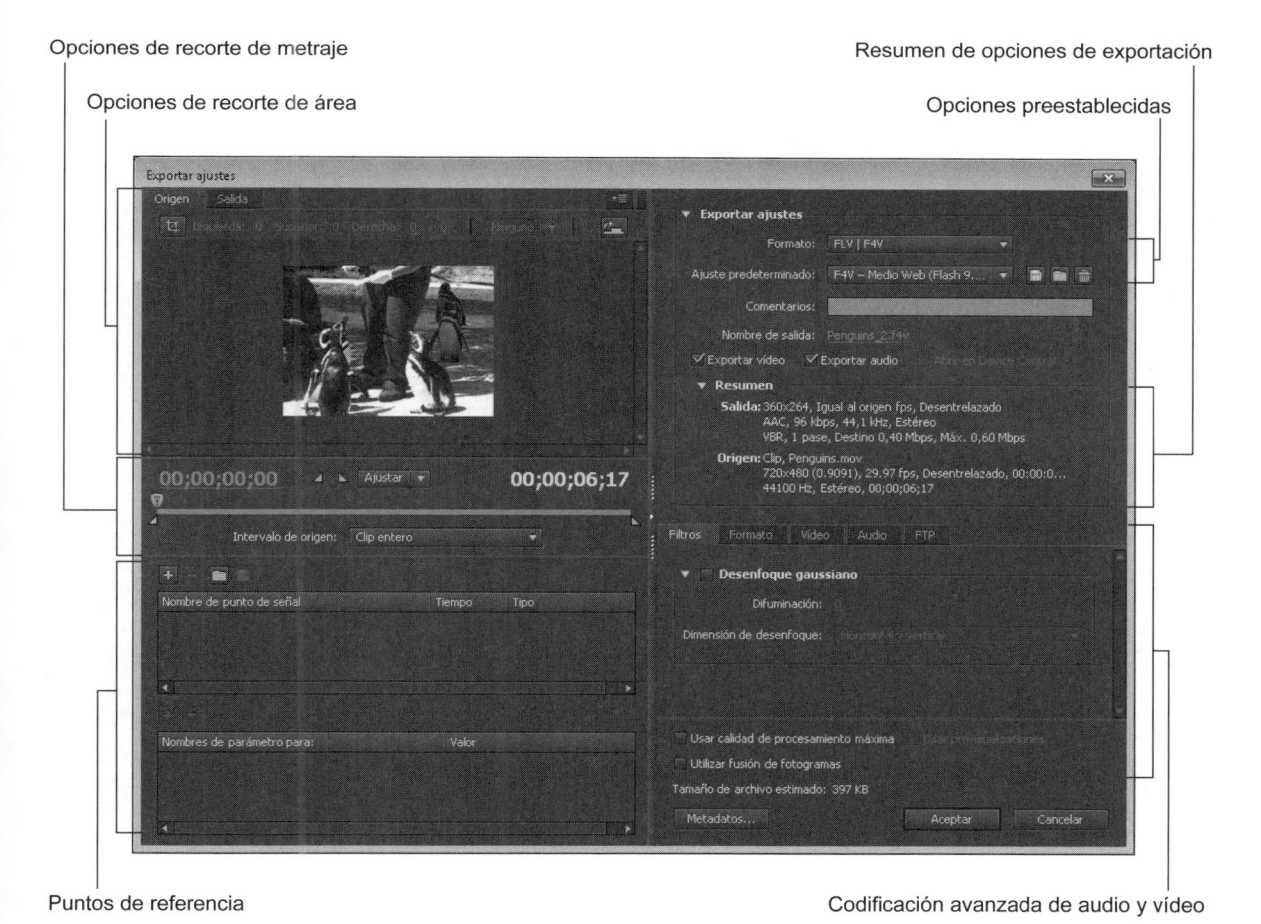

Figura 8.42. *El cuadro de diálogo Exportar ajustes.*

Cortar el vídeo

Si sólo quiere mostrar una parte de su archivo, puede cortarlo. Escoja **Editar>Restablecer estado** y devolverá `Penguins.mov` al formato inicial, seguido de **Editar>Exportar ajustes** para poder experimentar con los ajustes de recorte.

1. Haga clic en el botón **Recortar** de la esquina superior izquierda del cuadro de diálogo **Exportar ajustes** (véase la figura 8.43). Sobre la ventana de previsualización del vídeo se mostrará un cuadro de recorte.

Figura 8.43. El botón Recortar del cuadro de diálogo Exportar ajustes.

2. Arrastre los lados hacia adentro para cortar por arriba, por abajo, por la izquierda o por la derecha (véase la figura 8.44).

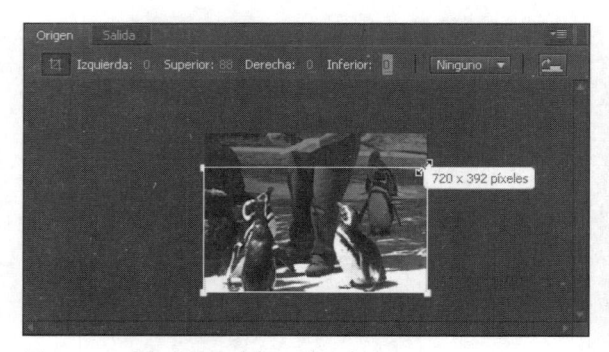

Figura 8.44. Ajuste del cuadro de recorte a la porción deseada.

Se descartarán las partes en gris que caen fuera del cuadro. Flash mostrará junto al cursor las nuevas dimensiones. También puede utilizar los parámetros **Izquierda**, **Superior**, **Derecha** e **Inferior** que hay sobre la ventana de previsualización para introducir los valores exactos en píxeles.

3. Si desea mantener el recorte en una proporción estándar, haga clic en el menú desplegable de **Opciones de recorte** y escoja el ratio de su agrado (véase la figura 8.45). Se restringirá el cuadro al tamaño escogido.

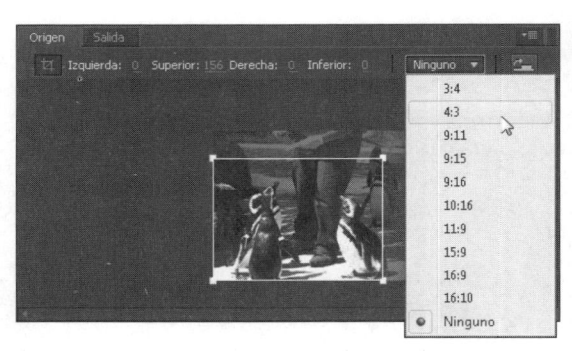

Figura 8.45. Los distintos ratios de recorte.

4. Para comprobar los efectos realizados, haga clic sobre el botón **Cambiar a salida** de la esquina superior derecha de la ventana de previsualización (véase la figura 8.46), que es donde se presenta el aspecto final del vídeo.

Figura 8.46. El botón Cambiar a salida.

5. El menú desplegable **Ajustes de recorte** contiene las opciones que determinan cómo se mostrará el recorte en la película final (véase la figura 8.47).

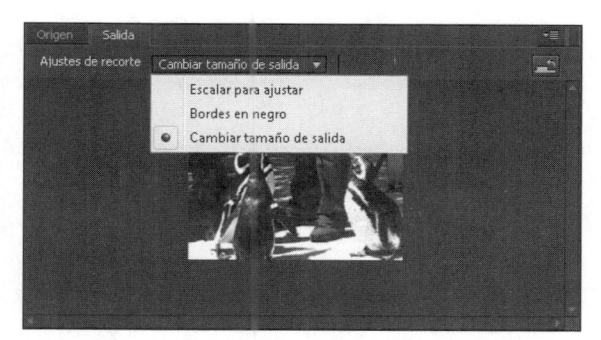

Figura 8.47. El menú desplegable Ajustes de recorte.

- **Escalar para ajustar** adapta las dimensiones del recorte y añade bordes negros para ajustar el archivo de salida.

- **Bordes en negro** incorpora unas bandas negras en la parte superior (pantalla ancha) o a los lados para adaptar el recorte a las dimensiones del archivo de salida.

- **Cambiar tamaño de salida** cambia las dimensiones de la película resultante para que coincidan con las de recorte.

Las dos primeras opciones le permiten redimensionar el archivo de salida en la pestaña **Vídeo** del lado derecho del cuadro de diálogo.

6. Para salir del modo de recorte, haga clic de nuevo sobre el botón **Recortar** que hay bajo la ficha **Origen**. No necesitará recortar el vídeo Penguins.mov en este capítulo.

Puntos de referencia

En la parte inferior izquierda del cuadro de diálogo **Exportar ajustes** hay un área en la que puede configurar puntos de referencia para su vídeo (véase la figura 8.48).

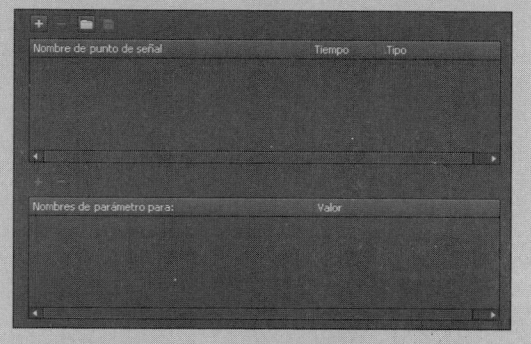

Figura 8.48. El área de definición de puntos de referencia.

Los puntos de referencia son marcadores especiales que se hallan en distintos lugares del vídeo. Con ActionScript es posible programar Flash para que reconozca cuándo se alcanzan estos puntos o desplazarse directamente hasta algunos específicos. Pueden transformar las películas lineales corrientes en vídeos realmente atractivos e interactivos. Más adelante en este capítulo añadirá a su vídeo puntos de referencia dentro de Flash Professional CS5 cuando lo haya llevado al Escenario.

Ajustar la duración del vídeo

Tal vez su vídeo contenga partes no deseadas al principio o al final. Puede dejar fuera parte del metraje para ajustar la duración total.

1. Haga clic sobre la cabeza reproductora (el marcador amarillo superior) y arrástrela para ir recorriendo el vídeo mientras previsualiza el contenido.

Colóquela en el punto de comienzo elegido (véase la figura 8.49). El indicador del tiempo muestra el número de segundos transcurridos.

Figura 8.49. Punto concreto del vídeo.

2. Pulse sobre el icono **Definir punto de entrada** (véase la figura 8.50).

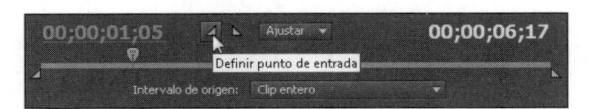

Figura 8.50. El icono Definir punto de entrada.

El punto de entrada se desplaza hasta la posición actual de la cabeza reproductora (véase la figura 8.51).

Figura 8.51. El punto de entrada se traslada.

3. Arrastre la cabeza reproductora hasta el punto final deseado para el vídeo (véase la figura 8.52).

Figura 8.52. Se mueve de nuevo la cabeza reproductora.

4. Haga clic sobre el icono **Definir punto de salida** (véase la figura 8.53).

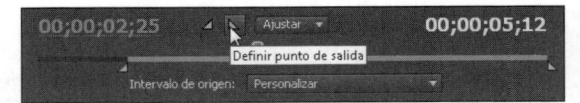

Figura 8.53. El icono Definir punto de salida.

Ahora es el punto de salida el que va hasta la posición actual de la cabeza reproductora, como muestra la figura 8.54.

Figura 8.54. El punto de salida se desplaza hasta el punto escogido.

> **Nota:** Cuando la cabeza reproductora está seleccionada, puede utilizar las teclas **Flechas izquierda** y **Flecha derecha** para moverse adelante y atrás con más control, fotograma a fotograma.

5. También es posible, simplemente, arrastrar los indicadores de entrada y salida para delimitar el fragmento del vídeo.

La parte resaltada, comprendida entre los marcadores, será el único segmento del archivo que se codifique.

6. Devuelva los indicadores a sus posiciones originales o escoja **Clip entero** en el menú desplegable **Intervalo de origen**, pues no necesitará ajustar la duración del vídeo en este capítulo.

Configurar las opciones avanzadas de audio y vídeo

El lado derecho del cuadro de diálogo **Exportar ajustes** contiene todas las opciones avanzadas de vídeo y audio, además de recopilar las de exportación.

Puede escoger una de las variantes predefinidas en el menú **Ajuste predeterminado** superior. Las pestañas de la parte inferior le permiten acceder a opciones de codificación avanzadas para imagen y sonido. Abajo del todo, Flash muestra el tamaño final estimado del archivo de salida (véase la figura 8.55).

Va a exportar de nuevo `Penguins.mov` pero con un tamaño mayor.

1. Asegúrese de haber seleccionado las casillas **Exportar vídeo** y **Exportar audio**, como indica la figura 8.56.

Figura 8.56. Exportar vídeo y Exportar audio.

2. Haga clic sobre la ficha **Formato** y escoja **F4V** (véase la figura 8.57).

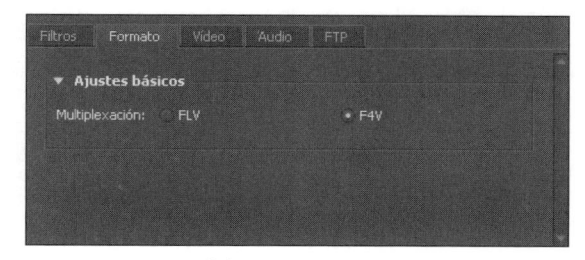

Figura 8.57. La ficha Formato.

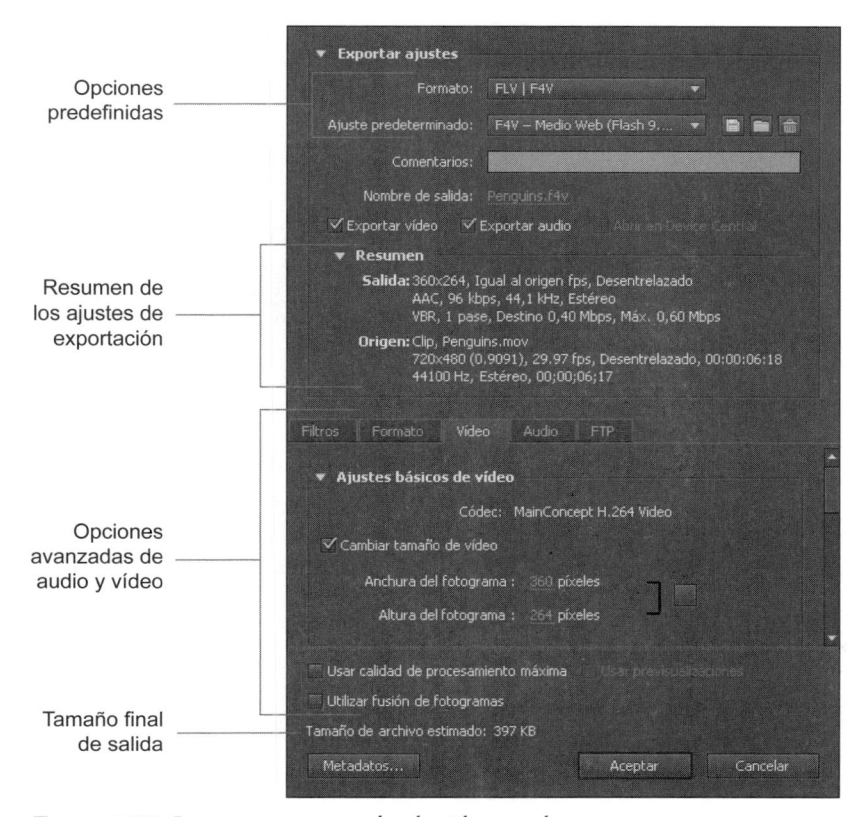

Figura 8.55. Las opciones avanzadas de vídeo y audio.

Trabajar con sonido y vídeo

3. Pulse sobre la ficha **Vídeo**.

4. Seleccione **Cambiar tamaño de video** y haga clic sobre la opción de restricción (el cuadro gris vacío).

Introduzca una anchura de **480** y pulse fuera del campo para confirmar el cambio (véase la figura 8.58).

Figura 8.58. La ficha Video.

La altura será alterada automáticamente para mantener las proporciones del vídeo.

5. Haga clic en **Aceptar**. Flash cerrará el cuadro de diálogo **Exportar ajustes** y guardará los ajustes avanzados de vídeo y audio.

6. Pulse sobre **Iniciar cola** para comenzar el proceso de codificación con los nuevos cambios para las dimensiones. Flash creará otro archivo `.f4v` de `Penguins.mov`. Elimine el que se generó antes y renombre el segundo como `Penguins.f4v`.

Guardar las opciones de audio y vídeo

Si desea procesar más vídeos del mismo modo, es pertinente que guarde sus opciones avanzadas de imagen y sonido. Adobe Media Encoder permite hacerlo y, una vez grabadas, podrá aplicarlas fácilmente a otros vídeos de la cola.

1. Seleccione **Editar>Restablecer estado** para devolver el archivo de los pingüinos de la cola a su estado anterior y luego escoja **Editar>Exportar ajustes**.

2. En el cuadro de diálogo **Exportar ajustes**, haga clic en el botón **Guardar ajustes preestablecidos** (véase la figura 8.59).

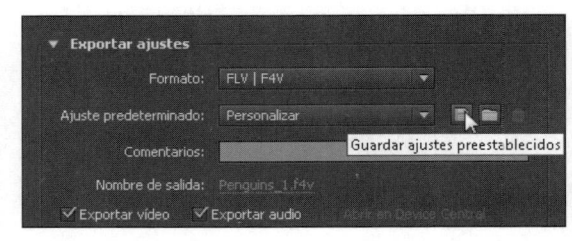

Figura 8.59. Botón Guardar ajustes preestablecidos.

3. En el cuadro de diálogo que se muestra, indique un nombre descriptivo para las opciones de audio y vídeo. Haga clic en **Aceptar** (véase la figura 8.60).

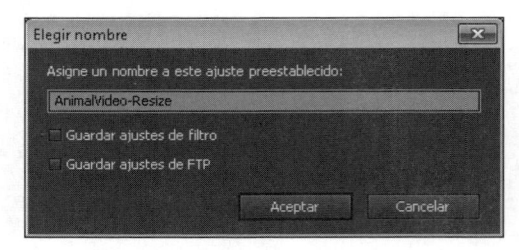

Figura 8.60. Asignación de un nombre para los ajustes a guardar.

4. Regrese a la cola de vídeos. Para aplicar su configuración a otros archivos, sólo tiene que recurrir a ella en el menú desplegable **Ajustes preestablecidos**, como indica la figura 8.61.

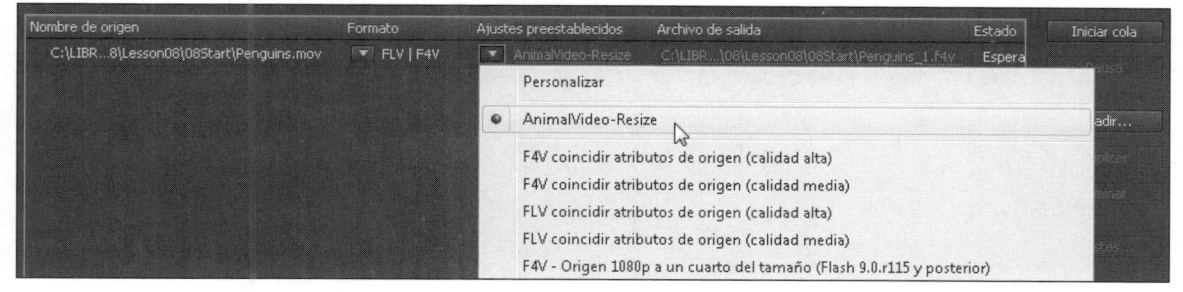

Figura 8.61. Los nuevos ajustes se incluyen en el menú desplegable.

REPRODUCIR VÍDEOS EXTERNOS

Ahora que ha convertido con éxito su vídeo al formato correcto de Flash Video, puede utilizarlo en su proyecto del kiosco del zoo. El programa reproducirá cada uno de los archivos de imágenes de los animales en los distintos fotogramas etiquetados de la Línea de tiempo, si bien serán externos al proyecto de Flash. Al dejarlos fuera, sigue siendo un archivo pequeño y los vídeos pueden tener un ratio de fotograma diferente al del proyecto.

1. Abra `08_workingcopy.fla` en Flash Professional CS5.

2. Seleccione el fotograma clave etiquetado como **penguins** de la capa **videos** (véase la figura 8.62).

3. Escoja **Archivo>Importar>Importar vídeo**. Aparecerá el asistente **Importar vídeo** (véase la figura 8.63), que le guiará paso a paso por el proceso para añadir un nuevo elemento a Flash.

4. En **Importar vídeo**, seleccione **En el equipo** y haga clic en **Examinar**.

5. En el cuadro de diálogo, acceda a la carpeta `Lesson08/08` y escoja `Penguins.f4v`. Pulse en **Abrir** y se mostrará la ruta del vídeo (véase la figura 8.64).

6. Seleccione la opción **Cargar vídeo externo con componente de reproducción**. Haga clic en **Siguiente** o **Continue**.

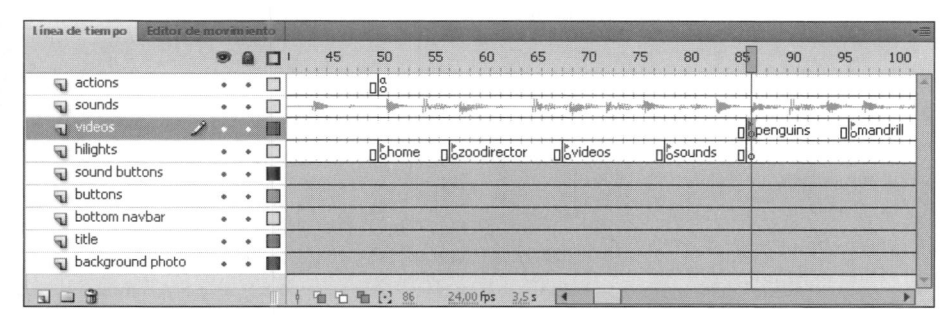

Figura 8.62. Selección del fotograma penguins de la capa videos.

Trabajar con sonido y vídeo

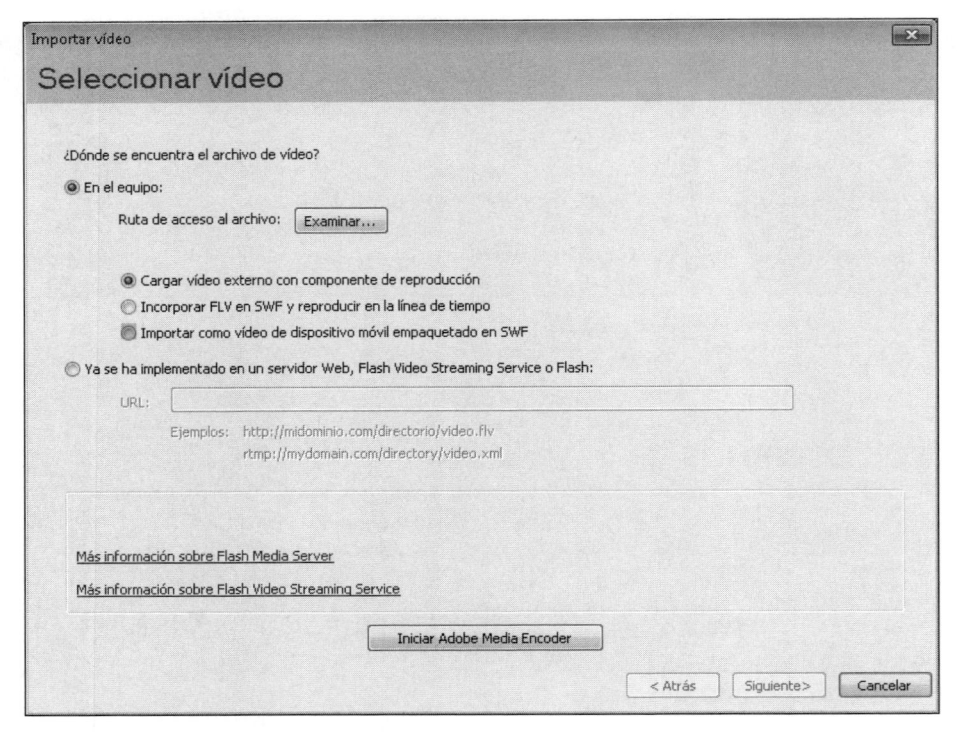

Figura 8.63. El asistente Importar vídeo.

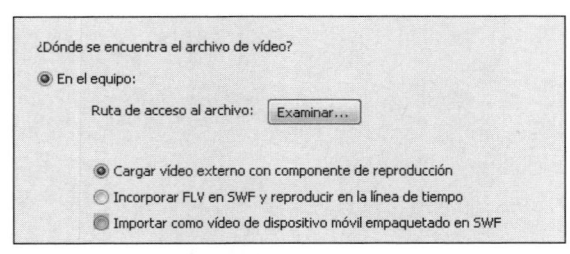

Figura 8.64. Elección de la ruta del vídeo Penguins.f4v.

7. En la pantalla del asistente de importación, escoja la piel, la cual determina el aspecto de los controles de interfaz del vídeo. Seleccione `MinimaFlatCustomColorPlayBack SeekCounterVolMute.swf` en el menú **Aspecto**, que es la tercera opción empezando por arriba, como indica la figura 8.65.

Nota: El aspecto es un pequeño archivo `.swf` que determina la funcionalidad y la apariencia de los controles del vídeo. Puede utilizar uno de los que incorpora Flash o bien escoger **Ninguno** en la parte superior del menú.

Los aspectos se dividen en tres categorías principales. La primera de ellas agrupa a los que comienzan por "Mínima", que son los diseños más recientes disponibles en Flash Professional CS5 e incluyen opciones con un contador numérico. Los que empiezan por "SkinUnder" son controles que se muestran debajo del vídeo. Por último, los que tienen como enunciado "SkinOver" se superponen a la parte inferior de la película. En la ventana principal se ofrece una previsualización del aspecto y sus controles.

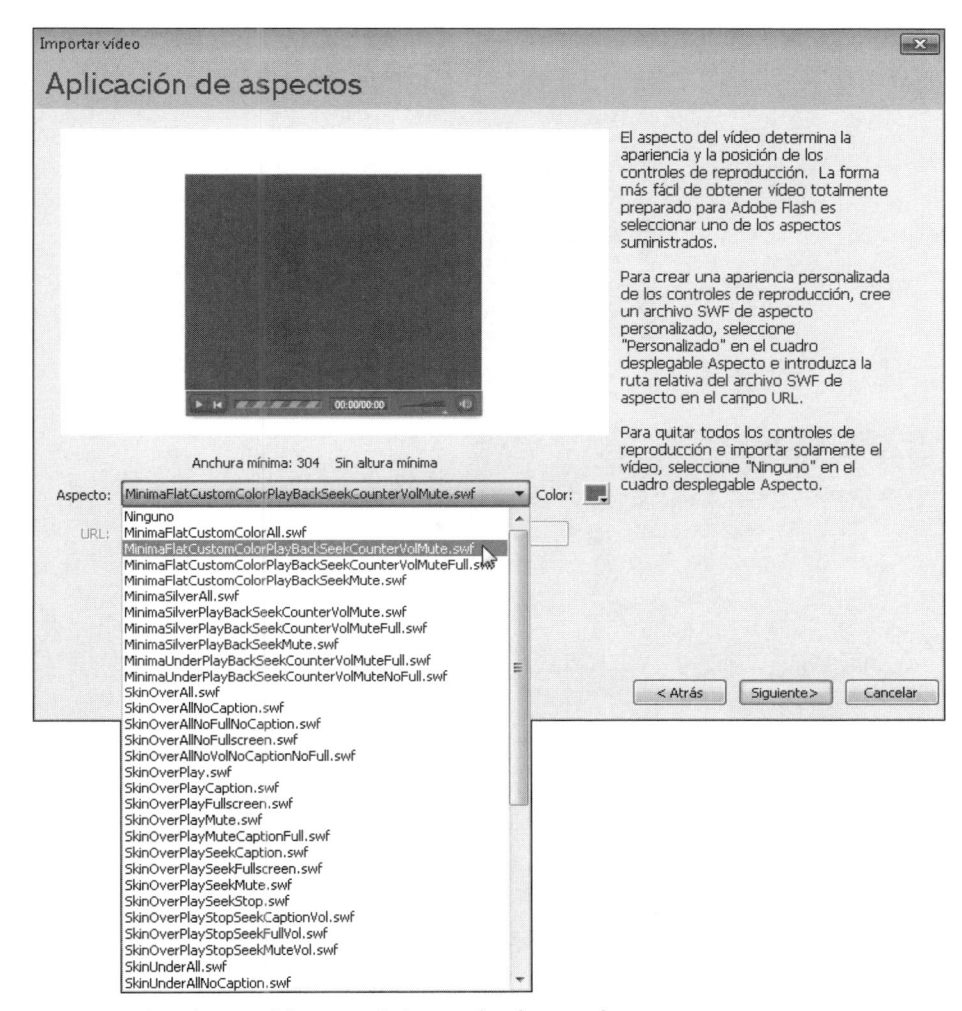

Figura 8.65. Elección del aspecto de la interfaz de control.

8. Escoja el color #333333 con un Alfa del 75 por 100 (véase la figura 8.66). Haga clic en **Siguiente** o **Continue**.

9. En la siguiente pantalla del asistente Importar vídeo, revise la información del archivo y luego haga clic sobre **Finalizar** para codificarlo.

10. En el Escenario se mostrará su vídeo con el aspecto elegido. Sitúelo en el lado izquierdo (como en la figura 8.67).

En la Biblioteca aparecerá un componente FLVPlayback, que es el accesorio especial utilizado en el Escenario para reproducir el vídeo externo (véase la figura 8.68).

> **Nota:** Cuando esté seleccionado un vídeo del Escenario, puede pulsar la barra espaciadora para iniciar o pausar la reproducción.

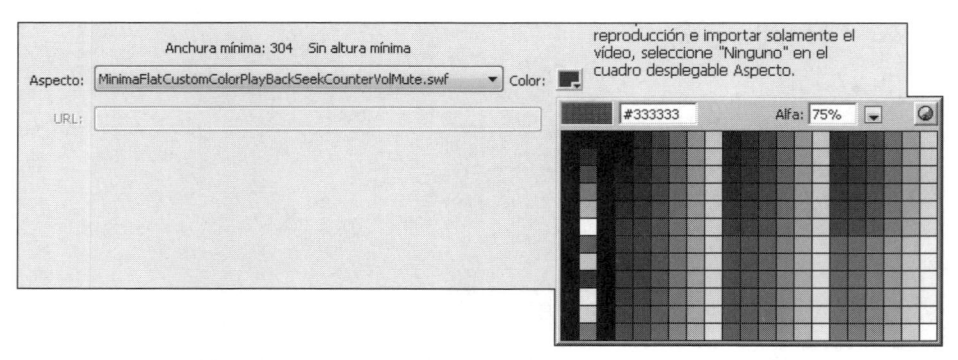

Figura 8.66. Selección de un color y su Alfa.

Figura 8.67. Vídeo colocado en el sitio deseado.

11. Haga clic en el botón **Reproducir** para previsualizarlo. Use los controles para iniciar, detener, avanzar y cambiar el volumen de la película. La posibilidad de previsualizar un vídeo externo desde el Escenario es un recurso nuevo de Flash Professional CS5.

Figura 8.68. En la Biblioteca aparece el componente de reproducción.

Nota: Si su vídeo no tiene un aspecto, siga controlando la reproducción en el Escenario haciendo clic con el botón derecho del ratón o **Control-clic** en el vídeo y escogiendo Reproducir, Pausar o Rebobinar.

12. Escoja **Control>Probar película>En Flash Professional**. Tras la introducción musical, pulse sobre el botón **Magellanic Penguins**. Se empezará a reproducir el vídeo externo de los pingüinos con el aspecto elegido en el asistente de importación. Cierre la ventana de previsualización.

13. Los otros vídeos de animales ya están codificados (en formato .flv) y se encuentran en la carpeta 08Start. Importe Mandril.flv, Tiger.flv y Lion.flv a cada uno de sus fotogramas clave correspondientes. Asígneles el mismo aspecto que a Penguin.f4v.

> **Nota:** El proyecto del kiosco del zoo necesita los archivos .flv o .f4v, 08_workingcopy.swf y el fichero de aspecto para funcionar. Éste último se publicará en la misma carpeta que su archivo .fla.

del vídeo, seleccione la casilla de verificación de la opción **skinAutoHide** (véase la figura 8.70).

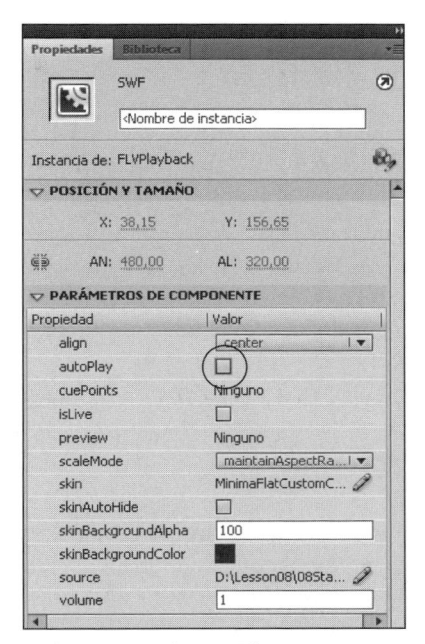

Figura 8.69. Opción de autoPlay.

Controlar la reproducción del vídeo

El componente FLVPlayback le permite controlar qué vídeo se reproduce, si lo hace automáticamente y otros aspectos de la reproducción. Estas opciones se pueden modificar desde el **Inspector de componentes**. La columna izquierda muestra una lista de los parámetros y la derecha contiene sus valores correspondientes. Seleccione uno de los vídeos del Escenario y escoja entre las siguientes opciones:

- Para cambiar la opción **autoPlay**, deje sin marcar la casilla de verificación. Si está activada, el vídeo se reproducirá automáticamente pero, si no lo hace, se detendrá en el primer fotograma (véase la figura 8.69).

- Si desea ocultar el controlador y mostrarlo sólo cuando los usuarios pasen el cursor por encima

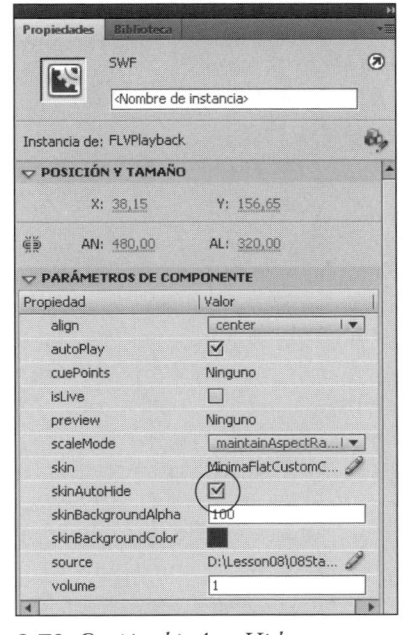

Figura 8.70. Opción skinAutoHide.

- Para escoger un nuevo controlador (el aspecto), haga doble clic sobre el nombre de fichero de su aspecto y elija uno nuevo en el cuadro de diálogo que se muestra.

- Si busca cambiar la transparencia del controlador, introduzca un valor decimal entre 0 (totalmente transparente) y 1 (totalmente opaco) para **skinBackgroundAlpha**.

- Si quiere modificar el color del controlador, pulse sobre el rectángulo de color y establezca una nueva tonalidad para **skinBackgroundColor**.

- Para alterar el archivo de vídeo o su ubicación y que lo busque Flash a la hora de reproducirlo, haga clic en la opción **source**.

En el cuadro de diálogo **Ruta del contenido**, introduzca un nuevo nombre de archivo o pinche en el icono de la carpeta para elegir un elemento a reproducir. La ruta es relativa a la ubicación del archivo Flash.

TRABAJAR CON LA TRANSPARENCIA EN LOS VÍDEOS

En los distintos vídeos utilizados se ha mostrado hasta ahora el fotograma completo, con los animales en primer término y su entorno al fondo. Pero tal vez haya ocasiones en las que desee emplear un archivo que no tiene un fondo incorporado. En este proyecto ha filmado al director del zoo delante de una pantalla verde, que ha sido eliminada por medio de Adobe After Effects. Al usar vídeo en Flash, esta persona parece estar delante del fondo del propio programa. Un efecto similar a éste es el que se utiliza para los presentadores que ofrecen la predicción meteorológica, en el que la parte de atrás es totalmente transparente, de manera que se pueden ver los gráficos que hay detrás de ellos.

Las transparencias en vídeo (llamadas canales alfa) sólo son posibles cuando se aplica el *codec* On2VP6 en el formato .flv. Al codificarlo con un canal alfa en Adobe Media Encoder, asegúrese de escoger **Editar>Exportar ajustes**, hacer clic en la pestaña **Vídeo** y seleccionar la opción **Codificar el canal alfa** (véase la figura 8.71).

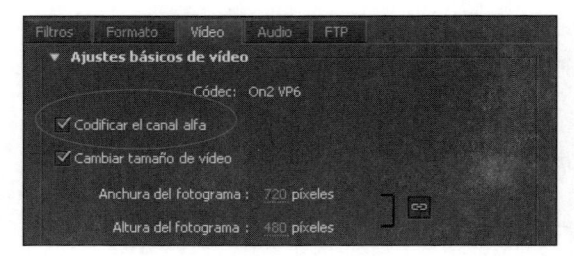

Figura 8.71. Codificación del vídeo con un canal alfa.

Va a importar desde Flash el vídeo, que ya posee formato .flv, para mostrarlo con el componente de reproducción.

Importar el clip de vídeo

Ahora, utilice el asistente **Importar vídeo** para importar el archivo Popup.flv, que ya ha sido codificado con un canal alfa.

1. Inserte una nueva capa llamada **popupvideo**.

2. Inserte un fotograma clave en el 50 e inserte otro en el 86 (véase la figura 8.72).

Coloque el vídeo del director del zoo al final de la introducción musical, en el mismo punto en el que una acción detiene la reproducción (el fotograma 50). El fotograma clave situado en el 86 nos asegura que el vídeo desaparecerá del Escenario cuando se vean los de los animales.

3. Seleccione a continuación el fotograma clave del fotograma 50.

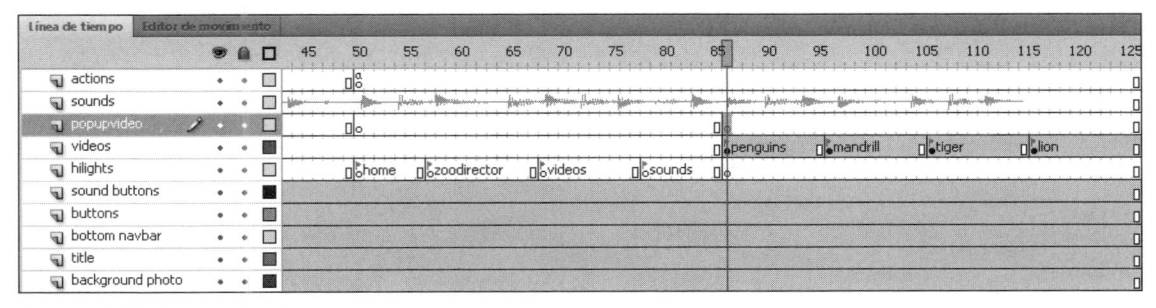

Figura 8.72. Inserte dos fotogramas.

4. Siga la ruta **Archivo>Importar>Importar vídeo**.

5. Dentro del asistente **Importar vídeo**, escoja **En el equipo** y haga clic en **Examinar**. Seleccione el archivo `Popup.flv` de la carpeta `Lesson08/08` y haga clic en **Abrir**.

6. Elija **Cargar vídeo externo con componente de reproducción** y pulse en **Siguiente**.

7. Escoja el mismo aspecto que ha venido empleando en el menú **Aspecto** y haga clic en **Siguiente**.

8. Pulse en **Finalizar** para importar el vídeo. En el Escenario se verá al director del zoo con un fondo transparente (véase la figura 8.73).

9. Previsualice el vídeo en el Escenario haciendo clic en el botón de reproducción de la interfaz del vídeo.

Figura 8.73. Vídeo del director del zoo ya importado.

Trabajar con sonido y vídeo

Nota: Si no detiene un vídeo antes de pasar a otro fotograma clave que contiene un segundo archivo, puede que se solapen los sonidos de ambos. Para evitar esto, utilice el comando `SoundMixer.stopAll()` y detenga todos los sonidos antes de iniciar un nuevo vídeo. El ActionScript del primer fotograma de la capa **actions** del archivo **08_workingcopy.fla** incluye el código apropiado para detener todos los sonidos antes de pasar a un nuevo vídeo de animales (véase la figura 8.74).

10. Seleccione **Control>Probar película>En Flash Professional**. El director del zoo aparecerá tras la introducción musical.

Si hace clic en uno de los botones de los vídeos de animales, el emergente se eliminará de la Línea de tiempo.

```
video_button1.addEventListener(MouseEvent.CLICK,clickListener1);
function clickListener1(event:MouseEvent):void {
    SoundMixer.stopAll();
    gotoAndStop("penguins");
}

video_button2.addEventListener(MouseEvent.CLICK,clickListener2);
function clickListener2(event:MouseEvent):void {
    SoundMixer.stopAll();
    gotoAndStop("mandrill");
}

video_button3.addEventListener(MouseEvent.CLICK,clickListener3);
function clickListener3(event:MouseEvent):void {
    SoundMixer.stopAll();
    gotoAndStop("tiger");
}

video_button4.addEventListener(MouseEvent.CLICK,clickListener4);
function clickListener4(event:MouseEvent):void {
    SoundMixer.stopAll();
    gotoAndStop("lion");
}
```

Figura 8.74. El código que controla los vídeos.

Utilizar una pantalla verde

Con frecuencia, los profesionales filman a la gente delante de un fondo uniforme de color verde o azul para poder eliminarlo o modificarlo mediante una aplicación de edición de vídeo, como Adobe After Effects. Tras ello, la persona se situará sobre un fondo diferente.

La imagen del director del zoo ha sido filmada delante de una pantalla verde que ha sido eliminada en After Effects. Siga estos pasos para servirse de este truco:

1. Realice una filmación delante de una pantalla verde (véase la figura 8.75).

    - Utilice un fondo verde que sea simple, liso y libre de sombras, para que el color sea lo más puro posible.
    - Minimice la luz que pueda reflejar la pantalla verde sobre la persona.
    - Reduzca en lo posible el movimiento; use un trípode si es necesario.

2. Elimine el fondo en After Effects u otra aplicación de edición de vídeo:

    - Importe el archivo como metraje en After Effects, cree una nueva composición y arrástrela dentro de la Línea de tiempo.
    - Genere una máscara para perfilar aproximadamente la forma, eliminando la mayor parte del fondo. Lo importante es que se asegure de que no deja fuera ninguna parte de la persona (véase la figura 8.76).
    - Utilice el efecto **Gama de colores** para quitar el resto del fondo. Puede que necesite precisar más con los efectos **Retractor de mate** y **Supresión de Rebase**. Este último elimina la luz que se refleja en los bordes.

3. Exporte a formato `.flv`.

    - Guarde el archivo con este formato directamente desde la aplicación de edición de vídeo. Asegúrese de marcar **Codificar canal alfa**. El canal alfa es la selección que rodea a la persona, por lo que al codificarlo el vídeo se exportará sin fondo (véase la figura 8.77).

Figura 8.75. La pantalla verde ha de ser lo más uniforme posible.

Figura 8.76. Se trata de suprimir la mayor parte del fondo.

Figura 8.77. Al codificar el canal alfa se anula el fondo.

CÓMO UTILIZAR LOS PUNTOS DE REFERENCIA

Los puntos de referencia son marcadores especiales que se colocan en el vídeo y que Flash es capaz de detectar con ActionScript. Hay dos maneras de emplearlos: la primera de ellas consiste en disparar un comando de ActionScript, permitiéndole sincronizar el vídeo con otros elementos de Flash; la segunda, aborda puntos de referencia concretos del vídeo mediante ActionScript. Ambos tipos aumentan la funcionalidad del trabajo.

En esta sección añadirá puntos de referencia al vídeo del director del zoo para poder mostrar la información relevante en el Escenario conforme va hablando. En Flash Professional CS5 se incorpora la capacidad de añadir puntos de referencia directamente a los vídeos del Escenario.

Nota: Recuerde que puede insertar puntos de referencia al vídeo mediante Adobe Media Encoder o también con ActionScript a través del panel **Acciones**, aunque no se explique en este libro.

Insertar puntos de referencia

Existen cuatro puntos en el vídeo del director del zoo en los que sería conveniente sincronizar la visualización con la información adicional. En primer lugar, se debería mostrar su nombre cuando éste se presenta.

Después, cuando explica a los espectadores que se puede hacer clic en los vídeos, se podrían resaltar. A continuación, en el momento en el que haga referencia a los sonidos, se destacarán. Y por último, se añadirá un punto de señal para marcar el final de la reproducción.

1. Seleccione el fotograma 50 (el primero en el que aparece el director) de la capa **popupvideo** (véase la figura 8.78).

2. Seleccione el vídeo del director del zoo del Escenario.

3. Haga clic en el botón de reproducción de la interfaz del vídeo y páuselo cuando el director diga "...my name is Paul Smith". El contador numérico que lleva el cómputo del tiempo transcurrido debería marcar unos dos segundos (véase la figura 8.79).

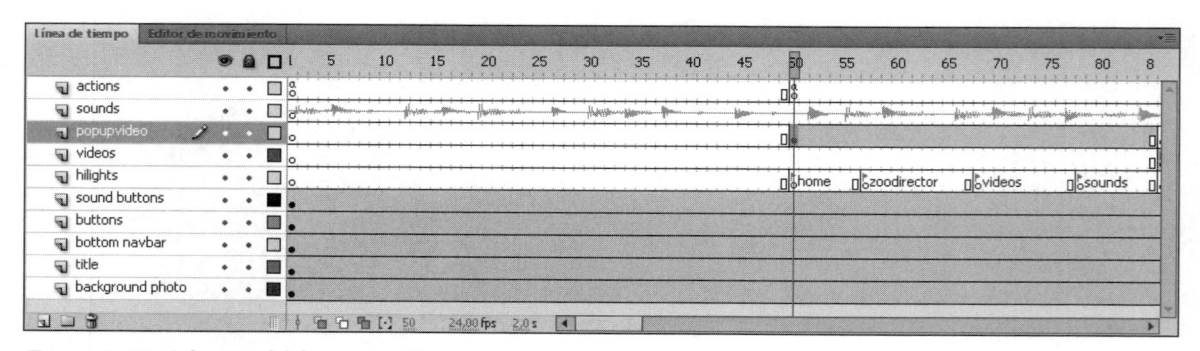

Figura 8.78. Selección del fotograma 50.

Figura 8.79. Detención del vídeo al presentarse el director.

> **Nota:** Si el componente FLVPlayback del Escenario no muestra una previsualización del vídeo, haga clic con el botón derecho del ratón o **Control-clic** sobre él y asegúrese de que está seleccionada la opción **Vista previa**.

4. En el **Inspector de propiedades**, pulse en el botón del signo de la suma de la sección **Puntos de referencia** (véase la figura 8.80). En dicho apartado aparecerá un punto de referencia.

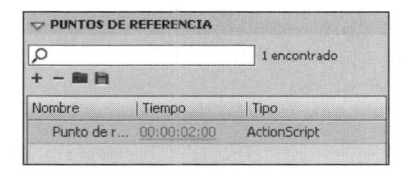

Figura 8.80. La sección Puntos de referencia.

5. Pulse en el nombre del punto de referencia en el **Inspector de propiedades** y asígnele la denominación **namecue** (véase la figura 8.81).

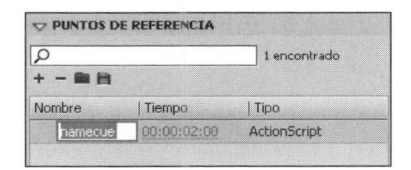

Figura 8.81. Se renombra el punto de referencia.

6. Siga desarrollando el vídeo y páuselo cuando el director diga "...so click on a video" (véase la figura 8.82). El contador numérico que muestra el tiempo transcurrido debería indicar unos 12 segundos.

Figura 8.82. Se para el vídeo en otro instante.

7. En el **Inspector de propiedades**, haga clic en el botón de la suma de la sección **Puntos de referencia** para añadir un punto en la marca de los 12 segundos. Renómbrelo como **videocue**.

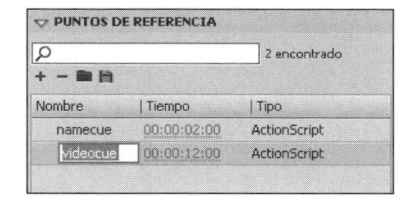

Figura 8.83. Segundo punto de referencia.

> **Nota:** Si necesita ajustar el tiempo de cualquiera de los puntos de referencia, puede hacer clic para introducir el tiempo con una precisión de milisegundos.

8. Siga reproduciendo el vídeo y deténgalo cuando el director dice "click on a sound".

Trabajar con sonido y vídeo

9. En el **Inspector de propiedades**, añada un tercer punto de referencia y renómbrelo como **soundcue**. Debería estar en la marca de los 14 segundos (véase la figura 8.84).

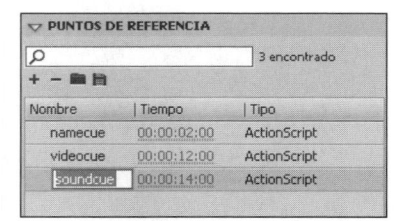

Figura 8.84. Se inserta un tercer punto de referencia.

> **Nota:** Dentro del **Inspector de propiedades**, si hace doble clic sobre cualquier punto de referencia en la columna **Tipo**, el vídeo del Escenario saltará automáticamente a dicho lugar en concreto.

10. Siga pasando el vídeo hasta el final. En el **Inspector de propiedades**, inserte un cuarto punto de referencia y póngale de nombre **endcue** (véase la figura 8.85).

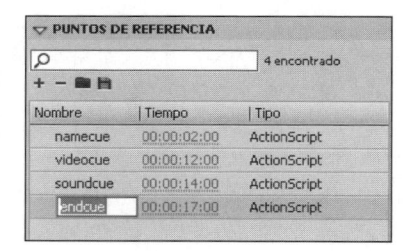

Figura 8.85. Introducción de un cuarto y último punto.

> **Nota:** Para borrar un punto de referencia, selecciónelo en el **Inspector de propiedades** y haga clic en el signo de la resta.

Detectar y responder a los puntos de referencia

Ahora va a añadir el código ActionScript que detectará y responderá a los puntos de referencia. El panel **Fragmentos de código** le ayudará a hacer buena parte de esta tarea.

1. Desplace la cabeza reproductora hasta el fotograma 50 y seleccione el vídeo del director en el Escenario. En el **Inspector de propiedades**, introduzca **paulsmithvideo** como nombre para la instancia (véase la figura 8.86).

Figura 8.86. Nombre de la instancia del vídeo del director.

2. Abra el panel **Fragmentos de código** (Ventana>Fragmentos de código).

3. Expanda la carpeta **Audio y vídeo** y haga doble clic en la opción **Evento OnCuePoint**, como indica la figura 8.87.

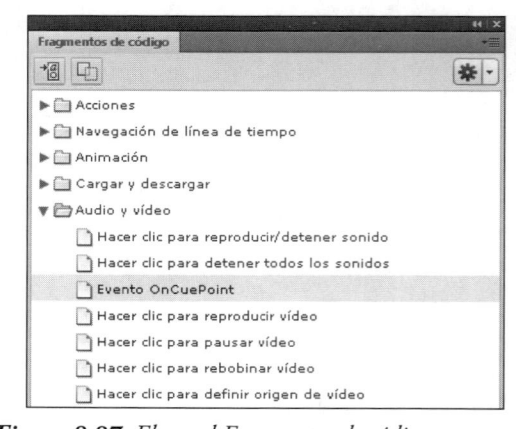

Figura 8.87. El panel Fragmentos de código.

El panel **Acciones** se abrirá automáticamente y añadirá el código necesario para detectar los puntos de referencia del vídeo seleccionado. El comando `stop()` que puede observar en la línea 1 ya se encontraba en el archivo Flash (véase la figura 8.88).

4. En este momento debe agregar las sentencias condicionales que revisan los puntos de referencia detectados y si éstos han respondido de forma adecuada. Sustituya las líneas 16-19 por el siguiente código, como en la figura 8.89:

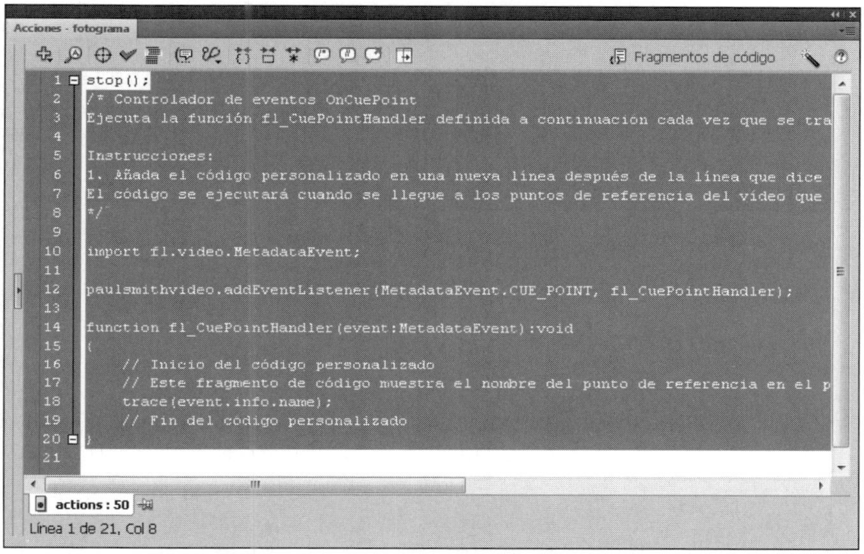

Figura 8.88. Con el doble clic anterior se incluye todo este código.

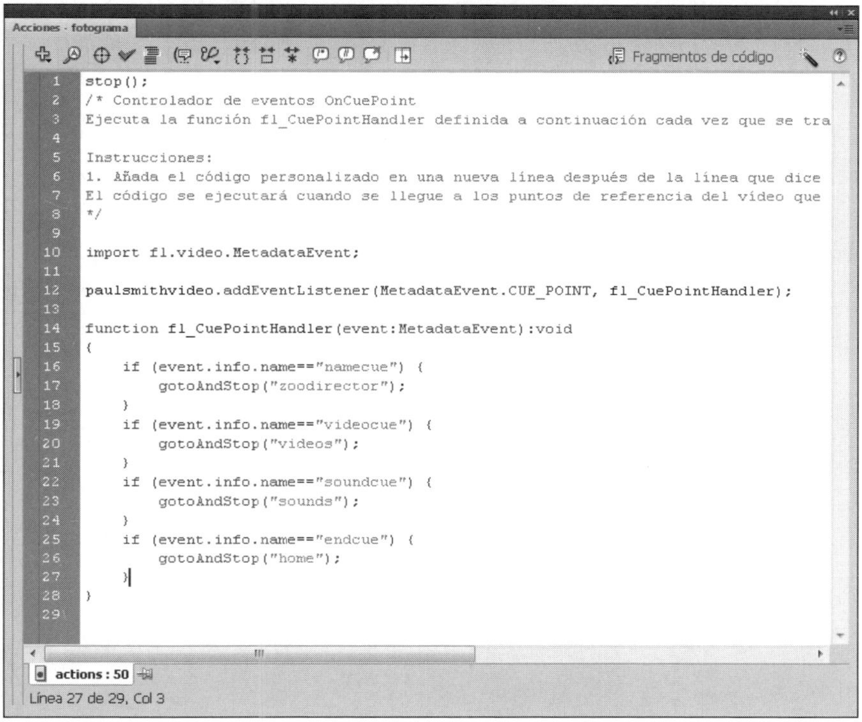

Figura 8.89. Sustitución de parte del código por defecto.

Trabajar con sonido y vídeo **307**

```
if (event.info.name=="namecue") {
    gotoAndStop("zoodirector");
}
if (event.info.name=="videocue") {
    gotoAndStop("videos");
}
if (event.info.name=="soundcue") {
    gotoAndStop("sounds");
}
if (event.info.name=="endcue") {
    gotoAndStop("home");
}
```

El código final comprueba el nombre de cada uno de los puntos según los va encontrando y, en caso de coincidencia, desplaza la cabeza reproductora a un fotograma específico de la Línea de tiempo.

Añadir los elementos de Flash sincronizados

La Línea de tiempo contiene varios fotogramas clave con nombre asignado, en los que va a colocar elementos Flash adicionales que aparecerán conforme se vayan detectando los puntos de referencia del vídeo.

1. Seleccione el fotograma clave llamado **zoodirector** de la capa **hilights**, como indica la figura 8.90.

2. Arrastre el símbolo llamado **zoo director name** desde la Biblioteca hasta el Escenario y colóquelo cerca del vídeo (véase la figura 8.91).

El gráfico aparecerá cuando la cabeza reproductora llegue al fotograma clave **zoodirector**.

Figura 8.91. Nombre del director en el Escenario.

3. Elija el fotograma clave denominado **videos** en la capa **hilights** (véase la figura 8.92).

4. Seleccione la herramienta **Rectángulo** con un trazo rojo de grosor 3.0 y sin relleno. Dibuje alrededor de los botones de los vídeos para resaltarlos, como indica la figura 8.93.

El contorno se mostrará cuando la cabeza reproductora llegue al fotograma clave **videos**.

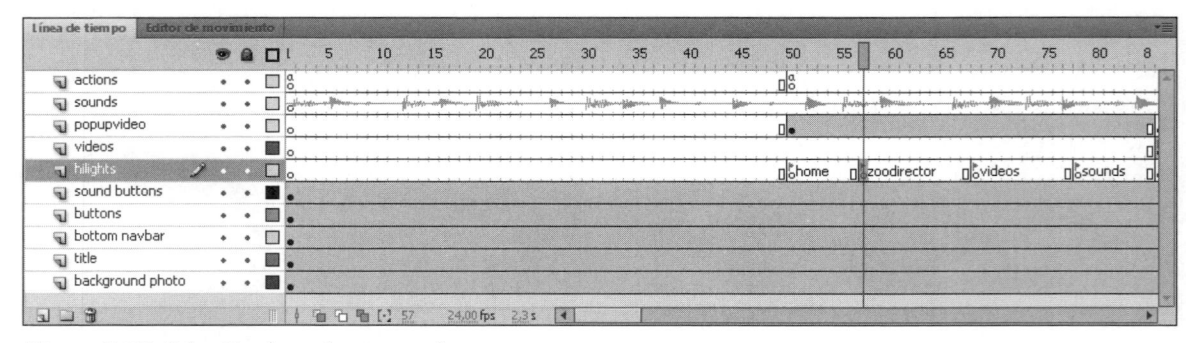

Figura 8.90. Selección de un fotograma clave.

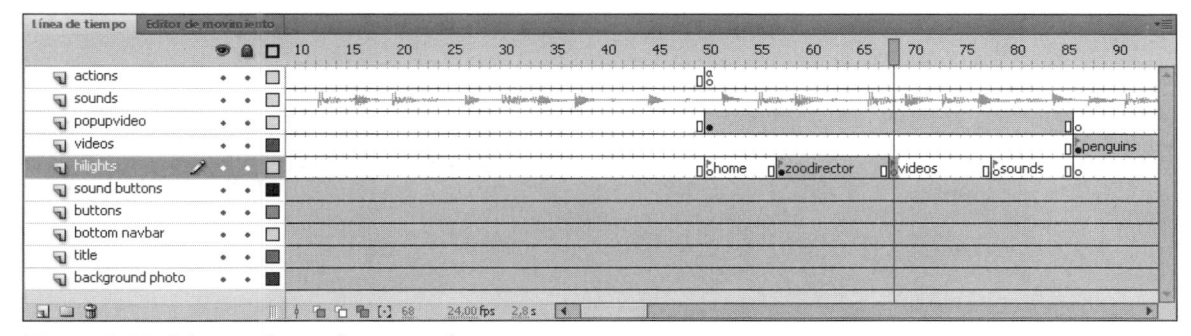

Figura 8.92. Selección de otro fotograma clave.

Figura 8.93. Rectángulo alrededor de los botones de los vídeos.

5. Seleccione el fotograma clave **sounds** de la capa **hilights** (véase la figura 8.94).

6. Dibuje otro rectángulo con el mismo trazo y relleno alrededor de los botones de los sonidos para resaltarlos (véase la figura 8.95). El contorno rojo se hará evidente al llegar la cabeza reproductora al fotograma clave **sounds**.

7. Escoja **Control>Probar película>En Flash Professional** (véase la figura 8.96).

Conforme el director va hablando, van apareciendo los distintos elementos gráficos de Flash sincronizadamente.

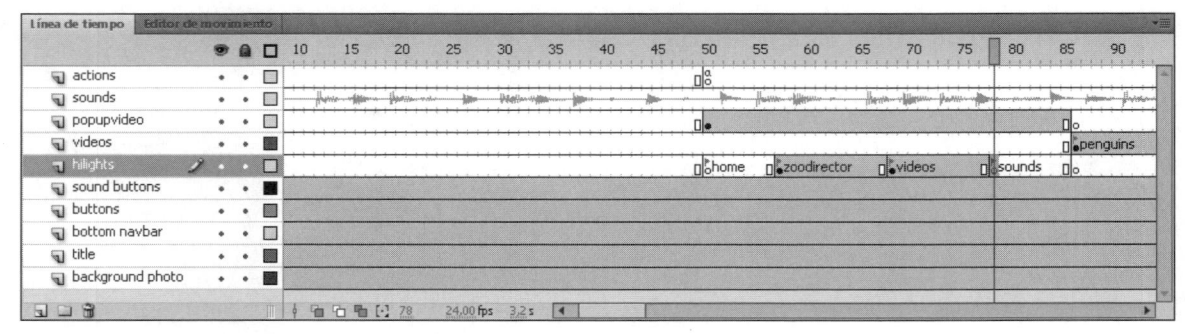

Figura 8.94. Selección del último fotograma clave.

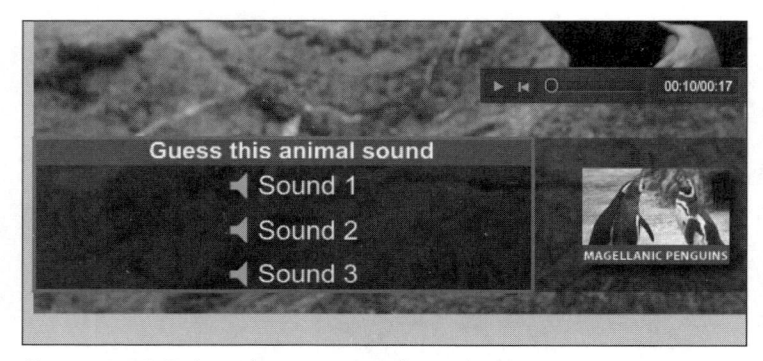

Figura 8.95. Dibujo de otro rectángulo similar.

Figura 8.96. Prueba de la película tras los cambios realizados.

Retoques finales

Al final de la presentación del director del zoo, éste desaparece pero los controles del aspecto del componente FLVPlayback se siguen mostrando. Elimínelos y coloque el vídeo para integrarlo mejor con el fondo.

1. Seleccione el vídeo del director del zoo en la capa **popupvideo**.

2. En la sección **Parámetros de componente** del **Inspector de propiedades**, haga clic en el botón del lápiz que hay junto a la propiedad **skin** (véase la figura 8.97).

3. En el cuadro de diálogo que se muestra, escoja **Ninguno** en el menú desplegable **Aspecto** (véase la figura 8.98). Pulse en **Aceptar** para confirmar el cambio.

4. Con la herramienta **Selección**, mueva el vídeo para que su borde inferior se alinee con la parte superior de la barra de navegación. Desplace también el nombre del director que aparece en el fotograma clave **zoodirector** de la capa **hilights** para que quede cerca del vídeo (véase la figura 8.99).

Sin el aspecto, la ilusión del director del zoo saludando es más convincente.

INCORPORAR VÍDEOS A FLASH

En la sección anterior, se añadieron puntos de referencia para sincronizar el vídeo externo con los elementos Flash del Escenario. Otra manera de conseguir este efecto consiste en la integración de las partes Este método sólo se recomienda en vídeos cortos y, para ello, han de estar en formato `.flv`, ya que es el indicado para almacenar en la Biblioteca del archivo Flash, desde donde podrá colocarlos en la Línea de tiempo. El fichero se reproducirá mientras haya suficientes fotogramas disponibles.

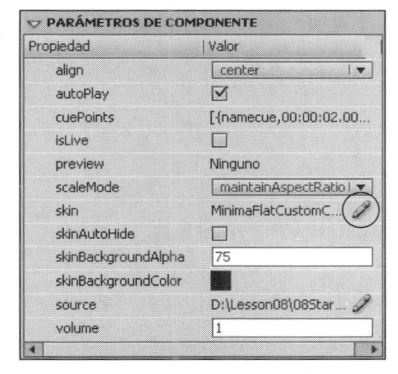

Figura 8.97. La sección Parámetros de componente.

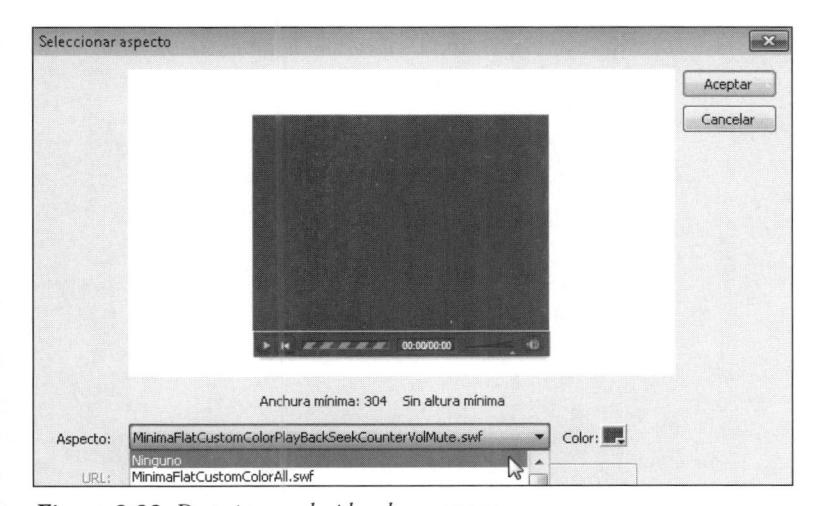

Figura 8.98. Despojamos al vídeo de su aspecto.

Figura 8.99. *Se reubica el vídeo y el nombre del director.*

El reproductor de Flash ofrece soporte para vídeos embebidos a partir de la versión 6. Tenga en cuenta las siguientes limitaciones al realizar este proceso: Flash no puede mantener la sincronización del sonido en vídeos con duraciones superiores a los 120 segundos; la longitud máxima de las películas incorporadas es de 16.000 fotogramas y el tamaño del proyecto Flash sufre un considerable aumento, con lo que crece también el proceso de prueba de la película (**Control>Probar película>En Flash Professional**) y hace más tedioso su desarrollo.

Como el .flv incorporado se reproduce dentro del proyecto Flash, es de una importancia crítica que los fotogramas en este formato posean el mismo ratio que el archivo Flash.

En caso contrario, el vídeo embebido no se reproducirá a la velocidad deseada. Para conseguir que el desarrollo sea similar al del fichero .fla, asegúrese de asignar la cantidad adecuada en la ficha **Vídeo** de Adobe Media Encoder.

Codificar el FLV a incorporar

Va a introducir un vídeo corto de un oso polar al principio del proyecto del kiosco del zoo.

1. Abra Adobe Media Encoder.

2. Haga clic en el botón **Añadir** y seleccione el archivo `polarbear.mov` de la carpeta `Lesson08/08`.

El fichero se agregará ahora a la cola (véase la figura 8.100).

3. Pulse sobre **Ajustes** o escoja **Editar>Exportar ajustes** para abrir las opciones disponibles. Haga clic en la pestaña **Formato** y seleccione **FLV** (véase la figura 8.101).

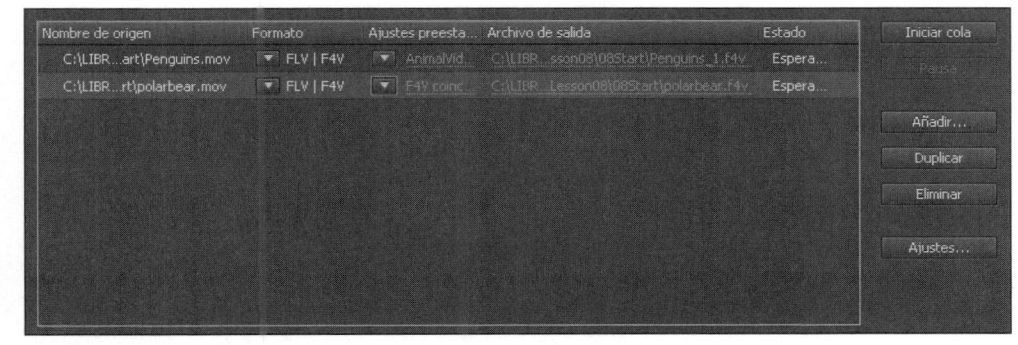

Figura 8.100. Incorporación a la cola de archivos a codificar.

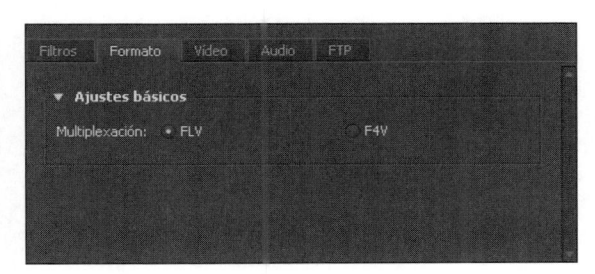

Figura 8.101. Elección del formato .flv.

4. Seleccione la pestaña **Vídeo** y asigne una **Velocidad de fotograma** de 24. Confirme que la casilla de verificación **Cambiar tamaño de vídeo** no está marcada (véase la figura 8.102).

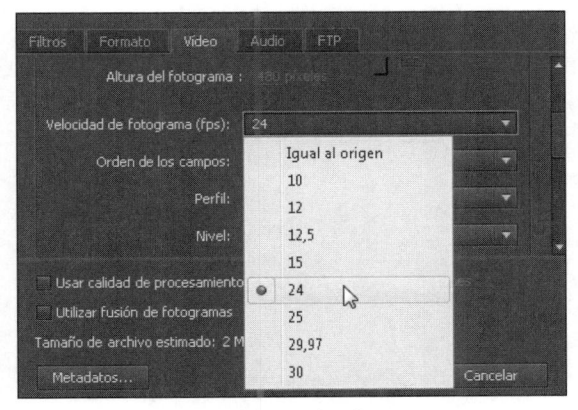

Figura 8.102. La pestaña Vídeo de Exportar ajustes.

El archivo Flash `08_workingcopy.fla` está configurado a 24 fotogramas por segundo, por lo que lo apropiado es que su `.flv` posea también dicha velocidad.

5. En la parte superior del cuadro de diálogo, deje sin marcar **Exportar audio** (véase la figura 8.103). Haga clic en **Aceptar**.

Figura 8.103. No se exporta el sonido.

6. Pulse en **Iniciar cola** para codificar el vídeo. Se creará el archivo `polarbear.flv`.

Incorporar un FLV a la Línea de tiempo

Si ya dispone del `.flv`, puede importarlo a Flash e insertarlo en la Línea de tiempo.

1. Abra el archivo `08_workingcopy.fla`.

2. Seleccione el primer fotograma de la capa **popupvideo**.

3. Escoja **Archivo>Importar>Importar vídeo**. En el asistente **Importar vídeo**, elija **En el equipo** y haga clic en **Examinar**. Seleccione el archivo `polarbear.flv` de la carpeta `Lesson08/08` y pulse en **Abrir**.

4. En el asistente **Importar vídeo**, marque **Incorporar FLV en SWF y reproducir en la línea de tiempo** (véase la figura 8.104). Haga clic en **Siguiente**.

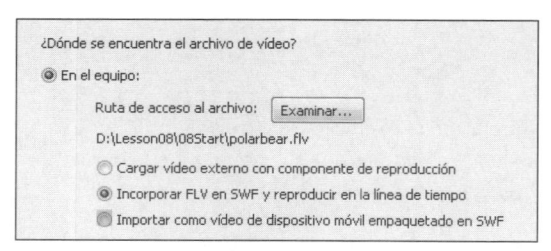

Figura 8.104. *Selección de esta opción para embeber el vídeo.*

5. Deje sin marcar **Expandir línea de tiempo si es necesario** e **Incluir audio** (véase la figura 8.105). Pulse en **Siguiente**.

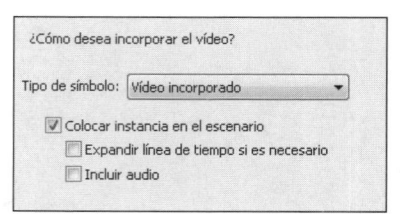

Figura 8.105. *Opciones sin marcar.*

6. Haga clic sobre **Finalizar** para importar el vídeo.

En el Escenario se mostrará la grabación del oso polar (véase la figura 8.106). Utilice la herramienta **Selección** para desplazarlo a la parte izquierda del Escenario.

Figura 8.106. *En el Escenario aparece el vídeo insertado.*

El `.flv` también figura ahora en la Biblioteca (véase la figura 8.107).

Figura 8.107. El vídeo ya ha sido incorporado a la Biblioteca.

7. Seleccione **Control>Probar película> En Flash Professional** para ver la reproducción del vídeo incorporado entre los fotogramas 1 y 49.

Nota: En el entorno de desarrollo no podrá escuchar el sonido de las grabaciones insertadas. Para ello deberá seleccionar **Control>Probar película> En Flash Professional**.

Cómo utilizar los vídeos incorporados

Es más útil concebir los vídeos incorporados como símbolos multifotograma que como animaciones anidadas. Puede convertir un vídeo embebido en un símbolo de clip de película y aplicarle después una interpolación de movimiento para crear efectos interesantes.

A continuación, realizará una práctica con esta técnica en un vídeo para que desaparezca gradualmente antes de que salga el director a presentarse.

1. Seleccione el vídeo embebido del Escenario, haga clic con el botón derecho del ratón o **Control-clic** y escoja **Crear interpolación de movimiento** (véase la figura 8.108).

Figura 8.108. Interpolación de movimiento aplicada al vídeo del Escenario.

2. Flash le pedirá que lo convierta en un símbolo para poder ejecutar la interpolación de movimiento (véase la figura 8.109). Haga clic en **Aceptar**.

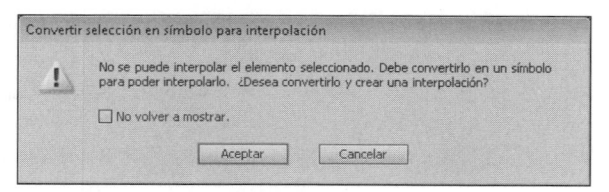

Figura 8.109. Las interpolaciones de movimiento han de aplicarse sobre símbolos.

3. El programa querrá que agregue dentro del clip los fotogramas suficientes para que se pueda reproducir el vídeo completo (véase la figura 8.110). Pulse en **Aceptar**.

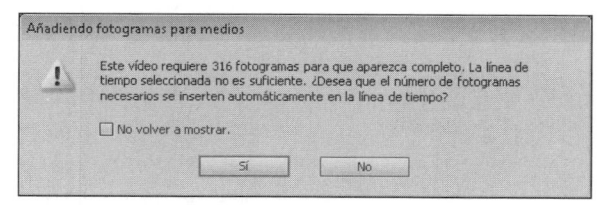

Figura 8.110. El vídeo necesita fotogramas para desarrollar todo su metraje.

4. A continuación, se creará una interpolación de movimiento en la capa. Selecciónela y haga clic en la ficha del Editor de movimiento.

5. Contraiga todas las categorías de propiedades. Pulse sobre el botón del signo de la suma que hay junto a **Efecto de color** y seleccione **Alfa** (véase la figura 8.111). Se agregará la propiedad Alfa a la interpolación de movimiento.

6. Seleccione el fotograma 1 y asigne un Alfa del 100 por 100 (véase la figura 8.112).

7. Diríjase al fotograma 30, haga clic con el botón derecho del ratón o **Control-clic** y escoja Insertar fotograma clave (véase la figura 8.113). En este punto aparecerá un fotograma clave.

8. Vaya ahora al fotograma 49, pulse con el botón derecho del ratón o **Control-clic** y escoja Insertar fotograma clave (véase la figura 8.114). Tendrá otro en esta ubicación.

9. Seleccione el último fotograma clave (el 49) y arrástrelo hacia abajo, hasta el 0 por 100 (véase la figura 8.115).

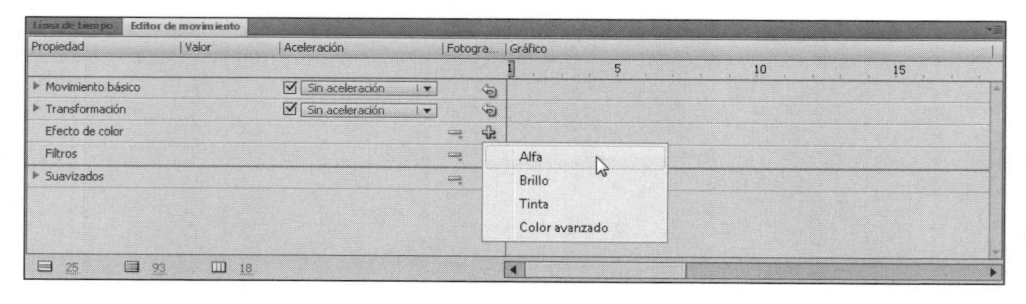

Figura 8.111. Aplicación de un efecto de color a la interpolación.

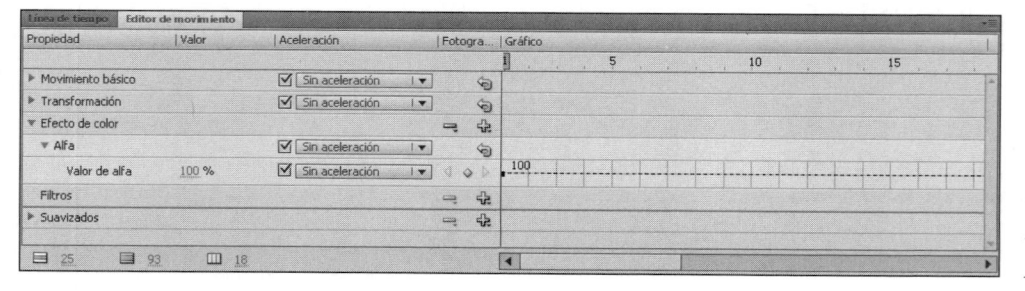

Figura 8.112. Alfa al 100 por 100.

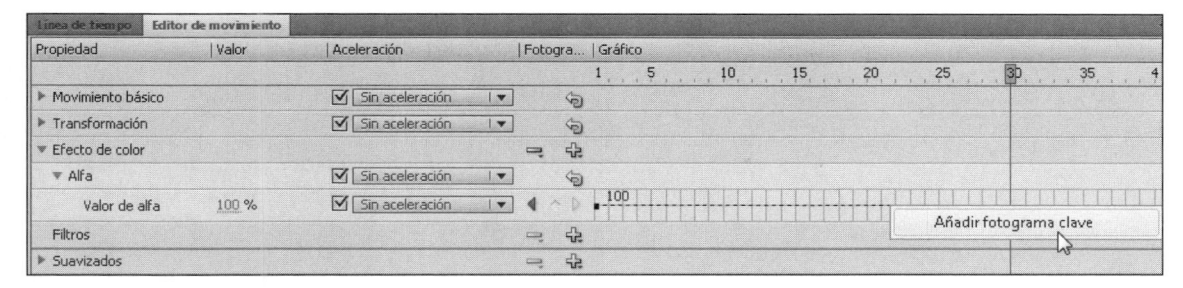

Figura 8.113. *Inserción de un fotograma clave.*

Figura 8.114. *Se repite la acción y se incorpora otro elemento.*

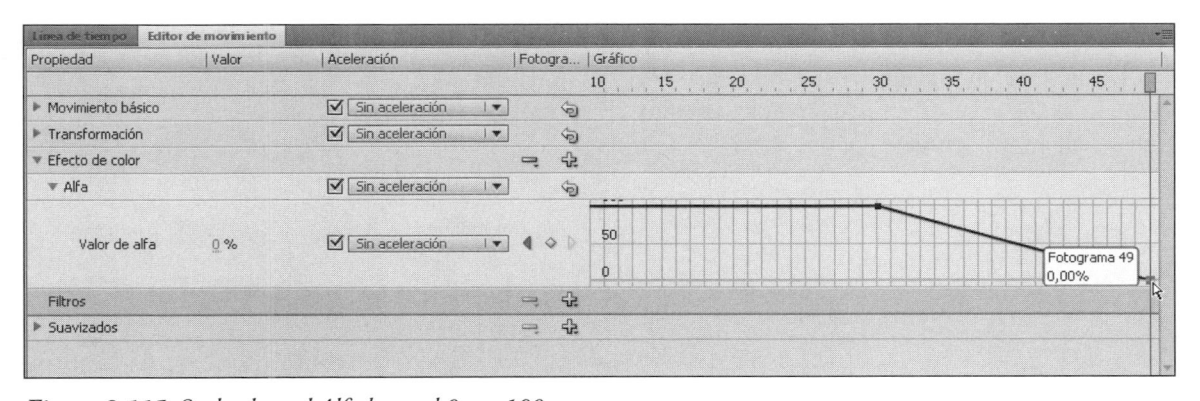

Figura 8.115. *Se desplaza el Alfa hasta el 0 por 100.*

Al asignar esta cantidad al último fotograma clave, el vídeo que ha incorporado desaparecerá gradualmente entre el 30 y el 49.

10. Escoja **Control>Probar película>En Flash Professional** para ver la reproducción del vídeo embebido y cómo se desvanece poco a poco.

PREGUNTAS DE REPASO

1. ¿Cómo se puede modificar la duración de un clip de sonido?

2. ¿Qué es el aspecto de un vídeo?

3. ¿Qué son los puntos de referencia y cómo se utilizan?

4. ¿Qué limitaciones tienen los clips de vídeo incorporados?

RESPUESTAS

1. Para modificar la duración de un clip de sonido, seleccione el fotograma clave que lo contiene y, en el **Inspector de propiedades**, haga clic en el botón del lápiz. Una vez en el cuadro de diálogo **Editar envoltura**, desplace el deslizador temporal para cortar el comienzo o el final del audio.

2. El aspecto combina la funcionalidad y la apariencia de los controles de vídeo, es decir, los botones **Reproducir**, **Avance rápido** y **Pausa**. Puede escoger entre un amplio rango de combinaciones que los muestran en diferentes posiciones y personalizar su color o nivel de transparencia.

Si no desea que los usuarios tengan la opción de controlar el vídeo, elija **Ninguna** en el menú **Aspecto**.

3. Los puntos de referencia son marcadores especiales que es posible añadir a un vídeo externo con Adobe Media Encoder o en la sección **Puntos de referencia** del **Inspector de propiedades**.

Cree detectores de eventos en ActionScript para saber cuándo se alcanza uno y responder adecuadamente, por ejemplo, presentando unos gráficos sincronizados con el vídeo.

4. Al incorporar o embeber un clip de vídeo, éste pasa a formar parte del documento Flash y se incluye en la Línea de tiempo.

Como incrementan significativamente el tamaño del documento y pueden provocar problemas de sincronización del sonido, es preferible no incrustarlos, a menos que sean muy breves y no contengan sonidos.

Capítulo 9

Cargar y controlar el contenido Flash

tilice ActionScript para cargar el contenido externo de Flash. Si mantiene su modularidad podrá comprobar cómo los proyectos son más fáciles de controlar y modificar. En esta lección aprenderá a hacer lo siguiente:

- Cargar un archivo .swf externo.

- Eliminar un archivo .swf cargado.

- Controlar la Línea de tiempo de un clip de película.

- Utilizar máscaras para mostrar contenido selectivamente.

Le costará menos de una hora completar este capítulo. Si es necesario, borre la carpeta del capítulo anterior de su disco duro y copie la que lleva por nombre Lesson09.

INTRODUCCIÓN

Empezará el capítulo 9 con la visualización de la película ya terminada.

1. Haga doble clic en el archivo 09End.swf de la carpeta Lesson09/09End para ver la película final (véase la figura 9.1).

El proyecto trata sobre una revista *on-line* ficticia llamada *Check* que centra su temática en diferentes estilos de vida. En la página de inicio se mostrará una vistosa animación con las cuatro secciones principales de la publicación. Cada una de ellas es un clip de película con una animación anidada.

La primera parte es un artículo sobre la estrella de una película de estreno inminente que lleva por título *Double Identity* (cuyo sitio Web creamos en el capítulo 4); la segunda sección trata sobre un nuevo coche; la tercera muestra algunos datos y cifras y la cuarta es un artículo de autosuperación.

Figura 9.1. *El aspecto de la película terminada.*

Es posible hacer clic en cualquiera de los apartados de la página principal para acceder al contenido. No está completo pero, como se imaginará, las secciones podrían disponer de más información. Pinche de nuevo para volver a la primera página.

2. Pulse dos veces en los archivos `page1.swf`, `page2.swf`, `page3.swf` y `page4.swf` de la carpeta `Lesson09/09End`. Cada una de las cuatro secciones es un fichero de Flash aparte (véase la figura 9.2).

Observe que la página principal, `09End.swf`, carga cada `.swf` cuando es preciso.

3. Cierre todos los `.swf` y abra el archivo `09Start.fla` de la carpeta `Lesson09/09Start` (véase la figura 9.3). Observe que ya están terminados muchos de los elementos gráficos, imágenes y animaciones de este fichero.

Añadirá el ActionScript necesario para hacer que el archivo Flash cargue su propio contenido externo.

Figura 9.3. *El archivo 09Start.fla.*

4. Escoja **Archivo>Guardar como**. Asígnele el nombre `09_workingcopy.fla` y guárdelo en la carpeta `09Start`. Al realizar una copia del trabajo tiene la seguridad de que el archivo original estará disponible, por si desea comenzar de nuevo.

Figura 9.2. *Las cuatro secciones de la revista.*

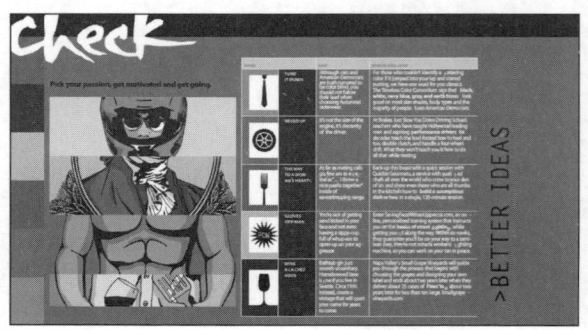

322   Capítulo 9

CARGAR CONTENIDO EXTERNO

Va a utilizar ActionScript para cargar todos los
`.swf` externos en su película Flash principal. Al
hacer esta operación tendrá un proyecto estructurado en módulos. De este modo evitará que crezca
demasiado, lo que dificultaría su descarga. También
le será más fácil modificarlo, pues podrá alterar las
secciones individuales en lugar de tratar con un
único archivo voluminoso y complejo.

Por ejemplo, si deseara cambiar el artículo sobre el
coche nuevo de la segunda sección sólo tendría que
abrirlo y modificar el archivo Flash `page2.fla`,
que alberga dicho contenido. Para cargar los archivos
externos se utilizan dos objetos de ActionScript,
llamados `Loader` y `URLRequest`.

1. Inserte una nueva capa por encima del resto y
llámela **actionscript** (véase la figura 9.4).

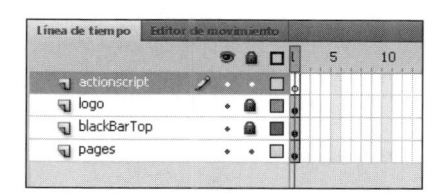

Figura 9.4. Incorporación de una capa para el código.

2. Pulse **F9** (Windows) u **Opción-F9** (Mac) para
abrir el panel Acciones.

3. Escriba a continuación la siguiente línea tal y
como se indica:

```
var myLoader:Loader=new Loader();
```

> **Nota:** Para comparar la puntuación,
> el espaciado, la sintaxis o cualquier
> otro aspecto del código ActionScript
> consulte el panel **Acciones** del archivo
> `09End.fla`.

Este código creará un objeto `Loader` y lo llamará
`myLoader` (véase la figura 9.5).

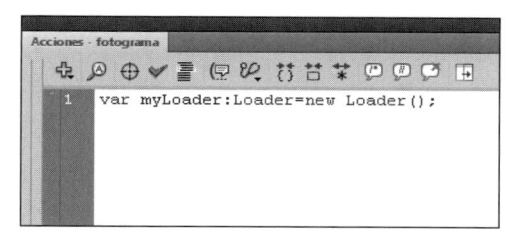

Figura 9.5. El código creará el objeto.

4. Escriba después las líneas que se indican a continuación (véase la figura 9.6):

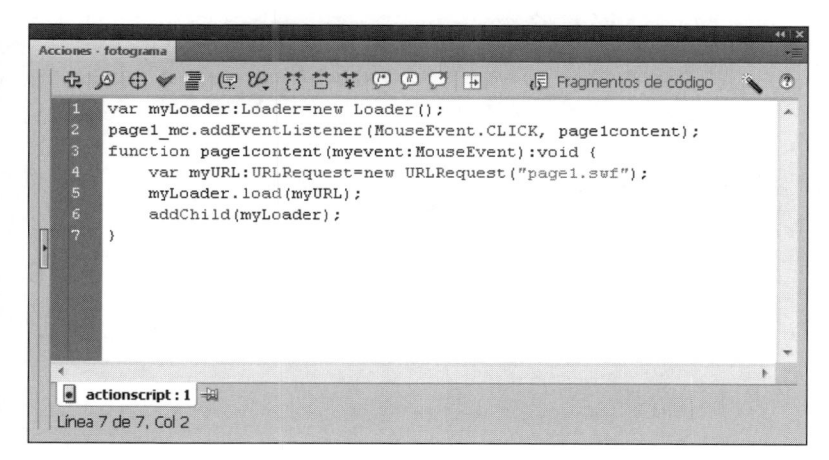

Figura 9.6. Se agrega este código justo a continuación.

```
page1_mc.addEventListener(MouseEvent.
    CLICK, page1content);
function page1content(myevent:MouseEvent)
    :void {
  var myURL:URLRequest=new
    URLRequest("page1.swf");
  myLoader.load(myURL);
  addChild(myLoader);
}
```

Ya ha visto esta sintaxis antes, en el capítulo 6. En la segunda línea se crea un detector que está atento a los clics de ratón sobre el objeto page1_mc, un clip de película situado en el Escenario.

Como respuesta, se ejecuta la función page1content, la cual hace varias cosas: primero, genera un objeto URLRequest con el nombre del archivo que se desea cargar; en segundo lugar, carga el objeto URLRequest en Loader y, por último, agrega éste al Escenario para poder verlo.

5. Seleccione el clip de película de la estrella de cine del lado izquierdo del Escenario (véase la figura 9.7).

6. Acceda al **Inspector de Propiedades** y llámelo **page1_mc** (véase la figura 9.8). El código ActionScript introducido hace referencia al objeto llamado page1_mc, por lo que debe dar este nombre a uno de los clips de película del Escenario.

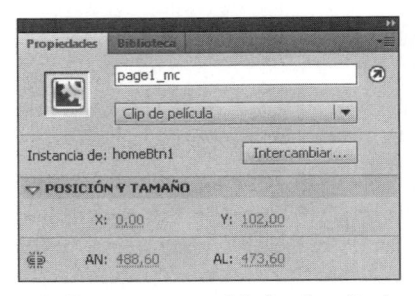

Figura 9.8. Denominación del clip de película.

7. Escoja **Control>Probar película>En Flash Professional** para ver lo que lleva creado de película. La página principal reproduce su animación y se detiene. Al hacer clic en la estrella de cine, se cargará y mostrará el archivo page1.swf (véase la figura 9.9).

Figura 9.7. Se selecciona el clip de película de la izquierda.

Figura 9.9. *El archivo page1.swf.*

> **Nota:** También puede emplear los objetos `Loader` y `URLRequest` para cargar dinámicamente archivos de imágenes. La sintaxis es idéntica: bastará con que sustituya el nombre del archivo `.swf` por un `.jpeg` y Flash abrirá la imagen especificada.

8. Cierre el archivo `09_workingcopy.swf`.

9. Seleccione el primer fotograma de la capa **actionscript** y abra el panel **Acciones**.

10. Copie y pegue el detector de eventos y la función, con lo que tendrá un detector distinto para cada uno de los cuatro clips de película del Escenario (véase la figura 9.10). Deberían tener el siguiente aspecto:

```
page1_mc.addEventListener(MouseEvent.
    CLICK, page1content);
function page1content(myevent:MouseEvent)
    :void {
    var myURL:URLRequest=new
        URLRequest("page1.swf");
    myLoader.load(myURL);
    addChild(myLoader);
}
page2_mc.addEventListener(MouseEvent.
    CLICK, page2content);
function page2content(myevent:MouseEvent)
    :void {
    var myURL:URLRequest=new
        URLRequest("page2.swf");
    myLoader.load(myURL);
    addChild(myLoader);
}
page3_mc.addEventListener(MouseEvent.
    CLICK, page3content);
function page3content(myevent:MouseEvent)
    :void {
    var myURL:URLRequest=new
        URLRequest("page3.swf");
    myLoader.load(myURL);
    addChild(myLoader);
}
page4_mc.addEventListener(MouseEvent.
    CLICK, page4content);
function page4content(myevent:MouseEvent)
    :void {
    var myURL:URLRequest=new
        URLRequest("page4.swf");
    myLoader.load(myURL);
    addChild(myLoader);
}
```

Nota: Al añadir detectores a los clips de película es posible hacer que éstos respondan a los clics de ratón pero el cursor no pasará automáticamente a ser una mano para indicar que se puede pulsar sobre el icono. En el panel **Acciones**, defina como `true` la propiedad `buttonMode` para cada clip de película, lo que activará el cursor en forma de mano. Por ejemplo, `page1_mc.buttonMode=true` hará que aparezca dicho puntero sobre el clip indicado del Escenario.

Cómo utilizar el panel Fragmentos de código

También puede emplear la opción de Fragmentos de código para cargar contenido externo de manera interactiva. Dentro de dicho panel (**Ventana>Fragmentos de código**), haga clic en la carpeta `Cargar y descargar` para expandir su contenido.

Escoja un clip de película del Escenario y pulse dos veces en la opción **Hacer clic para cargar/descargar archivo SWF o imagen** (véase la figura 9.11).

Figura 9.10. *Código para los cuatro clips.*

11. Haga clic sobre cada uno de los tres restantes clips de película del Escenario y asígneles un nombre en el **Inspector de propiedades**.

Llame **page2_mc** al coche amarillo, **page3_mc** a la sección de datos y **page4_mc** a la sección de autosuperación.

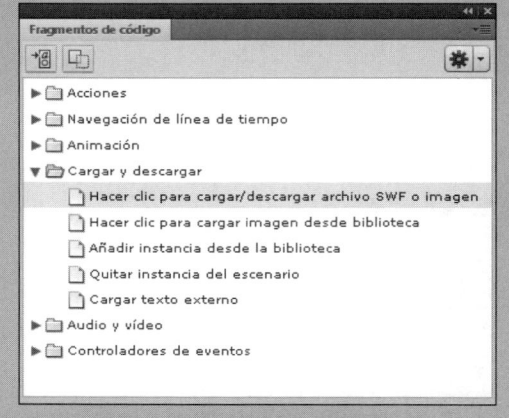

Figura 9.11. *El panel Fragmentos de código.*

Flash dará automáticamente un nombre al elemento seleccionado y añadirá el código ActionScript necesario para cargar un `.swf` o una imagen. Luego, será suficiente con que sustituya la ruta y la denominación de archivo que incluye el código de muestra por los suyos.

Aunque le puede ahorrar tiempo y esfuerzos, el único modo de empezar a desarrollar proyectos más sofisticados y personalizados es escribir código propio y conocer bien su funcionamiento.

Posicionar el contenido cargado

El contenido cargado se alinea con el punto de registro del objeto `Loader` en el que se carga. Por defecto, este objeto se coloca en el punto de registro del Escenario (esquina superior izquierda). Como los cuatro archivos externos (`page1.swf`, `page2.swf`, `page3.swf` y `page4.swf`) tienen todos el mismo tamaño que el archivo Flash que los carga, el Escenario queda completamente cubierto.

No obstante, puede ubicar el `Loader` donde más le apetezca. Si desea situarlo en una posición horizontal diferente, puede definir un nuevo valor de X para el objeto mediante ActionScript. Si, por el contrario, quiere ponerlo en un eje vertical, escoja otro valor de Y para `Loader`. La manera es la siguiente: en el panel **Acciones**, introduzca el nombre del objeto seguido de un punto y, a continuación, la propiedad X o Y más un signo de igualdad y el nuevo valor.

En el próximo ejemplo (véase la figura 9.12) se reubica el elemento denominado **myLoader** a 200 píxeles del borde izquierdo y a 100 píxeles del borde superior.

```
2  var myLoader:Loader=new Loader ();
3  myLoader.x=200;
4  myLoader.y=100;
```

Figura 9.12. Código para recolocar un objeto Loader.

Cuando se carga el contenido externo, éste se muestra exactamente a 200 píxeles del lado derecho y a 100 del borde superior (véase la figura 9.13).

Figura 9.13. Así quedará situado el objeto.

ELIMINAR CONTENIDO EXTERNO

Una vez cargado un archivo `.swf` externo, ¿cómo puede descargarlo para volver a la película Flash original? El modo más sencillo es eliminar el objeto `Loader` del Escenario, para que los usuarios no puedan verlo. Para ello, va a utilizar el comando `removeChild()`, especificando el nombre del objeto entre los paréntesis.

> **Nota:** Otra manera de suprimir contenido externo es utilizar el comando `unload()`. El código `myLoader.unload()` borra el `.swf` que se carga en el objeto `Loader`, aunque dicho objeto permanece en el Escenario.

1. Seleccione el primer fotograma de la capa **actionscript** y abra el panel **Acciones**.

2. Agregue las siguientes líneas en la ventana de código (véase la figura 9.14):

```
myLoader.addEventListener(MouseEvent.
    CLICK, unloadcontent);
function unloadcontent(myevent:MouseEvent)
    :void {
  removeChild(myLoader);
}
```

Este código agrega un detector de eventos al `Loader` llamado `myLoader`. Al hacer clic sobre el objeto, se ejecuta la función `unloadcontent`. La única acción que realiza la función es la de suprimir el `Loader` del Escenario.

3. Escoja **Control>Probar película>En Flash Professional** para previsualizar la película. Haga clic sobre cualquiera de las cuatro secciones y después pulse sobre el contenido cargado para volver a la película principal.

```
 1  var myLoader:Loader=new Loader();
 2  page1_mc.addEventListener(MouseEvent.CLICK, page1content);
 3  function page1content(myevent:MouseEvent):void {
 4      var myURL:URLRequest=new URLRequest("page1.swf");
 5      myLoader.load(myURL);
 6      addChild(myLoader);
 7  }
 8  page2_mc.addEventListener(MouseEvent.CLICK, page2content);
 9  function page2content(myevent:MouseEvent):void {
10      var myURL:URLRequest=new URLRequest("page2.swf");
11      myLoader.load(myURL);
12      addChild(myLoader);
13  }
14  page3_mc.addEventListener(MouseEvent.CLICK, page3content);
15  function page3content(myevent:MouseEvent):void {
16      var myURL:URLRequest=new URLRequest("page3.swf");
17      myLoader.load(myURL);
18      addChild(myLoader);
19  }
20  page4_mc.addEventListener(MouseEvent.CLICK, page4content);
21  function page4content(myevent:MouseEvent):void {
22      var myURL:URLRequest=new URLRequest("page4.swf");
23      myLoader.load(myURL);
24      addChild(myLoader);
25  }
26  myLoader.addEventListener(MouseEvent.CLICK, unloadcontent);
27  function unloadcontent(myevent:MouseEvent):void {
28      removeChild(myLoader);
29  }
```

Figura 9.14. Inserción del código para anular el objeto Loader.

CONTROLAR LOS CLIPS DE PELÍCULA

Al regresar a la página principal se mostrarán de nuevo las cuatro secciones, por lo que podrá pulsar sobre otro clip de película para cargar una sección diferente. Pero ¿no sería deseable volver a reproducir la animación inicial? Debe tener en cuenta que está anidada dentro de cada uno de los cuatro clips de película y que tiene control sobre ellos en el Escenario. Puede utilizar los comandos de navegación básica que se emplearon en el capítulo 6 (`gotoAndStop`, `gotoAndPlay`, `stop` y `play`) para desplazarse por las Líneas de tiempo de cada uno de los elementos al igual que lo hace por la principal. Sólo ha de prefijar el comando con el nombre del clip de película y separar ambos mediante un punto, con lo que Flash se dirigirá a ése en concreto y se moverá por su Línea de tiempo.

1. Seleccione el primer fotograma de la capa **actionscript** y abra el panel **Acciones**.

2. Agregue los siguientes comandos a la función `unloadcontent` para que tenga el siguiente aspecto (véase la figura 9.15):

```
function unloadcontent(myevent:MouseEvent)
    :void {
    removeChild(myLoader);
    page1_mc.gotoAndPlay(1);
    page2_mc.gotoAndPlay(1);
    page3_mc.gotoAndPlay(1);
    page4_mc.gotoAndPlay(1);
};
```

Esta función se ejecuta cuando el usuario hace clic sobre el objeto `Loader`, que es eliminado del Escenario. Seguidamente, la cabeza reproductora de cada clip de película del Escenario se desplaza hasta el primer fotograma y comienza la reproducción.

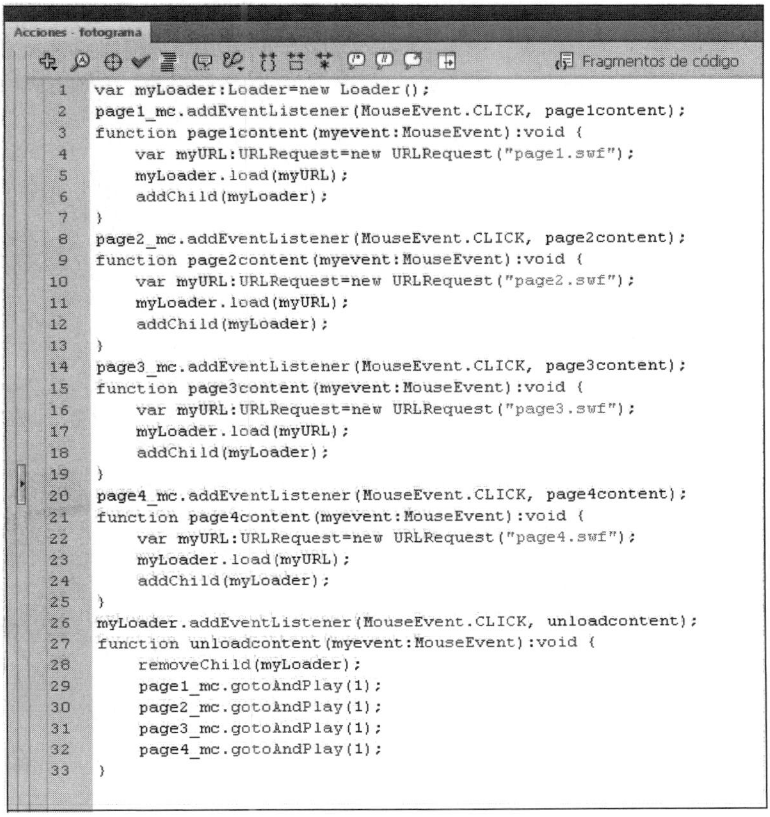

```
var myLoader:Loader=new Loader();
page1_mc.addEventListener(MouseEvent.CLICK, page1content);
function page1content(myevent:MouseEvent):void {
    var myURL:URLRequest=new URLRequest("page1.swf");
    myLoader.load(myURL);
    addChild(myLoader);
}
page2_mc.addEventListener(MouseEvent.CLICK, page2content);
function page2content(myevent:MouseEvent):void {
    var myURL:URLRequest=new URLRequest("page2.swf");
    myLoader.load(myURL);
    addChild(myLoader);
}
page3_mc.addEventListener(MouseEvent.CLICK, page3content);
function page3content(myevent:MouseEvent):void {
    var myURL:URLRequest=new URLRequest("page3.swf");
    myLoader.load(myURL);
    addChild(myLoader);
}
page4_mc.addEventListener(MouseEvent.CLICK, page4content);
function page4content(myevent:MouseEvent):void {
    var myURL:URLRequest=new URLRequest("page4.swf");
    myLoader.load(myURL);
    addChild(myLoader);
}
myLoader.addEventListener(MouseEvent.CLICK, unloadcontent);
function unloadcontent(myevent:MouseEvent):void {
    removeChild(myLoader);
    page1_mc.gotoAndPlay(1);
    page2_mc.gotoAndPlay(1);
    page3_mc.gotoAndPlay(1);
    page4_mc.gotoAndPlay(1);
}
```

Figura 9.15. Código para reproducir las animaciones de los clips.

3. Siga la ruta **Control>Probar película> En Flash Professional** para previsualizar el proyecto. Pulse sobre cualquiera de las cuatro secciones y luego haga clic sobre el contenido cargado para volver a la película principal.

Cuando retorne a este punto, los clips de película reproducirán sus animaciones anidadas (véase la figura 9.16).

CREAR MÁSCARAS

El enmascaramiento es un método selectivo para ocultar y mostrar el contenido de una capa; mediante él se puede controlar qué parte verán los usuarios. Por ejemplo, es posible crear una máscara circular y hacer que sólo se vea a través del área redonda para generar un efecto de cerradura o foco. En Flash, al aplicar este recurso en una capa, se oculta el contenido de la inferior a ésta.

Las máscaras se pueden animar, así como el contenido enmascarado. De este modo, podría hacer crecer una circular para mostrar más elementos del conjunto o desplazar el contenido que hay debajo para originar una sensación similar a la de la ventana de un tren.

Definir la máscara y las capas enmascaradas

Va a crear una máscara rectangular que comience siendo pequeña y vaya creciendo hasta abarcar el Escenario.

El efecto resultante será que el contenido de la capa enmascarada se irá mostrando lentamente, como si se abriese una puerta corredera.

1. Abra primero el archivo `page2.fla` (véase la figura 9.17).

Figura 9.16. Desarrollo de las cuatro animaciones.

Figura 9.17. El archivo page2.fla.

Verá que hay una única capa (llamada **content**) que incluye el clip de película de la segunda sección, la del coche nuevo (véase la figura 9.18).

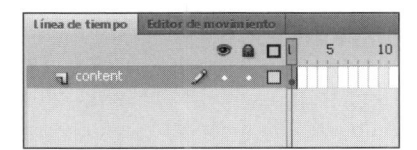

Figura 9.18. La Línea de tiempo del archivo page2.fla.

2. Inserte una nueva capa sobre **content** y llámela **mask** (véase la figura 9.19).

Figura 9.19. Capa para la máscara.

3. Haga doble clic sobre el icono que hay delante del nombre de la capa. Se mostrará el cuadro de diálogo **Propiedades de capa**.

4. Seleccione **Máscara** (véase la figura 9.20) y pulse en **Aceptar**.

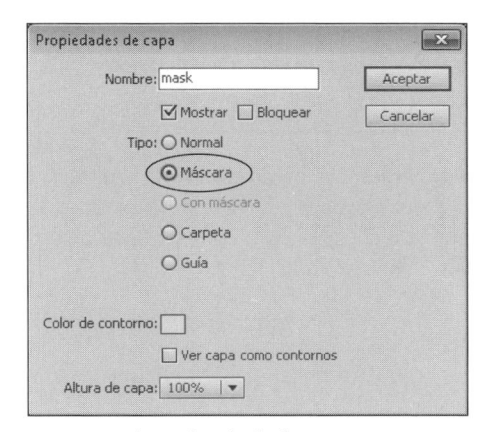

Figura 9.20. El cuadro de diálogo Propiedades de capa.

La superior se convierte en una capa de máscara (véase la figura 9.21). Todo lo que se dibuje en ella hará de máscara para la inferior.

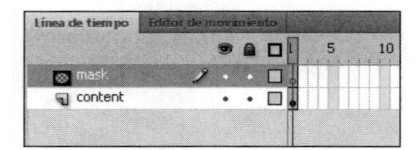

Figura 9.21. *Se convierte la capa en máscara.*

5. Pulse dos veces en el icono que hay delante del nombre de capa de **content**. Aparecerá el cuadro de diálogo **Propiedades de capa**.

6. Elija **Con máscara** (véase la figura 9.22) y haga clic en **Aceptar**.

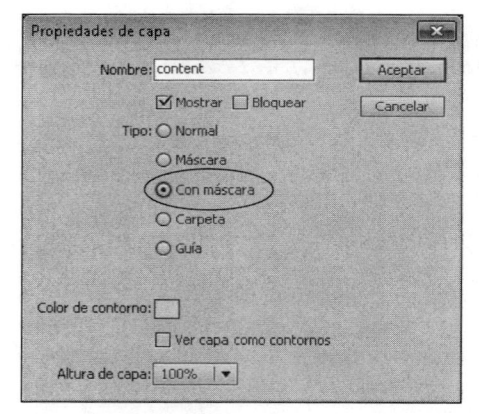

Figura 9.22. *Enmascaramiento de una capa.*

> **Nota:** También bastaría con arrastrar una capa normal bajo una máscara de capa; Flash la convertiría en una enmascarada.

Vea cómo la inferior se transforma en una capa enmascarada, apareciendo desplazada en la Línea de tiempo para indicar que se ve afectada por la máscara de la superior (véase la figura 9.23).

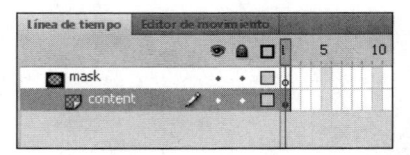

Figura 9.23. *Enmascaramiento de la capa inferior.*

Crear la máscara

La máscara puede ser cualquier forma rellena y el color no es significativo. Para Flash lo importante es el tamaño, la ubicación y el contorno.

Ésta será la "mirilla" a través de la cual se verá el contenido de la capa subyacente. Emplee cualquiera de las herramientas de dibujo para crear su máscara.

1. Seleccione la herramienta **Rectángulo**.

2. Escoja cualquier color para el **Relleno** y no elija **Trazo** alguno.

3. Seleccione la capa superior (**mask**) y dibuje un rectángulo estrecho fuera del Escenario y a la izquierda de éste. Asígnele al nuevo elemento una altura ligeramente superior a la del propio Escenario (véase la figura 9.24).

4. Haga clic con el botón derecho del ratón o **Control-clic** sobre el rectángulo y escoja **Crear interpolación de movimiento** (véase la figura 9.25).

5. Flash le pedirá que convierta la forma rectangular en un símbolo para poder aplicarle una interpolación de movimiento (véase la figura 9.26). Haga clic en **Aceptar**.

Figura 9.24. Rectángulo a la izquierda del Escenario.

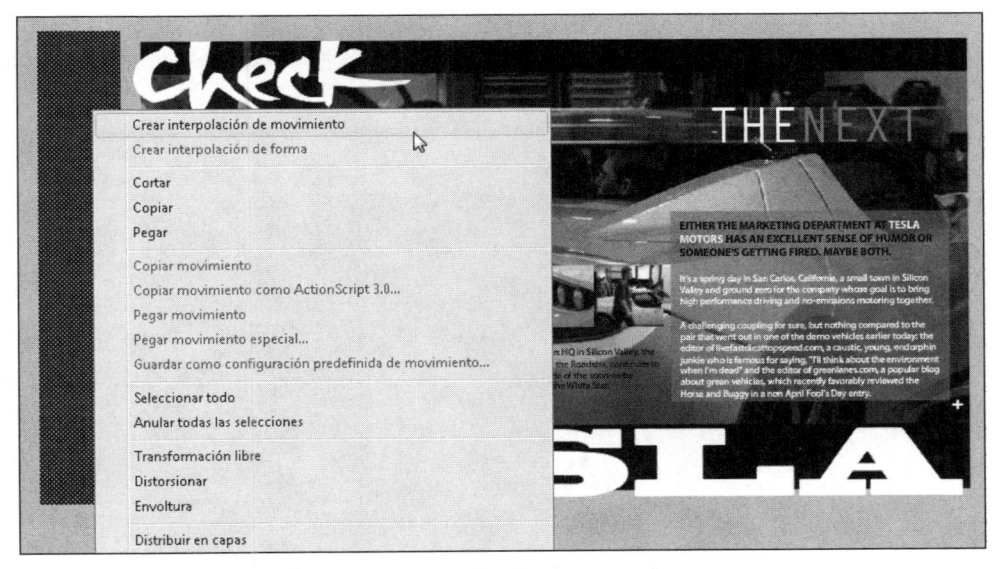

Figura 9.25. Interpolación de movimiento aplicada al rectángulo.

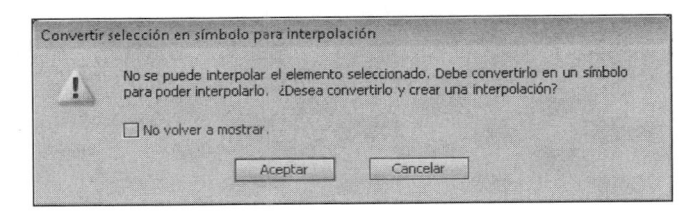

Figura 9.26. Cuadro de diálogo para convertir la forma en símbolo.

Cargar y controlar el contenido Flash 333

La capa superior se transformará en una de interpolación, añadiéndose un segundo grupo de fotogramas a la Línea de tiempo (véase la figura 9.27).

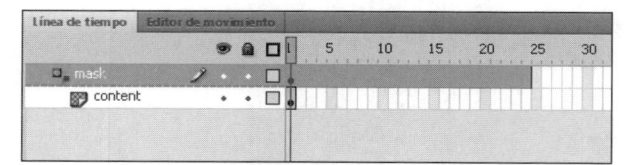

Figura 9.27. La capa de la máscara es ahora de interpolación.

6. Inserte el mismo número de fotogramas en la capa inferior (véase la figura 9.28).

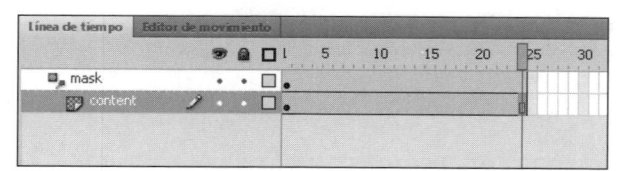

Figura 9.28. Se iguala el número de fotogramas en la capa enmascarada.

7. Desplace la cabeza reproductora hasta el último fotograma, el número 24.

8. Escoja a continuación la herramienta **Transformación libre**.

9. Haga clic en el símbolo rectangular. Alrededor aparecerán las manijas de transformación (véase la figura 9.29).

10. Mantenga pulsada la tecla **Alt** u **Opción** y arrastre el borde derecho de la manija de transformación para extender el rectángulo hasta cubrir el Escenario completo (véase la figura 9.30).

En el último fotograma la forma será más ancha. La interpolación de movimiento creará una suave animación en la que el rectángulo irá creciendo hasta cubrir el Escenario.

Figura 9.29. Manijas de transformación en el rectángulo.

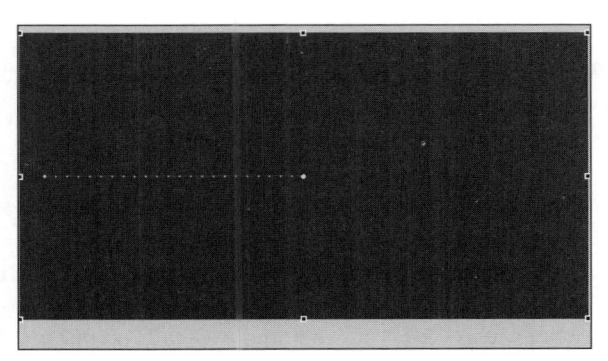

Figura 9.30. Escenario cubierto con el rectángulo.

11. Para ver los efectos de la capa de máscara sobre la enmascarada, bloquee ambas (véase la figura 9.31). Arrastre la cabeza reproductora roja por la Línea de tiempo en los dos sentidos para ver cómo descubre la interpolación de movimiento el contenido de la capa inferior.

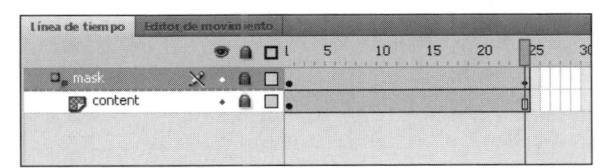

Figura 9.31. Capas bloqueadas.

12. Inserte una nueva capa y llámela **actionscript**.

13. Incorpore un fotograma clave en el espacio 24 de **actionscript** (véase la figura 9.32) y abra el panel **Acciones**.

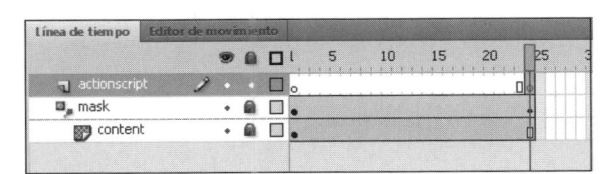

Figura 9.32. Añadido de un nuevo fotograma clave.

14. En la ventana de código del panel **Acciones**, escriba stop() (véase la figura 9.33).

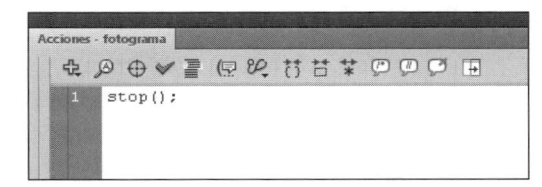

Figura 9.33. Comando stop() en el nuevo fotograma clave.

15. Escoja **Control>probar película>En Flash Professional** (véase la figura 9.34).

Figura 9.34. Prueba de la película para ver el efecto.

> **Nota:** Flash no reconoce los distintos niveles de Alfa de una máscara. Por ejemplo, una que tenga un 50 por 100 seguirá funcionando igual que otra al 10 por 100. Sin embargo, con ActionScript puede generar máscaras dinámicas que permitan transparencias. Tampoco reconocen los trazos.

Conforme avance la película por la capa de la máscara, mayor será la porción mostrada de la parte enmascarada, creando una transición cinemática. Si abre 09_workingcopy.fla, escoge **Control>Probar película>En Flash Professional** y después hace clic en el clip de película del coche verá que el efecto se conserva a pesar de cargarse dentro de otra película Flash.

PREGUNTAS DE REPASO

1. ¿Cómo se carga el contenido externo de Flash?

2. ¿Cuáles son las ventajas de cargar el contenido externo de Flash?

3. ¿Cómo se controla la Línea de tiempo de una instancia de clip de película?

4. ¿Qué es una máscara y cómo se crea?

RESPUESTAS

1. Para cargar contenido externo de Flash, utilice ActionScript. Cree dos objetos, uno `Loader` y otro `URLRequest`.

Este último especifica el nombre de archivo y la ubicación del fichero `.swf` que desea cargar.

Para cargar el archivo, emplee el comando `load()` para cargar el objeto `URLRequest` dentro del `Loader`. Muestre después éste en el Escenario con el comando `addChild()`.

2. La carga de contenido externo hace que el proyecto se distribuya en varios módulos, evitando así que se convierta en algo engorroso a la hora de trabajar con él. Esto también le facilitará su edición, pues puede modificar las secciones individualmente en lugar de tratar con un archivo grande y complejo.

3. Es posible controlar la Línea de tiempo de los clips de película mediante ActionScript haciendo referencia a estos por su nombre. Escriba un punto después de la denominación que le haya asignado y, a continuación, el comando deseado. Puede utilizar los mismos códigos de navegación que aprendió en el capítulo 6 (`gotoAndStop`, `gotoAndPlay`, `stop`, `play`). Flash se dirigirá al clip de película indicado y realizará los desplazamientos correspondientes en su Línea de tiempo.

4. Las máscaras son un método selectivo que se utiliza para ocultar y mostrar el contenido de una capa. En Flash se colocan en la capa que está por encima de aquélla que alberga el contenido a enmascarar, la cual recibe el nombre de "capa enmascarada". Se pueden aplicar animaciones sobre ambas. Si desea ver los efectos de la máscara sobre la capa enmascarada debe bloquear las dos.

Capítulo 10

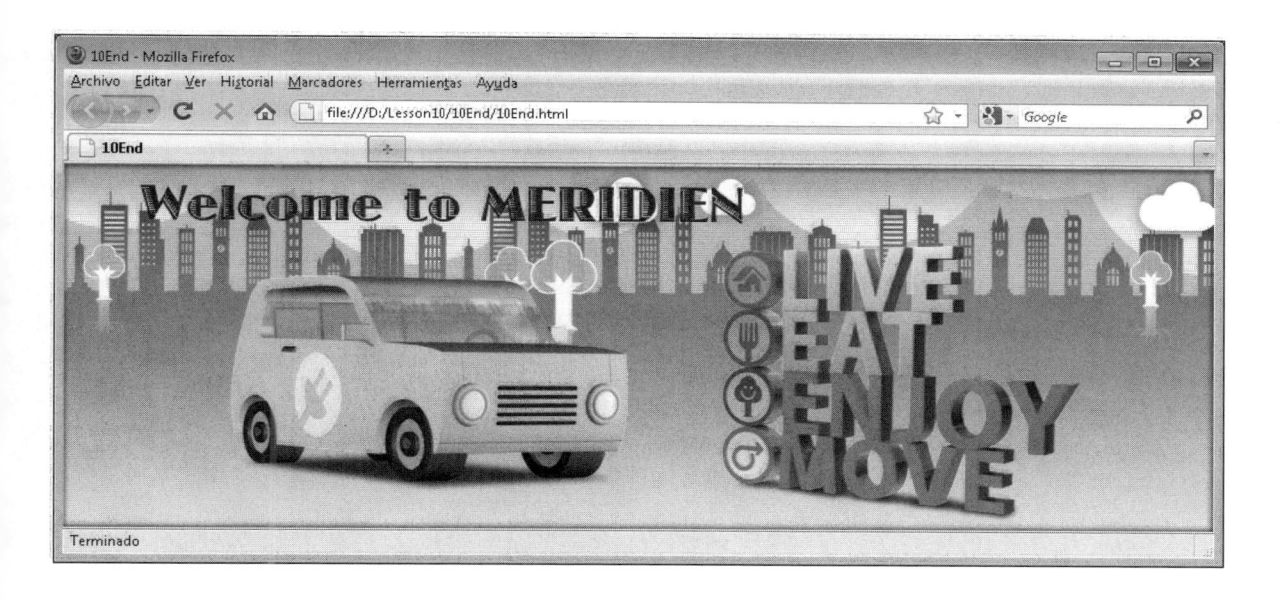

Publicar documentos Flash

Cuando haya terminado su proyecto, publíquelo en un archivo .swf para incorporarlo a un sitio Web y exponerlo, o bien guarde los fotogramas de la animación como archivos de imagen. En este capítulo aprenderá a:

- Probar un documento Flash.

- Utilizar el Visor de anchos de banda.

- Cambiar los parámetros de publicación de un documento.

- Comprender la diferencia entre los distintos tipos de archivos exportables.

- Añadir metadatos.

- Publicar un archivo .swf y también su correspondiente HTML.

- Detectar la versión del reproductor de Flash que tiene instalada un usuario.

- Publicar un archivo proyector autocontenido.

Le costará menos de una hora completar este capítulo. Si es necesario, borre la carpeta del capítulo anterior de su disco duro y copie Lesson10.

INTRODUCCIÓN

En este capítulo publicará una animación ya terminada. El proyecto es un *banner* animado de la conocida ciudad ficticia Meridien, para la que anteriormente creó una guía interactiva de restaurantes en el capítulo 6 y un sitio Web de un agente inmobiliario en el 7. Va a publicar la película en un portal de Internet, capturando fotogramas específicos como imágenes y guardando el proyecto de manera que puedan verlo incluso usuarios que no tengan el reproductor de Flash.

1. Haga doble clic sobre el archivo 10End.html que está en la carpeta Lesson10/10End para abrir el proyecto final (véase la figura 10.1).

El navegador abre el archivo HTML, que a su vez muestra el .swf. El primero le indica al navegador cómo debe aparecer el segundo. Cierre el navegador.

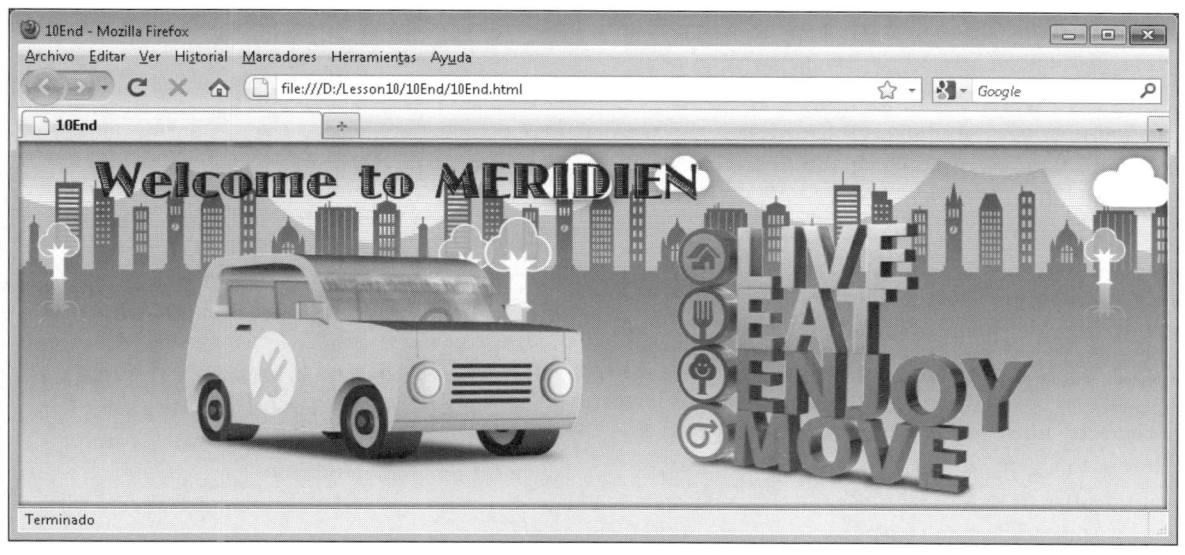

Figura 10.1. *El proyecto que va a realizar.*

2. Haga doble clic en el archivo `10Start.fla` de la carpeta `Lesson10/10Start` para abrirlo en Flash.

El proyecto incluye ficheros de vídeo, imágenes e interpolaciones de movimiento. Todos los recursos están contenidos en el archivo `.fla`.

3. Seleccione **Archivo>Guardar como**. Llame al archivo `10_workingcopy.fla` y guárdelo en la carpeta `10Start`. Grabar una copia de trabajo le asegura que el archivo de inicio original estará disponible si desea comenzar de nuevo.

PROBAR UN DOCUMENTO DE FLASH

Resolver los problemas es una habilidad que se desarrolla con el tiempo pero es más fácil identificar la causa de los mismos si prueba su película con frecuencia mientras está creando el contenido.

Si lo hace después de cada paso, sabe los cambios que ha hecho y, por tanto, qué puede haber fallado. Apliquese el lema "Compruebe pronto. Compruebe a menudo".

Una manera rápida de previsualizar una película es seleccionar **Control>Probar película> En Flash Professional** (**Control-Intro** o **Comando-Retorno**), como ha hecho en los capítulos anteriores. Este comando crea un archivo `.swf` en la misma ubicación que el `.fla` para que pueda reproducir y ver el proyecto. No se genera un archivo HTML ni ningún otro tipo de fichero necesario para reproducir la película desde un sitio Web.

Cuando crea que ha completado su película, o por lo menos una parte, tómese el tiempo necesario para confirmar que todos los elementos están en su lugar y que se comportan como esperaba.

1. Revise el *storyboard* del proyecto, si dispone de éste, u otros documentos que describan el propósito y los requisitos. Si no existen, escriba una reseña de lo que espera ver cuando ponga en funcionamiento la película. Agregue información sobre la longitud de la animación, los botones y enlaces incluidos y lo que se debería ver mientras avanza.

2. Utilizando el *storyboard*, los requisitos del proyecto o su descripción escrita, cree una lista de revisión que pueda usar para comprobar que la película responde a sus expectativas.

3. Seleccione **Control>Probar película>En Flash Professional**. Mientras se reproduce la película, compárela con su lista de revisión. Haga clic en los botones y enlaces para asegurarse de que funcionan como esperaba. Debería pulsar en todas las opciones que vaya a encontrar el usuario. Este proceso se denomina control de calidad. En los proyectos grandes se suele hacer referencia a él como *beta testing*.

> **Nota:** El comportamiento por defecto de la película en modo **Probar película** hace que se reproduzca su contenido una y otra vez. Puede hacer que su `.swf` se reproduzca de una manera diferente en un navegador escogiendo otra configuración de publicación (como se comentará más adelante en este capítulo) o añadiendo ActionScript para detener la Línea de tiempo.

4. Vaya a **Archivo>Vista previa de publicación>Predeterminado – (HTML)** para donde exportar el archivo `.swf` y el HTML necesarios para reproducir la película en un navegador y poder previsualizarla. Se abrirá un navegador (en caso de que no haya ninguno abierto) y se reproducirá el proyecto terminado.

5. Suba los dos archivos (.swf y HTML) a su propio sitio Web y suministre la dirección del portal a sus colegas o amigos con el fin de que puedan ayudarle a probar su película.

Pídales que la ejecuten para asegurarse de que ha incluido todos los ficheros y que la película satisface los criterios de su lista de revisión. Anime a los revisores a contemplarla como si fueran los usuarios a los que va dirigida.

Si su proyecto precisa de archivos en otros formatos (como vídeos en .flv o .f4v) o si se van a cargar archivos .swf externos, debe subirlos junto a los archivos .swf y HTML.

> **Nota:** También puede escoger, simplemente, Archivo>Publicar (Mayús-F12) para exportar los archivos .swf y HTML sin llegar a previsualizar la película en un navegador.

6. Haga los cambios y correcciones necesarios para finalizar la película, suba los archivos revisados y pruébela luego de nuevo para asegurarse de que satisface sus criterios.

Tal vez el proceso iterativo de hacer ensayos y repasos no le parezca demasiado ameno, pero es una parte fundamental del desarrollo de un proyecto Flash.

EL VISOR DE ANCHOS DE BANDA

Es posible previsualizar cómo debería comportarse su proyecto terminado en diferentes entornos de descarga usando el Visor de anchos de banda, un panel muy valioso que se encuentra disponible en modo Probar película.

Mostrar el Visor de anchos de banda

El Visor de anchos de banda proporciona datos útiles sobre el tamaño total del archivo, el número de fotogramas, cómo se distribuye la información por ellos y las dimensiones del Escenario.

Emplee este elemento para identificar dónde hay grandes cantidades de datos, con el fin de poder ver dónde puede haber pausas en la reproducción de la película.

1. Escoja Control>Probar película>En Flash Professional. Flash exportará un .swf y mostrará su película en una nueva ventana.

2. Elija Ver>Visor de anchos de banda (véase la figura 10.2).

Aparecerá una nueva ventana sobre su película. En el lado izquierdo, tendrá información básica sobre la película; en el lado derecho, se situará una Línea de tiempo con barras grises que representan la cantidad de información de cada fotograma. Cuanto mayores sean las barras, más datos habrá.

Existen dos maneras de ver el gráfico de la derecha: como Gráfico por flujo (Ver>Gráfico por flujo) o como Gráfico fotograma por fotograma (Ver>Gráfico fotograma por fotograma).

El primero de ellos indica el modo en que se descarga la película de la Web mostrando el flujo de información para cada fotograma, mientras que el segundo simplemente señala la cantidad de datos de cada fotograma.

En modo Gráfico por flujo puede saber qué fotogramas harán que la reproducción se interrumpa, observando qué barras superan el ajuste de ancho de banda.

Figura 10.2. *El Visor de anchos de banda.*

Probar la reproducción en función de la descarga

Es posible configurar distintas velocidades de descarga y probar el funcionamiento de la reproducción de la película en condiciones diferentes.

1. En modo **Probar película**, escoja **Ver> Configuración de descarga>DSL**. El valor DSL es la medida de la velocidad que se quiere probar.

Corresponde a 32,6 kilobytes por segundo. Determine cantidades superiores o inferiores en función de su audiencia objetivo.

2. Escoja **Ver>Simular descarga** (véase la figura 10.3). Flash simulará la reproducción desde la Web para el ancho de banda indicado (DSL). La barra verde horizontal de la parte superior de la ventana indica qué fotogramas se han descargado y la cabeza reproductora triangular marca el elemento que se reproduce en ese momento.

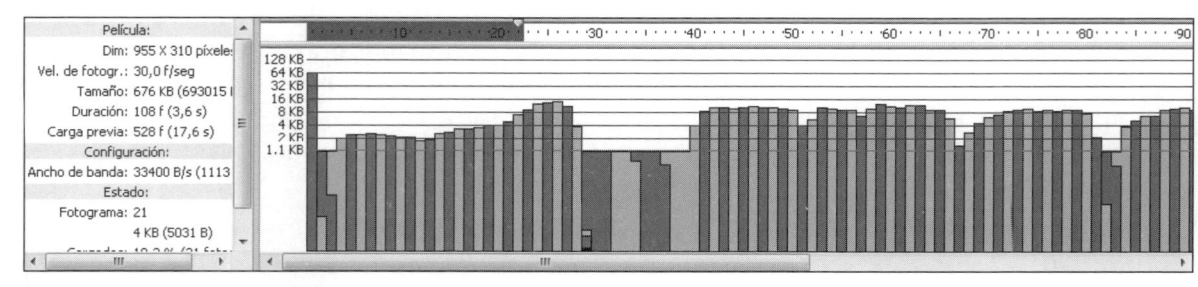

Figura 10.3. *Simulación de la descarga para la velocidad elegida.*

Observe que hay un ligero retardo en el fotograma 1 mientras se descargan los datos. Siempre que una barra gris supere la línea roja horizontal (la que marca 1,1 KB), habrá un ligero retardo en la reproducción de la película.

Una vez que se haya descargado la suficiente información se reproducirá la película, aunque es posible que aún aprecie algunas pausas cuando la cabeza reproductora llegue a las partes descargadas.

3. Elija **Ver>Configuración de descarga>T1**. Ésta corresponde a una conexión de banda ancha mucho más rápida que DSL, simulando una descarga con una velocidad de 131,2 kilobytes por segundo.

4. Escoja **Ver>Simular descarga**. Flash volverá a hacer una prueba desde la Web a una velocidad mayor. Observe que el retardo del comienzo es muy breve y que la película se reproduce casi con total suavidad, puesto que se descarga lo suficientemente rápido como para que la cabeza reproductora nunca la alcance.

5. Cierre la ventana de previsualización.

> **Nota:** Las velocidades indicadas para DSL, T1 y las demás opciones preestablecidas representan las estimaciones de Adobe para dichos estándares de conexiones a Internet. Es recomendable que averigüe la velocidad real de su proveedor. Puede personalizar estas opciones accediendo a **Ver>Configuración de descarga>Personalizar**.

AÑADIR METADATOS

Los metadatos encierran información sobre el contenido de su proyecto. Describen el archivo Flash para que los otros desarrolladores con los que comparte el .fla puedan conocer los detalles que desee difundir o para que un motor de búsqueda de Internet sea capaz de encontrar y compartir su película. Estos elementos incluyen el título del documento, las palabras clave, la fecha de creación del archivo y cualquier otra información relevante.

Si agrega metadatos a un documento Flash, estos irán incluidos en el archivo y facilitarán la catalogación de su película a los buscadores de Internet y otras aplicaciones.

1. Escoja **Archivo>Configuración de publicación** o haga clic sobre el botón **Editar** que hay cerca de **Perfil** en el **Inspector de propiedades** (véase la figura 10.4). Se mostrará el cuadro de diálogo **Configuración de publicación**.

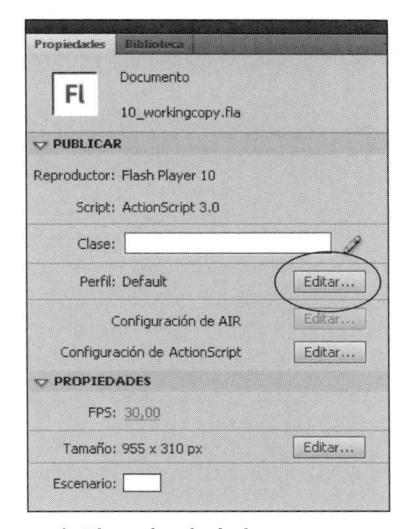

Figura 10.4. El cuadro de diálogo Configuración de publicación.

2. Haga clic en la pestaña **Flash** (véase la figura 10.5).

3. En la **Configuración de SWF**, seleccione **Incluir metadatos XMP** y haga clic sobre **Información de archivo** (véase la figura 10.6).

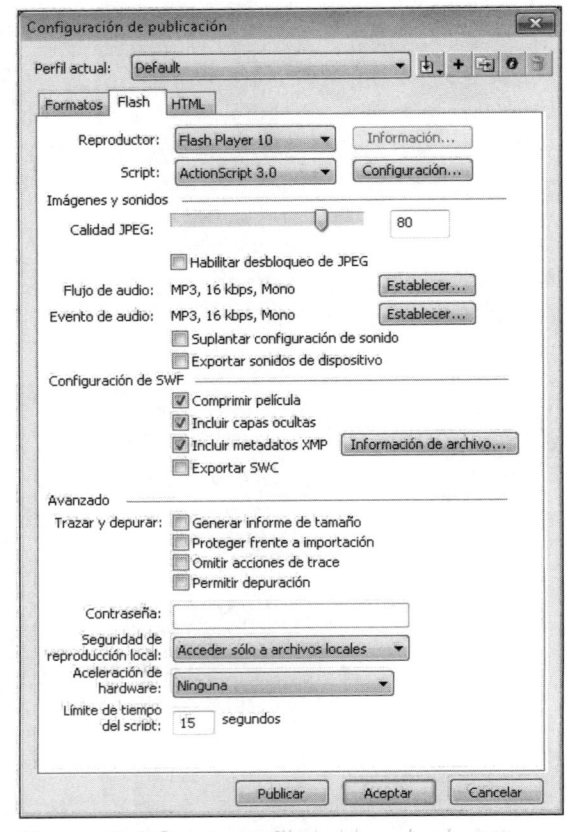

Figura 10.5. La pestaña Flash del cuadro de diálogo.

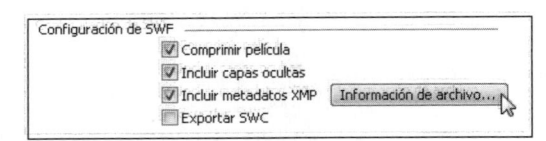

Figura 10.6. El botón Información de archivo.

Se mostrará el cuadro de diálogo de metadatos XMP (véase la figura 10.7).

4. Pulse sobre la pestaña **Descripción**.

5. En el campo **Título del documento**, escriba **Welcome to Meridien**.

6. En la opción **Palabras clave**, escriba **Meridien, Meridien City, relocation, tourism, travel, urban, visitor guide, vacation, city entertainment, destinations** (véase la figura 10.8).

7. Inserte cualquier otro dato descriptivo en el resto de campos.

Pulse en **Aceptar** y, a continuación, haga lo mismo para cerrar el cuadro de diálogo **Configuración de publicación**.

Los metadatos se guardarán con el documento Flash y estarán disponibles para los motores de búsqueda de Internet y otras aplicaciones.

PUBLICAR UNA PELÍCULA EN LA WEB

Cuando publica una película en la red, Flash crea un archivo .swf y un documento HTML que le indica al navegador cómo mostrar el contenido.

Debe subir ambos ficheros a su servidor junto al resto de archivos a los que haga referencia el .swf (por ejemplo, los vídeos en formato .flv o .f4v o de pieles). El comando **Publicar** guarda todos los archivos requeridos en la misma carpeta.

Puede especificar diferentes opciones de publicación para una película, entre las que se incluyen detectar la versión del reproductor de Flash instalado en el ordenador del usuario.

Los cambios que realice en los parámetros del cuadro de diálogo **Configuración de publicación** se grabarán con el documento.

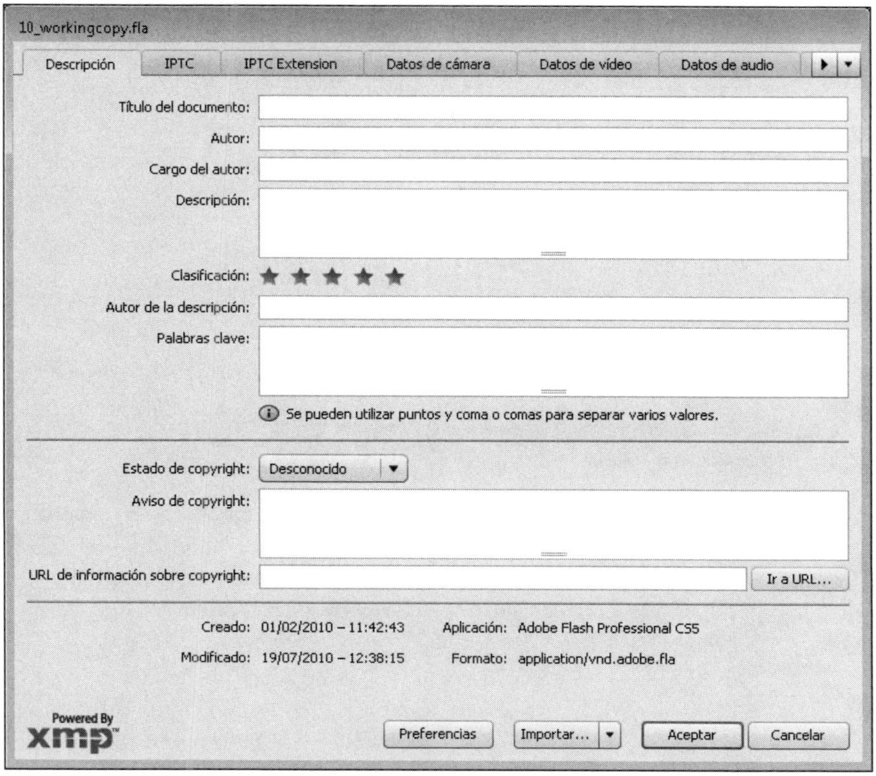

Figura 10.7. El cuadro de diálogo de metadatos XMP.

Figura 10.8. Introducción de las palabras clave.

Especificar la configuración del archivo Flash

Es posible determinar cómo publicará Flash el archivo .swf, decidiendo incluso qué versión del reproductor necesitará, qué ActionScript utilizará y cómo se visualizará y reproducirá la película.

1. Escoja **Archivo>Configuración de publicación**.

2. Haga clic sobre la pestaña **Formato** y marque **Flash (SWF)** y **HTML**. También puede escoger publicar el archivo en formatos adicionales (véase la figura 10.9).

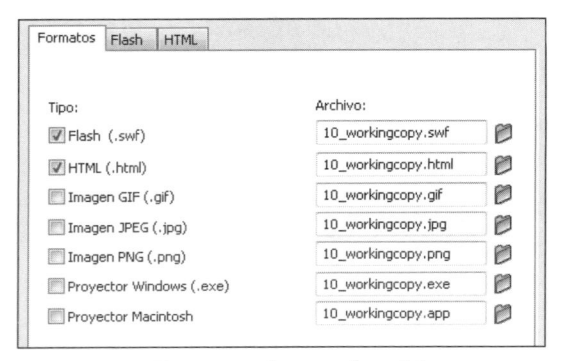

Figura 10.9. En este cuadro se indica el formato.

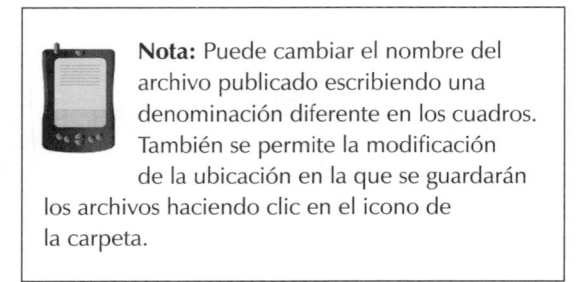

Nota: Puede cambiar el nombre del archivo publicado escribiendo una denominación diferente en los cuadros. También se permite la modificación de la ubicación en la que se guardarán los archivos haciendo clic en el icono de la carpeta.

3. Pulse en la pestaña **Flash**.

4. Escoja una versión del reproductor de Flash (véase la figura 10.10).

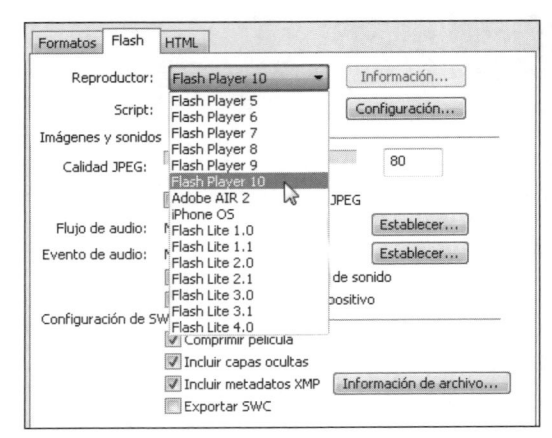

Figura 10.10. Elección de una versión de Flash Player.

Algunas funcionalidades de Flash CS5 no se reproducirán del modo esperado en versiones anteriores a la 10. Si utiliza las últimas modificaciones de Flash CS5, debe escoger Flash Player 10.

5. Seleccione la versión adecuada de ActionScript. En este libro se ha utilizado ActionScript 3.0, así que será ésta la que escoja (véase la figura 10.11).

Figura 10.11. Elección de una versión de ActionScript.

6. Si ha incluido sonidos, haga clic sobre los botones **Establecer** de **Flujo de audio** y **Evento de audio** para incrementar la calidad de la compresión de audio (véase la figura 10.12). En este *banner* interactivo no los hay, por lo que no es necesario cambiar estos parámetros.

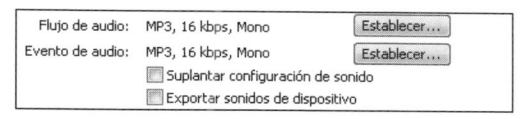

Figura 10.12. Parámetros de audio.

7. Escoja **Comprimir película** si el archivo es grande y desea reducir el tiempo de descarga. Al seleccionar esta opción, asegúrese de probar la película final antes de subirla.

8. Elija **Incluir metadatos XMP** si quiere incluir información descriptiva de su proyecto.

9. Haga clic en la pestaña **HTML**.

10. Seleccione **Sólo Flash** en el menú **Plantilla** (véase la figura 10.13).

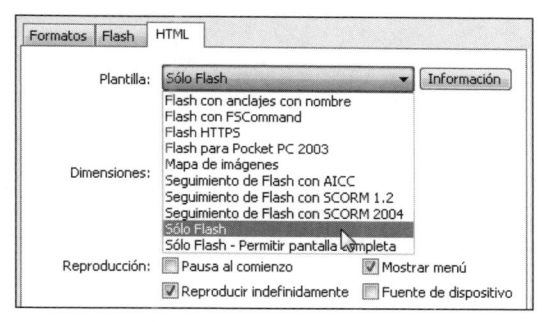

Figura 10.13. Menú Plantilla.

Nota: Cuando necesite saber más sobre las opciones de **Plantilla**, escoja una y luego haga clic sobre **Información**.

Detectar la versión del reproductor de Flash

Para desarrollar algunas de las funcionalidades de Flash es preciso disponer de versiones específicas del reproductor. Es posible detectar automáticamente la versión instalada en el ordenador de un usuario; si no es la requerida, se mostrará un mensaje para que se habilite una descarga actualizada de la aplicación.

1. Escoja **Archivo>Configuración de publicación** en caso de que el cuadro de diálogo **Configuración de publicación** no esté ya abierto.

2. Haga clic en la pestaña **HTML** del cuadro de diálogo **Configuración de publicación**.

3. Seleccione **Detectar versión de Flash**.

4. En el campo **Versión**, introduzca la primera versión del reproductor de Flash a detectar (véase la figura 10.14).

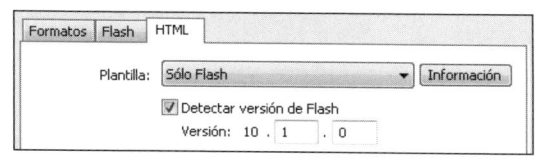

Figura 10.14. Se indica la primera versión a detectar.

5. Haga clic en **Publicar** y luego pulse en **Aceptar** para cerrar el cuadro de diálogo.

Flash publicará el proyecto, creando un archivo `.swf`, un HTML, y otro adicional llamado `swfobject.js` que contiene el código JavaScript adicional que detectará la versión indicada del reproductor. Si el navegador no posee la primera versión especificada en el campo **Versión**, en lugar de la película Flash aparecerá un mensaje. Es preciso subir al servidor Web los tres archivos, pues todos son necesarios para la película.

Cambiar la configuración de visualización

Dispone de muchas opciones para modificar la manera en que se presentará su película Flash en el navegador. Las que llevan por nombre **Dimensiones** y **Escala** se combinan para determinar el tamaño de la película y la cantidad de distorsión y recorte (véase la figura 10.15).

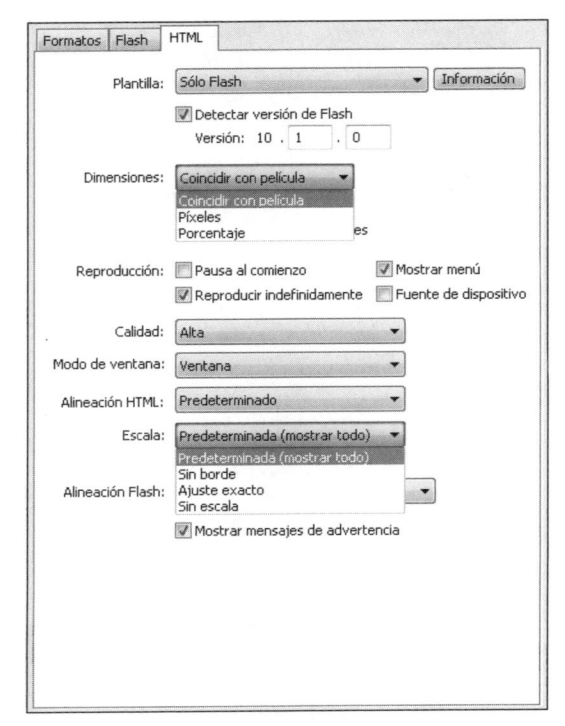

Figura 10.15. Opciones para especificar la visualización de la película.

1. Escoja **Archivo>Configuración de publicación**.

2. Haga clic sobre la pestaña **HTML** del cuadro de diálogo **Configuración de publicación**.

   • Seleccione **Dimensiones: Coincidir con película** para reproducir la película Flash con el tamaño exacto del Escenario. Este ajuste es habitual en la mayoría de los proyectos.

   • Seleccione **Dimensiones: Píxeles** para introducir un tamaño diferente en píxeles para la película.

   • Elija **Dimensiones: Porcentaje** para encajar su proyecto según el porcentaje de la ventana del navegador.

   • Escoja **Escala: Predeterminada (mostrar todo)** y ajuste la película al navegador sin desfigurar ni cortar el contenido. Este parámetro es bastante común. Si un usuario reduce el tamaño de la ventana, el desarrollo de la película seguirá siendo el mismo, aunque su área visible vendrá determinada por el propio navegador (véase la figura 10.16).

Figura 10.16. La película se suele mostrar en la ventana del navegador sin cortar el contenido.

   • Establezca **Dimensiones: Porcentaje** y **Escala: Sin borde** para ajustar la película a la ventana del navegador sin distorsiones, pero cortando el contenido si éste es mayor que la ventana (véase la figura 10.17).

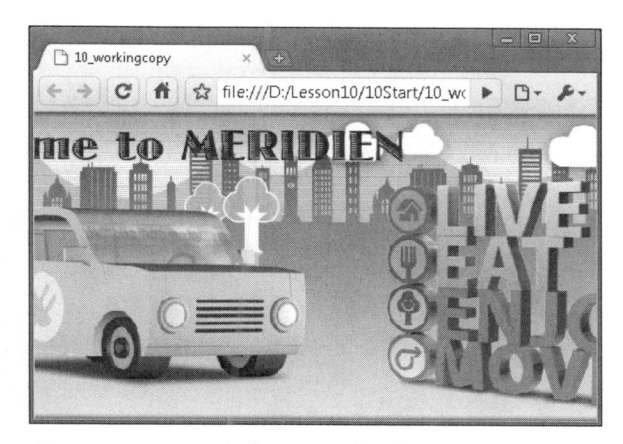

Figura 10.17. Existe la opción de rellenar la ventana cortando el contenido.

- Seleccione **Dimensiones: Porcentaje** y **Escala: Ajuste exacto**; aquí ajustará la película a la ventana del navegador vertical y horizontalmente. En este caso no se ve ningún color de fondo pero puede que se deforme el contenido (véase la figura 10.18).

- Ponga **Dimensiones: Porcentaje** y **Escala: Sin escala** para conservar el tamaño de la película, independientemente de lo grande o pequeña que sea la ventana (véase la figura 10.19).

Figura 10.18. En esta opción el contenido puede verse distorsionado.

Publicar documentos Flash

Figura 10.19. Esta opción mantiene las dimensiones originales de la película.

Cambiar la configuración de reproducción

Puede alterar varias de las opciones que afectan al modo en que se reproduce su proyecto Flash en el navegador.

1. Escoja **Archivo>Configuración de publicación**.

2. Haga clic sobre la pestaña **HTML** del cuadro de diálogo **Configuración de publicación** (véase la figura 10.20).

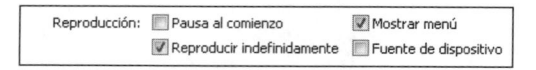

Figura 10.20. Las opciones de reproducción.

Nota: En general, es preferible controlar una película Flash desde ActionScript que confiar en la configuración de reproducción del cuadro de diálogo **Configuración de publicación**. Por ejemplo, añada un comando `stop()` en el primer fotograma de su Línea de tiempo si desea detener la película al inicio. Cuando pruebe su película (**Control>Probar película>En Flash Professional**), todas las funcionalidades estarán operativas.

- Seleccione **Reproducción: Pausa al comienzo** para hacer que la película se detenga en el primer fotograma.

- Deje sin marcar **Reproducción: Reproducir indefinidamente** si quiere que su proyecto sólo se reproduzca una vez.

- Deje desactivado **Reproducción: Mostrar menú** si desea limitar las opciones del menú contextual que aparecen cuando se hace clic con el botón derecho del ratón o **Control-clic** sobre una película Flash en el navegador.

> ### Dreamweaver y Flash
>
> Aunque Flash ofrece varias maneras de facilitar la visualización de la película final en un navegador Web, es mejor utilizar un editor de HTML como Adobe Dreamweaver para ubicar el proyecto en la página, especialmente si va a incluir más información aparte de la propia película. Por ejemplo, tal vez su película Flash sea sólo un componente de una página Web más grande que también tiene información sobre la ciudad de Meridien, su historia, un mapa de la zona y un mensaje de bienvenida del alcalde. Dreamweaver puede ensamblar todos los elementos diferentes en una sola página HTML. Para insertar su película Flash en una página HTML con Dreamweaver basta con seguir la ruta **Insertar>Media>Flash**. Seleccione su archivo `.swf`, haga clic en **Aceptar** y Dreamweaver generará un código HTML que apunte al `.swf` y lo muestre en el navegador. En el panel **Propiedades** de Dreamweaver se encuentran disponibles muchas de las opciones de visualización y reproducción.

OPCIONES ALTERNATIVAS DE PUBLICACIÓN

Por defecto, Flash crea los archivos `.swf` y HTML del proyecto pero también se consigue guardar determinados fotogramas de la película como imágenes o grabar el archivo como proyector, de manera que sea posible reproducirlos en aquellos ordenadores que no tienen instalado el reproductor de Flash.

Guardar los fotogramas como imágenes

Puede que, a veces, no desee compartir una película completa pero quiera mostrar un fotograma en particular. Exportar uno como imagen `.gif`, `.jpeg` o `.png` resulta útil si necesita una ilustración para un catálogo o un álbum o si desea enseñar una fotografía final a un usuario que no tenga instalado el reproductor de Flash. También puede utilizar las imágenes individuales para componer un *storyboard* con varias escenas, que su cliente visualizará antes de agregar interactividad a la película.

1. Escoja **Archivo>Configuración de publicación** y haga clic en la pestaña **Formatos**. Las opciones **Flash (.swf)** y **HTML** estarán seleccionadas por defecto.

2. Seleccione ahora **Imagen GIF (.gif)**, **Imagen JPEG (.jpg)** e **Imagen PNG (.png)** (véase la figura 10.21). Pulse en **Aceptar** para cerrar el cuadro de diálogo.

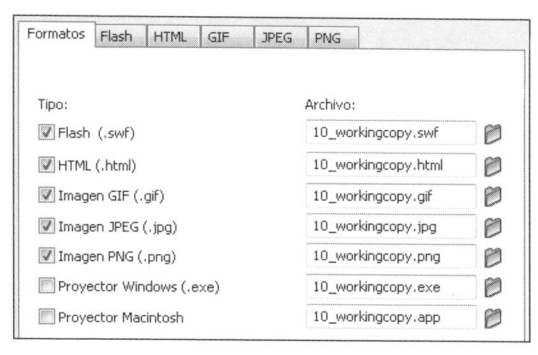

Figura 10.21. Opciones de formato .gif, .jpeg y .png.

Estas opciones exportan el fotograma elegido actualmente en el documento Flash. Haga clic en las pestañas de la parte superior para mostrar los parámetros adicionales de cada uno de los formatos de imagen.

3. Haga clic en **Aceptar** para cerrar el cuadro de diálogo **Configuración de publicación**.

Publicar películas para dispositivos móviles

Aunque los capítulos de este libro están orientados a la creación de un contenido interesante e interactivo en la Web, también se utiliza Flash Professional CS5 para desarrollar y publicar su proyecto en teléfonos o dispositivos móviles como Apple iPhone, iTouch o iPad. Estos aparatos sólo emplean un subconjunto de las características de Flash CS5, por lo que, en lugar de publicar un proyecto terminado para un dispositivo móvil, es esencial que inicie uno orientado al dispositivo móvil en cuestión. Cuando cree un nuevo documento Flash (**Archivo>Nuevo**), el cuadro de diálogo **Nuevo documento** (véase la figura 10.22) le pedirá que seleccione el aparato al que va destinado su trabajo.

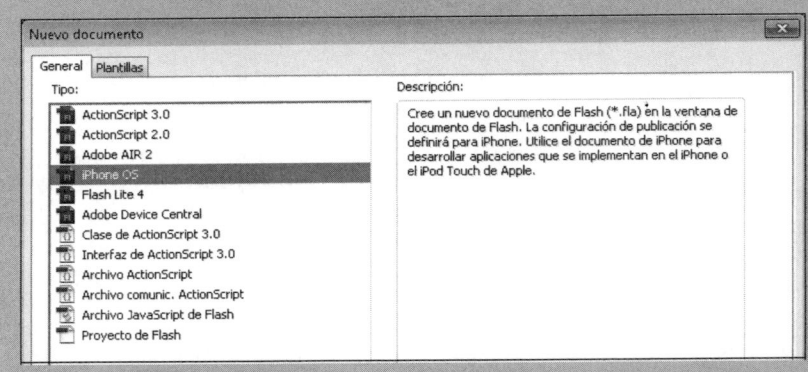

Figura 10.22. El cuadro de diálogo Nuevo documento.

Puede escoger un documento Flash Lite, que aplica una versión anterior del reproductor de Flash para dispositivos móviles; o un documento iPhone, específico para crear aplicaciones para iPhone, iTouch o iPad; o bien inicie Adobe Device Central, una utilidad independiente que le permite consultar varios dispositivos y sus requisitos (véase la figura 10.23).

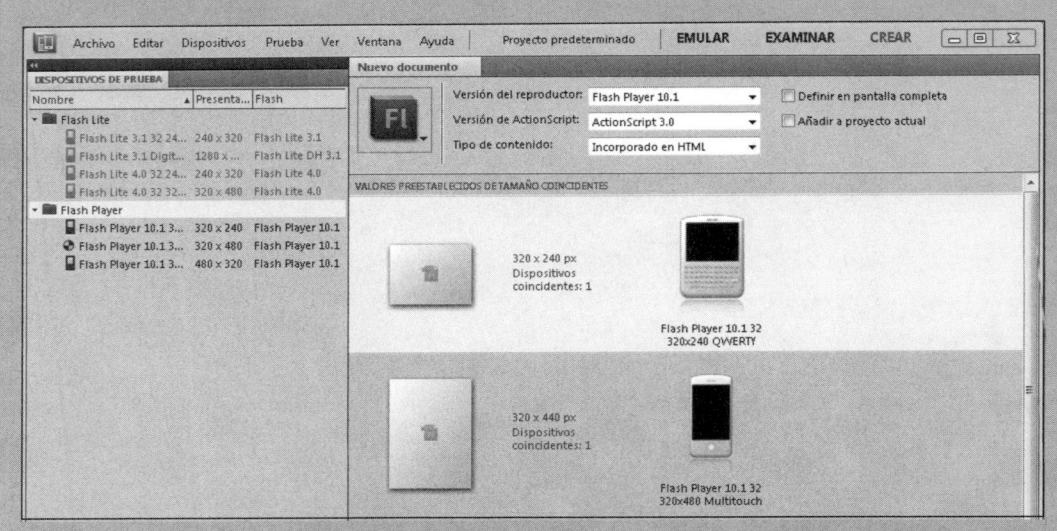

Figura 10.23. Adobe Device Central.

La creación de aplicaciones para dispositivos móviles y los conocimientos necesarios para ello están fuera del alcance de este libro y requieren de la obtención de certificados específicos de desarrollo para su distribución. En el momento de escribir este libro, Apple no permite las aplicaciones desarrolladas mediante tecnologías independientes de la plataforma (como Flash CS5), por lo que será preferible que consulte la licencia de uso más reciente. Encontrará más información sobre este particular en la Ayuda de Flash y en Device Central Help.

4. Seleccione el último fotograma de la Línea de tiempo (el 108). Éste exportará Flash como archivo de imagen.

5. Escoja **Archivo>Publicar**. Flash publicará los ficheros en la carpeta que contiene el archivo del documento.

6. Localice la carpeta `Lesson10/10Start`. Además de los archivos `.swf` y HTML incluye los `.gif`, `.png` y `.jpeg`. Ábralos para verlos (véase la figura 10.24).

Figura 10.24. Las tres imágenes publicadas.

Crear un proyector

La mayoría de los ordenadores tienen instalado el reproductor de Flash, pero quizá necesite distribuir una película a alguien que no tiene la aplicación, tiene una versión anterior o desee ejecutar su proyecto sin un navegador. Para resolver esto puede guardar su película como *proyector*, una aplicación independiente que incluye los archivos necesarios para reproducir la película. Como el proyector contiene toda la información para reproducir, los archivos proyector son más grandes que los `.swf`.

1. Escoja **Archivo>Configuración de publicación** y haga clic en la pestaña **Formatos**.

2. Deje sin marcar **GIF**, **JPEG** y **PNG**. Seleccione **Proyector Windows (.exe)** y **Proyector Macintosh**.

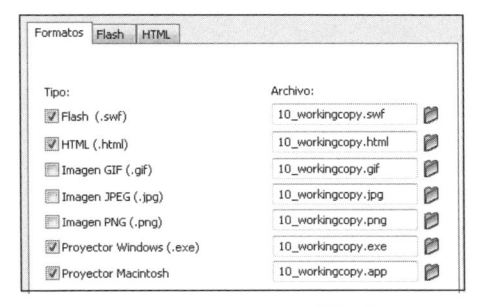

Figura 10.25. Opciones Proyector Windows y Proyector Macintosh.

Nota: El formato a elegir depende del tipo de contenido. Si el fotograma posee una ilustración de colores sencillos y uniformes, `.gif` es una buena opción. Si es más fotográfico y no le preocupa la compresión de la información, puede que `.jpeg` o `.png` sean la mejor elección.

Proyectores y Texto TLF

El *banner* interactivo de este capítulo no contiene texto de tipo TLF. No obstante, si su película lo incluye y desea crear un proyector, deberá combinarlo con el .swf de maquetación del texto. Dicho archivo encierra el código necesario para trabajar con el nuevo motor de Texto TLF.

Haga clic en el botón **Editar** de la Configuración de ActionScript del Inspector de propiedades o en el botón **Configuración de ActionScript** del cuadro de diálogo Configuración de publicación (véase la figura 10.26).

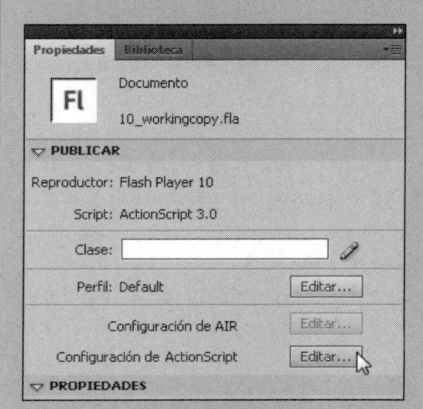

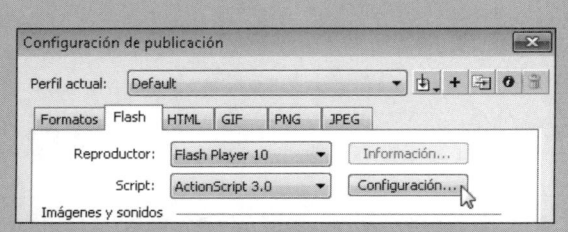

Figura 10.26. Las dos maneras de acceder al cuadro Configuración avanzada de Action Script 3.0.

En el cuadro de diálogo Configuración avanzada de Action Script 3.0, seleccione **Combinado en código** en la Vinculación predeterminada de la Configuración de bibliotecas compartidas en tiempo de ejecución, situado en la parte inferior (véase la figura 10.27).

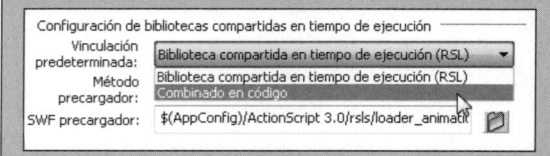

Figura 10.27. La parte inferior del cuadro de diálogo Configuración avanzada de Action Script 3.0.

El motor de Texto TLF que se lista en la ventana del cuadro indica que su Tipo de vínculo se va a combinar en el código en vez de vincularse a una biblioteca externa compartida. Esto significa que el código se incluirá en el mismo archivo del proyector (véase la figura 10.28).

Figura 10.28. La ventana del cuadro de diálogo.

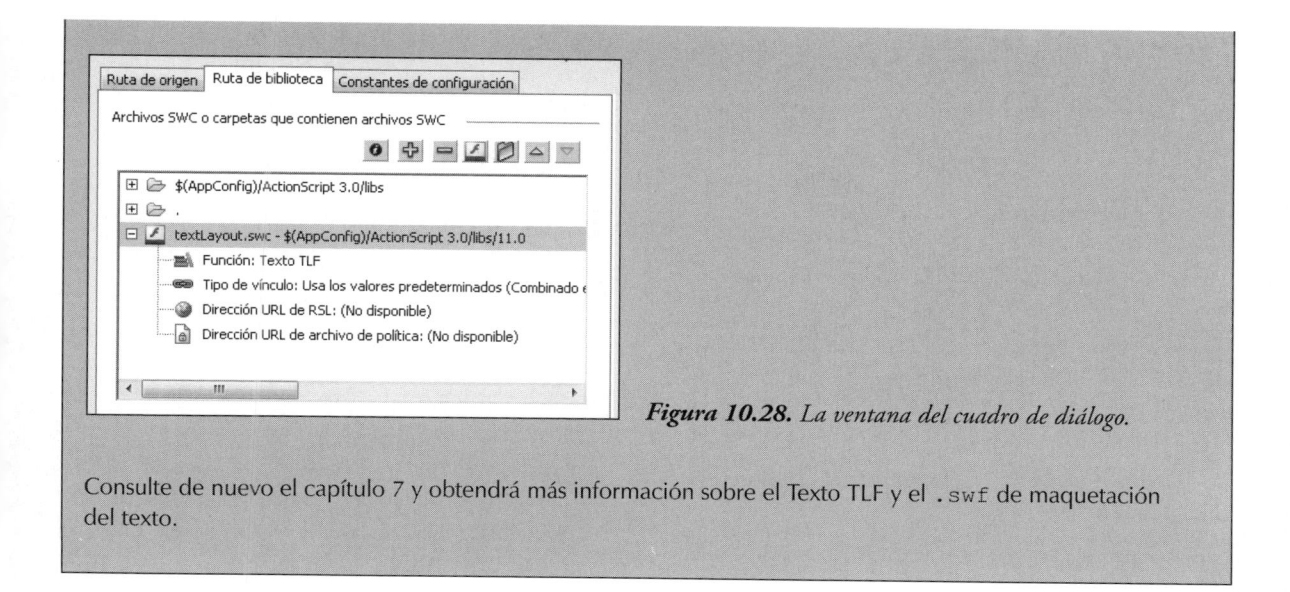

Consulte de nuevo el capítulo 7 y obtendrá más información sobre el Texto TLF y el `.swf` de maquetación del texto.

3. Haga clic en **Publicar**.

4. Cuando el archivo se haya publicado, pulse en **Aceptar** para cerrar el cuadro de diálogo.

5. Abra la carpeta `Lesson10/10Start`.

6. Haga lo mismo con el archivo de proyector en su plataforma (Windows o Mac). Este fichero tiene la extensión `.exe` para Windows y `.app` para Mac, aunque quizá su sistema operativo oculte esta parte del nombre de los archivos.

Se puede hacer doble clic sobre cualquiera de los proyectores para que se reproduzcan sin utilizar el navegador. Distribúyalos en CD o DVD y utilice estos métodos de publicación para terminar cualquier proyecto de Flash que haya creado y compartirlo con el resto del mundo.

LOS PRÓXIMOS PASOS

¡Enhorabuena! Ha completado el último capítulo. Hasta ahora ha visto cómo, en las manos adecuadas, Flash Professional CS5 dispone de todas las funcionalidades necesarias para generar proyectos interactivos con elementos diversos. Ya ha terminado todos estos capítulos (muchos de ellos partiendo de cero), por lo que ahora conoce cómo funcionan y trabajan conjuntamente los distintos paneles y herramientas y el código ActionScript en las aplicaciones del mundo real.

Recuerde que siempre queda algo más por aprender. Siga practicando con sus conocimientos de Flash, creando sus propias animaciones o un sitio Web interactivo. Inspírese buscando películas en la Web. Amplíe su aprendizaje de ActionScript explorando los recursos de la Ayuda de Flash y otros manuales de Adobe.

PREGUNTAS DE REPASO

1. ¿Qué es el Visor de anchos de banda y para qué sirve?

2. ¿Qué archivos hay que subir al servidor para asegurarse de que la película Flash terminada se reproducirá en el navegador del modo esperado?

3. ¿Cómo puede saber qué versión del reproductor de Flash tiene instalada el usuario y qué importancia tiene esto?

4. Defina metadatos. ¿Cómo puede agregarlos a un documento Flash?

5. ¿Qué es un archivo de proyector?

RESPUESTAS

1. El Visor de anchos de banda proporciona datos como el tamaño total del archivo, el número total de fotogramas, las dimensiones del Escenario y la distribución de la información. Puede utilizarlo para previsualizar el comportamiento del proyecto final en diferentes entornos de descarga.

2. Para asegurarse de que su película se reproduce del modo esperado en navegadores, suba el archivo .swf y el HTML que le indica al servidor. También tiene que hacer esta operación con el fichero swfobject.js (en caso de haber publicado alguno) y todos los elementos a los que haga referencia el .swf, como los vídeos y otros ficheros de su misma categoría.

Debe confirmar que se encuentran en la misma ubicación (por lo general, en la carpeta que contiene el .swf final) en relación a su disco duro.

3. Seleccione **Detectar versión de Flash** en la pestaña **HTML** del cuadro de diálogo **Configuración de publicación** para detectar automáticamente la versión del reproductor de Flash del ordenador del usuario.

Algunas funcionalidades requieren de determinadas versiones para reproducirse adecuadamente.

4. Los metadatos contienen información sobre su proyecto. Incluyen el título del documento, una descripción, palabras clave, la fecha de creación del archivo y otras particularidades.

Se publican junto al archivo Flash para que los motores de búsqueda puedan localizar y compartir la película con facilidad.

Para agregarlos a un documento Flash, escoja **Archivo>Configuración de publicación**, haga clic en la pestaña **Flash** y, dentro de **Configuración de SWF**, pulse sobre **Información de archivo**. Introduzca todo el contenido que desee en el cuadro de diálogo de metadatos XMP que se mostrará.

5. Un proyector es una aplicación independiente que incorpora toda la información necesaria para reproducir la película sin utilizar un navegador, de modo que la gente que no disponga del reproductor de Flash o no tenga la versión actual pueda ver la película.

Apéndice

Contenido del CD-ROM

ARCHIVOS PARA CADA CAPÍTULO Y... MUCHO MÁS

El CD de este libro incluye los archivos necesarios para completar los ejercicios explicados, así como otros que le ayudarán a saber más sobre Adobe Flash Professional CS5 y poder usarlo con eficiencia y soltura. Esto es lo que contiene:

- **Archivos de los capítulos:** Cada capítulo tiene su propia carpeta dentro de la que lleva por nombre Lessons. Tendrá que copiarlas a su disco duro antes de comenzar cada capítulo.

- **Recursos en línea:** Enlaces a Adobe Community Help, ayuda sobre productos y páginas de soporte, Adobe Press, programas de certificación de Adobe, Adobe TV y otros útiles recursos en línea que podrá encontrar dentro de un cómodo archivo HTML. Sólo tendrá que abrirlo en su ordenador y hacer clic en los enlaces, incluyendo uno especial a la página de producto de este libro, en la que podrá acceder a las actualizaciones y a materiales adicionales.

COPIAR LOS ARCHIVOS DE LOS CAPÍTULOS

Los capítulos de este libro utilizan unos archivos fuente específicos, como imágenes creadas en Adobe Illustrator, vídeos en Adobe After Effects, archivos de audio y documentos Flash ya preparados. Para completar las lecciones deberá pasar a su disco duro estos archivos, que se encuentran en el CD que acompaña al libro. Siga estos pasos para copiarlos:

1. Cree una nueva carpeta en su disco duro en un lugar apropiado y póngale de nombre **FlashProCS5_CIB**, siguiendo el procedimiento estándar para su sistema operativo:

- **Windows:** Dentro del Explorador de archivos, seleccione la carpeta ya creada o la unidad en la que desea generar una nueva y escoja **Nuevo>Carpeta** en el menú contextual. Escriba el nombre que haya elegido.

- **Mac OS:** En el Finder escoja **Archivo> Nueva carpeta**. Inserte el nuevo nombre y arrastre la carpeta hasta la ubicación que vaya a utilizar.

Ya puede copiar los archivos fuente en su disco duro.

2. Lleve la carpeta Lessons (que contiene en su interior Lesson01, Lesson02, etc.) desde el CD del libro hasta la carpeta FlashProCS5_CIB de su disco duro.

Al iniciar cada capítulo, acceda a la carpeta con el número correspondiente para disponer de todos los recursos, películas de ejemplo y demás archivos de proyecto necesarios que le permitirán completar el capítulo.

Si posee limitaciones de espacio en su ordenador, copie las carpetas de los capítulos conforme las vaya necesitando, borrándolas si lo desea cuando haya terminado. Algunos se basan en otros anteriores, por lo que, en estos casos, se le proporcionará un fichero inicial del proyecto preparado para la segunda lección. No tendrá que guardar ningún trabajo finalizado si no quiere o si no tiene demasiado espacio libre en su disco duro.

Copiar las películas y los proyectos de ejemplo

En algunos capítulos de este libro creará y publicará archivos `.swf` con animaciones. Los que están en el interior de las carpetas End (`01End`, `02End`, etc.) incluidas en `Lessons` son muestras de los proyectos terminados de cada capítulo. Consulte estos ficheros si desea comparar su trabajo actual con los archivos empleados para generar las películas de ejemplo. El tamaño final puede variar, desde ser relativamente pequeños a abarcar hasta un par de megabytes, por lo que es posible copiarlos todos si dispone de espacio suficiente o bien guardar sólo el archivo de proyecto final de cada capítulo, conforme lo vaya necesitando. Podrá borrarlo después, al terminar dicho capítulo.

CÓMO USAR ESTE LIBRO

Cada capítulo le suministra las instrucciones para crear, paso a paso, uno o más elementos específicos para un proyecto real. Algunos ejemplos están basados en proyectos creados en capítulos precedentes, pero no es la tónica general.

Todos los capítulos están basados en los anteriores, en cuanto a conceptos y conocimientos. Por eso, la mejor manera de aprender con este libro es seguir el orden secuencial.

Algunas técnicas y procesos sólo se explican y describen en detalle las primeras veces que se ejecutan.

> **Nota:** Muchos aspectos de la aplicación Flash se controlan con distintas técnicas, como los comandos de menú, los botones, el desplazamiento de los elementos o los atajos de teclado. Sólo se describen uno o dos de los métodos en los procedimientos que se enseñan. De este modo, puede practicar diferentes maneras de trabajar, aunque se trate de una tarea que ya haya realizado antes.

La organización de los capítulos está más orientada al diseño que a las funcionalidades. Esto quiere decir, por ejemplo, que trabajará con símbolos en proyectos reales a lo largo de varios capítulos y no sólo en uno.

Índice alfabético

A

Acciones, 206-210, 212, 335
Aceleración, 155, 178-179
    seleccionada, 149
Aclarar, 91, 101
Action Script 3.0, 57
actions, 209-210, 216, 276
ActionScript, 258, 323, 328-329
    3.0, 25, 84, 233
    Technology Center, 20
actors, 113, 121
addChild(), 336
addEventListener(), 210
address.txt, 263-264
address_txt, 260, 262, 264
Adobe
    Community Help, 19
    Design Center, 19
    Developer Connection, 19
    Labs, 20
    Marketplace & Exchange, 20
    TV, 19
Adobe.com, 233-234
Africanbeat.mp3, 281-282
Africanbeat.wav, 274
Afrolatinbeat.mp3, 274-275
Agregar
    a capas de las carpetas capas, 38
    contenido a los cuadros de texto conectados, 247
    el detector de eventos y la función, 210
    fotogramas, 117
    un archivo de vídeo a Adobe Media Encoder, 285
    un elemento al Escenario desde el panel Biblioteca, 30
Agrupar objetos, 67
Aislar la rotación de los nodos individuales, 164
Ajustar
    a objetos, 44, 59
    a ventana, 112-113
    la duración del vídeo, 291
    las opciones de visualización del Editor de movimiento, 139
    los valores de los muelles del esqueleto, 190
Ajustes
    de recorte, 291
    predeterminados, 293
    preestablecidos, 286, 289, 294
Alfa, 100, 108, 128-129, 316
Alinear
    borde superior, 202
    en escenario, 202
    horizontalmente respecto al centro, 71
    objetos, 70
    verticalmente respecto al centro, 71
Alterar la escala, 133
Alternar superíndice, 238
Amortiguación, 191
Ángulo de perspectiva, 107
Animar
    la posición, 113
    las transformaciones, 127

Archivo
  Abrir, 25
  Añadir, 285
  Cerrar, 51
  Configuración de publicación, 49, 233, 353, 356
  de salida, 288
  Guardar como, 51, 112, 160, 340
  Importar, 30, 273-274, 295, 301, 314
  Nueva carpeta, 359
  Nuevo, 25, 57, 84
  Publicar, 353
  Vista previa de publicación, 340
Área de trabajo, 54
Articular movimientos, 160
Asignar aceleraciones, 144
Aspecto, 296, 301, 311, 318
Audio y vídeo, 306
Aumentar, 44
autoPlay, 299
Avalon Green, 253-254
Avance rápido, 318
Ayuda
  Actualizaciones, 53
  Ayuda de Flash, 19, 52, 54
  Centro de Soporte de Flash, 54

B

Background, 90, 101
  photo, 273
background.jpg, 30
background.psd, 89
banner, 235, 243
Biblioteca compartida en tiempo de ejecución, 234
bitmaps, 113
Bloquear relleno, 65
Bordes en negro, 291
Borrar
  e insertar cuadros de texto, 249
  pose, 166
Bote de tinta, 62, 64, 78, 173
Brillo, 100
brown wave, 77
Buscar actualizaciones, 53

C

Caja, 239
Capas de Flash, 85
Cargar
  contenido externo, 323
  texto externo, 265

vídeo externo con componente de reproducción, 295, 301
  y controlar el contenido Flash, 321, 323, 335
  y descargar, 263
  y mostrar texto externo, 263
cars, 113, 127
Certificación de Adobe, 20
certification/index.html, 20
characters, 93
characters.ai, 84
chc/index.html, 19
Cinemática inversa con formas, 171
city, 113
cityBG.jpg, 113
clicksound.mp3, 198
ClickToGoToAndStopAtFrame, 220
Clip de película, 89
Clip entero, 292
Code Snippets, 217
Codificar el
  canal alfa, 300
  FLV a incorporar, 312
coffee, 67
coffee aroma, 69, 71
coffeecream.jpg, 67
Colocar
  capas en posición original, 90
  las instancias de los botones, 202
  objetos en su posición original, 85
  sonidos en la Línea de tiempo, 274
  un objeto en el Escenario, 40
Color
  de fondo, 29
  de relleno, 64
Columnas, 240, 242
Combinado en código, 234
Combinar la biblioteca del Texto TLF, 233
Comprimir película, 347
Comprobar la sintaxis y dar formato al código, 212
Con máscara, 332
Conceptos básicos, 26
Conectar los cuadros de texto, 245
Configuración
  avanzada de ActionScript 3.0, 233
  de ActionScript, 233
  de bibliotecas compartidas en tiempo de ejecución, 234
  de publicación, 50, 350-351, 356
  de sonido, 282
  de SWF, 343, 356
Configurar las opciones avanzadas de audio y vídeo, 293
Convertir
  archivos de vídeo a Flash Video, 286
  capas a, 85

en símbolo, 88
estéreo en mono, 282
punto de ancla, 133, 155
textos en hipervínculos, 253
Copiar
las películas y los proyectos de ejemplo, 360
los archivos, 359
y pegar, 61
Cortar
el final de un sonido, 277
el vídeo, 290
crane, 160, 163
cranearm1, 160-161
cranearm2, 160-162
cranearmature, 163, 166
cranerope, 161-164
Crear
animaciones, 137, 221
botones, 196
carpetas de capas, 37
curvas, 74
formas, 58
fotogramas clave, 213
gestores de eventos, 210
interpolación de forma, 181-182, 192
interpolación de movimiento, 112-113, 129, 332
máscaras, 330
patrones, 68
proyectos interactivos, 195, 197, 225, 227
símbolos, 88
texto vertical, 237
transiciones con degradados, 64
transparencias, 77
un botón de inicio, 217
un fotograma clave, 35
un nuevo símbolo, 68, 196
un proyector, 353
un símbolo de tipo botón, 196
un símbolo para el patrón, 68
Cubo de pintura, 62, 64-66, 75, 173
Cuentagotas, 78

D

Dark brown wave, 74, 78-79
Date, 206
Definir
huesos dentro de una forma, 171
la intensidad del muelle de cada hueso, 187
la máscara y las capas enmascaradas, 330
los huesos, 160
los huesos del esqueleto, 186

punto de entrada, 292
punto de salida, 292
Degradado lineal, 64
Desconectar y reconectar cuadros de texto, 251
Descripción, 344
Del archivo del proyecto, 272
description_txt, 261-262, 265
Desenfoque, 102, 122
Desplazamiento vertical, 239
Destino, 253-254
Detectar
la versión del reproductor de Flash, 347
versión de Flash, 347, 356
y responder a los puntos de referencia, 306
Detener
las animaciones, 224
y reproducir, 179
Dibujo de objeto, 44, 58
Diseñador, 26
Documento de Flash CS5
(*.fla), 26
no comprimido (*.xfl), 51
down_txt, 258-259
down_txt.text, 259
Duplicar
botones, 199
símbolo, 200

E

Editable, 235, 255
Editar
envoltura, 277, 279, 281, 318
de sonido, 277, 279
un símbolo de la Biblioteca, 93
Editar
Exportar ajustes, 289-290, 294, 312
Preferencias, 286
Restablecer estado, 289-290, 294
Editor de movimiento, 139, 316
Efecto de color, 100, 141-142, 221
Elemento principal, 188
Elephant.wav, 284
Eliminar
contenido externo, 328
punto de ancla, 77
Errores de compilador, 207, 212
Escala, 348
Ajuste exacto, 349
Predeterminada (mostrar todo), 348
Sin borde, 348
Sin escala, 349

Escalar para ajustar, 291
Escenario, 29, 151
Espaciar uniformemente en horizontal, 202
Espacio de trabajo, 28
Esqueleto, 178
    en tiempo de creación y de ejecución, 176
Establecer, 282, 346
Estilo, 69, 100, 235-237, 254
Etiqueta, 216, 228
Evento
    de audio, 346
    OnCuePoint, 306
Examinar, 295, 301, 314
Exportar
    ajustes, 289-290, 293-294
    audio, 293, 313
    vídeo, 293

F

Familia, 235-237, 254
Filtros, 102, 122
flare, 89, 91, 100-102
Flash (.swf), 50, 351
FlashProCS5_CIB, 359
Flor de jardín, 74
Flujo de audio, 282, 346
FLV, 312
FLV/F4V, 286
footer, 113
Formato, 50, 351, 353
    automático, 207, 212
Fotogramas visibles, 140
Fragmentos de código, 195, 205, 265, 306

G

Garden Court Cafe Taste the Difference, 79
General, 286
GIF, 353
Girar alrededor, 70
Gráfico
    fotograma por fotograma, 341
    por flujo, 341
ground, 113
Guardar
    ajustes preestablecidos, 294
    como, 288
    el espacio de trabajo, 28
    las opciones de audio y vídeo, 294
    los fotogramas como imágenes, 351
    una película, 50

H

Habilitar, 169
help/profile/faq.html, 19
hero, 89, 91, 93
Herramientas, 25-26, 43-44, 173
hilights, 273, 308-309, 311
Historial del SWF, 49
HTML (.html), 50
http, 254
Hueso, 160-161, 171, 186, 192

I

Imagen
    de mapa de bits
        alisada, 90
        con estilos de capa editables, 90
    GIF (.gif), 351
    JPEG (.jpg), 351
    PNG (.png), 351
Importar
    a biblioteca, 30, 67
    al escenario, 84, 89
    archivos
        de Adobe Illustrator, 84
        de Photoshop, 89
        de sonido, 273
    el clip de vídeo, 300
    un elemento al panel Biblioteca, 30
    vídeo, 295, 297, 300-301
Incluir
    audio, 314
    metadatos XMP, 343, 347
Incorporación de fuentes, 257, 262-263, 268
Incorporar
    FLV en SWF y reproducir en la línea de tiempo, 314
    fuentes, 256
    las fuentes, 262
    un FLV a la Línea de tiempo, 313
    vídeos a Flash, 311
Incrementar la calidad de los sonidos, 281
Información de archivo, 343, 356
Iniciar
    Cola automáticamente, 286
    Flash, 25
    Todos los programas, 25
Insertar
    fotograma clave, 142, 180, 316
    Interpolación de
        forma, 181-182
        movimiento, 113

la siguiente pose, 189
Línea de tiempo
    Capa, 32, 74, 77, 79
    Fotograma, 34, 177, 196, 276
    Fotograma (F5), 208
    Fotograma clave, 35, 44, 180, 197
Nuevo símbolo, 68, 108
poses, 163
puntos de referencia, 304
Inspector de
    componentes, 299
    propiedades, 108, 113, 318, 326
Instalar Flash, 18
Integrar movimientos y formas, 159, 161, 189, 191
Intensidad, 178-179, 187-188, 190
Intercambiar, 200-201
    mapas de bits, 200
    Objetivos de interpolación, 135
    símbolo, 200
Interlineado, 235-236, 254
Intervalo de origen, 292

L

Lazo, 59, 80
Library, 50-52
light
    blue wave, 78
    brown wave, 77, 79
lights, 147
line, 69-70
Línea
    de tiempo, 52, 91
    discontinua, 73
Lion.flv, 299
Lion.wav, 274, 284
Live Your Dream, 239
load(), 336
Loader, 323-324, 328-329, 336

M

Mac OS, 359
Magellanic Penguins, 299
Main Menu, 218, 220, 223
mainmenu, 217
man, 113
Mandril.flv, 299
Máscara, 331
mask, 331-332
Medio Web, 286
Meridien Real Estate Live Your Dream, 238

Mezcla, 91
Middle_car, 113, 130
MinimaFlatCustomColorPlayBack, 296
Minutos, 286
Modificar
    Agrupar, 74
    caracteres, 238
    Convertir en símbolo, 88-89, 108
    curvas, 76
    el cuadro de texto, 242
    el valor alfa de un relleno, 77
    el volumen de un sonido, 279
    formas, 60
        Añadir consejo de forma, 183-184, 192
        Quitar todos los consejos, 186
    fotogramas clave, 143
    Grupo, 67, 72
    la duración de la animación, 116
    la forma, 173
    la trayectoria del movimiento, 133
    Separar, 72, 97
    símbolos en el Escenario, 95
    un documento .XFL, 51
Módulo, 70
Monkey.wav, 273-274, 283
Monthly Payments, 255-256, 258, 260
monthly_txt, 258
Mortgage Calculator, 236, 238, 255
Mostrar el Visor de anchos de banda, 341
Mover
    fotogramas, 118
    guía, 99
    la trayectoria del movimiento, 132
    un fotograma clave, 36
MovieClip, 206
movietitle, 151
Movimiento básico, 140, 149
mp3, 30
Muelle, 186-188, 190-191
myEvent, 210
myLoader, 323, 328

N

namecue, 305
Navegación de línea de tiempo, 218
nextFrame(), 212
Nombrar
    las instancias de los botones, 204
    los cuadros de texto, 258
Nombre de instancia, 204, 228
Normal, 39

Nueva
  capa, 32, 37, 44, 235
  carpeta, 38, 91
Nuevo
  documento, 25, 57, 84
  espacio de trabajo, 28
Numerales, 257, 262-263

O

Opciones
  avanzadas, 70, 73-74
  de recorte, 290
  del esqueleto, 176
Organización del archivo del proyecto, 113
Organizar capas, 37
Orientar
  los objetos a la trayectoria, 134
  según trazado, 134-135
Origen, 291
Óvalo, 59, 71, 80, 84

P

Palabras clave, 344
Parámetros de componente, 311
Párrafo, 79
paulsmithvideo, 306
Películas interactivas, 195
Penguin.f4v, 299
Penguins.mov, 289-291, 293-294
Percent Down, 255-256, 258, 260
Perfil, 343
Personalizar opciones de codificación, 289
photos, 38-39, 243, 245
pierreplatters_btn, 204
Pincel decorativo, 72
Plantilla, 347
Pluma, 74-76, 133
PNG, 353
polarbear.flv, 313-314
polarbear.mov, 312
Poner etiquetas en los fotogramas clave, 215
Popup.flv, 300-301
popupvideo, 300, 304, 311, 313
Posición y vista 3D, 106
Preferencias, 286
prevFrame(), 212
previews, 226
Previsualizar
  la animación, 153
  Su película, 48

Probar la
  calculadora, 260
  reproducción en función de la descarga, 342
Probar película, 341-342
Probar un documento de Flash, 340
products/flash, 20
Propiedades de
  capa, 331-332
  documento, 29
  sonido, 274
Proyector
  Macintosh, 353
  Windows (.exe), 353
Publicar
  documentos Flash, 339, 341, 343, 355
  su película, 49
publishing/download.html, 19
Punto redondeado, 144-145
Puntos de referencia, 305, 318
Puntuación, 262-263

Q

Quitar
  consejos de forma, 186
  fotograma clave, 143
  transformación, 105

R

Rama, 74
Rangos de caracteres, 257, 262-263
Rate, 255-256, 258, 260
rate_txt, 258-259
rate_txt.text, 259
RealEstate2-address.txt, 264
Recortar, 290-291
Rectángulo, 44, 58-59, 84, 332
Recursos
  adicionales, 18
  en línea, 359
  para educadores, 20
Reducir, 44
Registro, 89
Regular, 237, 241, 245, 254
Relleno de mapa de bits, 67
removeChild(), 328
Renombrar una capa, 31
Reposo, 196, 225, 228, 283
Reproducción, 351
  Mostrar menú, 351
  Pausa al comienzo, 350

Reproducir, 274, 298, 318
  indefinidamente, 50, 351
  sonido, 281
  vídeos externos, 295
Restablecer valores, 143
restaurant
  folder, 214
  previews, 197
  thumbnails, 196
Restringir
  la rotación de uniones, 166
  la traslación de uniones, 168
  uniones, 166
Retoques finales, 311
Retorno, 64-65, 241
Revisar sintaxis, 207, 212
Right_car, 113, 130
robot, 89, 91, 93, 95, 97
Rotación 3D, 103-104, 151
Ruta
  de biblioteca, 233
  del contenido, 300

S

SeekCounterVolMute.swf, 296
Segundos, 277
Selección, 47, 49, 58-62, 314
Seleccionable, 235
Seleccionar
  símbolo, 70
  trazos y rellenos, 59
  y utilizar una herramienta, 44
Separar
  la instancia de un símbolo, 97
  y agrupar objetos, 72
showimage1, 210
Símbolos, 86
  de botón, 88
  de clip de película, 88
  gráficos, 88
Simple (medio), 178
Sinc, 198, 276, 283
skin, 311
skinAutoHide, 299
skinBackgroundAlpha, 300
skinBackgroundColor, 300
smallRumble, 147
Sólo
  Flash, 347
  lectura, 104, 235-237, 254
Sonido, 275

Sound, 206
  buttons, 273
soundcue, 306
sounds, 274-275, 277, 309
source, 300
stop(), 212, 225, 227, 335
String(), 259
Suavizados, 148, 155
Subselección, 59, 76, 173-174
Superior, 290
Suplantar configuración de sonido, 282
support/documentation, 52
swf, 339
swfobject.js, 347, 356

T

Tamaño de gráfico, 140
  expandido, 140
Term: 30 Year Fixed, 255
Terminología de los scripts, 205
text, 44, 79, 258-259, 268
textLayout.swc, 234
Texto
  clásico, 44-45, 79, 232-233
  dinámico, 45
  envolvente, 243
  estático, 44-45, 79
  Incorporación de fuentes, 257, 262, 268
  TLF, 79, 232-233, 254-255
Tiempo de
  creación, 177
  ejecución, 177
Tiger.flv, 299
Times New Roman, 235-236, 240-241, 254
Tipo
  de relleno, 64
  Tiempo de ejecución, 176
title, 45, 150, 273
Título del documento, 344
trace, 264-265
Transformación de degradado, 66
Transformación
  global, 150, 152
  libre, 60-61, 137-138, 334
Transformar los huesos y el esqueleto, 174
Traslación
  3D, 103-104
  X, 169
Trazo, 332
  y rellenos, 58
txt, 264

U

Ubicación en espacio 3D, 103
Unión, 169
    Rotación, 167-169
unloadcontent, 328-329
URLRequest, 323-324, 336
Uso de la herramienta
    Óvalo, 59
    Pluma, 74
    Rectángulo, 58
    Texto, 79
    Transformación libre, 60
Utilizar
    el comando gotoAndPlay, 223
    el panel herramientas, 43
    la herramienta Deco, 69
    reglas y guías, 98
    sonidos, 273
    texto, 231, 233, 265, 267

V

var, 205, 258
Velocidad de
    bits, 282
    fotograma, 313
Ventana
    Acciones, 207, 209, 227-228
    Alinear, 71, 202
    Biblioteca, 30, 32
    Color, 64, 67, 77
    Editor de movimiento, 139
    Errores de compilador, 212
    Espacio de trabajo, 26
        Conceptos básicos, 27
        Restablecer, 27
    Fragmentos de código, 218, 263, 306
    Otros paneles>Historial, 47-48
    Transformar, 40, 105, 128, 152

Ver
    Área de trabajo, 28
    Aumentar y reducir>Ajustar a ventana, 28, 112-113
    Configuración de descarga, 342-343
    Cuadrícula>Mostrar cuadrícula, 28
    Gráfico fotograma por fotograma, 341
    Gráfico por flujo, 341
    Reglas, 28, 99
    Simular descarga, 342-343
    Visor de anchos de banda, 341
Versión, 347
Vertical, 237
Vídeo, 291, 294, 312-313
videocue, 305
videos, 273-274, 295, 308
    en Flash, 284
Videotutoriales adicionales, 359
Vinculación predeterminada, 234
Vínculo, 253
Visor de anchos de banda, 341
Vista
    de fotograma, 39
    previa, 39
        en contexto, 39
Volver a inicializar la rotación y la posición, 105

W

water, 179-183, 185
Welcome to Meridien, 344
Windows, 359
woman, 113, 121-123
workingcopy.fla, 176

Z

Zona activa, 196, 225, 228, 283
zoo director name, 308
zoodirector, 308, 311
Zoom, 44